張大可
韓兆琦 等 注譯

新譯資治通鑑

（三十七）

後梁紀四—六
後唐紀一—三

三民書局

國家圖書館出版品預行編目資料

新譯資治通鑑(三十七)／張大可,韓兆琦等注譯.——
初版三刷.——臺北市：三民，2024
　冊；　公分.——(古籍今注新譯叢書)

ISBN 978-957-14-6239-4（全套:精裝）
1. 資治通鑑 2. 注釋

610.23　　　105022920

古籍今注新譯叢書

新譯資治通鑑（三十七）

注譯者｜張大可　韓兆琦等
創辦人｜劉振強
發行人｜劉仲傑
出版者｜三民書局股份有限公司（成立於 1953 年）

三民網路書店
https://www.sanmin.com.tw

地　址｜臺北市復興北路 386 號　（復北門市）(02)2500-6600
　　　　臺北市重慶南路一段 61 號（重南門市）(02)2361-7511
出版日期｜初版一刷 2017 年 1 月
　　　　　初版三刷 2024 年 5 月
全套不分售
I S B N｜978-957-14-6239-4

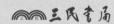

新譯資治通鑑 目次

第三十七冊

卷第二百六十九

後梁紀四

起昭陽作噩（癸酉　西元九一三年）十二月，盡彊圉赤奮若（丁丑　西元九一七年）六月，凡三年有奇。

【題　解】本卷記事起於西元九一三年十二月，迄於西元九一七年六月，凡三年又七個月。當後梁末帝乾化三年十二月至末帝貞明三年六月。後梁勢衰，南與吳交戰不勝，嶺南劉巖絕貢，宮廷未遂政變削弱梁室政治力。晉王李存勗破幽州，殺燕主劉守光父子，勢力大增，全力攻梁。恰在此時，梁末帝趁天雄節度使楊師厚之死欲削弱魏博大鎮，分而為二，魏博反叛投晉，晉王親臨魏州受降與梁名將劉鄩對峙。當時，勢均力敵。梁末帝聽小人蠱惑，遙控前線軍事，多次督促劉鄩出戰。劉鄩堅守以疲晉師的策略遭受干擾，在不利的形勢下屢戰屢敗，劉鄩一敗於偷襲晉陽，再敗於莘縣，三敗於魏州城下，全軍覆沒，梁河北之地盡失，國勢動搖。蜀主王建趁晉梁交兵，大舉進攻岐王，岐國土地大部喪失。王建又大敗高季昌及南詔之軍，勢力達於蜀國鼎盛。南方吳越與閩通婚交好。北方契丹興起，助梁攻晉，兵圍幽州。吳徐知誥無意得鎮潤州，為南唐建立張本。

均（ㄐㄩㄣ）王（ㄨㄤˊ）❶上（ㄕㄤˋ）[1]

乾化三年（癸酉　西元九一三年）

十二月，吳鎮海❷節度使徐溫❸、平盧❹節度使朱瑾❺帥諸將拒之，遇于趙步❻。吳徵兵未集❼，溫以四千餘人與景仁❽戰，不勝而卻❾。景仁引兵乘之❿，將及於隘⓫，吳吏士皆失色⓬，左驍衛大將軍⓭宛丘陳紹⓮援槍⓯大呼曰：「誘敵太深，可以進矣！」躍馬還鬬，眾隨之，梁兵乃退。溫拊⓰其背曰：「非子之智勇，吾幾困矣。」賜之金帛，紹悉以分麾下⓱。吳兵既集，復戰於霍丘⓲，梁兵大敗。王景仁以數騎殿⓳，吳人不敢逼⓴。梁之渡淮而南也，表其可涉之津㉑。霍丘守將朱景㉒浮表於木㉓，徙置深淵。及梁兵敗還，望表而涉，溺死者大半，吳人聚梁尸為京觀㉔於霍丘。

庚午㉕，晉王㉖以周德威㉗為盧龍㉘節度使兼侍中，以李嗣本㉙為振武㉚節度使。

燕主守光㉛將奔滄州就劉守奇，涉寒㉜足腫，且迷失道，至燕樂㉝之境，晝匿阬谷，數日不食，令妻祝氏乞食於田父張師造家。師造怪婦人異狀，詰知守光處，并其三子㉞擒之。癸酉㉟，晉王方宴，將吏擒守光適至，王語之曰：「主人何避客之深邪！」并仁恭置之館舍，以器服膳飲賜之。王命掌書記㊱王緘㊲草露布㊳，緘不知故事，書之於布，遣人曳之。

晉王欲自雲、代㊴歸，趙王鎔㊵及王處直㊶請由中山、真定趣井陘㊷，王從之。庚辰㊸，晉王發幽州，劉仁恭父子皆荷校㊹於露布之下。守光父母唾㊺其面而罵之曰：「逆賊，破我家至此！」守光俛首㊻而已。甲申㊼，至定州㊽，舍㊾于關城。丙戌㊿，晉王與王處直謁北嶽廟(51)。是日，至行唐(52)，趙王鎔迎謁(53)于路。

【章旨】以上為第一段，寫淮南吳國大敗梁兵，晉王李存勗破幽州，俘獲燕主劉守光及其父而歸。

【注釋】❶均王　後梁末帝朱友貞（西元八八八—九二三年），朱溫第四子。本為第三子，並朱溫養子友文而數，則為第四子。開平元年（西元九〇七年）五月封均王。乾化三年（西元九一三年）二月十七日，在楊師友支持下殺朱友珪即帝位。初名友貞，即位後更名鍠，貞明中又改名瑱。西元九一三—九二三年在位。事見《舊五代史》卷八、《新五代史》卷三。❷鎮海　方鎮名，唐德宗建中二年（西元七八一年）賜號鎮海軍節度。治所潤州，在今江蘇鎮江市。❸徐溫　（西元八六七—九二七年）字敦美，海州朐山（今江蘇連雲港市西南海州區）人，吳國丞相，久專朝政，能尊賢御將，保境安民。傳見《十國春秋》卷十三。❹平盧　方鎮名，唐開元七年（西元七一九年）始置。治所營州，在今遼寧朝陽。朱瑾係遙領。❺朱瑾　（西元八六七—九一八年）宋州下邑（今河南夏邑）人，官至吳行營副都統，名重江、淮，誅徐知訓後自刎。傳見《十國春秋》卷八。❻趙步　地名，在今安徽鳳臺東北淮河北岸，南直紫金山。❼徵兵未集　徵召的軍隊沒有集結。❽景仁　王景仁（？—西元九一三年），本名茂章，避後梁王曾祖茂琳諱改今名，廬州合肥（今安徽合肥）人，驍勇剛悍，官淮南招討使。傳見《舊五代史》卷二十三、《新五代史》卷二十三。❾卻　後退。❿乘之　追逐他。⓫隘　險狹之處。⓬失色　變了臉色。指軍士驚慌失措，面帶恐懼之色。⓭左驍衛大將軍　吳禁衛軍統領官，分左、右，位在左、右衛上將軍之下。⓮陳紹　宛丘（今河南淮陽）人，驍果善戰，勇而多謀，官至吳左驍衛大將軍。傳見《十國春秋》卷九。⓯援槍　舉槍；挺槍。⓰拊　拍。⓱紹悉以分麾下　陳紹把賞金全部分給部下。麾下，帥旗之下，即部眾、部下。⓲霍丘　縣名，縣治在今安徽霍丘。⓳殿　走在最後面。⑳逼　追擊；追逼。㉑表其可涉之津　在可以涉水而過的淺水區設立標誌。表，設立辨路的標誌。㉒朱景　霍山土豪，吳用以為將，守霍丘。傳見《九國志》。㉓浮表於木　將王景仁所立的渡河標誌，其下接以木，移到深水區以誤之。㉔京觀　積屍封土其上，築為高丘。以此炫耀戰功。㉕庚午　十二月初三日。㉖晉王　指李存勗，西元九〇八年嗣晉王位。㉗周德威　（？—西元九一八年）字鎮遠，小字陽五，亦作楊五，朔州馬邑（今山西朔州）人，初從李克用，積功至幽州、盧龍等軍節度使。西元九一八年十二月二十四日與後梁軍激戰中陣亡。傳見《舊五代史》卷五十六、《新五代史》卷二十四。㉘盧龍　方鎮名，唐開元元年（西元七一三年）置，治所幽州，在今北京市西南。㉙李嗣本　（？—西元九一六年）本姓張，雁門（今山西代縣）人，幼從李克用，賜名李嗣本，為養子。積功至振武節度使。西元九一六年六月，契丹攻蔚州，戰歿。傳見《舊五代史》卷五十二、《新五代史》卷三十六。㉚振武　方鎮名，唐乾元元年（西元七五八年）始置，治所鎮北大都護府，在今內蒙古和林格爾西北。㉛守光　即劉守光（？—西元九一四年），深州樂壽（今河北獻縣西南）人，因父殺兄，割據幽州藩鎮。傳見《舊五代史》卷一百三十五、《新五代史》卷三十九。㉜涉寒　渡水受寒。㉝燕樂　縣名，縣治在今北京市密雲北七十里。㉞三子　指劉守光子繼珣、繼方、繼祚。㉟癸酉　十二月初六日。㊱掌書記　節度使屬官，協助節度使處理政務。㊲王緘　（？—西元九一八年）原為劉仁恭故吏，為李克用留用。胡柳之戰，歿於亂兵。傳見《舊五代史》卷六十。㊳露布　也稱露板。魏晉以來將報捷文書掛在竿上，公開張布，使天下皆知。並不是寫在布上令人拖著走。㊴雲代　皆州名。雲州，治所在今山西大同。代州，治所在今山西代縣。㊵趙王鎔　（？—西元九二一年）世襲鎮州節度使。王鎔祖上沒諾干，本回鶻人，為鎮州王武俊騎將，武俊養以為子，遂冒姓王氏。傳見《舊唐書》卷一百四十二、《新唐書》卷二百十一、《舊五代史》卷五十四、《新五代史》卷三十九。㊶王處直　字允明，京兆萬年縣（今陝西西安長安）人，義武軍節度使。傳見《舊唐書》卷一百八十二、《新唐書》卷一百八十六、《舊五代史》卷五十四、《新五代史》卷三十九。㊷井陘　縣名，縣治在今河北井陘。㊸庚辰　十二月十三日。㊹荷校　戴著刑具。校，木絞。㊺唾　吐出口液。㊻俛首　低著頭。㊼甲申　十二月十七日。㊽定州　州名，治所盧奴，在今河北定州。㊾舍　住宿。㊿丙戌　十二月十九日。(51)北嶽廟　在河北恆山的大茂山。恆山古稱北嶽。(52)行唐　縣名，縣治在今河北西部行唐。(53)謁　拜見；晉見。

【校　記】1均王上　「上」字下原有一「下」字，顯為誤衍，今刪去。

【語　譯】均王上

乾化三年（癸酉　西元九一三年）

十二月，吳國鎮海節度使徐溫、平盧節度使朱瑾率眾將迎戰王景仁，兩軍在趙步相遇。吳國徵召的軍隊還沒有集結，徐溫率四千多人與王景仁交戰，沒能取勝，軍隊後撤。王景仁率兵追擊，快追到隘口時，吳國的官兵們因恐懼而臉色都變了，這時左驍衛大將軍宛丘人陳紹挺槍大叫說：「我們把敵人引誘得很深入了，可以反擊了！」說完，躍馬衝回去繼續戰鬥，大家也都跟著他往回衝，梁兵這才往後退去。事後，徐溫拍著陳紹的背說：「如果不是你有智有勇，我們幾乎被困住了。」徐溫賜給他很多金帛，陳紹把這些賞賜全都拿出來分給部下。吳國的軍隊集結完畢後，又與王景仁部在霍丘交戰，梁兵大敗。王景仁率數騎殿後，吳軍不敢逼得太近。梁軍渡過淮河南下的時候，在可以涉水而過的淺水區設立了標記。吳國霍丘守將朱景把這些標記下面用木頭相接，移置到深水處。等到梁兵敗退回來時，看到標記就涉水而過，結果淹死了一大半，吳國人把梁軍的屍體聚攏在一起封土，在霍丘做了一座炫耀戰功的大冢。

十二月初三日庚午，晉王任命周德威為盧龍節度使兼侍中，任命李嗣本為振武節度使。

燕主劉守光準備逃奔到滄州去依靠劉守奇，因涉水受寒腳都凍腫了，又迷了路，到了燕樂縣境內，白天藏匿在土坑或山谷中，幾天沒吃飯，便叫他的妻子祝氏到一個名叫張師造的農夫家去討飯。張師造因這個女人的樣子不像是個討飯人而感到奇怪，追問之下，知道了劉守光藏身的地方，於是就把他和三個兒子一併活捉。十二月初六日癸酉，晉王正在宴客，這時將吏們把劉守光恰好押到，晉王對劉守光說：「主人迴避客人為什麼藏得這樣深呀！」把他和劉仁恭一起安置在館舍裡，並賜給他們器物、衣服、飲食。晉王命令掌書記王緘草擬告捷露布，王緘不知露布的掌故，竟然把它寫在布上，然後再讓人拉著。

晉王準備從雲州、代州回晉陽去，趙王王鎔和王處直都請求從中山、真定等地前往井陘，晉王答應了。十二月十三日庚辰，晉王一行從幽州出發，劉仁恭父子都戴著刑具站在露布之下。劉守光的父母把口水吐到劉守光臉上並罵他說：「逆賊，你把我家敗壞到這種地步！」劉守光只是低著頭而已。十七日甲申，到達定州，住在關城。十九日丙戌，晉王和王處直一起去拜謁北嶽廟。當天，到達行唐縣，趙王王鎔在路上迎候拜見。

四年（甲戌　西元九一四年）

春，正月戊戌朔❶，趙王鎔詣❷晉王行帳上壽❸置酒。鎔願識劉太師❹面，晉王命吏脫劉①仁恭及守光械❺，引❻就席同宴。鎔答其拜，又以衣服鞍馬酒饌贈之。己亥❼，晉王與鎔畋❽于行唐之西，鎔送至②境上而別。○丙子❾，蜀主❿命太子⓫判六軍⓬，開崇勳府⓭，置僚屬，後更謂之天策府。

壬子⓮，晉王以練⿰糹斥⓯劉仁恭父子，凱歌入于晉陽⓰。丙辰⓱，獻于太廟，自臨斬⓲劉守光。守光呼曰：「守光死不恨，然教守光不降者，李小喜⓳也！」王召小喜證之，小喜瞋目叱守光曰：「汝內亂禽獸行，亦我教邪！」王怒其無禮，先斬之。守光曰：「守光善騎射，王欲成霸業，何不留之使自效？」其二妻李氏、祝氏讓⓴之曰：「皇帝，事已如此，生亦何益！妾請先死③。」即伸頸就戮。守光至死號泣哀祈不已。王命節度副使盧汝弼㉑等械仁恭至代州，刺其心血以祭先王墓㉒，然後斬之。

或說趙王鎔曰：「大王所稱尚書令㉓，乃梁官也。大王既與梁為讎，不當稱其官。且自太宗踐阼㉔已來，無敢當其名者。今晉王為盟主，勳高位卑，不若㉕以尚書令讓之。」鎔曰：「善！」乃與王處直各遣使推晉王為尚書令，晉王三讓，然後受之。始開府㉖置行臺，如太宗故事㉗。

高季昌㉘以蜀夔、萬、忠、涪㉙四州舊隸荊南㉚，興兵取之。先以水軍攻夔州。時鎮江㉛節度使兼侍中嘉王宗壽㉜鎮忠州，夔州刺史王成先㉝請甲㉞，宗壽但以白布袍給之。成先帥之逆戰，季昌縱火船焚蜀浮橋，招討副使張武㉟舉鐵絙㊱拒之，船不得進。會風反㊲，荊南兵焚、溺㊳死者甚眾。季昌乘戰艦，蒙以牛革㊴，飛石中之，折其尾，季昌易小舟而遁。荊南兵大敗，俘斬五千級。成先密遣人奏宗壽不給甲之狀㊵，宗壽獲之，召成先，斬之。

【章旨】以上為第二段，寫晉王斬殺劉仁恭父子，高季昌兵敗於蜀。

【注釋】❶戊戌朔　正月初一日。❷詣　前往。❸上壽　敬酒，表示祝賀。❹劉太師　指劉仁恭。因劉守光囚其父，請於後梁，後梁命劉仁恭以太師致仕，故稱太師。❺械　刑具。❻引　招致。❼己亥　正月初二日。❽畋　打獵。❾丙子　是月戊戌朔，無丙子。❿蜀主　指王建。⓫太子　指王衍。⓬判六軍　統率全國軍隊。《周禮・夏官・司馬》：「王六軍，大國三軍，次國二軍，小國一軍。」⓭崇勳府　《蜀檮杌》作崇賢府。⓮壬子　正月十五日。⓯練絙　用繩索捆縛牽引。練，繩索。絙，牽引。⓰晉陽　河東節度使治所，晉王李克用國都，在今山西太原。⓱丙辰　正月十九日。⓲自臨斬　親自到刑場監斬。⓳李小喜　本晉之小校，先奔於燕，劉守光以為愛將。城圍將陷，小喜勸守光不降，而自己則於當晚叛降於晉軍。⓴讓　責備。㉑盧汝弼　字子諧，范陽（今河北定興）人，唐昭宗朝進士，任祠部郎中，知制誥。入晉仍掌制誥，死後贈兵部尚書。

傳見《舊唐書》卷一百六十三、《新唐書》卷一百七十七、《舊五代史》卷六十、《新五代史》卷二十八。㉒刺其心血以祭先王墓　因劉仁恭叛李克用，故刺其心血以祭之。先王，指李克用。㉓尚書令　唐代宰相之一，唐太宗未即位時曾任此職，即位後此官不再授人。正如下文所說，「自太宗踐阼已來，無敢當其名者。」唐將亡時，始將此授藩帥作為榮譽兼職，不理政事。㉔踐阼　皇帝即位。㉕不若　不如。㉖開府　指成立府署，辟置僚屬。㉗故事　成例。㉘高季昌　（西元八五八—九二八年）字貽孫，陝州硤石（今河南陝縣）人，避後唐獻祖諱更名季興，任荊南節度使，進封南平王。傳見《舊五代史》卷一百三十三、《新五代史》卷六十九。㉙夔萬忠涪　皆州名，夔州治所在今重慶市奉節，萬州治所在今重慶市萬州，忠州治所在今重慶市忠縣，涪州治所在今重慶市涪陵。㉚荊南　十國之一。轄境在今湖北江陵一帶。㉛鎮江　方鎮名，唐至德元載（西元七五六年）初置，治所夔州。㉜嘉王宗壽　字永年，王建以其同姓，收養為子，武成中賜爵嘉王，領鎮江節度使。傳見《十國春秋》卷三十八。㉝王成先　（？—西元九一四年）《十國春秋》作王先成。蜀州新津（今四川新津）人，本書生，亂為兵。為王宗壽所殺。傳見《十國春秋》卷四十二。㉞請甲　請求發給士兵盔甲。㉟張武　石照（今重慶市合川區）人，事王建，積功至鎮江軍節度使。傳見《十國春秋》卷四十三。㊱舉鐵絙　張武在兩岸立木柵，拴鐵索橫貫江中，叫做鎖峽。舉，設置。鐵絙，粗的鐵索。㊲風反　風向逆轉。㊳焚溺　焚燒和落水。㊴蒙以牛革　用牛皮遮著。㊵狀　申奏的文書。

【校　記】[1]劉　原無此字。據章鈺校，十二行本、乙十一行本、孔天胤本皆有此字，今據補。[2]送至　原無「至」字。據章鈺校，十二行本、乙十一行本、孔天胤本皆有此字，張敦仁《通鑑刊本識誤》同，今據補。[3]妾請先死　此四字原無。據章鈺校，十二行本、乙十一行本、孔天胤本皆有此四字，張敦仁《通鑑刊本識誤》、張瑛《通鑑校勘記》同，今據補。

【語　譯】四年（甲戌　西元九一四年）

春，正月初一日戊戌，趙王王鎔到晉王的營帳中擺設酒宴，向晉王敬酒祝頌長壽。王鎔希望見識一下劉仁恭太師，晉王令官員卸下劉仁恭和劉守光的枷鎖，帶他們到席上一起宴飲；王鎔對他們的下拜答了禮，又把衣服鞍馬酒食等贈送給他們。初二日己亥，晉王和王鎔在行唐縣西邊打獵，王鎔把晉王一直送到邊境上才告別。〇丙子日，蜀主王建命令太子兼掌六軍，開設崇勳府，設置屬官，後來又改稱為天策府。

正月十五日壬子，晉王用繩索捆綁牽著劉仁恭父子，高奏凱歌進入晉陽城。十九日丙辰，到太廟祭祖告捷，並親自到刑場監斬劉守光。劉守光大叫說：「我劉守光死了沒有什麼遺憾，但是教唆我不要投降的，是李小喜！」晉王把李小喜召來驗證，李小喜瞪著眼睛呵斥劉守光說：「你像禽獸一樣在宮內亂來，難道也是我教的嗎！」晉王見他這般無禮，十分憤怒，就先把他斬殺了。劉守光說：「我擅長騎馬射箭，大王想要成就霸業，何不留下我讓我為你效力呢？」他的兩個妻子李氏和祝氏責備他說：「皇上，事情已經到了這般地步，活著又有什麼益處！我們請求先行赴死。」說完，伸長了脖子等待就刑。而劉守光卻一直到死都在不停地哭喊哀求。晉王命令節度副使盧汝弼等人給劉仁恭戴上枷鎖押解到代州，刺取他的心血祭奠先王墓，然後把他斬殺。

有人向趙王王鎔建議說：「大王的官職稱為尚書令，這是梁朝的官名。大王既然與梁朝成為仇敵，就不應該再稱它的官名。況且自唐朝太宗登基以來，沒有再敢用這個官名的人。現在晉王成為盟主，功勳很高而職位卻低，不如把尚書令讓給他。」王鎔說：「很好！」於是與王處直分別派遣使者推舉晉王為尚書令，晉王再三推辭，然後才接受。於是開始按照唐太宗的舊例，建府署設立行臺。

高季昌認為蜀國的夔州、萬州、忠州、涪州四個州從前隸屬於荊南，於是出動軍隊想要攻取這四處。他先用水軍進攻夔州。當時蜀國的鎮江節度使兼侍中嘉王王宗壽鎮守忠州，夔州刺史王成先向他請求調撥些盔甲，王宗壽卻只把一些白布袍給了他。王成先率領軍隊迎戰，高季昌放出火船想要燒毀蜀軍的浮橋，蜀招討副使張武在江中設置大鐵索攔阻，火船無法前行。適逢風向倒轉，荊南的水軍被燒死和落水淹死的非常多。高季昌乘一艘戰艦，艦上蒙著牛皮，一塊飛來的石塊擊中戰艦，把艦尾打斷了，高季昌只好換上另一條小船逃走。荊南的軍隊大敗，被俘虜和斬殺的達五千人。事後，王成先祕密派人向蜀主奏報王宗壽不肯調撥盔甲這件事，派出的人被王宗壽抓獲，王宗壽把王成先召來斬殺了。

帝以岐人❶數為寇，二月甲戌❷[1]，徙感化❸節度使康懷英❹為永平❺節度使，鎮長安。懷英即懷貞也，避帝名改焉。

夏，四月丙子❻，蜀主徙鎮江軍❼治夔州。○丁丑❽，司空❾兼門下侍郎、同平章事❿于兢坐⓫挾私⓬遷補軍校，罷為工部侍郎⓭，再貶萊州⓮司馬⓯。

吳袁州⓰刺史劉崇景⓱叛，附于楚。崇景，威之子也。楚將許貞將⓲萬人援之，吳都指揮使⓳柴再用⓴、米志誠㉑帥諸將討之。

楚岳州㉒刺史許德勳㉓將水軍巡邊，夜分㉔，南風暴起，都指揮使王環㉕乘風趣黃州㉖，以繩梯登城，徑趣州署，執吳刺史馬鄴，大掠而還。德勳曰：「鄂州㉗將邀㉘我，宜備之。」環曰：「我軍入黃州，鄂人不知，奄㉙過其城，彼自救不暇，安敢邀我！」乃展旗鳴鼓㉚而行，鄂人不敢逼。

五月，朔方㉛節度使兼中書令潁川王韓遜卒，軍中推其子洙為留後㉜。癸丑㉝，詔以洙為節度使。

吳柴再用等與劉崇景、許貞戰於萬勝岡㉞，大破之，崇景、貞棄袁州遁去。

【章旨】以上為第三段，寫梁將康懷英守長安，楚將王環順風掠吳黃州，吳將柴再用平定袁州之亂。

【注釋】❶岐人　指鳳翔隴右節度使岐王李茂貞的軍隊。❷甲戌　二月初七日。❸感化　方鎮名，唐咸通十一年（西元八七〇年）始置。治所徐州，在今江蘇徐州。❹康懷英　兗州（今山東兗州）人，本名懷貞，避後梁末帝朱友貞諱改名。本為朱瑾列校，投降朱溫，積功至永平軍節度使，卒於鎮。傳見《舊五代史》卷二十三、《新五代史》卷二十二。❺永平　方鎮名，梁初徙佑國軍於長安，不久改為永平軍。❻丙子　四月初十日。❼鎮江軍　蜀節鎮，領夔、忠、萬三州，原治所忠州，現移治於夔州。❽丁丑　四月十一日。❾司空　三公之一，五代時贈給大臣的榮譽銜。❿門下侍郎同平章事　為門下省長官侍中之副，唐時為宰相稱號，掌機要，審查詔令，駁正違失等。⓫坐　被指控犯罪。⓬挾私　營私；夾帶私心。⓭工部侍郎　官名，工部的副長官，協助工部尚書掌工程、工匠、水利、營造等事。⓮萊州　州名，治所掖縣，在今山東萊州。⓯司馬　唐、五代時為州、郡、府佐吏之一，一般用來安置被貶斥官員，是徒有虛名而無實權的閒職。⓰袁州　州名，治所宜春，在今江西宜春。⓱劉崇景　慎縣（今湖北黃梅西）人，其父劉威，與楊行密同起於合肥。崇景官袁州刺史，叛附於楚，為柴再用所破，棄袁州遁去。傳見《十國春秋》卷五。⓲將　率領。⓳都指揮使　所統非一都，當是盡統諸將。⓴柴再用　（？—西元九三五年）汝陽（今安徽阜陽）人，積功至德勝軍節度使兼中書令。敦尚儉素，車馬導從不過十人。傳見《十國春秋》卷六。㉑米志誠　（？—西元九一八年）勇敢有膂力，以善射聞名，積功至泰寧軍節度使，為徐溫所殺。傳見《十國春秋》卷七。㉒岳州　州名，治所巴陵，在今湖南岳陽。㉓許德勳　蔡州朗山（今河南確山縣）人，積功至侍中。傳見《十國春秋》卷七十二。㉔夜分　午夜。㉕王環　為人勇悍，善兵法，愛士卒。傳見《十國春秋》卷七十二。㉖黃州　州名，治所黃岡，在今湖北黃岡。㉗鄂州　州名，治所江夏，在今武漢武昌。㉘邀　攔擊。㉙奄　迅速地。㉚展旗鳴鼓　迎風揚旗，擂響戰鼓。㉛朔方　方鎮名，唐景雲九年（西元七二一年）始置。治所靈州，在今寧夏回族自治區靈武西南。㉜留後　官名，唐中期後，節度使之子弟或親信將吏代行職務者稱節度使留後，事後由朝廷補行任命為正式節度使。㉝癸丑　五月十七日。㉞萬勝岡　地名，在袁州郊區。

【校　記】①甲戌　原無此二字。據章鈺校，十二行本、乙十一行本、孔天胤本皆有此二字，張敦仁《通鑑刊本識誤》、張瑛《通鑑校勘記》同，今據補。

【語　譯】梁末帝因岐人屢次入侵，於是在二月初七日甲戌把感化節度使康懷英調任為永平節度使，鎮守長安。康懷英就是康懷貞，為避梁末帝的名諱而改名。

夏，四月初十日丙子，蜀主把鎮江軍的治所遷移到夔州。〇十一日丁丑，司空兼門下侍郎、同平章事于兢因為升遷將校時有私心而被治罪，免去原職降為工部侍郎，又被貶為萊州司馬。

吳國的袁州刺史劉崇景反叛，歸附楚國。劉崇景，是劉威的兒子。楚將許貞率軍萬人去接應他，吳國的都指揮使柴再用和米志誠則率領眾將前往討伐劉崇景。

楚國的岳州刺史許德勳率水軍巡防邊境，到了夜半時分，忽然颳起了猛烈的南風，都指揮使王環乘著風勢一直進逼到吳國的黃州，利用繩梯登上城牆，直奔州署，抓獲吳國刺史馬鄴，大肆掠奪之後撤退。許德勳說：「鄂州的敵軍將會攔擊我們，應注意防備。」王環說：「我軍攻入黃州，鄂州的人並不知道，現在忽然間從他們的城外經過，他們自救都還來不及，哪裡敢攔擊我們！」於是高展軍旗，擂響戰鼓，浩浩蕩蕩地行進，鄂州城裡的人果然沒敢進逼。

五月，朔方節度使兼中書令潁川王韓遜去世，軍中的將領推舉他的兒子韓洙為留後。十七日癸丑，梁末帝下詔任命韓洙為節度使。

吳國的柴再用等人與劉崇景、許貞在萬勝岡交戰，把他們打得大敗，劉崇景、許貞放棄袁州逃走。

晉王既克幽州，乃謀入寇。秋，七月，會趙王鎔及周德威於趙州❶，南寇邢州❷，李嗣昭❸引昭義兵會之。楊師厚❹引兵救邢州，軍於漳水之東。晉軍至張公橋❺，裨將曹進金來奔。晉軍退，諸鎮兵❻皆引歸。八月，晉王還晉陽。

蜀武泰❼節度使王宗訓❽鎮黔州，貪暴不法，擅還成都。庚辰❾，見蜀主，多所邀求，言辭狂悖❿。蜀主怒，命衛士毆殺之。戊子⓫，以內樞密使⓬潘峭⓭為武泰節度使、同平章事，翰林學士承旨⓮毛文錫⓯為禮部尚書、判樞密院。峽上有堰⓰，或勸蜀主乘夏秋江漲，決之以灌江陵⓱。毛文錫諫曰：「高季昌不服，其民何罪！陛下方以德懷天下⑱，忍以鄰國之民為魚鼈食乎！」蜀主乃止。

帝以福王友璋⑲為武寧⑳節度使。前節度使王殷㉑，友珪㉒所置也，懼不受代，叛附於吳。九月，命淮南西北面招討應接使牛存節㉓及開封尹劉鄩㉔將兵討之。冬，十月，存節等軍于宿州㉕。吳平盧節度使朱瑾等將兵救徐州，存節等逆擊，破之，吳兵引歸。

十一月乙巳㉖，南詔㉗寇黎州㉘，蜀主以夔王宗範㉙、兼中書令宗播㉚、嘉王宗壽為三招討以擊之。丙辰㉛，敗之於潘倉嶂㉜，斬其酋長趙嵯政等。壬戌㉝，又敗之於山口城㉞。十二月乙亥㉟，破其武侯嶺㊱十三寨。辛巳㊲，又敗之於大渡河㊳，俘斬數萬級。蠻爭走度水，橋絕㊴，溺死者數萬人。宗範等將作浮梁㊵濟大渡河攻之，蜀主召之令還㊶。

癸未㊷，蜀興州㊸刺史兼北路制置指揮使王宗鐸㊹攻岐㊺階州㊻及固鎮㊼，破細砂等十一寨，斬首四千級。甲申㊽，指揮使王宗儼㊾破岐長城關等四寨，斬首二千級。

岐靜難㊿節度使李繼徽為其子彥魯所毒而死，彥魯自為留後。

【章旨】以上為第四段，寫梁與吳，蜀與岐交兵。蜀主王建大敗南詔軍。

【注釋】❶趙州　州名，治所平棘，在今河北趙縣。❷邢州　州名，治所龍岡，在今河北邢臺。❸李嗣昭　（？—西元九二二年）汾州太谷（今山西太谷）人，本姓韓，為李克用弟克柔養子，屢立戰功，官至中書令。傳見《舊五代史》卷五十二、《新五代史》卷三十六。❹楊師厚　（？—西元九一五年）潁州斤溝（今安徽太和北）人，純謹敏幹，尤善騎射，積功至魏博節度使。傳見《舊五代史》卷二十二、《新五代史》卷二十三。❺張公橋　地名，晉軍出青山口至此，在今河北邢臺南。❻諸鎮兵　指燕、趙、潞之兵。❼武泰　方鎮名，唐昭宗大順元年（西元八九〇年）始置。治所黔州，在今重慶市彭水苗族土家族自治縣。❽王宗訓　本名茂權。傳見《十國春秋》卷三十九。❾庚辰　八月十六日。❿狂悖　狂妄背禮。⓫戊子　八月二十四日。⓬內樞密使　掌軍國機務，出納密命等。⓭潘峭　其先河西人，官至武泰節度使、同平章事。傳見《十國春秋》卷四十一。⓮翰林學士承旨　官名，掌起草詔令。承旨不常置，以學士久次者為之。⓯毛文錫　字平珪，高陽（今河南杞縣西南）人，善文學，與歐陽炯等五人以小辭為後蜀主所賞識。所著有《前蜀紀事》二卷、《茶譜》一卷。尤工豔語，所撰〈巫山一段雲〉詞，為當世傳詠。傳見《十國春秋》卷四十一。⓰堰　節制水流並能溢洪的水壩。⓱江陵　城邑名，在今湖北江陵。為南平國都，地處蜀國三峽之下。⓲方以德懷天下　正在用德化來使天下人從內心悅服。⓳友璋　朱溫第五子，封福王。傳見《舊五代史》卷十二。⓴武寧　方鎮名，唐元和二年（西元八〇七年）始置。治所徐州，在今江蘇徐州。㉑王殷　新、舊《五代史》均作蔣殷，因王瓚言其本姓蔣，末帝令其還本姓。傳見《舊五代史》卷十三。㉒友珪　朱溫子，小字遙喜。封郢王，乾化二年，殺朱溫篡位。末帝以兵討之，自殺，追廢為庶人。傳見《舊五代史》卷十二、《新五代史》卷十三。㉓牛存節　字贊正，青州博昌（今山東博興）人，後梁大將。傳見《舊五代史》卷二十二、《新五代史》卷二十二。㉔劉鄩　（西元八五七—九二〇年）密州安丘（今山東安丘）人，後梁大將。幼有大志，好兵略。官至河東道招討使，末帝逼令飲鴆自殺。傳見《舊五代史》卷二十三、《新五代史》卷二十二。㉕宿州　州名，治所符離，在今安徽宿州北。㉖乙巳　十一月十三日。㉗南詔　唐時以今雲南大理為中心的少數民族政權。原有六詔，開元年間，皮邏閣統一六詔，為南詔王，遷都太和城（今雲南大理南）。唐末衰落。前蜀對它嚴加防備，恐其騷擾。㉘黎州　州名，治所漢源，在今四川漢源北。㉙宗範　從母張氏歸王建，冒姓張。王建畜為子，賜名王宗範。㉚宗播　本名許存，王建為其改名王宗播，列為諸子。傳見《十國春秋》卷三十九。㉛丙辰　十一月二十四日。㉜潘倉嶂　南詔城寨名，在黎州南界，位邛崍關之南。㉝壬戌　十一月三十日。㉞山口城　地名，在潘倉嶂南面。㉟乙亥　十二月十三日。㊱武侯嶺　南詔城寨名，在黎州南界，當在山口城之南。㊲辛巳　十二月十九日。㊳大渡河　古稱沫水。泯江最大支流，在四川西部。黎州南、東南、西南三面受大渡河包圍。㊴橋絕　橋斷。㊵浮梁　浮橋。㊶召之令還　下令三師班師。因前蜀對南詔方針是嚴加防範，驅之出境而不窮追，以免兵連禍結，國困民貧。㊷癸未　十二月二十一日。㊸興州　州名，治所在今陝西略陽。㊹王宗鐸　少為王建假子。傳見《十國春秋》卷三十九。㊺岐　指岐王李茂貞。㊻階州　州名，治所臯蘭鎮，在今甘肅武都東。㊼固鎮　位青泥嶺東北，在今甘肅徽縣境內。㊽甲申　十二月二十二日。㊾王宗儼　王建養子，降後唐被殺。傳見《十國春秋》卷三十九。㊿靜難　方鎮名，唐僖宗光啓元年（西元八八五年）始置。治所邠州，在今陝西彬縣。

【語　譯】晉王攻克幽州之後，便計劃入侵梁朝。秋，七月，在趙州與趙王王鎔及周德威會師，南侵邢州，李嗣昭也率領昭義的部隊前來會合。楊師厚率軍來解救邢州，屯駐在漳水東邊。晉軍到達張公橋，副將曹進金前來投奔梁朝。晉軍於是撤退，各路兵馬也都回到自己原先的駐地去了。八月，晉王回到晉陽。

蜀國的武泰節度使王宗訓鎮守黔州，貪婪殘暴，橫行不法，又擅自回到成都。八月十六日庚辰，晉見蜀主，提出了多項要求，言辭狂妄悖逆。蜀主大怒，命令左右衛士把他當場打死。二十四日戊子，任命內樞密使潘峭為武泰節度使、同平章事，又任命翰林學士承旨毛文錫為禮部尚書，並兼管樞密院事務。長江峽上有水壩，有人勸蜀主乘夏秋時節江水上漲，決開水壩淹灌江陵。毛文錫進諫說：「高季昌不肯歸服，但他的百姓又有什麼罪過呢？陛下正要以德來懷柔天下，難道忍心讓鄰國的百姓成為魚鱉的食物嗎！」蜀主於是作罷。

梁末帝任命福王朱友璋為武寧節度使。前任節度使王殷，是朱友珪任命的，內心恐懼不接受替代，反叛投靠了吳國。九月，梁末帝命令淮南西北面招討應接使牛存節和開封府尹劉鄩率軍前往討伐。冬，十月，牛存節等把軍隊屯駐在宿州。吳國的平盧節度使朱瑾等率軍援救徐州，牛存節等迎戰，打敗了朱瑾，吳軍撤退回去了。

十一月十三日乙巳，南詔入侵黎州，蜀主任命夔王王宗範、兼中書令王宗播、嘉王王宗壽三人為三路招討使前去迎擊。二十四日丙辰，在潘倉嶂擊敗南詔軍，斬殺了南詔軍的酋長趙嵯政等人。三十日壬戌，又在山口城再次擊敗南詔軍。十二月十三日乙亥，攻破了南詔軍在武侯嶺的十三個營寨。十九日辛巳，又在大渡河擊敗南詔軍，俘虜、斬殺南詔軍數萬人。蠻人們爭著逃跑渡河，河上的橋斷了，在河裡淹死的也有好幾萬人。王宗範等準備搭浮橋渡過大渡河繼續追擊，蜀主下令召他們班師回去。

十二月二十一日癸未，蜀國的興州刺史兼北路制置指揮使王宗鐸進攻岐國的階州和固鎮，攻破細砂等十一個營寨，斬殺了四千人。二十二日甲申，指揮使王宗儼攻破岐國長城關等四個營寨，斬殺了二千人。

岐國靜難節度使李繼徽被他的兒子李彥魯毒死，李彥魯自立為留後。

貞明元年❶（乙亥　西元九一五年）

春，正月己亥❷，蜀主御得賢門受蠻俘，大赦。初，黎、雅蠻❸酋劉昌嗣、郝玄鑒、楊師泰，雖內屬於唐❹，受爵賞，號⿰犭周❺金堡三王，而潛通南詔，為之詗導❻。鎮蜀者多文臣，雖知其情，不敢詰。至是，蜀主數以漏泄軍謀，斬於成都市，毀⿰犭周金堡。自是南詔不復敢[1]犯邊。

二月，牛存節等拔彭城❼，王殷舉族自焚❽。

三月丁卯❾，以右僕射兼門下侍郎、同平章事❿趙光逢⓫為太子太保⓬，致仕⓭。

天雄⓮節度使兼中書令鄴王楊師厚卒。師厚晚年矜功恃眾，擅割財賦，選軍中驍勇，置銀槍[2]效節都[15]數千人，給賜優厚，欲以復故時牙兵之盛[16]。帝雖外加尊禮，內實忌之，及卒，私於宮中受賀。租庸使[17]趙巖[18]、判官[19]邵贊言於帝曰：「魏博為唐腹心之蠹[20]，二百餘年不能除去者，以其地廣兵強之故也。羅紹威[21]、楊師厚據之，朝廷皆不能制。陛下不乘此時為之計，所謂『彈疽不嚴，必將復聚[22]』，安知來者不為師厚乎？宜分六州為兩鎮以弱其權。」帝以為然，以平盧節度使賀德倫[23]為天雄節度使，置昭德軍於相州，割澶、衛二州隸焉，以宣徽使[24]張筠[25]為昭德節度使，仍分魏州將士、府庫之半於相州。筠，海州人也。二人既赴鎮，朝廷恐魏人不服，遣開封尹劉鄩將兵六萬自白馬[26]濟河，以討鎮、定[27]為名，實張形勢以脅之[28]。

魏兵皆父子相承數百年[29]，族姻磐結[30]，不願分徙。德倫屢趣之，應行者皆嗟怨，連營聚哭。己丑[31]，劉鄩屯南樂[32]，先遣澶州[33]刺史王彥章[34]將龍驤五百騎入魏州，屯金波亭。魏兵相與謀曰：「朝廷忌吾軍府彊盛，欲設策使之殘破耳。吾六州歷代藩鎮，兵未嘗遠出河門[35]，一旦骨肉流離，生不如死。」是夕，軍亂，縱火大掠，圍金波亭，王彥章斬關而走。詰旦[36]，亂兵入牙城[37]，殺賀德倫之親兵五百人，劫德倫置樓上。有效節軍校張彥者，自帥其黨，拔白刃[38]，止剽掠[39]。

夏，四月，帝遣供奉官(40)扈異撫諭魏軍，許張彥以刺史。彥請復相、澶、衛三州如舊制。異還，言張彥易與(41)，但遣劉鄩加兵，立當傳首。帝由是不許，但以優詔(42)答之。使者再返，彥裂詔書抵於地，戟手(43)南向詬(44)朝廷，謂德倫曰：「天子愚暗，聽人穿鼻(45)。今我兵甲雖彊，苟無外援，不能獨立，宜投款於晉。」遂逼德倫以書求援於晉(46)。

李繼徽假子保衡(47)殺李彥魯，自稱靜難留後，舉邠、寧(48)二州來附。詔以保衡為感化節度使，以河陽(49)留後霍彥威(50)為靜難節度使。

吳徐溫以其子牙內都指揮使(51)知訓(52)為淮南行軍副使、內外馬步諸軍副使。

晉王得賀德倫書，命馬步副總管李存審(53)自趙州引兵[3]進據臨清(54)。五月，存審至臨清，劉鄩屯洹水(55)。賀德倫復遣使告急于晉，晉王引大軍自黃澤嶺東下，與存審會於臨清，猶疑魏人之詐，按兵不進。德倫遣判官司空頲(56)犒軍，密言於晉王曰：「除亂當除根。」因言張彥凶狡之狀，勸晉王先除之，則無虞矣。王默然(57)。頲，貝州人也。

晉王進屯永濟(58)。張彥選銀槍效節五百人，皆執兵(59)自衛，詣永濟謁見。王登驛樓語之曰：「汝陵脅(60)主帥，殘虐百姓，數日中迎馬訴冤(61)者百餘輩(62)。我今舉兵而來，以安百姓，非貪人土地。汝雖有功於我，不得不誅以謝63魏人。」遂斬彥及其黨七人，餘眾股栗64。王召諭之曰：「罪止八人，餘無所問。自今當竭力為吾爪牙65。」眾皆拜伏，呼萬歲。明日，王緩帶輕裘66而進，令張彥之卒擐甲執兵67，翼馬而從68，仍以為帳前銀槍都69。眾心由是大服。

劉鄩聞晉軍至，選兵萬餘人，自洹水趣魏縣。晉王留李存審屯臨清，遣史建瑭70屯魏縣以拒之。王自引親軍至魏縣，與鄩夾河71為營。

帝聞魏博叛，大悔懼72，遣天平73節度使牛存節將兵屯74楊劉75，為鄩聲援。會存節病卒，以匡國76節度使王檀77代之。

岐王遣彰義78節度使劉知俊79圍邠州，霍彥威固守拒之。

【章　旨】以上為第五段，寫梁魏博叛附晉，晉王提兵親赴魏州與梁將劉鄩對峙。

【注　釋】❶貞明元年　後梁末帝是年十一月方改元貞明。❷己亥　正月初八日。❸黎雅蠻　指居住在黎州、雅州的蠻人。❹內屬於唐　歸附唐朝。❺獮　蠻語，意謂多、大。❻詗導　偵察引導。❼彭城　徐州節鎮治所，在今江蘇徐州。❽王殷舉族自焚　據《通鑑考異》所引〈朱友貞傳〉：「乾化四年十一月拔徐州，殷自燔死。」《五代通錄》和《舊五代史・王殷傳》皆云貞明元年春，《通鑑》從之。❾丁卯　三月初七日。❿右僕射兼門下侍郎同平章事　唐、五代時宰相官名，是總攬政務的最高行政長官。⓫趙光逢　字延吉，在唐以文行知名，時人稱之為「玉界尺」。傳見《舊唐書》卷一百七十八、《新唐書》卷一百八十二、《舊五代史》卷五十八、《新五代史》卷三十五。⓬太子太保　為親王、宰相的加官，表示恩寵，無實際職務。⓭致仕　退休。⓮天雄　方鎮名，即魏博鎮節度使。唐代宗廣德元年（西元七六三年）置，唐昭宗天祐六年（西元九〇四年）

賜號天雄軍節度。治所魏州，在今河北大名東北。天雄地處戰略要地，為富饒之區，魏晉以來一直是兵家必爭之地。⑮銀槍效節都　楊師厚所置牙兵名號。⑯復故時牙兵之盛　魏博牙兵自唐中葉田承嗣建節起設置，百餘年來異常驕橫，甚至左右節度使之立。西元九〇五年羅紹威在朱溫配合下大殺牙兵；至此楊師厚又準備恢復。⑰租庸使　官名，掌錢穀等事。⑱趙巖（?—西元九二三年）原名霖，唐末忠武軍節度使趙犨之次子，尚朱溫女長樂公主，權勢熏灼，人皆阿附。傳見《舊五代史》卷十四、《新五代史》卷四十二。⑲判官　這裡指租庸使判官，掌文書、案牘。⑳蠹　蛀蟲。㉑羅紹威　（西元八四三—九一〇年）字端己，魏州貴鄉（今河北大名）人，繼其父弘信為天雄軍節度使，因被牙兵壓制，大殺牙兵。傳見《舊唐書》卷一百八十一、《新唐書》卷二百十、《舊五代史》卷十四、《新五代史》卷三十九。㉒彈疽不嚴二句　原出《韓非子》，患疽者必盡彈去其膿血，始能生新肉而病癒。言去掉禍患，必要忍痛。㉓賀德倫　（?—西元九一六年）河西（今甘肅河西走廊）人，積功至平盧軍節度使。傳見《舊五代史》卷二十一、《新五代史》卷四十四。㉔宣徽使　官名，總領宮內諸司及三班內侍的名籍和郊祀、朝會、宴享、供帳等事。㉕張筠　海州（今江蘇連雲港市）人，積功至永平軍節度使。後梁亡事後唐，官左驍衛上將軍。傳見《舊五代史》卷九十、《新五代史》卷四十七。㉖白馬　白馬津，在今河南滑縣北。㉗鎮定　鎮州和定州。鎮州為王鎔割據，定州為王處直割據。㉘脅之　威脅魏人。㉙數百年　言其時間之久，並非實經數百年。自唐大曆田承嗣在魏博建牙兵起，實歷一百五十年。㉚磐結　盤根錯節。磐，通「盤」。㉛己丑　三月二十九日。㉜南樂　縣名，縣治在今河南南樂。㉝澶州　州名，治所頓丘，在今河南浚縣。㉞王彥章　（西元八六三—九二三年）字賢明，鄆州壽張（今山東陽穀）人，驍勇異常，人稱王鐵槍，積功為北面招討使。後被晉將夏魯奇所擒，遇害死。傳見《舊五代史》卷二十一、《新五代史》卷三十二。㉟河門　據《舊唐書》，魏州城外有河門舊堤，樂彥禎築羅城，約河門舊堤周八十里。㊱詰旦　第二天早晨。㊲牙城　唐代藩鎮主帥圍繞衙府所築之城。牙，通「衙」。㊳白刃　鋒利的刀。㊴止剽掠　制止掠奪搶劫。㊵供奉官　官名，在皇帝左右供職，專備宮中差遣。㊶易與　容易對付。㊷優詔　優容的詔書。指用好言慰撫。㊸戟手　徒手屈肘如戟形，指點人或怒罵人時常作如此形狀。㊹詬　罵。㊺穿鼻　被人牽著鼻子走。㊻求援於晉　向晉王李存勗請求出兵援助。㊼保衡　《通鑑考異》引《蜀書·劉知俊傳》作「李彥康」。㊽邠寧　皆州名。邠州治所新平，在今陝西彬縣。寧州治所安定，在今甘肅寧縣。㊾河陽　方鎮名，唐德宗建中二年（西元七八一年）置河陽三城。治所河陽，在今河南孟州。南臨黃河，向為洛陽外圍重鎮。㊿霍彥威　（西元八七二—九二八年）字子重，洺州曲周（今河北曲周）人，初為後梁將，後為後唐臣，積功至平盧節度使。傳見《舊五代史》卷六十四、《新五代史》卷四十六。(51)牙內都指揮使　節度使府武官名，權重，掌控兵馬。(52)知訓

（？—西元九一八年）徐溫長子，靠溫權勢，多為不法，為朱瑾所殺。傳見《十國春秋》卷十三。53李存審　（西元八六二—九二三年）字德詳，陳州宛丘（今河南淮陽）人，本姓符，從李克用，賜姓李，典義兒軍。積功至宣武節度使。傳見《舊五代史》卷五十六。54臨清　縣名，縣治在今山東臨清南，地處魏州北面。55洹水　亦稱安陽河，在魏州西面。56司空頲　（？—西元九一五年）貝州清陽（今河北清河縣東）人。傳見《舊五代史》卷七十一、《新五代史》卷五十四。57默然　表示晉王嘴上不說，心裡已經會意。58永濟　縣名，縣治在今山東冠縣北。59執兵　拿著武器。60陵脅　欺陵威脅。61迎馬訴冤　攔著馬頭訴說冤屈。62百餘輩　一百多批。輩，批。63謝　致歉；道歉。64股栗　兩腿發抖，形容恐懼到極點。65爪牙　得力的助手或黨羽。66緩帶輕裘　腰帶寬鬆，衣裘輕便。即輕裝便服，表示氣氛緩和、融洽。67擐甲執兵　穿著盔甲，拿著武器。68翼馬而從　左右相擁，隨從而行。表示對銀槍效節的信任。69帳前銀槍都　藩帥的衛隊、親軍。70史建瑭　（西元八八〇—九二一年）常為晉軍先鋒，積功至貝、相二州刺史。傳見《舊五代史》卷五十五、《新五代史》卷二十五。71河　指漳河。72大悔懼　大大地追悔和懼怕。73天平　方鎮名，唐憲宗元和十四年（西元八一九年）賜鄆、曹、濮節度使號天平軍節度使。治所鄆州，在今山東東平西北。74屯　駐紮。75楊劉　楊劉鎮，在今山東東阿東北。76匡國　方鎮名，唐肅宗乾元元年（西元七五八年）置，治所同州，在今陝西大荔。後梁移治所於許州。77王檀　（西元八六六—九一六年）字眾美，京兆（今西安）人，後梁大將，卒贈太師，諡忠毅。傳見《舊五代史》卷二十二、《新五代史》卷二十三。78彰義　方鎮名，唐昭宗乾寧元年（西元八九四年）涇原節度賜號彰義軍節度。治所涇州，在今甘肅涇川縣。79劉知俊　（？—西元九一七年）字希賢，徐州沛（今江蘇沛縣）人。傳見《舊五代史》卷十三、《新五代史》卷四十四。

【校記】1敢　原無此字。據章鈺校，十二行本、乙十一行本、孔天胤本皆有此字，今據補。2銀槍　原作「銀鎗」。據章鈺校，十二行本、乙十一行本「鎗」皆作「槍」，熊羅宿《胡刻資治通鑑校字記》同，今據改。3引兵　原無此二字。據章鈺校，十二行本、乙十一行本、孔天胤本皆有此二字，張敦仁《通鑑刊本識誤》、張瑛《通鑑校勘記》同，今據補。

【語譯】貞明元年（乙亥　西元九一五年）

春，正月初八日己亥，蜀主登上得賢門舉行接受蠻俘的儀式，下令實行大赦。起先，黎、雅兩州蠻酋劉昌嗣、郝玄鑒、楊師泰等人，雖然歸附唐朝，接受了爵位賞賜，號稱絧金堡三王，但卻暗中勾結南詔，為他們偵察引導。過去鎮守蜀地的多是文臣，雖然知道這一情況，但不敢責問他們。到這時，蜀主列舉他們洩漏軍情的罪狀，在成都街市上把他們斬首，並毀掉娴金堡。從此南詔不敢再來侵犯邊境了。

二月，牛存節等攻下彭城，王殷全族自焚而死。

三月初七日丁卯，任命右僕射兼門下侍郎、同平章事趙光逢為太子太保，並准許他告老還鄉。

天雄節度使兼中書令鄴王楊師厚去世。楊師厚晚年自恃有功和部屬眾多，擅自分割國家的錢財賦稅，挑選軍中的驍勇之士，設置銀槍效節都達幾千人，給以優厚的待遇和賞賜，想要恢復過去牙兵的盛況。梁末帝雖然表面上對他尊敬禮遇，內心裡實際對他充滿疑忌，等到楊師厚去世，梁末帝私下在宮中接受近臣的祝賀。租庸使趙巖、判官邵贊向梁末帝進言說：「魏博之所以成為唐朝的心腹大患，兩百多年都沒能除去，是因為他土地廣而兵馬強的緣故。羅紹威、楊師厚先後盤踞這個地方，朝廷都沒有辦法控制他們。陛下如果不乘這個時候有個好的打算，那就是古語所說的『彈疽不嚴，必將復聚』，你怎麼能知道後繼者不會成為第二個楊師厚呢？最好把魏博六州分為兩個鎮，以削弱他的權力。」梁末帝覺得他們說得對，於是任命平盧節度使賀德倫為天雄節度使，在相州設置昭德軍，把澶、衛兩州劃出來歸它管轄，任命宣徽使張筠為昭德節度使，並分出魏州的將士人馬和府庫財物的一半給相州。張筠，是海州人。兩人上任以後，朝廷擔心魏州的人不服，派開封尹劉鄩率軍六萬從白馬津渡過黃河，名義上是要討伐鎮州、定州，實際是擺出架勢對魏州人形成威懾。

魏博的軍隊都是父子相承歷經幾百年，相互之間的宗族、姻親關係盤根錯節，都不願意分開調走。賀德倫屢次催促他們，應該出發的人都在嗟歎怨恨，一座座軍營裡到處有人聚在一起大哭。三月二十九日己丑，劉鄩率軍屯駐南樂，先派澶州刺史王彥章率龍驤騎兵五百人進入魏州，屯駐在金波亭。魏州的軍人們相互商量說：「朝廷忌恨我們軍府力量強盛，想方設法要使我們殘破罷了。我們這六個州歷代都是藩鎮，軍隊從來沒有遠出到河門以外的地方，一旦骨肉離散，真是生不如死。」當晚，軍中發生騷亂，亂兵公然放火大肆搶劫，並包圍金波亭，王彥章砍開大門逃走。第二天一早，亂兵攻進牙城，殺了賀德倫的親兵五百人，劫持了賀德倫並把他安置在城樓上。有個名叫張彥的效節軍校，率領他的部屬，拔出白刃，制止亂兵們繼續搶掠。

夏，四月，梁末帝派供奉官扈異去安撫曉諭魏州的軍人，並答應要任命張彥為刺史。張彥請求恢復相、澶、衛三州舊日歸天雄軍管轄的建制。扈異回朝後，向梁末帝報告說張彥這個人容易對付，只要讓劉鄩再加派些兵力，立刻就可以把張彥斬首傳送到京師來。梁末帝由此就沒有答應張彥的請求，只是頒發了一道充滿褒揚之意的詔書答覆他。朝廷的使者再次回到魏州，張彥把詔書撕裂了丟在地上，用手指著南方大罵朝廷，並且對賀德倫說：「天子愚昧，任憑別人牽著鼻子走。現在我們兵力雖強，如果沒有外援，還是不能獨立出來，我看最好還是向晉國投誠。」於是逼迫賀德倫寫信向晉國求援。

李繼徽的養子李保衡殺了李彥魯，自稱為靜難留後，率領邠、寧兩州前來歸附梁朝。梁末帝下詔任命李保衡為感化節度使，任命河陽留後霍彥威為靜難節度使。

吳國的徐溫任命他的兒子牙內都指揮使徐知訓為淮南行軍副使、內外馬步諸軍副使。

晉王收到賀德倫的信後，命令馬步副總管李存審從趙州率兵佔據臨清。五月，李存審到達臨清，劉鄩則屯駐在洹水。賀德倫又派使者向晉國告急，晉王於是率大軍從黃澤嶺向東進兵，與李存審在臨清會師，但還是懷疑魏州人是不是在使詐，因此控制部隊不再前進。賀德倫派判官司空頲前去犒勞晉軍，祕密向晉王表示：「除亂應當消除其根本。」於是報告了張彥兇狠狡詐的情狀，勸晉王先把他除掉，這樣就沒有什麼可擔心的事了。晉王聽了之後沒有說話。司空頲，是貝州人。

晉王進兵屯駐在永濟。張彥挑選了銀槍效節五百人，都拿著兵器自衛，前往永濟謁見晉王。晉王登上驛樓，對張彥說：「你欺陵威脅主帥，殘害虐待百姓，幾天來攔著我的馬頭前來訴說冤情的已有一百多批人了。我這次興兵前來，是為了安定百姓，並不是貪取土地。你雖然對我有功，但我也不得不殺了你以向魏州的人致歉。」於是殺了張彥和他的死黨七個人，其餘的人都嚇得兩腿發抖。晉王把他們召來告訴他們說：「有罪的只有這八個人，其餘的人不再追究。從今以後你們應該竭力為我效勞。」眾人都拜伏在地，高呼萬歲。第二天，晉王穿著寬鬆輕便的服裝繼續進軍，命令張彥的部屬們穿著甲冑，手執兵器，在坐騎兩側隨行，並且仍然重用他們為帳前銀槍都。眾人由此對晉王大為佩服。

劉鄩聽說晉軍到了，挑選了萬多名軍士，從洹水趕赴魏縣。晉王留李存審屯駐臨清，派史建瑭屯駐魏縣以抵禦梁軍。自己率領親軍到達魏縣，與劉鄩隔著漳河相對紮營。

梁末帝聽說魏博叛變了，極為後悔恐懼，於是派天平節度使牛存節率軍屯駐楊劉，聲援劉鄩。恰遇牛存節生病去世，於是另外任命匡國節度使王檀代替他。

岐王派彰義節度使劉知俊圍攻邠州，霍彥威堅守城池抵禦。

六月庚寅朔❶，賀德倫帥將吏請晉王入府城慰勞。既入，德倫上印節❷，請王兼領天雄軍，王固辭曰：「比聞❸汴寇侵逼貴道，故親董師徒❹，遠來相救。又聞城中新罹塗炭❺，故暫入存撫。明公❻不垂鑒信，乃以印節見推，誠非素懷❼！」德倫再拜曰：「今寇敵密邇❽，軍城新有大變，人心未安。德倫腹心[1]紀綱❾為張彥所殺殆盡，形孤勢弱，安能統眾！一旦生事，恐負大恩。」王乃受之。德倫帥將吏拜賀，王承制以德倫為大同❿節度使，遣之官⓫。德倫至晉陽⓬，張承業⓭留之。

時銀槍效節都在魏城猶驕橫，晉王下令：「自今有朋黨流言及暴掠百姓者，殺無赦！」以沁州刺史李存進⓮為天雄都巡按使，有訛言搖眾及強取人一錢已⓯上者，存進皆梟首磔尸⓰於市。旬日，城中肅然，無敢喧譁者。存進本姓孫，名重進，振武人也。

晉王多出征討，天雄軍府事皆委判官司空頲決之。頲恃才挾勢，睚眦必報⑰，納賄驕侈。頲有從子⑱在河南，頲密使人召之，都虞候⑲張裕執其使者以白王，王責頲曰：「自吾得魏博，庶事悉以委公，公何得見欺如是！獨不可先相示邪！」揖令歸第。是日，族誅於軍門，以判官王正言⑳代之。正言，鄆州人也。

魏州孔目吏㉑孔謙㉒，勤敏多計數，善治簿書㉓，晉王以為支度務使㉔。謙能曲事權要，由是寵任彌固。魏州新亂之後，府庫空竭，民間疲弊，而聚三鎮之兵㉕，戰於河上，殆將十年，供億軍須㉖，未嘗有闕，謙之力也。然急徵重斂，使六州㉗愁苦，歸怨於王，亦其所為也。

張彥之以魏博歸晉也，貝州㉘刺史張源德㉙不從，北結滄德㉚，南連劉鄩以拒晉，數斷㉛鎮、定糧道。或說晉王：「請先發兵萬人取源德，然後東兼滄景㉜，則海隅之地皆為我有。」晉王曰：「不然。貝州城堅兵多，未易猝攻㉝。德州隸於滄州而無備，若得而戍之，則滄、貝不得往來。二壘㉞既孤，然後可取。」乃遣騎兵五百，晝夜兼行，襲德州。刺史不意晉兵至，踰城走㉟，遂克之。以遼州守捉將㊱馬通為刺史。

秋，七月，晉人夜襲澶州，陷之。刺史王彥章在劉鄩營，晉人獲其妻子，待之甚厚。遣間使㊲誘彥章，彥章斬其使，晉人盡滅其家。晉王以魏州㊳將李巖㊴為澶州刺史。

晉王勞軍於魏縣，因帥百餘騎循河而上，覘劉鄩營。會天陰晦，鄩伏兵五千於河曲叢林間，鼓譟而出，圍王數重。王躍馬大呼，帥騎馳突，所向披靡。裨將㊵夏魯奇㊶等操短兵力戰，自午至申，乃得出，亡其七騎，魯奇手殺百餘人，傷夷遍體，會李存審救兵至，乃得免。王顧謂從騎曰：「幾為虜嗤㊷。」皆曰：「適足使敵人見大王之英武耳。」魯奇，青州人也，王以是益愛之，賜姓名曰李紹奇。

【章　旨】以上為第六段，寫晉王李存勗兼領天雄節度使，智取德州、澶州。

【注　釋】❶庚寅朔　六月初一日。❷上印節　呈上天雄軍府印和旌節。意即交出權力。❸比聞　近來聽說。❹親董師徒　親自督領軍隊。❺新罹塗炭　新近遭到極其困苦之事。❻明公　尊稱，指賀德倫。❼素懷　本意；原來的想法。❽寇敵密邇　指劉鄩梁兵離魏州很近。❾腹心紀綱　親信、僕人，即指親軍。紀綱，這裡指奴僕。❿大同　方鎮名，唐僖宗乾符五年（西元八七八年）升大同防禦使為節度使。治所雲州，在今山西大同。轄雲、朔、蔚三州。⓫遣之官　派德倫到大同節度使任所。⓬晉陽　治所太原，在今山西太原，為晉國都。⓭張承業　（西元八四六—九二二年）字繼元，本姓康，同州（今陝西大荔）人，本為唐中使監軍，佐李克用，受顧命，官至開府儀同三司、左衛上將軍。傳見《舊五代史》卷七十二、《新五代史》卷三十八。⓮李存進　（西元八五七—九二二年）振武（今內蒙古和林格爾西北）人，為李克用養子，戰功卓著，李存勗譽之「吾之杜預也」。傳見《舊五代史》卷五十三、《新五代史》卷三十六。⓯已　通「以」。⓰梟首磔尸　砍頭分屍的酷刑。⓱睚眦必報　指不肯忍讓，小怨小忿一定要報復。睚眦，瞪眼睛，怒目而視，引申為小怨、小忿。⓲從子　姪子。⓳都虞候　虞候，節度使所置軍法官，其主官稱都虞候。⓴王正言　鄆州（今山東鄆城）人，居官小心端慎，與物無競。後唐莊宗時，官至守禮部尚書。傳見《舊五代史》卷六十九。㉑孔目吏　州府屬吏，掌文書檔案。事無大小，均經其手，一孔一目，無不綜理，故名。㉒孔謙　（?—西元九二六年）魏州（今河北大名）人，任後唐租庸使，以聚斂搜刮為能事。為明宗所殺。傳見《舊五代史》卷七十三、《新五代史》卷二十六。㉓簿書　簿冊文書。㉔支度務使　節度使幕職官，協助節度使處理政務。㉕三鎮之兵　指晉攻梁時的魏、并、鎮三鎮之兵。㉖軍須　軍需。須，通「需」。㉗六州　指魏博所屬魏、博、相、澶、衛、貝六州。㉘貝州　魏博的屬州，治所清河，在今河北南宮東南。㉙張源德　（?—西元九一六年）為後梁守貝州，不屈死。傳見《新五代史》卷三十三。㉚北結滄德　北面結援橫海軍。㉛數斷　多次截斷。㉜滄景　即橫海軍。唐德宗貞元三年（西元七八七年）置，治所滄州，在今河北滄州。㉝猝攻　出其不意地攻擊。㉞二壘　指滄州和貝州。㉟踰城走　越過城牆逃跑。㊱守捉將　軍官名，掌州軍事。㊲間使　做離間、策反工作的使者。㊳魏州　州名，治所貴鄉，在今河北大名東北。㊴李巖　（?—西元九三一年）《舊五代史》卷七十、《新五代史》卷二十六作「李嚴」。幽州（今北京市）人，為人明敏多藝能，習騎射，頗知書而辯，為後唐收蜀有功，官至泗州防禦使兼客省使。被孟知祥所殺。㊵裨將　副將。㊶夏魯奇　（西元八八三—九三一年）字邦傑，青州（今山東濰坊）人，後唐大將，通吏道，撫民有術。傳見《舊五代史》卷七十、《新五代史》卷三十三。㊷幾為虜嗤　李存勗引漢光武的話自嘲，強作輕鬆、詼諧。嗤，嗤笑。

【校　記】①腹心　原作「心腹」。據章鈺校，十二行本、乙十一行本、孔天胤本皆作「腹心」，今據改。

【語　譯】六月初一日庚寅，賀德倫率文臣武將請晉王進入府城慰勞軍隊。晉王進入府城後，賀德倫奉上府印旌節，請求晉王兼領天雄軍，晉王堅決推辭說：「最近聽說汴梁的賊寇侵逼你們，所以親率將士，遠道前來救援。又聽說城中百姓新近陷入困苦境地，所以暫時入城來慰撫。您不能體察和相信我的誠意，竟然要把府印和旌節讓給我，這實在不是我的本意啊！」賀德倫再拜請求說：「如今敵寇逼近，軍城中新近又發生過大的變亂，人心不安。德倫的親信和僕人被張彥幾乎殺光了，我處境孤單，力量微弱，怎麼能夠統率部眾呢！一旦發生變故，恐怕會辜負您的大恩。」晉王這才接受。賀德倫率領文臣武將向晉王行禮道賀，晉王則以唐朝天子的名義，任命賀德倫為大同節度使，讓他前往任所。賀德倫到達晉陽，張承業把他留住了。

當時銀槍效節都在魏州城還十分驕橫，晉王下令：「從今以後有敢結黨、散布流言及搶劫百姓的，殺無赦！」並任命沁州刺史李存進為天雄都巡按使，凡是有謠言惑眾及強行索取別人錢一文以上者，李存進都把他們抓來在街市上斬首分屍示眾。十來天之間，城中便恢復了秩序，沒有人再敢喧譁了。李存進本姓孫，名重進，是振武人。

晉王經常外出征討，天雄軍府的事務都委託給判官司空頲去決定。司空頲仗著有點才氣又有權勢，別人只要跟他有小的仇怨他都要實行報復，又收受賄賂，十分驕橫奢侈。司空頲有個姪子在黃河以南的梁朝境內，司空頲祕密派人把他召來，都虞候張裕抓到了司空頲的使者，並報告了晉王，晉王責備司空頲說：「自從我得到了魏博，眾多事務全都委託給你，你怎麼能這樣欺騙我呢！難道不可以先讓我知道嗎！」於是作揖相別讓司空頲回到府第。當天，就下令把司空頲全族的人都抓到軍門前斬首，另外任命判官王正言代替他的職務。王正言，是鄆州人。

魏州孔目吏孔謙，勤勞敏捷，長於計算，善於管理簿冊文書，晉王任命他為支度務使。孔謙能曲意奉事權貴要臣，因此受到的寵信更加穩固。魏州在新近的變亂之後，府庫空虛，百姓也疲憊不堪，但是，會集三鎮的兵馬，在黃河一帶作戰，前後將近十年，軍需糧餉的供應，不曾有過短缺，這些都是孔謙的功勞。然而徵收急賦斂重，使得六州的百姓窮愁困苦，怨恨晉王，這些也是孔謙所造成的。

張彥以魏博歸附晉國的時候，貝州刺史張源德不肯服從，他北面結交滄、德，南面聯合劉鄩，以抵禦晉軍，並且幾次切斷鎮州、定州的糧道。有人向晉王建議說：「請先派一萬多軍隊攻取張源德，然後往東兼併滄、景，那麼直到海邊的這一片土地都將歸我們所有了。」晉王說：「並非如此。貝州城池堅固，兵力眾多，倉促之間不容易攻下來。德州隸屬於滄州而又沒有什麼戒備，如果能拿下來並派軍隊戍守，那麼滄州、貝州之間就不能往來。兩個城被孤立之後，就可以把他們攻下來了。」於是派出騎兵五百名，日夜兼程，襲擊德州。德州刺史沒想到晉兵會來，翻越城牆逃走，於是晉軍攻下了德州。任命遼州守捉將馬通為刺史。

秋，七月，晉王軍隊夜襲澶州，把他攻了下來。刺史王彥章當時在劉鄩的軍營中，晉軍抓到了他的妻子兒女，待他們很優厚。派密使前去誘降王彥章，王彥章把晉王的使者殺了，晉王於是滅了王彥章全家。晉王任命魏州的部將李巖為澶州刺史。

晉王到魏縣勞軍，就此機會率百餘名騎兵沿漳河往上游走去以偵察劉鄩的營地。碰上那天天氣陰沉昏暗，劉鄩在河道轉彎處的叢林裡埋伏了五千名士兵，鼓噪而出，把晉王團團圍了好幾層。晉王躍馬大聲呼喊，率領騎兵左衝右突，所向披靡。副將夏魯奇等人手執短刀奮力作戰，從午時一直戰到申時，才衝出重圍，共損失了七名騎兵，夏魯奇親手殺了一百多名敵人，自己也遍體創傷，恰好李存審率救兵趕到，這才得以脫身。晉王回頭對隨從的騎兵們說：「差一點被賊人們笑話。」大家都說：「這正好讓敵人見識一下大王的英武罷了。」夏魯奇，是青州人，晉王因此次交戰而更加喜愛他，賜他姓名為李紹奇。

劉鄩以晉兵盡在魏州，晉陽必虛，欲以奇計襲取之，乃潛引兵自黃澤❶西去。晉人怪鄩軍數日不出，寂無聲迹，遣騎覘❷之，城中無煙火，但時見旗幟循堞❸往來。晉王曰：「吾聞劉鄩用兵，一步百計，此必詐也。」更使覘之，乃縛芻為人❹，執旗乘驢在城上耳。得城中老弱者詰之，云軍去已二日矣。晉王曰：「劉鄩長於襲人，短於決戰，計彼行纔及山下。」亟發騎兵追之。會陰雨積旬，黃澤道險，堇泥❺深尺餘，士卒援藤葛而進，皆腹疾足腫，或墜崖谷[1]，死者什二三。晉將李嗣恩❻倍道❼先入晉陽，城中知之，勒兵為備❽。鄩至樂平❾，糗糧❿且盡，又聞晉有備，追兵在後，眾懼，將潰⓫，鄩諭⓬之曰：「今去家千里，深入敵境，腹背有兵，山谷高深，如墜井中，去將何之！惟力戰庶幾⓭可免，不則以死報君親耳。」眾泣而止。周德威聞鄩西上，自幽州引千騎救晉陽，至土門⑭，鄩已整眾下山，自邢州陳宋口踰漳水⑮而東，屯於宗城⑯。鄩軍往還，馬死殆半⑰。

時晉軍乏食，鄩知臨清有蓄積，欲據之以絕晉糧道。德威急追鄩，再宿，至南宮⑱，遣騎擒其斥候⑲者數十人，斷腕而縱之，使言曰：「周侍中⑳已據臨清矣！」鄩軍大駭。詰朝㉑，德威略鄩營而過，入臨清，鄩引軍趨貝州。時晉王出師屯博州㉒，劉鄩軍㉓堂邑㉔，周德威攻之，不克。翌日，鄩軍于莘縣㉕，晉軍踵之㉖。鄩治莘城，塹㉗而守之，自莘及河築甬道㉘以通饋餉㉙。晉王營於莘西三十里，煙火相望㉚，一日數戰。

晉王愛元行欽㉛驍健，從代州刺史李嗣源求之。嗣源不得已獻之，以為散員㉜都部署㉝，賜姓名曰李紹榮。紹榮嘗力戰深入，劍中其面，未解㉞，高行周㉟救之得免。王復欲求行周，重於發言㊱，密使人以官祿啗㊲之，行周辭曰：「代州㊳養壯士，亦為大王耳，行周事代州，亦猶事大王也。代州脫行周兄弟於死，行周不忍負之。」乃止。

絳州㊴刺史尹皓攻晉之隰州㊵，八月，又攻慈州㊶，皆不克。王檀與昭義㊷ [2] 留後賀瓌㊸攻澶州㊹，拔之，執李巖，送東都㊺。帝以楊師厚故將楊延直為澶州刺史，使將兵萬人助劉鄩，且招誘魏人。晉王遣李存審將兵五千擊貝州。張源德有卒三千，每夕分出剽掠，州民苦之，請塹其城㊻以安耕耘。存審乃發八縣㊼丁夫塹而圍之。劉鄩在莘久，饋運不給㊽。晉人數抵其寨下挑戰，鄩不出。晉人乃攻絕其甬道，以千餘斧斬寨木，梁人驚擾而出，因俘獲而還。

【章旨】以上為第七段，寫梁名將劉鄩偷襲晉陽兵敗，退守莘縣與晉王對峙。

【注釋】❶黃澤　地名，在今山西左權東南，山道險峻、曲折，凡十八盤。❷覘　偵察。❸堞　城上的矮牆，亦稱女牆。❹縛芻為人　紮草把成人形。芻，草把。❺堇泥　粘土。❻李嗣恩　（？—西元九一八年）本姓駱，吐谷渾部人。為李克用養子，賜姓名，積功至振武節度使。傳見《舊五代史》卷五十二、《新五代史》卷三十六。❼倍道　用加倍的速度趕路。猶言兼程。❽勒兵為備　部署兵力，作好守備。❾樂平　縣名，縣治在今山西昔陽，距晉陽二百五十里。❿糗糧　泛指軍用乾糧。糗，炒熟的米麥等穀物。⓫潰　崩潰；離散。⓬諭　教育；開導。⓭庶幾　差不多；或許可以。⓮土門　即河北井陘。⓯踰漳水　渡過漳水。⓰宗城　縣名，縣治威縣，在今河北威縣。⓱殆半　將近一半。⓲南宮　縣名，在今河北南宮，至臨清約數十里。⓳斥候　舊時軍隊中負責偵察敵情的兵卒。⓴周侍中　指周德威，因破幽州授檢校侍中。㉑詰朝　第二天早晨。㉒博州　州名，治所聊城，在今山東聊城。㉓軍　駐紮。㉔堂邑　縣名，縣治在今山東聊城西北。㉕莘縣　縣名，縣治在今山東莘縣。㉖躡之　繼躡其後。謂晉軍緊緊咬住劉鄩軍追擊。躡，腳後跟。此處用作動詞。㉗塹　壕溝；護城河。㉘甬道　夾築垣牆，以防晉軍衝突、抄襲。㉙饋餉　糧餉。㉚煙火相望　指相距很近，彼此能看得見對方的炊煙和燈火。㉛元行欽　（？—西元九二六年）本幽州劉守光之愛將，降後唐，李存勗賜姓名為李紹榮，驍勇善戰，積功為鄴都行營招撫使。傳見《舊五代史》卷七十、《新五代史》卷二十五。㉜散員　後唐設散指揮都頭，名為散員。㉝都部署　武官名，即後之行軍統帥。㉞未解　未能解圍。㉟高行周　（？—西元九五一年）字尚質，嬀州（今河北懷來）人，官至後唐振武軍節度使，後晉歸德軍節度使，後漢天平軍節度使，後周封齊王。傳見《舊五代史》卷一百二十三、《新五代史》卷四十八。㊱重於發言　難以啟齒。㊲啗　利誘。㊳代州　指李嗣源。㊴絳州　州名，治所龍頭城，在今山西聞喜東北。㊵隰州　州名，治所隰川，在今山西隰縣。㊶慈州　州名，治所在今山西吉縣。㊷昭義　方鎮名，唐代宗大曆元年（西元七六六年）相衛六州節度使賜號昭義軍節度，治所相州，在今河南安陽。㊸賀瓌　（西元八五八—九一九年）字光遠，濮陽（今河南濮陽）人，投降朱溫，積功至宣義軍節度使。傳見《舊五代史》卷二十三、《新五代史》卷二十三。㊹澶州　州名，唐置，五代時州治濮陽，即今河南濮陽。㊺東都　後梁首都，在今河南開封。㊻塹其城　挖壕溝包圍貝州城，使貝州兵不得出來搶劫。㊼八縣　指貝州下轄清河、清陽、武城、經城、臨清、漳南、歷亭、夏津等八縣。㊽饋運不給　糧食物資的運送不能滿足需求。

【校記】[1]或墜崖谷　原無此四字。據章鈺校，十二行本、乙十一行本、孔天胤本皆有此四字，張敦仁《通鑑刊本識誤》、張瑛《通鑑校勘記》同，今據補。[2]昭義　胡三省考「昭義」當為「宣義」。嚴衍《通鑑補》據改「宣義」。查《舊五代史・賀瓌傳》瓌以天祐四年充昭義留後，至貞明三年授宣義節度使。故此處疑仍當作「昭義」，然以地望言，宣義似更近澶州。

【語譯】劉鄩認為晉國的軍隊都在魏州，晉陽一定空虛，就想用奇計來攻取晉陽，便祕密率軍從黃澤西進。晉軍正在奇怪劉鄩的軍隊幾天都沒出戰，營中靜悄悄的毫無活動，便派騎兵前去偵察，發現城中沒有煙火，只是常能見到旗幟沿著城堞來回遊動。晉王說：「我聽說劉鄩用兵，走一步路都會想出一百種計謀，這裡面一定有詐。」再派人前去偵察，原來是把草把紮成人形，讓它拿著旗幟坐在驢子上在城上來回走動。又抓到城中的老弱，追問之下，說是劉鄩的軍隊離開這裡已經兩天了。晉王說：「劉鄩帶兵擅長偷襲，不擅長決戰，估計他此行也才走到山下。」便急忙派出騎兵追趕。此時適逢十幾天都是陰雨，黃澤一帶道路很險，爛泥巴有一尺多深，士兵們只能抓著藤葛行進，許多人都肚子鬧病，腳也腫了起來，有的甚至墜落山崖、墜入山谷，死的人有十分之二三。晉將李嗣恩兼程趕路先行進入晉陽，晉陽城內知道了這一情況，便部署兵力作好了防備。劉鄩到達樂平，部隊的乾糧快要用光了，又聽說晉軍已經有了防備，而追兵就在後面，大家都感到恐懼，整個部隊幾乎就要潰散了，劉鄩訓勉他們說：「如今離家千里，深入敵境，前後都有敵軍，山高谷深，就像掉在井裡一樣，我們又能到哪裡去呢！現在只有奮力作戰，或許還有一線希望，要不然的話就只能用死來報答皇上和親人們了。」大家聽後都掉下了眼淚，這才停止騷動。周德威聽說劉鄩率軍西進，從幽州率領千餘名騎兵前去救援晉陽，到達土門時，劉鄩已經整頓部隊撤退下山，從邢州的陳宋口渡過漳河向東，屯駐在宗城。劉鄩軍隊這次往返，馬匹死了將近一半。

當時晉軍缺乏糧食，劉鄩知道臨清有蓄積的糧食，就想佔據該地以斷絕晉軍的糧道。周德威火速追趕劉鄩，兩天之後趕到南宮，派騎兵抓了劉鄩偵察部隊的幾十個人，砍斷了他們的手腕放他們回去，讓他們告訴劉鄩說：「周侍中已經佔領臨清了！」劉鄩的軍隊大吃一驚。第二天清晨，周德威的軍隊從劉鄩的營邊掠過，進入臨清，劉鄩只好率領部隊前往貝州。當時晉王出兵屯駐在博州，劉鄩則駐紮在堂邑，周德威向劉鄩發起攻擊，沒能攻下。第二天，劉鄩的軍隊在莘縣紮營，晉軍緊跟著追了上來。劉鄩於是整治莘縣城防，挖掘壕溝以供守備，又從莘縣至黃河邊修築了甬道以運輸糧餉。晉王的大營紮在莘縣西邊三十里，兩軍彼此都可以看見對方的炊煙和燈火，一日之內數次交戰。

晉王喜愛元行欽驍勇壯健，向代州刺史李嗣源要求把他調來。李嗣源不得已只好把他獻給晉王，晉王任命元行欽為散員都部署，賜姓名為李紹榮。李紹榮曾經奮力作戰深入敵境，被劍砍中了面部，未能脫身，高行周解救了他，他才得以保住性命。晉王想再向李嗣源要高行周，但難以啟齒，便私下裡派人以高官厚祿引誘高行周，高行周推辭說：「李嗣源在代州蓄養壯士，也是為了大王，我高行周侍奉李嗣源，也如同侍奉大王一樣。李嗣源曾經救我們兄弟免於一死，我實在不忍心辜負他。」晉王這才作罷。

絳州刺史尹皓進攻晉國的隰州，八月，又進攻慈州，都沒能攻下。王檀與昭義留後賀瓌進攻澶州，攻了下來，活捉李巖，解送到東都。梁末帝任命楊師厚的舊將楊延直為澶州刺史，讓楊延直率軍萬人去幫助劉鄩，並且招降魏州人。

晉王派李存審率軍五千進攻貝州。張源德在貝州有三千名士兵，每晚都分頭出來搶劫，貝州的百姓深以為苦，請求挖掘壕溝把州城和城外阻隔開來，以便他們安心耕耘。李存審於是發動貝州所屬八個縣的百姓挖掘壕溝，把貝州城圍了起來。

劉鄩駐紮在莘縣已經很久了，糧餉的運送時常接濟不上。晉人多次進逼到營寨前挑戰，劉鄩一直堅守不出。晉軍於是攻擊並截斷梁軍運送糧餉的甬道，又用千餘把斧子砍斫梁軍營寨的木欄，梁軍受驚擾而衝出寨門，晉軍乘機俘獲他們而回。

帝以詔書讓❶鄩老師費糧❷，失亡多，不速戰，鄩奏：「臣比❸欲以奇兵擣❹其腹心，還取鎮、定❺，期以旬時再清河朔❻。無何天未厭亂❼，淫雨積旬，糧竭士病。又欲據臨清斷其饋餉，而周楊五奄至❽，馳突如神❾。臣今退保莘縣，享士訓兵❿，以俟進取。觀其兵數甚多，便習騎射，誠為勍敵，未易輕也。苟有隙可乘，臣豈敢偷安養寇！」帝復問鄩決勝之策，鄩曰：「臣今無策，惟願人給十斛⓫糧，賊可破矣。」帝怒，責鄩曰：「將軍蓄米，欲破賊邪，欲療飢邪？」乃遣中使往督戰。

鄩集諸將問曰：「主上深居禁中，不知軍旅，徒與少年新進輩謀之。夫兵⓬在臨機制變⓭，不可預度。今敵尚彊，與戰必不利，柰何？」諸將皆曰：「勝負須[1]一決，曠日何待⓮！」鄩默然不悅，退謂所親曰：「主暗臣諛⓯，將驕卒惰，吾未知死所矣！」他日，復集諸將於軍門⓰，人置河水一器於前⓱，令飲之，眾莫之測⓲。鄩諭之曰：「一器猶難，滔滔之河，可勝盡乎！」眾失色。後數日，鄩將萬餘人薄⓳鎮、定營，鎮、定人驚擾。晉李存審以騎兵二千橫擊⓴之，李建及㉑以銀槍千人助之，鄩大敗，奔還㉒。晉人逐之，及寨下㉓，俘斬千計。

劉巖㉔逆㉕婦于楚，楚王殷遣永順㉖節度使存㉗送之。

【章旨】以上為第八段，寫梁將劉鄩與晉軍決戰，再次敗北。

【注釋】❶讓　責備。❷老師費糧　使軍隊久戰疲困，糜費糧食。❸比　近來。❹擣　打擊。❺鎮定　兩州名。鎮州治所鎮定，在今河北正定。定州治所盧奴，在今河北定州。❻河朔　泛指華北平原黃河以北之地。❼天未厭亂　天還沒有厭恨紛亂，嚮往太平。意謂天不遂人願。❽奄至　突然到來。❾馳突如神　奔馳衝突非常活躍，猶如神助。❿享士訓兵　宴享將士，訓練士兵。⓫斛　量器名，古時以十斗為一斛。⓬兵　戰爭；打仗。⓭臨機制變　遇到不同情況，隨時採取措施，適應變化的形勢。⓮曠日何待　荒廢了很長時間，等待什麼呢。⓯主暗臣諛　君主昏庸，臣子阿諛逢迎。⓰軍門　營門。這裡指主帥辦公的地方。⓱人置河水一器於前　在每人面前放一碗河水。⓲眾莫之測　大家猜想不到為了什麼。⓳薄　靠近；迫近；侵人。⓴橫擊　攔腰衝擊。㉑李建及　（西元八六四－九二〇年）許州（今河南許昌）人，本姓王，李克用賜今名。莊宗時，領魏博內外衙銀槍效節帳前親軍，屢立戰功。傳見《舊五代史》卷六十五、《新五代史》卷二十五。㉒奔還　逃回。㉓及寨下　直到劉鄩莘縣軍營前。㉔劉巖　（西元八八九－九四二年）南漢高祖，貞明三年（西元九一七年）即皇帝位，國號大越，改元乾亨。八年（西元九二四年），改名陟，九年（西元九二五年），又改名龑，西元九一七－九四二年在位。傳見《舊五代史》卷一百三十五、《新五代史》卷六十五。㉕逆　迎。㉖永順　方鎮名，唐昭宗光化元年（西元八九八年）置武貞軍節度使，領澧、朗、溆三州，治澧州，後梁改永順軍，治朗州，在今湖南常德。㉗存　馬存，馬殷之弟。傳見《十國春秋》卷七十一。

【校記】①須　原作「當」。據章鈺校，十二行本、乙十一行本皆作「須」，張敦仁《通鑑刊本識誤》同，今據改。

【語譯】梁末帝下詔書責備劉鄩使軍隊久戰疲困，耗費糧食，損失傷亡很多，不與敵人速戰速決，劉鄩上奏說：「臣近來想用奇兵直搗敵人的腹心，然後回頭攻取鎮州、定州，預計用十天左右的時間再來掃清河朔地區。怎奈老天似乎還沒有厭煩紛亂，接連下了十來天雨，我軍糧食供應不上，士卒也疲憊不堪。後來又打算佔據臨清以切斷敵人的糧餉供應，不料周楊五突然趕到，其奔馳衝擊如有神助。臣如今退守莘縣，宴享將士，訓練士兵，以等待時機再有所進取。臣觀察到敵軍人數眾多，熟習騎馬射箭，確實是一支勁敵，不能隨便看輕他們。假如有隙可乘的話，臣又怎敢苟且偷安而姑息縱容敵寇呢！」梁末帝又問他有什麼取勝的計謀，劉鄩回奏說：「臣如今還沒有什麼計謀，只希望能給每個士兵供應十斛糧餉，那麼敵人就可以擊敗了。」梁末帝一聽大怒，責問劉鄩說：「將軍積攢這些糧米，是想要破敵呢，還是想要救飢？」於是派中使前往督戰。

劉鄩召集眾將問道：「主上深居宮禁之中，不瞭解軍旅之事，只是與幾個年輕新進之輩商議。打仗這件事關鍵在於掌握時機靈活應對變化著的情勢，這是不可預測的。如今敵人還很強盛，與他們交戰對我們肯定不利，這事該怎麼辦呢？」眾將都說：「誰勝誰負還須做一次決戰，如今耗費了這樣長的時間不知究竟在等什麼！」劉鄩默不作聲，心裡很不高興，回來後對自己的親信們說：「主上昏庸，臣下阿諛逢迎，將領驕傲氣盛，而士卒又怠惰偷安，這樣下去我都不知道會死在哪裡了！」另一天，劉鄩又把眾將召集到主帥營門前，在每個人的面前擺上一碗河水，讓大家喝下去，大家都猜不透這是怎麼一回事。劉鄩告訴他們說：「一碗水尚且難以喝下去，滔滔的河水，難道可以喝完嗎！」眾人一聽，臉色都變了。幾天後，劉鄩率領萬餘名軍隊逼近鎮州、定州的營寨，鎮州、定州之人深受驚擾。晉國的李存審率領兩千名騎兵攔腰衝擊梁軍，李建及又率領一千名銀槍效節軍前來助戰，劉鄩的軍隊大敗，逃了回去。晉軍乘勝追擊，一直追到梁軍的營寨下，俘虜和斬殺的梁軍數以千計。

劉巖到楚國去迎娶媳婦，楚王馬殷派永順節度使馬存護送劉巖回去。

乙未❶，蜀主❷以兼中書令王宗綰為北路行營都制置使，兼中書令王宗播為招討使，攻秦州❸；兼中書令王宗瑤❹為東北面招討使，同平章事王宗翰❺為副使，攻鳳州❻。

庚戌❼，吳以鎮海節度使徐溫為管內水陸馬步諸軍都指揮使❽、兩浙都招討使、守侍中、齊國公，鎮潤州，以昇、潤、常、宣、歙、池六州❾為巡屬❿，軍國庶務參決如故⓫，留徐知訓居廣陵⓬秉政⓭。

初，帝為均王娶河陽節度使張歸霸⓮女為妃，即位，欲立為后。后以帝未南郊⓯，固辭。九月壬午⓰，妃疾甚，冊為德妃，是夕，卒。

康王友敬⓱，目重瞳子⓲，自謂當為天子，遂謀作亂。冬，十月辛亥⓳夜，德妃將出葬，友敬使腹心數人匿於寢殿⓴。帝覺之，跣足踰垣而出，召宿衛兵索殿中，得而手刃之。壬子㉑，捕友敬，誅之。

帝由是疏忌㉒宗室，專任趙巖及德妃兄弟漢鼎、漢傑，從兄弟漢倫、漢融㉓，咸居近職，參預謀議，每出兵必使之監護。巖等依勢弄權，賣官鬻獄，離間舊將相，敬翔㉔、李振㉕雖為執政，所言多不用。振每稱疾不預事，以避趙、張之族。政事日紊，以至於亡。

【章旨】以上為第九段，寫後梁政局不穩，宮廷發生未遂政變。

【注釋】❶乙未　八月初七日。❷蜀主　前蜀高祖王建，西元九〇八－九一八年在位。傳見《舊五代史》卷一百三十六、《新五代史》卷六十三、《十國春秋》卷三十五。❸秦州　州名，治所在今甘肅秦安北。❹王宗瑤　王建義子。傳見《十國春秋》卷三十九。❺王宗翰　本姓孟，王建義子。傳見《十國春秋》卷三十九。❻鳳州　州名，治所在今陝西鳳縣東。❼庚戌　八月二十二日。❽管內水陸馬步諸軍都指揮使　武官名，掌全國軍政的最高長官。❾昇潤常宣歙池六州　昇州治所上元，在今南京，潤州治所在今江蘇鎮江市，常州治所在今江蘇常州，宣州治所在今安徽宣州，歙州治所在今安徽歙縣，池州治所在今安徽池州貴池區。❿巡屬　管轄屬區。⓫如故　像過去一樣。⓬廣陵　吳國都，在今江蘇揚州。⓭秉政　掌握政權。⓮張歸霸　（？－西元九〇八年）字正臣，清河（今河北清河縣）人，初投黃巢，後歸朱溫，積功至河陽節度使。傳見《舊五代史》卷十六、《新五代史》卷二十二。⓯帝未南郊　後梁末帝未舉行過南郊祭天大典。⓰壬午　九月二十四日。⓱友敬　新、舊《五代史》均作友孜。梁太祖朱溫第八子。傳見《舊五代史》卷十二、《新五代史》卷十三。⓲目重瞳子　眼中有兩個瞳子。⓳辛亥　十月二十四日。⓴寢殿　天子臥室。㉑壬子　十月二十五日。㉒疏忌　疏遠顧忌。㉓德妃兄弟漢鼎漢傑二句　為張歸霸子、姪。後梁末帝時分掌權柄，藩鎮除拜多出其門。漢鼎早死，漢傑、漢倫、漢融同日被唐莊宗殺死。傳附《舊五代史》卷十六、《新五代史》卷二十二〈張歸霸傳〉。㉔敬翔　（？－西元九二三年）字子振，同州馮翊（今陝西大荔）人，好讀書，尤長刀筆，應用敏捷，為後梁宰相近三十年，梁亡，自殺，著有《大梁編遺錄》三十卷。傳見《舊五代史》卷十八、《新五代史》卷二十一。㉕李振　（？－西元九二三年）字興緒，積功至後梁戶部尚書。傳見《舊五代史》卷十八、《新五代史》卷四十三。

【語　譯】八月初七日乙未，蜀主任命兼中書令王宗綰為北路行營都制置使，兼中書令王宗播為招討使，進攻秦州；兼中書令王宗瑤為東北面招討使，同平章事王宗翰為副使，進攻鳳州。

八月二十二日庚戌，吳國任命鎮海節度使徐溫為管內水陸馬步諸軍都指揮使、兩浙都招討使、守侍中、齊國公，鎮守潤州，把昇、潤、常、宣、歙、池六州作為管轄屬區，並且仍舊參與軍國各種事務的決策，而把徐知訓留在廣陵主持國政。

當初，梁末帝當均王的時候，娶了河陽節度使張歸霸的女兒為王妃，均王登基後，想要立她為皇后。王妃認為梁末帝還沒有到南郊去祭天，就堅決推辭。九月二十四日壬午，妃子病得很重，梁末帝冊封她為德妃，當晚，她就去世了。

康王朱友敬，眼睛裡有兩個瞳孔，自認為應當成為皇帝，於是陰謀作亂。冬，十月二十四日辛亥夜晚，德妃將要出殯安葬，朱友敬派了幾個心腹躲在梁末帝的寢宮內。梁末帝發覺了，光著腳翻牆逃了出去，召喚值宿禁衛的士兵搜索寢宮中，抓到刺客後親手把他們殺死。二十五日壬子，逮捕朱友敬，並且誅殺了他。

梁末帝由此事件而疏遠顧忌宗室，只信任趙巖和德妃的兄弟張漢鼎、張漢傑，堂兄弟張漢倫、張漢融等人，這些人都在皇帝身邊官居要職，參與軍國事務的謀劃商議，每當有軍隊出征，也一定指派他們監護。趙巖等人依仗得勢，把持並濫用權力，收錢賣官，因訟得賄，離間舊日的將相大臣，敬翔和李振雖然擔任執政大臣，但所提出的建議大多不被採用。李振時常推說有病，不參與國事，以避開趙、張兩家的勢力。從此梁朝的國政一天比一天混亂，直到它被滅亡為止。

劉鄩遣卒詐降❶於晉，謀賂膳夫❷以毒晉王。事泄，晉王殺之，并其黨五人。

十一月己未❸夜，蜀宮火。自得成都❹以來，寶貨貯於百尺樓❺，悉為煨燼❻。諸軍都指揮使❼兼中書令宗侃❽等帥衛兵欲入救火，蜀主閉門不內❾。庚申旦❿，火猶未熄，蜀主出義興門見羣臣，命有司⓫聚太廟神主⓬，分巡都城⓭，言畢[1]，復入宮閉門。將相皆獻帷幕⓮、飲食⓯。壬戌⓰，蜀大赦。

乙丑⓱，改元⓲。

己巳⓳，蜀王宗翰引兵出青泥嶺⓴，克固鎮㉑，與秦州將郭守謙戰於泥陽川㉒，蜀兵敗，退保鹿臺山。辛未㉓，王宗綰等敗秦州兵於金沙谷㉔，擒其將李彥巢等，乘勝趣㉕秦州。興州㉖刺史王宗鐸克階州，降其刺史李彥安。甲戌㉗，王宗綰克成州㉘，擒其刺史李彥德㉙。蜀軍至上染坊㉚，秦州節度使李繼崇遣其子彥秀奉牌印迎降。宗綰[2]入秦州，表排陳使㉛王宗儔㉜為留後。劉知俊攻霍彥威於邠州㉝，半歲不克，聞秦州降蜀，知俊妻子皆遷成都，知俊解圍還鳳翔㉞。終懼及禍，夜帥親兵七十人，斬關而出。庚辰㉟，奔于蜀軍。王宗綰自河池㊱、兩當㊲進兵，會王宗瑤攻鳳州。癸未㊳，克之。

岐㊴義勝㊵節度使、同平章事㊶李彥韜㊷知岐王衰弱，十二月，舉耀㊸、鼎㊹二州來降。彥韜即溫韜也。乙未㊺，詔改耀州為崇州，鼎州為裕州，義勝軍為靜勝軍，復彥韜姓溫氏，名昭圖，官任如故。

丁未㊻，蜀大赦，改明年元曰通正㊼。置武興軍㊽於鳳州，割文、興二州㊾隸之，以前利州㊿團練使王宗魯(51)為節度使。

是歲，清海(52)、建武(53)節度使兼中書令劉巖，以吳越王鏐為國王而己獨為南平王(54)，表求封南越王及加都統，帝不許。巖謂僚屬曰：「今中國紛紛(55)，孰(56)為天子！安能梯航(57)萬里，遠事偽庭(58)乎！」自是貢使遂絕。

【章旨】以上為第十段，寫蜀國宮中大火。蜀兵兩路攻岐，岐王李茂貞勢衰。劉巖絕梁不入貢。

【注釋】❶詐降　假投降。❷膳夫　廚師。❸己未　十一月初三日。❹自得成都　王建於西元八九一年八月二十五日攻佔成都。❺百尺樓　蜀宮中樓名。❻煨燼　灰燼；燃燒後的殘餘。❼諸軍都指揮使　蜀軍各部的總指揮官。❽宗侃　本姓田，王建義子。傳見《十國春秋》卷三十九。❾閉門不內　關閉宮門不許入內，恐藉救火為名發動政變。內，通「納」。❿庚申旦　十一月初四早晨。⓫有司　各主管部門。⓬聚太廟神主　把太廟的祖宗神主牌位集中在一起。⓭分巡都城　分頭巡視首都城防，加強警衛。⓮帷幕　帳幔；帳子。⓯飲食　食物。⓰壬戌　十一月初六日。⓱乙丑　十一月初九日。⓲改元　指後梁改元貞明。據《通鑑考異》引《吳越備史》，改元貞明在正月初一日。⓳己巳　十一月十三日。⓴青泥嶺　又名泥公山，在今甘肅徽縣南，為甘、陝入蜀要路。㉑固鎮　在今甘肅徽縣。㉒泥陽川　水名，漢水支流，源出甘肅徽縣西北。㉓辛未　十一月十五日。㉔金沙谷　在今甘肅天水市東南。㉕趣　通「趨」。趕快奔向。㉖興州　州名，治所在今陝西略陽。㉗甲戌　十一月十八日。㉘成州　州名，治所在今甘肅成縣。㉙李彥德　素驍勇，常戴牛皮帽，披漆甲，跨黑馬，執斫刺刀，軍中目為「薄地鴉」。傳見《十國春秋》卷四十二。㉚上染坊　地名，在今甘肅天水市南。㉛排陳使　武官名，掌布列軍營、陣地等事。陳，「陣」的古字。㉜王宗儔　王建養子，官至山南節度使。傳見《十國春秋》卷三十九。㉝邠州　州名，治所在今陝西彬縣。㉞鳳翔　府名，唐肅宗至德二載（西元七五七年）升鳳翔郡為府。治所天興，在今陝西鳳翔。唐末李茂貞為鳳翔節度使，稱岐王。劉知俊還鳳翔，即還兵李茂貞。㉟庚辰　十一月二十四日。㊱河池　縣名，縣治在今甘肅徽縣西。㊲兩當　縣名，縣治在今甘肅兩當東。兩當之名所本有兩說，一說縣有兩當山而命名，一說縣有兩當水而命名。㊳癸未　十一月二十七日。㊴岐　指岐王李茂貞。㊵義勝　方鎮名，唐昭宗天祐三年（西元九〇六年）置，治所耀州，在今陝西耀州。㊶同平章事　為宰相專稱。藩鎮節度使帶此號則稱使相，為榮銜，不理事。㊷李彥韜　即溫韜（？—西元九二六年），少為盜，為耀州節度使時，盜挖唐代皇帝陵墓，取所藏金寶。為後唐明宗所殺。傳見《舊五代史》卷七十三、《新五代史》卷四十。㊸耀　州名，治所在今陝西耀州。㊹鼎　州名，治所在今陝西富平北。㊺乙未　十二月初九日。㊻丁未　十二月二十一日。㊼通正　前蜀王建稱帝後所改的第三個年號，僅一年，當西元九一六年。㊽武興軍　方鎮名，前蜀永平五年（西元九一五年）置。治所鳳州，在今陝西鳳縣東。㊾文興二州　文州治所在今甘肅文縣，興州治所在今陝西略陽。㊿利州　州名，治所在今四川廣元。(51)王宗魯　王建養子。傳見《十國春秋》卷三十九。(52)清海　方鎮名，唐昭宗乾寧二年（西元八九五年）賜嶺南東道節度號清海軍節度。

治所廣州，在今廣東廣州。53建武　方鎮名，南漢升邕州為建武軍節度。治所邕州，在今廣西南寧。54南平王　為郡王，地位低於國王。55紛紛　指藩鎮割據，動盪不安。56孰　誰；哪一個。57梯航　指梯山航海。即長途跋山涉水之意。梯，登；跋。58偽庭　指後梁政權。

【校　記】1畢　原作「訖」。據章鈺校，十二行本、乙十一行本皆作「畢」，今據改。2宗綰　原作「宗絳」。胡三省注云：「當作『宗綰』。」嚴衍《通鑑補》據改，當是，今據改。

【語　譯】劉鄩派士兵假裝投降晉國，陰謀收買廚師毒殺晉王。事情敗露，晉王把廚師和同黨五人全都殺了。

十一月初三日己未夜晚，蜀國的宮中發生火災。蜀自從佔領成都以來，寶物都貯藏在宮中的百尺樓裡，這回全被燒為灰燼。諸軍都指揮使兼中書令王宗侃等人率領衛兵想入宮救火，蜀主卻關閉宮門不放他們進來。初四日庚申早晨，大火還沒有熄滅，蜀主從義興門出來和群臣見面，又命令主管官員把太廟的神主集中到一起，並分頭到都城各處去巡查以加強警衛，說完，又進宮把門關上。將相大臣們紛紛獻上帷幕、飲食等物品。初六日壬戌，蜀國實行大赦。

十一月初九日乙丑，梁朝改年號為貞明。

十一月十三日己巳，蜀國的王宗翰率軍出青泥嶺，攻克固鎮，與秦州的將領郭守謙在泥陽川交戰，蜀軍大敗，退守到鹿臺山。十五日辛未，王宗綰等人在金沙谷擊敗了秦州的軍隊，擒獲其將領李彥巢等人，並乘勝直奔秦州。興州刺史王宗鐸攻下了階州，階州刺史李彥安投降。十八日甲戌，王宗綰攻下了成州，擒獲其刺史李彥德。蜀軍到達上染坊，秦州節度使李繼崇派他的兒子李彥秀捧著牌印迎降。王宗綰進入秦州，上表請求蜀主任命排陳使王宗儔為留後。劉知俊在邠州攻打霍彥威，半年沒攻下來，聽說秦州投降了蜀國，自己的妻子、兒子都被遷往成都，劉知俊便解除了對邠州的包圍回到鳳翔。最終還是害怕會被惹上災禍，於是趁夜率領七十名親兵，闖開關門逃出。二十四日庚辰，投奔了蜀軍。王宗綰從河池、兩當進軍，會同王宗瑤一起進攻鳳州。二十七日癸未，攻下了鳳州。

岐國的義勝節度使、同平章事李彥韜知道岐王的勢力已日漸衰弱，十二月，率耀、鼎二州前來向梁朝投降。李彥韜就是溫韜。初九日乙未，梁末帝下詔改稱耀州為崇州，鼎州為裕州，義勝軍為靜勝軍，並且讓李彥韜恢復溫姓，改名叫昭圖，所任的官職照舊。

十二月二十一日丁未，蜀國實行大赦，改明年的年號為通正。又在鳳州設置了武興軍，劃出文、興二州歸它管轄，任命前利州團練使王宗魯為節度使。

這一年，清海、建武節度使兼中書令劉巖，認為吳越王錢鏐做了國王，而惟獨自己還是南平王，於是上表請求封他為南越王並加都統的稱號，梁末帝沒有答應。劉巖對僚屬說：「如今中原動盪紛亂，哪一個人能算是真正的天子呢！我們怎麼能跋山涉水不遠萬里地去侍奉一個偽政權呢！」從此就不再向梁朝通使入貢了。

二年（丙子　西元九一六年）

春，正月，宣武❶節度使、守中書令、廣德靖王全昱❷卒。

帝聞前河南府參軍❸李愚學行❹，召為左拾遺❺，充崇政院直學士❻。衡王友諒❼貴重，李振等見，皆拜之，愚獨長揖。帝聞而讓之，曰：「衡王於朕，兄也。朕猶拜之，卿長揖，可乎？」對曰：「陛下以家人禮見衡王，拜之宜也。振等陛下家臣，臣於王無素❽，不敢妄有所屈。」久之，竟以抗直❾罷為鄧州❿觀察判官⓫。

蜀主以李繼崇為武泰⓬節度使、兼中書令、隴西王。

二月辛丑⓭夜，吳宿衛將⓮馬謙、李球劫吳王登樓，發庫兵⓯討徐知訓。知訓將出走，嚴可求⓰曰：「軍城⓱有變，公先棄眾自去，眾將何依⓲！」知訓乃止。

眾猶疑懼，可求闔戶⑲而寢，鼾息⑳聞於外，府中稍安。壬寅㉑，謙等陳㉒于天興門㉓外。諸道副都統㉔朱瑾自潤州至，視之，曰：「不足畏也。」返顧㉕外眾，舉手大呼，亂兵皆潰㉖，擒謙、球，斬之。

帝屢趣㉗劉鄩戰，鄩閉壁㉘不出。晉王乃留副總管㉙李存審守營，自勞軍㉚於貝州，聲言㉛歸晉陽。鄩聞之，奏請襲魏州，帝報曰：「今掃境內以屬將軍㉜，社稷㉝存亡，繫㉞茲一舉，將軍勉之㉟！」鄩令澶州刺史楊延直引兵萬人會於魏州，延直夜半至城南，城中選壯士五百潛出擊之，延直不為備，潰亂而走。詰旦，鄩自莘縣悉眾㊱至城東，與延直餘眾合。李存審引營中兵躡其後㊲，李嗣源以城中兵出戰，晉王亦自貝州至，與嗣源當㊳其前。鄩見之，驚曰：「晉王邪！」引兵稍卻㊴，晉王躡㊵之，至故元城㊶西，與李存審遇。晉王為方陳㊷於西北，存審為方陳於東南，鄩為圓陳㊸於其中間，四面受敵。合戰良久㊹，梁兵大敗，鄩引數十騎突圍走。梁步卒凡七萬，晉兵環而擊之㊺，敗卒登木㊻，木為之折，追至河上，殺溺殆盡。鄩收散卒自黎陽㊼度河，保滑州㊽。

匡國節度使王檀密疏請發關西㊾兵襲晉陽，帝從之，發河中㊿、陝(51)、同(52)、華(53)諸鎮兵合三萬，出陰地關(54)，奄至(55)晉陽城下，晝夜(56)急攻。城中無備，發諸司丁匠[57]及驅市人[58]乘城拒守，城幾陷者數四，張承業[59]大懼。代北故將安金全[60]退居太原，往見承業曰：「晉陽根本之地，若失之，則大事去矣。僕雖老病，憂兼家國[61]，請以庫甲[62]見授，為公擊之。」承業即與之。金全帥其子弟及退將[63]之家得數百人，夜出北門，擊梁兵於羊馬城內。梁兵大驚，引卻。昭義[64]節度使李嗣昭聞晉陽有寇，遣牙將[65]石君立[66]將五百騎救之。君立朝發上黨，夕至晉陽。梁兵扼[67]汾河橋[68]，君立擊破之，徑至城下大呼曰：「昭義侍中[69]大軍至矣。」遂入城。夜與安金全等分出諸門擊梁兵，梁兵死傷什二三。詰朝，王檀引兵大掠而還。晉王性矜伐[70]，以策非己出，故金全等賞皆不行[71]。梁兵之在晉陽城下也，大同節度使賀德倫部兵多逃入梁軍，張承業恐其為變[72]，收[73]德倫，斬之。

帝聞劉鄩敗，又聞王檀無功，歎曰：「吾事[74]去矣！」

【章旨】以上為第十一段，寫梁將劉鄩兵敗魏州，全軍覆沒。

【注釋】❶宣武　方鎮名，唐德宗建中二年（西元七八一年）置，治宋州。興元元年（西元七八四年）徙治汴州，在今河南開封。❷廣德靖王全昱　即朱全昱（？—西元九一六年），後梁太祖朱全忠長兄，戇樸無能。封廣王，諡德靖。傳見《舊五代史》卷十二、《新五代史》卷十三。❸參軍　官名，州府、王府均置。州府參軍，為諸曹長官。❹學行　學問好，人品好。❺左拾遺　屬門下省，掌對皇帝規諫，糾正違失，舉薦人員等。❻崇政院直學士　在正職外別加職名，備顧問。❼友諒　（？—西元九二三年）廣王朱全昱子，初封衡王，後嗣廣王。傳見《舊五代史》卷十二、《新五代史》卷十三。❽無素　平常無交往。

❾抗直　剛直不屈。❿鄧州　州名，治所在今河南鄧州。⓫觀察判官　觀察使司的屬官，佐觀察使處理政務。⓬武泰　方鎮名，前蜀王建以黔州為武泰軍。治所黔州，在今重慶市彭水苗族土家族自治縣。後治所遷涪州，在今重慶市涪陵。⓭辛丑　二月十六日。⓮宿衛將　在宮廷中值勤的警衛軍將領。⓯發庫兵　打開武器庫，分發武器。⓰嚴可求　（？—西元九三〇年）同州（今陝西大荔）人，少聰敏、有心計，為徐溫謀臣，長於謀略。官至吳左僕射。傳見《十國春秋》卷十。⓱軍城　節度使府城。這裡指揚州府城。⓲何依　依靠誰。⓳闔戶　關門。戶，門扇。⓴鼾息　打呼嚕聲。㉑壬寅　二月十七日。㉒陳列陣；將軍隊排列開來。㉓天興門　楊行密以揚州牙城南門為天興門。㉔諸道副都統　都統，行營都統之省稱，戰時為統兵元帥，節制諸道出征之兵，故稱諸道都統。有正、副都統。㉕返顧　回頭。㉖亂兵皆潰　亂兵全部潰散。足見吳兵畏服朱瑾。㉗趣　催促；敦促。㉘閉壁　堅守營壘。㉙副總管　武官名，職掌副指揮。㉚勞軍　慰勞軍隊。指慰勞包圍貝州張源德的晉軍。㉛聲言　揚言。㉜今掃境內以屬將軍　現今把全國兵力物力都集中起來歸屬將軍。㉝社稷　社，土神。稷，穀神。此指國家。㉞縶　縛，引申為寄託。㉟勉之　努力做好。指戰勝敵人。㊱悉眾　全部軍隊。㊲躡其後　跟在劉鄩軍隊的後面。㊳當遭遇；對峙。㊴稍卻　稍稍退卻。㊵躡　追蹤；跟蹤。㊶故元城　這裡指隋所置元城縣，縣治古殷城，在今河南商城西。㊷方陳　方形軍陣。㊸圓陳　圓形軍陣，以便四面八方迎敵。㊹合戰良久　接戰很長時間。㊺環而擊之　包圍起來攻打它。㊻登木　爬到樹上。㊼黎陽　縣名，縣治在今河南浚縣東。㊽滑州　州名，治所白馬，在今河南滑縣東。㊾關西　地區名，即關中，泛指函谷關或潼關以西地區。㊿河中　方鎮名，唐肅宗至德二載（西元七五七年）置。治所蒲州，在今山西永濟。(51)陝　陝州，治所陝縣，在今河南陝縣。(52)同　同州，治所武鄉，在今陝西大荔。(53)華　華州，治所華山，在今陝西華縣。(54)陰地關　關名，在今山西靈石西南。(55)奄至　突然到達。(56)晝夜　日夜。(57)丁匠　工匠。(58)市人　商人。(59)張承業　留守晉陽監軍。(60)安金全　（？—西元九二八年）代北（今山西雁門以北）人，為人驍果，工騎射，號能擒生踏伏，官至振武軍節度使、同中書門下平章事。傳見《舊五代史》卷六十一、《新五代史》卷二十五。(61)憂兼家國　晉陽若陷，國破家亡，所以安金全憂家憂國。(62)庫甲　兵庫中的盔甲、武器裝備。(63)退將　退役在家的將領。(64)昭義　方鎮名，唐代宗大曆元年（西元七六六年）相衛六州節度賜號昭義節度。治所潞州，在今山西長治。(65)牙將　率領牙兵（親兵）的軍官。(66)石君立　（？—西元九二三年）又名石家財，趙州昭慶（今河北隆平東）人，素驍勇，李嗣昭每出征，常以君立為前鋒。傳見《舊五代史》卷六十五。(67)扼　把守。(68)汾河橋　在晉陽城東南汾河上。(69)昭義侍中　指李嗣昭。因李嗣昭以節度使兼侍中為使相，故稱之。(70)矜伐　自以為能而加以誇耀。源出《尚書・大禹謨》：「汝惟不矜，天下莫與汝爭能；汝惟不伐，天下莫與汝爭功。」(71)賞皆不行

有功而全不給獎賞。72為變　指發動兵變。73收　逮捕。74事　指帝王的事業。

【語　譯】二年（丙子　西元九一六年）

春，正月，宣武節度使、守中書令、廣德靖王朱全昱去世。

梁末帝聽說前河南府參軍李愚的學問人品都很好，就徵召他為左拾遺，充任崇政院直學士。衡王朱友諒地位尊貴，李振等大臣見到他，都行拜見之禮，惟有李愚見到他拱手作揖。梁末帝聽說後責備他，說：「衡王是朕的兄長。朕都向他行拜見之禮，而你只是拱手作揖，合適嗎？」李愚回答說：「陛下用家裡人的禮節見衡王，拜他是合適的。李振等人也是陛下的家臣，而臣與衡王素無來往，不敢隨便地表示過分的謙卑。」時間一長，李愚終因性情耿直不屈被貶為鄧州觀察判官。

蜀主任命李繼崇為武泰節度使、兼中書令、隴西王。

二月十六日辛丑夜晚，吳國的宿衛將馬謙、李球劫持吳王登上城樓，打開武器庫分發武器以討伐徐知訓。徐知訓準備逃走，嚴可求對他說：「軍城發生事變，你拋棄大家自己先離開，大家還能依靠誰呢！」徐知訓這才放棄逃走的念頭。大家還是有些疑慮害怕，嚴可求卻關起門來睡大覺，鼾聲在門外都能聽得見，看到他這樣，府中才漸漸安定下來。十七日壬寅，馬謙等人在天興門外擺開了陣勢。這時諸道副都統朱瑾從潤州趕到，看了一下陣勢，說：「沒有什麼好害怕的。」回過頭對著城外的兵眾們，抬起手大聲呼喊，亂兵都潰散了，活捉了馬謙、李球，把兩人斬首。

梁末帝多次催促劉鄩出戰，劉鄩關閉營壘，不出來交戰。晉王於是留下副總管李存審守衛大營，自己在貝州慰勞軍隊，聲稱返回晉陽。劉鄩聽到這一消息，就向梁末帝上奏請求襲擊魏州，梁末帝回覆他說：「如今把全國的兵力物力都集中起來歸屬將軍，國家的存亡，在此一舉了，將軍你要努力做好啊！」劉鄩命令澶州刺史楊延直率軍萬人到魏州會合，楊延直半夜趕到魏州城南，城中守軍挑選了五百名壯士悄悄地出城攻殺梁軍，楊延直沒做防備，結果梁軍潰亂逃走。第二天清晨，劉鄩從莘縣率領全部兵力到達魏縣城東，與楊延直的殘餘部隊會合。李存審率軍營中的士卒跟在劉鄩的後面，李嗣源率城中士卒出來交戰，晉王也從貝州趕到，與李嗣源一起在梁軍前面抵敵。劉鄩看到後，大吃一驚說：「這是晉王吧！」於是率軍漸漸後退，晉王則率軍跟在後面，一直到了舊元城的西邊，與李存審的軍隊遭遇。晉王在西北面布下方陣，李存審在東南面布下方陣，劉鄩在二者之間布下圓陣，四面都受敵。雙方混戰了很長時間，梁兵大敗，劉鄩率數十名騎士突圍逃走。梁軍的步兵共有七萬人，被晉兵團團圍住四面攻擊，敗兵們爬到樹上，樹都被壓斷了，一路被追殺到了黃河邊，梁兵幾乎全被殺死和淹死了。劉鄩收羅逃散的殘兵從黎陽渡過黃河，退守滑州。

匡國節度使王檀祕密上疏，請求調發關西地區的軍隊襲擊晉陽，梁末帝允許了，於是調發河中、陝、同、華各鎮的軍隊合計三萬人，經過陰地關，突然出現在晉陽城下，日夜不停地猛烈攻城。晉陽城中沒有防備，臨時徵調各衙門中的工匠，並且驅趕城裡的商人登城應戰防守，有好幾次城池幾乎要被攻陷，張承業感到非常害怕。代北的舊將安金全退居在太原，前去面見張承業說：「晉陽是國家的根本之地，如果失守，大勢就去了。老奴雖然年老多病，但也憂國憂家，請您把武庫中的盔甲、武器交給我，我願意替您去擊退梁兵。」張承業當即就把武器裝備給了他。安金全率領他的子弟以及退役將領們家裡的人員共有幾百人，乘著夜色從北門出擊，進攻羊馬城內的梁兵。梁兵大吃一驚，便往後撤退。昭義節度使李嗣昭聽說晉陽有敵寇，派牙將石君立率五百騎兵前去救援。石君立早晨從上黨出發，晚上就到了晉陽。梁兵扼守在汾河橋，石君立把他們擊潰了，一直衝到城下，大聲喊道：「昭義侍中的大軍來了。」於是進入城中。夜晚石君立和安金全等人分別從各城門出擊梁兵，梁兵死傷了十分之二三。第二天一早，王檀率軍大肆搶劫一番後就撤退回去了。晉王生性自負其才能，因為晉陽解圍的計策不是他自己謀劃的，所以對於安金全等人都沒有給與獎賞。梁軍兵臨晉陽城下的時候，大同節度使賀德倫部的士兵很多都逃到梁軍那裡去了，張承業擔心大同會發生變亂，就逮捕了賀德倫，並把他殺了。

梁末帝聽說劉鄩吃了敗仗，又聽說王檀無功而返，歎氣說：「我的帝王事業大勢已去了！」

三月乙卯朔❶，晉王攻衛州❷，壬戌❸，刺史米昭降之。又攻惠州❹，刺史靳紹走，擒斬之，復以惠州為磁州。晉王還魏州。○上屢召劉鄩不至，己巳❺，即以鄩為宣義❻節度使，使將兵屯黎陽❼。

夏，四月，晉人拔洺州❽，以魏州都巡檢使❾袁建豐❿為洺州刺史。

劉鄩既敗，河南⓫大恐，鄩復不應召，由是將卒皆搖心⓬。帝遣捉生都指揮使⓭李霸帥所部千人戍楊劉⓮，癸卯⓯，出宋門⓰。其夕，復自水門入，大譟，縱火剽掠，攻建國門⓱。帝登樓拒戰。龍驤四軍⓲都指揮使杜晏球⓳以五百騎屯毬場⓴，賊以油沃幕㉑，長木揭之㉒，欲焚樓，勢甚危。晏球於門隙窺之，見賊無甲胄㉓，乃出騎擊之，決力死戰，俄而賊潰走。帝見騎兵擊賊，呼曰：「非吾龍驤之士乎？誰為亂首？」晏球曰：「亂者惟李霸一都㉔，餘軍不動。陛下但帥控鶴㉕守宮城，遲明㉖，臣必破之。」既而晏球討亂者，闔營皆族之㉗，以功除㉘單州㉙刺史。

五月，吳越王鏐㉚遣浙西安撫判官皮光業㉛自建、汀、虔、郴、潭、岳、荊南道入貢。光業，日休之子也。

六月，晉人攻邢州㉜，保義㉝節度使閻寶㉞拒守。帝遣捉生都指揮使張溫㉟將兵五百救之，溫以其眾降晉。

秋，七月甲寅朔[36]，晉王至魏州。○上嘉吳越王鏐貢獻之勤，壬戌[37]，加鏐諸道兵馬元帥。朝議[38]多言鏐之入貢，利於市易[39]，不宜過以名器假之[40]。翰林學士竇夢徵[41]執麻以泣[42]，坐貶蓬萊尉。夢徵，棣州人也。

甲子[43]，吳潤州牙將周郊作亂，入府，殺大將秦師權等，大將陳祐[44]等討斬之。

八月丁酉[45]，以太子太保[1]致仕趙光逢為司空兼門下侍郎、同平章事。

丙午[46]，蜀主以王宗綰為東北面都招討[47]，集王宗翰、嘉王宗壽為第一、第二招討，將兵十萬出鳳州；以王宗播為西北面都招討，武信[2]節度使劉知俊、天雄[48]節度使王宗儔、匡國軍使唐文裔[49]為第一、第二、第三招討，將兵十二萬出秦州，以伐岐。

晉王自將攻邢州，昭德[50]節度使張筠棄相州走。晉人復以相州隸天雄軍，以李嗣源為刺史。晉王遣人告閻寶以相州已拔，又遣張溫帥援兵至城下諭之，寶舉城降。晉王以寶為東南面招討使、領天平節度使、同平章事，以李存審為安國[51]節度使，鎮邢州。

契丹[52]王阿保機[53]帥諸部兵三十萬，號百萬，自麟[54]、勝[55]攻晉蔚州[56]，陷之，虜振武節度使李嗣本。遣使以木書[57]求貨於大同防禦使李存璋[58]，存璋斬其使。契丹進攻雲州，存璋悉力拒之。

九月，晉王還晉陽。王性仁孝，故雖經營河北，而數還晉陽省曹夫人[59]，歲再三焉。

晉人以兵逼滄州[60]，順化[61]節度使戴思遠[62]棄城奔東都[63]，滄州將毛璋[64]據城降晉。晉王命李嗣源將兵鎮撫之，嗣源遣璋詣晉陽。晉王徙李存審為橫海節度使，鎮滄州，以嗣源為安國節度使。嗣源以安重誨[65]為中門使[66]，委以心腹[67]，重誨亦為嗣源盡力。重誨，應州胡人也。

晉王自將兵救雲州。行至代州，契丹聞之，引去，王亦還。以李存璋為大同節度使。

晉人圍貝州踰年，張源德聞河北諸州皆為晉有，欲降，謀於其眾。眾以窮而後降，恐不免死，不從，共殺源德，嬰城[68]固守。城中食盡，啗人為糧，乃謂晉將曰：「出降懼死，請擐甲執兵[69]而降，事定而釋之[70]。」晉將許之，其眾三千出降，既釋甲，圍而殺之，盡殪。晉王以毛璋為貝州刺史。於是河北皆入於晉，惟黎陽為梁守。○晉王如魏州。

吳光州(71)將王言殺刺史載肇[3]，吳王遣楚州(72)團練使(73)李厚(74)討之。廬州(75)觀察使(76)張崇(77)不俟命，引兵趣光州，言棄城走。以李厚權知光州。崇，慎縣人也。

【章旨】以上為第十二段，寫晉王盡有梁河北之地，北退契丹。

【注釋】①乙卯朔　三月初一日。②衛州　州名，治所朝歌，在今河南淇縣。③壬戌　三月初八日。④惠州　即磁州，後梁改惠州。治所釜陽，在今河北磁縣。因州西北有慈石山，出磁石，州治又為磁石集散地而得名。⑤己巳　三月十五日。⑥宣義　方鎮名，唐僖宗光啟二年（西元八八六年）朱全忠請改義成軍節度使為宣義軍節度使，以避父朱誠之諱。治所滑州，在今河南滑縣。⑦黎陽　縣名，縣治在今河南浚縣東北。⑧洺州　州名，治所廣年，在今河北永年東南。⑨都巡檢使　官名，為節度使之副貳，掌監察軍政諸事。⑩袁建豐　（西元八七三－九二八年）後唐大將，積功至鎮南節度使。傳見《舊五代史》卷六十一、《新五代史》卷二十五。⑪河南　指後梁朝廷。⑫搖心　思想動搖。⑬捉生都指揮使　武官名，五代營一級統兵官稱指揮使，都指揮使為其統領。⑭楊劉　地名，故址在今山東東阿北楊柳村。⑮癸卯　四月十九日。⑯宋門　汴梁城東面南來第二門。⑰建國門　後梁王城南為建國門。⑱龍驤四軍　皇帝儀仗隊，即禁衛軍。⑲杜晏球　（西元八六八－九二九年）字瑩之，洛陽人，本姓王，為汴州富戶杜氏在亂中所得，冒姓杜。有機略，愛士卒，積功至平盧節度使。傳見《舊五代史》卷六十四、《新五代史》卷四十六。⑳毬場　當時宮內踢毬的運動場，也用以練武。毬，通「球」。㉑以油沃幕　把油澆在幕布上。㉒揭之　舉著。㉓甲冑　鎧甲和頭盔。㉔一都　五代禁軍的一級組織，共百人。五代軍制，以廂為軍隊編制單位，廂下有軍，軍下有指揮，指揮下有都。一廂轄十軍，一軍轄五至十指揮，一指揮轄五都，一都百人。㉕控鶴　控鶴軍。禁軍名稱，即皇宮警衛隊。㉖遲明　將近天明。㉗闔營皆族之　全營均處死。五代軍法極嚴，凡將校戰死，所部兵都要斬首，叫做拔隊斬。㉘除　任命。㉙單州　州名，治所單父，在今山東單縣。㉚吳越王鏐　錢鏐（西元八五二－九三二年），字具美，杭州臨安（今浙江臨安）人，唐末從石鏡鎮將董昌鎮壓黃巢軍起家，佔有兩浙十三州之地，後梁開平元年封為吳越王，西元九〇七－九三二年在位。傳見《舊五代史》卷一百三十三、《新五代史》卷六十七。㉛皮光業　（西元八七七－九四三年）字文通，襄陰竟陵（今湖北天門）人，父皮日休，唐代文學家。光業十歲能屬文，積功至吳越國丞相。著有《皮氏見聞錄》十三卷。傳見《十國春秋》卷八十六。㉜邢州　州名，治所龍岡，在今河北邢臺。㉝保義　方鎮名，唐文宗大和元年（西元八二七年）升晉慈觀察使為保義軍節度，為後梁朱溫所有。治所邢州，在今河北邢臺。㉞閻寶　（西元八六三—九二二年）字瓊美，鄆州（今山東鄆城）人，後梁大將，降後唐，積功至天平軍節度使。傳見《舊五代史》卷五十九、《新五代史》卷四十四。㉟張溫　（？—西元九三五年）字德潤，魏州魏縣（今河北魏縣）人，積功至晉州鎮將。傳見《舊五代史》卷五十九。㊱甲寅朔　七月初一日。㊲壬戌　七月初九日。㊳朝議　群臣的議論。㊴利於市易　有利於市場交易。㊵不宜過以名器假之　不應以過高的名位賜人。名器，爵位與車服禮器。這裡指諸道兵馬元帥官爵。假之，賜人。㊶竇夢徵　同州（今陝西大荔）人，少苦心為文，登進士第。官至後唐工部侍郎。著有《東堂集》。傳見《舊五代史》卷六十八。㊷執麻以泣　拿著錢鏐的任命書而哭泣。麻，白麻紙。五代承唐制，立后妃、建太子、拜免將相、宣布大赦等重要詔令用白麻紙書寫，由翰林學士起草。㊸甲子　七月十一日。㊹陳祐　少有勇力，積功為吳大將，鎮潤州。傳見《十國春秋》卷九。㊺丁酉　八月十五日。㊻丙午　八月二十四日。㊼都招討　總指揮。㊽天雄　方鎮名，唐懿宗咸通五年（西元八六四年）升秦、成兩州經略，天雄軍使為天雄軍節度。此係前蜀王建所置天雄軍。治所秦州，在今甘肅天水市西南。㊾唐文裔　唐文扆之弟，官至後蜀天雄節度使。後主嗣位，與兄同時被殺。傳附《十國春秋》卷四十六〈唐文扆傳〉。㊿昭德　方鎮名，原為天雄軍，後梁末帝貞明元年（西元九一五年）分天雄軍為天雄、昭德兩軍鎮。昭德轄相、澶、衛三州，治所相州，在今河北臨漳西南。(51)安國　方鎮名，原為唐代宗大曆元年（西元七六六年）所建昭義軍節度。後唐改為安國軍，治所邢州，在今河北邢臺。(52)契丹　我國古代東北少數民族之一，其名始見於北魏。曾建立遼朝。(53)阿保機　（西元八七二—九二六年）即遼太祖。姓耶律，建立契丹國，西元九一六年稱帝，年號神冊，西元九〇七—九二六年在位。事見《舊五代史》卷一百三十七、《新五代史》卷七十二、《遼史》卷一。(54)麟　州名，唐開元間始置，治所新秦，在今陝西神木北，五代周移治小堡，其地亦當在神木附近。(55)勝　州名，治所榆林，在今內蒙古準噶爾旗東北十二連城。(56)蔚州　州名，治所在今河北蔚縣。胡三省注認為從麟州、勝州至蔚州，中間懸隔雲州、朔州，「蔚州」疑為「朔州」之誤。(57)木書　契丹將文字刻在木板上以為憑信，故稱木書。(58)李存璋　（？—西元九二二年）字德璜，為李克用義子，任義兒軍使，積功至大同軍節度使。傳見《舊五代史》卷五十三、《新五代史》卷三十六。(59)曹夫人　李克用次妃，李存勗生母。李存勗稱帝，冊尊為皇太后。傳見《新五代史》卷十四。(60)滄州　州名，治所清池，在今河北滄州東南。(61)順化　方鎮名，原屬唐橫海軍節度使，後梁置順化軍，治所滄州，在今河北滄州。(62)戴思遠　（？—

西元九三五年）後梁大將，降後唐為洋州節度使。傳見《舊五代史》卷六十四。(63)東都　梁朝國都開封府，在今河南開封。(64)毛璋　（?—西元九二六年）性兇悖，有膽略，後梁為小校，降後唐，積功至邠州節度使。傳見《舊五代史》卷七十三、《新五代史》卷二十六。(65)安重誨　（?—西元九三一年）應州（今山西應縣）人，少事明宗，為人明敏謹恪，參與機務，位至宰相。後被讒冤死。傳見《舊五代史》卷六十六、《新五代史》卷二十四。(66)中門使　後唐制度，晉王封內，凡節鎮皆設中門使，與樞密使相類似，職掌樞密機要職務。(67)委以心腹　當做心腹看待，機密的軍政事務委託他處理。(68)嬰城　環城。嬰，繞城。(69)擐甲執兵　穿著盔甲，拿著武器。即全副武裝。(70)事定而釋之　接受投降的事完成之後再解除武裝。按，此事《新五代史．死事傳》所記有異。〈死事傳〉謂：「源德既堅守，而貝人聞晉已盡有河北，城中食且盡，乃勸源德出降，源德不從，遂見殺。」(71)光州　州名，治所定城，今河南潢川縣。(72)楚州　治所山陽，在今江蘇淮安。(73)團練使　唐中葉以後，在不設節度使地區置之，掌本州軍事。常與觀察使、防禦使互兼。(74)李厚　蔡州（今河南汝陽）人，驍悍，善用兵，為楊行密黑雲都隊長。傳見《十國春秋》卷六。(75)廬州　州名，治所在今安徽合肥。(76)觀察使　為一州的行政長官。(77)張崇　慎縣（今湖北黃梅西）人，居官貪婪不法。任廬州節度使時，入覲，廬人以為改任，慶賀說「渠伊不復來矣」，崇歸聞之，計口徵收「渠伊錢」。明年再入朝，人不敢言，惟捋鬚相慶，崇歸後，又徵「捋鬚錢」。傳見《十國春秋》卷九。

【校　記】[1]太保　原作「少保」。據章鈺校，十二行本、乙十一行本、孔天胤本皆作「太保」，今據改。[2]武信　原作「武信軍」。據章鈺校，十二行本、乙十一行本、孔天胤本皆無「軍」字，今據刪。[3]載肇　胡三省注以為「『載』恐當作『戴』」。嚴衍《通鑑補》據改。

【語　譯】三月初一日乙卯，晉王攻打衛州，初八日壬戌，刺史米昭投降。接著晉王又攻打惠州，刺史靳紹逃走，晉軍把他擒獲後斬首，又重新把惠州改稱為磁州。晉王返回魏州。〇梁末帝屢次召劉鄩入朝不到，十五日己巳，就任命劉鄩為宣義節度使，讓他率軍屯駐在黎陽。

夏，四月，晉人攻下洺州，任命魏州都巡檢使袁建豐為洺州刺史。

劉鄩戰敗以後，黃河以南地區大為恐慌，劉鄩又不遵照梁末帝的召喚入朝，因此將士們都人心動搖。梁末帝派捉生都指揮使李霸率其部下一千人前去戍守楊劉，四月十九日癸卯，他們從宋門出發。當晚，又從水門進入都城，大喊大叫，放火搶劫，攻打皇宮的建國門。梁末帝登上城樓抵禦交戰。龍驤四軍都指揮使杜晏球率五百騎兵屯駐在毬場，亂兵們把油澆在幕布上，再用長竿挑著，想要放火燒樓，情勢十分危急。杜晏球從門縫裡向外察看，見亂兵們都沒有穿戴盔甲，便率領騎兵出擊，奮力死戰，不一會兒亂兵潰逃。梁末帝看見騎兵在擊殺亂兵，大聲喊叫說：「那不是我龍驤軍的戰士嗎？帶頭作亂的人是誰？」杜晏球回答說：「作亂的只有李霸那一部，其餘的都沒有動。陛下只管率領控鶴軍士守住宮城，等到黎明時分，臣一定能打敗亂兵。」接著杜晏球討伐亂軍，把亂軍全營的人都滅族治罪，因為這次功勞，杜晏球被任命為單州刺史。

五月，吳越王錢鏐派浙西安撫判官皮光業從建州、汀州、虔州、郴州、潭州、岳州、荊南這一條路線前來入貢。皮光業，是皮日休的兒子。

六月，晉軍攻打邢州，保義節度使閻寶堅守抵禦。梁末帝派捉生都指揮使張溫率五百名軍士前往救援，張溫卻率領他的部眾投降了晉國。

秋，七月初一日甲寅，晉王到達魏州。○梁末帝嘉許吳越王錢鏐能殷勤入貢，初九日壬戌，加封錢鏐為諸道兵馬元帥。朝臣們的議論多認為錢鏐的入貢，只是為了加強商貿交易有利可圖，不應該過分地給他官爵名號。翰林學士竇夢徵甚至拿著錢鏐的任命書前來泣諫，因此被貶為蓬萊縣尉。竇夢徵，是棣州人。

七月十一日甲子，吳國的潤州牙將周郊作亂，攻進州府，殺死大將秦師權等人，大將陳祐等人討伐叛亂，並把周郊斬首。

八月十五日丁酉，梁末帝任命以太子太保退休的趙光逢為司空兼門下侍郎、同平章事。

八月二十四日丙午，蜀主任命王宗綰為東北面都招討，集王王宗翰、嘉王王宗壽分別為第一、第二招討，率軍十萬從鳳州出發；任命王宗播為西北面都招討，武信節度使劉知俊、天雄節度使王宗儔、匡國軍使唐文裔分別為第一、第二、第三招討，率軍十二萬從秦州出發，前去討伐岐國。

晉王親自率軍攻打邢州，昭德節度使張筠放棄相州逃走。晉國重又把相州隸屬於天雄軍府，任命李嗣源為刺史。晉王派人告訴邢州的閻寶說相州已被攻下，又派降將張溫率原來的援軍到城下勸諭閻寶，閻寶於是開城投降。晉王任命閻寶為東南面招討使、領天平節度使、同平章事，任命李存審為安國節度使，鎮守邢州。

契丹王阿保機率各部落的軍隊三十萬人，號稱百萬，從麟州、勝州進攻晉國的蔚州，攻陷了他，並俘虜了振武節度使李嗣本。還派使者拿著木板文書到大同防禦使李存璋處索要財貨，李存璋斬殺了來使。契丹進攻雲州，李存璋奮力抵禦。

九月，晉王回到晉陽。晉王天性仁孝，所以雖然經營河北，但仍多次回到晉陽探望生母曹夫人，每年總有好幾次。

晉國派軍隊進逼滄州，順化節度使戴思遠放棄城池逃往東都，滄州的部將毛璋佔據城池投降了晉國。晉王命令李嗣源率兵鎮守安撫滄州，李嗣源派毛璋前往晉陽。晉王遷任李存審為橫海節度使，鎮守滄州，任命李嗣源為安國節度使。李嗣源任命安重誨為中門使，把他當做心腹，安重誨也為李嗣源盡心盡力。安重誨，是應州的胡人。

晉王親自率軍救援雲州。軍隊行進到代州的時候，契丹人聽到了消息，就率軍撤走，晉王也隨即回師。晉王任命李存璋為大同節度使。

晉國的軍隊圍困貝州一年多，張源德聽說河北各州都已被晉國佔據，就打算投降，他和部屬們商議。大家認為走投無路之後再投降，恐怕仍免不了一死，都不贊成，隨後大家一起殺了張源德，繼續堅守城池。城中的糧食吃光了，就吃人肉充飢，於是他們對晉軍將領說：「我們想出城投降但又怕被殺死，請讓我們穿著盔甲拿著武器出來投降，等事情平定之後我們再解除武裝。」晉軍將領答應了他們的要求，城內的梁軍部眾三千人出來投降，但等他們解除武裝之後，晉軍把他們圍起來屠殺，一個不留地全部殺光。晉王任命毛璋為貝州刺史。到這時，黃河以北地區全都歸入晉國版圖，只有黎陽還在梁軍手中。〇晉王前往魏州。

吳國的光州將領王言殺了刺史載肇，吳王派楚州團練使李厚前往討伐。廬州觀察使張崇不等吳王下令，就率兵趕赴光州，王言丟下城池逃走。吳王任命李厚臨時掌管光州事務。張崇，是慎縣人。

庚申❶，蜀新宮成，在舊宮之北。

天平節度使兼中書令、琅邪忠毅王王檀，多募羣盜，置帳下為親兵。己卯❷，盜乘檀無備，突入府殺檀。節度副使❸裴彥帥府兵討誅之，軍府由是獲安。

冬，十月甲申❹，蜀王宗綰等出大散關❺，大破岐兵❻，俘斬萬計，遂取寶雞❼。己丑❽，王宗播等出故關❾，至隴州❿。庚寅⓫[1]，保勝節度使兼侍中李繼岌畏岐王猜忌，帥其眾二萬，棄隴州奔于蜀軍。蜀兵進攻隴州，以繼岌為西北面行營第四招討⓬。劉知俊會王宗綰等圍鳳翔⓭，岐兵不出。會大雪，蜀主召軍還。復李繼岌姓名曰桑弘志⓮。弘志，黎陽人也。

丁酉⓯，以禮部侍郎⓰鄭珏為中書侍郎、同平章事⓱。珏，綮⓲之姪孫也。○己亥⓳，蜀大赦。

晉王遣使如吳，會兵以擊梁。十一月，吳以行軍副使徐知訓為淮北行營都招討使⓴，及朱瑾等將兵趣宋、亳㉑，與晉相應。既渡淮，移檄州縣，進圍潁州㉒。

十二月戊申㉓，蜀大赦，改明年元曰天漢㉔，國號大漢。○楚王殷㉕聞晉王平河北，遣使通好，晉王亦遣使報之。

是歲，慶州㉖叛附于岐，岐將李繼陟據之。詔以左龍虎統軍賀瓌㉗為西面行營馬步都指揮使，將兵討之，破岐兵，下寧、衍㉘二州。

河東㉙監軍㉚張承業㉛既貴用事，其姪瓘等五人自同州往依之，晉王以承業故，皆擢用之。承業治家甚嚴，有姪為盜，殺販牛者，承業聞[2]，立斬之。王亟使救之，已不及。王以瓘為麟州刺史，承業謂瓘曰：「汝本車度一民，與劉開道為賊，慣為不法。今若不悛㉜，死無日矣！」由此瓘所至不敢貪暴。

吳越牙內先鋒都指揮使㉝錢傳珦㉞逆婦㉟於閩，自是閩與吳越通好。○閩鑄鉛錢㊱，與銅錢並行。

初，燕人苦劉守光殘虐，軍士多亡歸[3]契丹。及守光被圍於幽州，其北邊士民多為契丹所掠，契丹日益彊大。契丹王阿保機自稱皇帝，國人謂之天皇王，以妻述律氏為皇后，置百官。至是，改元神冊㊲。

【章旨】以上為第十三段，寫蜀主王建趁晉梁大戰，侵奪岐國大部分土地。河東監軍張承業嚴於治家。吳越與閩通婚交好。

【注釋】❶庚申　九月初八日。❷己卯　九月二十七日。❸節度副使　節度使之副。常用以安置貶謫官員，無執掌。❹甲申　十月初二日。❺大散關　也稱崤谷，在今陝西寶雞西南。因設關於大散嶺上，故名。為秦蜀往來要道。❻岐兵　指李茂貞軍隊。❼寶雞　縣名，屬鳳翔府，縣治在今陝西寶雞。❽己丑　十月初七日。❾故關　關名，指隴關，即大震關，在今陝西隴縣西境隴山之上。❿隴州　州名，治所在今陝西隴縣。⓫庚寅　十月初八日。⓬招討　地區統兵官，掌招撫討伐事務。

⑬鳳翔　府名，在今陝西鳳翔，為李茂貞根據地。⑭桑弘志　黎陽（今河南浚縣）人，李茂貞義子，賜名李繼岌，為保勝軍節度使。後降前蜀，積功至武定軍節度使。傳見《十國春秋》卷四十二。⑮丁酉　十月十五日。⑯禮部侍郎　禮部尚書之副貳，協助尚書掌禮樂、祭祀、學校、貢舉等事。⑰中書侍郎同平章事　唐、五代中書省不置令，中書侍郎即為中書省長官，加同平章事，行宰相職權。⑱綮　鄭綮，字蘊武，唐僖宗時官至宰相。傳見《舊唐書》卷一百七十九、《新唐書》卷一百八十三。⑲己亥　十月十七日。⑳淮北行營都招討使　淮北，地區名，指淮河以北地區。行營，征討時臨時設置的軍事長官辦事處。都招討使，節制諸路討伐軍的統兵官，負責征討事務，事罷即省。㉑宋亳　二州名。宋州治所宋城，在今河南商丘。亳州治所譙縣，在今安徽亳州。㉒潁州　州名，治所汝陰，在今安徽阜陽。㉓戊申　十二月二十七日。㉔天漢　前蜀王建第四個年號（西元九一六－九一七年），僅一年。㉕楚王殷　（西元八五二－九三〇年）五代時楚國的建立者，西元九〇七－九三〇年在位。傳見《十國春秋》卷六十七。㉖慶州　州名，治所安化，在今甘肅慶陽。㉗賀瓌　（西元八五八－九一九年）字光遠，濮陽（今河南濮陽）人，後梁大將，積功至宣義軍節度使。傳見《舊五代史》卷二十三、《新五代史》卷二十三。㉘寧衍　二州名，寧州治所在今甘肅寧縣，衍州治所在今甘肅寧縣南六十里。為李茂貞所置。㉙河東　地區名，指山西境內黃河以東之地。㉚監軍　官名，五代承唐制，在各鎮及派遣征討軍隊中，皇帝往往派宦官為監軍，與統帥分庭抗禮。㉛張承業　（西元八四六－九二二年）唐僖宗時宦官，本姓康，字繼元，為李克用河東監軍，受顧命奉侍莊宗。傳見《舊五代史》卷七十二、《新五代史》卷三十八。㉜不悛　不悔改。悛，悔改。㉝牙內先鋒都指揮使　官名，藩鎮親軍統兵官。㉞錢傳珦　錢鏐子，封淮陰侯。傳見《十國春秋》卷八十三。㉟逆婦　迎娶妻室。㊱鉛錢　鉛鑄的錢，質劣。㊲神冊　遼太祖阿保機年號（西元九一六－九二二年）。阿保機稱皇帝，前史不見年月。

【校　記】[1]庚寅　原作「丙寅」。十月癸未朔，無丙寅。據《十國春秋・前蜀本紀二》，應為「庚寅」。四庫館臣校天啓陳仁錫本亦作「庚寅」，今據改。[2]聞　原無此字。據章鈺校，十二行本、乙十一行本、孔天胤本皆有此字，今據補。[3]亡歸　原作「歸於」。據章鈺校，十二行本、乙十一行本皆作「亡歸」，張敦仁《通鑑刊本識誤》同，今據改。

【語　譯】九月初八日庚申，蜀國的新王宮落成，位置在舊王宮的北面。

天平節度使兼中書令琅邪忠毅王王檀，招募了很多強盜，安置在自己帳下做親兵。九月二十七日己卯，這些強盜乘王檀沒有防備，衝進軍府殺死了王檀。節度副使裴彥率領府兵討伐誅殺了這些強盜，軍府從此才安定下來。

冬，十月初二日甲申，蜀國王宗綰等從大散關出兵，大破岐國的軍隊，俘獲和斬殺了數以萬計的敵兵，隨即奪取了寶雞。初七日己丑，王宗播等人出故關，到達隴州。初八日庚寅，保勝節度使兼侍中李繼岌害怕岐王猜忌他，率其部屬二萬人，放棄隴州投奔了蜀軍。蜀軍進攻隴州，任命李繼岌為西北面行營第四招討。劉知俊會同王宗綰等人包圍鳳翔，岐國的軍隊不出來交戰。適逢天降大雪，蜀主把軍隊召回去了。蜀主恢復了李繼岌原來的姓名桑弘志。桑弘志，是黎陽人。

十月十五日丁酉，梁末帝任命禮部侍郎鄭珏為中書侍郎、同平章事。鄭珏，是鄭綮的姪孫。〇十七日己亥，蜀國實行大赦。

晉王派使者前往吳國，希望與吳軍聯合攻打梁國。十一月，吳國任命行軍副使徐知訓為淮北行營都招討使，和朱瑾等人率軍趕赴宋州、亳州，以與晉軍相呼應。吳軍渡過淮河以後，移送檄文到各個州縣，進軍圍攻潁州。

十二月二十七日戊申，蜀國實行大赦，並改明年的年號為天漢，國號為大漢。〇楚王馬殷聽說晉王平定了黃河以北地區，派使者前去聯絡交好，晉王也派使者回報楚王。

這一年，慶州背叛梁朝投靠了岐國，岐國將領李繼陟佔據了該地。梁末帝下詔任命左龍虎統軍賀瓌為西面行營馬步都指揮使，率軍前去討伐，梁軍擊敗了岐軍，攻下了寧、衍兩州。

河東監軍張承業在晉國有了尊貴的地位並且掌權以後，他的姪子張瓘等五人從同州前去投靠他，晉王因為張承業的緣故，也都提拔重用了他們。張承業治家很嚴，他有個姪子當強盜，殺了販牛的人，張承業知道後，立即將他斬首。晉王急忙派人去說情，已經來不及了。晉王任命張瓘為麟州刺史，張承業對張瓘說：「你原本是車度地方的一個百姓，與劉開道一起當過盜賊，總是幹些不法的勾當。現今你如果還不悔改，死期就不遠了！」從此張瓘到了哪裡再也不敢貪婪殘暴了。

吳越的牙內先鋒都指揮使錢傳珦到閩國迎娶妻室，從此閩和吳越往來交好。〇閩國鑄造鉛錢，與銅錢同時使用。

起初，燕國人苦於劉守光的殘暴狠毒，很多軍士都逃奔了契丹。到了劉守光被晉軍圍困在幽州的時候，燕國北面邊境地區的士民又多被契丹所劫掠，契丹日益強大。契丹王阿保機自稱皇帝，阿保機的國人稱他為天皇王，阿保機冊封他的妻子述律氏為皇后，並且設置了百官。到這時候，改年號為神冊。

述律后❶勇決多權變，阿保機行兵御眾，述律后常預其謀。阿保機嘗度磧❷擊党項❸，留述律后守其帳。黃頭、臭泊❹二室韋❺乘虛合兵掠之，述律后知之，勒兵以待其至，奮擊，大破之，由是名震諸夷❻。述律后有母有姑❼，皆踞榻❽受其拜，曰：「吾惟拜天，不拜人也。」晉王方經營河北，欲結契丹為援，常以叔父事阿保機，以叔母事述律后。

劉守光末年衰困，遣參軍韓延徽❾求援於契丹，契丹主怒其不拜，留之[1]，使牧馬於野。延徽，幽州人，有智略，頗知屬文。述律后言於契丹主曰：「延徽能守節不屈，此今之賢者，柰何辱以牧圉❿！宜禮而用之。」契丹主召延徽與語，悅之，遂以為謀主，舉動訪焉⓫。延徽始教契丹建牙開府⓬，築城郭⓭，立市里⓮，以處漢人⓯，使各有配偶，墾藝荒田。由是漢人各安生業，逃亡者益少。契丹威服諸國，延徽有助焉。

頃之⑯，延徽逃奔晉陽。晉王欲置之幕府⑰，掌書記⑱王緘疾⑲之。延徽不自安，求東歸省母，過真定⑳，止於鄉人王德明㉑家。德明問所之，延徽曰：「今河北皆為晉有，當復詣契丹耳。」德明曰：「叛而復往，得無取死乎？」延徽曰：「彼自吾來，如喪手目，今往詣之，彼手目復完，安肯害我！」既省母，遂復入契丹。契丹主聞其至，大喜，如自天而下，拊其背曰：「曏者㉒何往？」延徽曰：「思母，欲告歸，恐不聽，故私歸耳。」契丹主待之益厚。及稱帝，以延徽為相，累遷至中書令㉓。

晉王遣使至契丹，延徽寓書㉔於晉王，敘所以北去之意，且曰：「非不戀英主，非不思故鄉，所以不留，正懼王緘之讒耳。」因以老母為託，且曰：「延徽在此，契丹必不南牧㉕。」故終同光之世，契丹不深入為寇，延徽之力也。

【章　旨】以上為第十四段，寫契丹興起，漢人韓延徽為相，加速契丹人的文明進程。

【注　釋】❶述律后　（西元八七九－九五三年）姓述律，契丹名月理朵。簡重果斷，有雄略。阿保機死，稱制攝軍國事。傳見《遼史》卷七十一。❷磧　沙漠。❸党項　羌人的一支，後五代時居於甘肅、寧夏、陝北一帶。❹黃頭臭泊　屬於室韋的兩個部落。❺室韋　居住在東北的少數民族。北魏時始見於史書記載，在契丹建遼過程中，部分被併入遼。❻諸夷　指居住在東北的各少數民族。❼姑　婆婆。❽踞榻　坐或蹲在小床上。❾韓延徽　（西元八八二－九五九年）字藏明，幽州安次（今河北安次）人，為遼太祖、太宗、世宗朝謀臣。遼朝典章制度，皆出其手。傳見《遼史》卷七十四。❿牧圉　放牧牲口的奴隸。⑪舉動訪焉　有什麼行動都要向他諮詢。舉動，一舉一動。⑫建牙開府　建立牙帳，成立府署。牙，軍前或軍帳前所置大旗。這裡所說「建牙」，即謂設置牙旗，建立軍帳。⑬築城郭　泛指建造城牆。內為城，外為郭。⑭立市里　建立基層行政區劃。⑮以處漢人　用來安置漢族民眾。⑯頃之　過了一段時間。⑰幕府　古代將軍的府署。這裡指任晉王府的參議官。⑱掌書記　節度使幕職官名，輔助節度使分掌簿書、案牘等事。⑲疾　嫉妒；忌恨。⑳真定　府名，治所在今河北正定。㉑王德明　即張文禮，為趙王鎔養子，為人狡獪，殺王鎔，自為留後。傳附《新五代史》卷三十九〈王鎔傳〉。㉒曏者　前些日子。㉓中書令　中書省長官，掌行政決策。與尚書令、侍中同為宰相。㉔寓書　寄信。㉕南牧　指侵略南方。

【校　記】①留之　原無此二字。據章鈺校，十二行本、乙十一行本、孔天胤本皆有此二字，張敦仁《通鑑刊本識誤》、張瑛《通鑑校勘記》同，今據補。

【語　譯】述律皇后勇敢果斷，經常能隨機應變，阿保機行軍打仗統御部眾，述律皇后經常參與謀劃。阿保機曾經橫越沙漠去攻打党項，留下述律皇后守衛後方營帳。這時黃頭、臭泊兩個室韋部落乘契丹後方空虛合兵前來擄掠，述律皇后得知了消息，部署兵力等待他們的到來，交戰中奮力殺敵，把他們打得大敗，由此她的聲名威震各個夷族部落。述律皇后有母親也有婆婆，她都坐在榻上接受她們跪拜，她說：「我只拜天，不拜人。」晉王當時正在經營河北，想結交契丹作為後援，所以時常以叔父的禮節侍奉阿保機，以叔母的禮節侍奉述律皇后。

劉守光末年勢力衰敗，曾派遣參軍韓延徽到契丹去求援，契丹主對韓延徽不肯下拜非常惱怒，於是強留下他，罰他到郊野去牧馬。韓延徽是幽州人，有智慧謀略，又懂得寫文章。述律皇后對契丹主說：「韓延徽能堅守節操而不屈服，這是當今的賢者，為什麼用牧馬來侮辱他！應該禮遇重用他。」契丹主把韓延徽召來交談，對他很欣賞，便把他當做智囊，有什麼行動都要向他諮詢。韓延徽開始教契丹建立牙帳，設置府署，修築城郭，建立街市里巷，用來安置漢族人，讓他們各有配偶，開墾種植荒地。從此以後，漢族人都各自安居樂業，逃亡的人更加少了。契丹能夠威懾各國，韓延徽對此是出了不少力的。

不久，韓延徽逃到晉陽。晉王想把他安排在幕府，掌書記王緘妒忌他。韓延徽覺得很不安，請求東歸看望母親，路過真定，投宿在同鄉王德明的家中。王德明問他今後到哪裡去，韓延徽說：「如今黃河以北都歸晉國所有，我準備再回到契丹去。」王德明說：「你背叛了他們而又重新回去，這不是找死嗎？」韓延徽說：「他們自從我來到晉國以後，就像失去了手和眼一樣；現在我再回去，他們的手和眼就又完整了，怎麼肯害我呢！」看望了母親之後，他便再次進入契丹。契丹主聽說他到了，十分高興，就像他是自天而降，拍著他的背問道：「前些日子你到哪裡去了？」韓延徽說：「思念老母，想要告假回去，又怕大王不允許，所以我就私自回去了。」從此，契丹主待他更好了。等到契丹主稱帝時，就任命韓延徽為宰相，後來一直升到中書令的職位。

晉王派使者到契丹，韓延徽託他們帶信給晉王，解釋了自己當初所以離開而到北方契丹的原因，並且說：「不是我不留戀英明的主公，也不是我不思念故鄉，之所以不願留在那裡，正是因為害怕王緘的讒言而已。」同時又把老母親拜託給晉王照顧，並且在信中說道：「只要我韓延徽在這裡，契丹一定不會南下侵邊。」所以在晉王稱帝的整個同光年間，契丹都沒有深入進來侵擾，這也是韓延徽出的力。

三年（丁丑　西元九一七年）

春，正月，詔宣武❶節度使袁象先❷救潁州，既至，吳軍引還。

二月甲申❸，晉王攻黎陽，劉鄩拒之。數日，不克而去。

晉王之弟威塞軍❹防禦使存矩❺在新州，驕惰不治，侍婢預政。晉王使募山北部落驍勇者及劉守光亡卒以益南討之軍❻，又率其民出馬，民或鬻十牛易一戰馬，期會❼迫促，邊人嗟怨。存矩得五百騎，自部送之，以壽州❽刺史盧文進❾為裨將⑩。行者皆憚遠役，存矩復不存恤⑪。甲午⑫，至祁溝關⑬，小校宮彥璋與士卒謀曰：「聞晉王與梁人確鬭⑭，騎兵死傷不少。吾儕⑮捐父母妻子，為人客戰，千里送死，而使長⑯復不矜恤，柰何？」眾曰：「殺使長，擁盧將軍還新州，據城自守，其如我何⑰！」因執兵大譟⑱，趣傳舍⑲。詰朝，存矩寢未起，就殺之。文進不能制，撫膺⑳哭其尸曰：「奴輩既害郎君，使我何面復見晉王！」因為眾所擁，還新州，守將楊全章拒之。又攻武州㉑，鴈門以北都知防禦兵馬使李嗣肱㉒擊敗之。周德威亦遣兵追討，文進帥其眾奔契丹。晉王聞存矩不道以致亂㉓，殺侍婢及幕僚數人。

初，幽州北七百里有渝關㉔，下有渝水通海。自關東北循海有道，道狹處纔數尺，旁皆亂山，高峻不可越。比㉕至進牛口，舊置八防禦軍，募土兵㉖守之，田租皆供軍食，不入於薊㉗，幽州歲致㉘繒纊㉙以供戰士衣。每歲早穫，清野堅壁㉚以待契丹。契丹至，則[1]閉壁不戰，俟其去，選驍勇據隘㉛邀㉜之，契丹常失利走。土兵皆自為田園㉝，力戰有功則賜勳㉞加賞，由是契丹不敢輕㉟入寇。及周德威為盧龍㊱節度使，恃勇不修邊備，遂失渝關之險，契丹每芻牧於營、平㊲之間。德威又忌幽州舊將有名者，往往殺之。

【章 旨】以上為第十五段，寫晉將李存矩守新州，不恤士卒，激起兵變；周德威守幽州，疏於守備，又猜疑殺賢，丟失渝關，契丹主乘勢南侵。

【注 釋】❶宣武 方鎮名，唐德宗建中二年（西元七八一年）置，治宋州。興元元年（西元七八四年）徙治汴州，在今河南開封。❷袁象先 （西元八六四—九二四年）宋州下邑（今安徽碭山縣）人，為朱溫外甥，典掌親軍。降後唐。傳見《舊五代史》卷五十九、《新五代史》卷四十五。❸甲申 二月初五日。❹威塞軍 方鎮名，晉置威塞軍，治新州。後唐莊宗同光二年（西元九二四年）升新州為威塞軍節度使，在今河北涿鹿。❺存矩 （？—西元九一七年）李存勗之諸弟。治民失政，御下無恩，被部下殺死。❻以益南討之軍 用以補充南下討伐後梁的兵員。❼期會 規定的期限。❽壽州 州名，治所壽春，在今安徽壽縣，屬吳國領地。盧文進係遙領刺史。❾盧文進 字國用，少為劉守光騎將，首降晉王，此時遙領壽州刺史。盧文進奔契丹，後回歸唐明宗，最後奔南唐。傳見《舊五代史》卷九十七、《新五代史》卷四十八。❿裨將 副將。⓫存恤 慰問救濟。⓬甲午 二月十五日。⓭祁溝關 即岐溝關。在今河北涿州西南。⓮確鬭 勢均力敵，用實力相爭，是一場比耐力、比兵技的戰鬥。確，堅。⓯吾儕 我們。⓰使長 指李存矩。防禦使為一州之長，故稱使長。⓱其如我何 他能把我們怎麼樣。⓲執兵大譟 拿著武器，大聲呼喊。⓳傳舍 驛站；旅舍。⓴撫膺 捫著胸口。㉑武州 州名，治所文德，在今河北張家口。㉒李嗣肱 （西元八七九—九二三年）李克脩次子。少有膽氣，屢立戰功。官至山北都團練使。傳見《舊五代史》卷五十、《新五代史》卷十四。㉓不道以致亂 沒有道德，不行德政而招致禍亂。㉔渝關 即山海關，在今河北秦皇島市，為長城起點。北倚角山，南臨渤海，聯結華北與東北地區，形勢險要，自古為交通要衝，有天下第一關之稱。㉕比 胡三省注認為當作「北」。㉖募土兵 招募當地人為兵。㉗薊 州名，治所漁陽，在今天津市薊縣。㉘致 送。㉙繒纊 泛指做衣服的絲綢和絲棉。繒，古代絲織品的總稱。纊，亦作絖，絮衣服的新絲棉。㉚清野堅壁 清野，將周圍地區的糧食、牲口等重要物品轉移或收藏起來，使入侵之敵不能掠奪和利用。堅壁，堅守營壘或據點。壁，營壘。㉛據隘 佔據險要的隘口。㉜邀 伏擊。㉝田園 田地和園林。㉞賜勳 賜給勳官稱號。勳官十二級，由唐始，以後歷代沿用。㉟輕 輕易；輕率。㊱盧龍 方鎮名，唐代宗寶應元年（西元七六二年）范陽節度使復為幽州節度使，及平盧陷，又兼盧龍節度使。治所幽州，在今北京市。㊲營平 均州名。營州治所廣寧，在今河北昌黎。平州治所盧龍，在今河北盧龍。

【校 記】①則 原作「輒」。據章鈺校，十二行本、乙十一行本、孔天胤本皆作「則」，今據改。

【語 譯】三年（丁丑 西元九一七年）

春，正月，梁末帝下詔命令宣武節度使袁象先救援潁州，袁象先到達潁州後，吳國的軍隊就撤退回去了。

二月初五日甲申，晉王進攻黎陽，劉鄩率兵抵抗。交戰數日，未能攻克，晉軍便撤走了。

晉王的弟弟威塞軍防禦使李存矩駐守在新州，驕橫怠惰，不理政事，卻讓手下的侍從奴婢干預政事。晉王讓他招募燕山北面部落中驍勇善戰的人以及劉守光的逃兵，以增補討伐南方的兵員，李存矩又向百姓強徵馬匹，百姓中有的人賣十頭牛才能換得一匹戰馬，加上期限緊迫，邊境的百姓怨聲載道。李存矩徵得五百匹戰馬，親自押送，並任命壽州刺史盧文進為他的副將。前去送馬的人都畏懼這趟長途差役，而李存矩對他們又不加撫慰體恤。二月十五日甲午，到達祁溝關，小校宮彥璋與士兵們商議說：「聽說晉王正和梁國人在旗鼓相當地苦戰，騎兵死傷不少。我們撇下父母妻子兒女，替別人在異鄉作戰，到千里之外送死，而使長又不體恤我們，我們該怎麼辦？」大家都說：「殺掉使長，擁護盧將軍回新州，佔據城池防守，別人能把我們怎麼樣！」於是拿起武器，大聲呼喊，直奔驛站而去。第二天清晨，李存矩睡覺還沒有起床，這些人就到房裡把他殺了。盧文進控制不了這一局面，捶著胸對著李存矩的屍首大哭說：「奴才們害死了郎君，讓我還有什麼臉面再去見晉王啊！」接著盧文進被大家簇擁著回新州，新州守將楊全章不讓他們進城。於是他們又去攻打武州，雁門以北都知防禦兵馬使李嗣肱把他們擊敗了。周德威也派遣軍隊追擊討伐他們，盧文進只好率領眾人投奔契丹去了。晉王得知是李存矩暴虐無道才招致禍亂，便殺掉了李存矩的侍從奴婢以及幕僚等數人。

當初，在幽州北面七百里處有渝關，關下有一條渝水通大海。從渝關的東北沿著海有一條路，路的狹窄處只有幾尺寬，兩旁都是亂山，山勢高峻不可攀越。一直到進牛口，過去曾設置有八防禦軍，招募當地士兵把守，這裡的田租都供給軍隊食用，不需送繳到薊州，幽州每年都往這裡運送布匹和棉絮以供戰士們製作衣服。當地每年都提早收割，堅壁清野等待契丹的來犯。契丹的軍隊一到，他們就緊閉壁壘不出來交戰，等到契丹軍離開的時候，他們就挑選驍勇善戰的士兵佔據隘口攔擊他們，契丹軍隊常常失利逃走。這些當地的士兵都自己耕種田園，奮力作戰立了功的，則賜給勳官稱號並給予獎賞，從此契丹人不敢輕易來犯。到了周德威任盧龍節度使的時候，他依仗自己勇敢而不注意邊境防備，於是喪失了渝關這個天險，契丹人也時常來營州、平州一帶割草放牧。周德威又妒忌幽州舊將領中有名望的人，往往找藉口把他們殺掉。

吳王❶遣使遺❷契丹主以猛火油❸，曰：「攻城，以此油然火焚樓櫓❹，敵以水沃❺之，火愈熾❻。」契丹主大喜，即選騎三萬欲攻幽州，述律后哂❼之曰：「豈有試油而攻一國乎！」因指帳前樹謂契丹主曰：「此樹無皮，可以生乎？」契丹主曰：「不可。」述律后曰：「幽州城亦猶是❽矣。吾但❾以三千騎伏其旁，掠其四野，使城中無食，不過數年，城自困矣，何必如此躁動輕舉！萬一不勝，為中國笑，吾部落亦解體矣。」契丹主乃止。

三月，盧文進引契丹兵急攻新州，刺史安金全❿不能守，棄城走。文進以其部將劉殷為刺史，使守之。晉王使周德威合河東、鎮、定之兵⓫攻之，旬日不克。契丹主帥眾三十萬救之，德威眾寡不敵⓬，大為契丹所敗，奔歸。

楚王殷遣其弟存攻吳上高⓭，俘獲而還。

契丹乘勝進圍幽州，聲言有眾百萬，氈車毳幕⓮彌漫山澤。盧文進教之攻城，為地道，晝夜四面俱進，城中穴地然膏⓯以邀⓰之；又為土山以臨城，城中鎔銅以灑之，日殺千計，而攻之不止。周德威遣間使⑰詣晉王告急，王方與梁相持河上⑱，欲分兵則兵少，欲勿救恐失之，憂形於色[1]。謀於諸將，獨李嗣源、李存審、閻寶勸王救之。王喜曰：「昔太宗得一李靖⑲猶擒頡利⑳，今吾有猛將三人，復何憂哉！」存審、寶以為虜無輜重㉑，勢不能久，俟其野無所掠，食盡自還，然後踵以[2]擊之。李嗣源曰：「周德威社稷之臣㉒，今幽州朝夕不保，恐變生於中㉓，何暇㉔待虜之衰！臣請身為前鋒以赴之㉕。」王曰：「公言是也。」即日，命治兵㉖。夏，四月，晉王命嗣源將兵先進，軍于淶水㉗，閻寶以鎮、定之兵繼之。

【章旨】以上為第十六段，寫吳王北聯契丹，加之盧文進勾引，契丹主大發兵三十萬南犯幽州。

【注釋】❶吳王　指吳王楊隆演。❷遺　贈送。❸猛火油　石油。❹樓櫓　古時軍中用以偵察、防禦或攻城的活動高臺。❺沃　灌；澆。❻熾　火勢熾盛。❼哂　譏笑。❽亦猶是　也像它那樣。❾但　只；僅。❿安金全　因保衛晉陽有功，時為新州刺史。⓫合河東鎮定之兵　會合河東節度使及鎮、定二州所轄之兵。⓬眾寡不敵　敵兵眾多，我兵寡少，不能抵擋。⓭上高　縣名，南唐改望察縣為上高縣，縣治在今江西吉安。⓮氈車毳幕　氈布包裹的軍車和氈帳。氈，毛製厚布。毳，粗糙毛織物。⓯然膏　燒油脂。然，通「燃」。⓰邀　攔截。⓱間使　祕密出行的使者。⓲相持河上　指沿著黃河夾岸相攻。⓳李靖　唐開國大將。⓴頡利　突厥可汗。李靖擒頡利事見本書卷一百九十三唐太宗貞觀四年。㉑輜重　指軍用器械、糧食、營帳、服裝等。㉒社稷之臣　關係國家安危的重臣。㉓恐變生於中　恐怕內部有人叛變投敵。㉔何暇　哪有時間。㉕赴之　參戰；赴戰。㉖治兵　統率軍隊。㉗淶水　縣名，因淶水而得名，縣治在今河北保定，扼岐溝諸關。

【校 記】①憂形於色　此四字原無。據章鈺校，十二行本、乙十一行本、孔天胤本皆有此四字，張敦仁《通鑑刊本識誤》同，今據補。②以　原作「而」。據章鈺校，十二行本、乙十一行本、孔天胤本皆作「以」，今據改。

【語 譯】吳王派使者把猛火油送給契丹主，說：「攻城的時候，用這種油點火焚燒城樓，敵人如果用水澆它，火會燒得更旺。」契丹主聽後大喜，立即挑選三萬名騎兵準備攻打幽州，述律皇后譏笑他說：「哪裡有為試驗油的效果而去攻打一個國家的道理呢！」於是指著軍帳前的樹向契丹主問道：「這棵樹沒有了樹皮，還能生長嗎？」契丹主回答說：「不能。」述律皇后說：「幽州城也和這一樣。我們只要用三千名騎兵埋伏在城的旁邊，搶掠它的四周郊野，使城裡沒有糧食吃，不用幾年，幽州城自然就會陷入困境，何必要這樣輕舉妄動呢！萬一不能取勝，被中原國家嘲笑，我們的部落也就要解體了。」契丹主這才打消了原先的想法。

三月，盧文進帶領契丹軍隊猛攻新州，新州刺史安金全無法防守，棄城逃走。盧文進任命他的部將劉殷為新州刺史，讓他鎮守新州。晉王派周德威會合河東、鎮州、定州的軍隊攻打新州，十幾天時間都沒能攻下。契丹主率領三十萬大軍前來救援新州，周德威寡不敵眾，被契丹打得大敗，逃了回去。

楚王馬殷派他的弟弟馬存進攻吳國的上高，俘獲了很多人口、財物而回。

契丹乘勝進軍包圍幽州，揚言有百萬大軍，裹著氈毯的大車和篷帳漫山遍野。盧文進教他們攻城的方法，挖地道，不分晝夜從四面一起掘進，城裡則挖地穴點燃膏油來阻截他們；攻城的人又在城邊堆起土山居高臨下，城裡的人則用熔化了的銅汁潑灑敵人，每天殺敵數以千計，但契丹仍攻城不止。周德威派出密使到晉王那裡告急，當時晉王正和梁軍在黃河流域相持不下，想分兵去救又怕這裡的兵力太少了不行，如果不去救又擔心會失去幽州，憂心忡忡。於是與眾將商議，只有李嗣源、李存審、閻寶勸晉王派兵去救。晉王高興地說：「從前唐太宗得到一個李靖尚且能活捉頡利，如今我有三位猛將，還有什麼好擔心的呢！」李存審、閻寶認為敵人沒有隨軍攜帶的軍械糧草補給，進攻的勢頭不可能持久，等到野外再也沒有什麼可供他們掠奪的時候，糧食吃完了他們自己就會撤回去，然後我們再緊跟其後攻擊他們。李嗣源說：「周德威是國家重臣，如今幽州城朝不保夕，恐怕城中要發生變故，哪有時間去等待敵人的衰弱呢！臣請求擔任前鋒立刻趕赴幽州。」晉王說：「你說得很對。」當天就讓李嗣源調兵遣將。夏，四月，晉王命令李嗣源率軍先行出發，駐紮在淶水。閻寶則率領鎮州、定州的兵馬隨後趕去。

吳昇州❶刺史徐知誥❷治城市府舍甚盛。五月，徐溫行部❸至昇州，愛其繁富。潤州司馬陳彥謙❹勸溫徙鎮海軍治所於昇州，溫從之，徙知誥為潤州團練使。知誥求宣州❺，溫不許，知誥不樂。宋齊丘❻密言於知誥曰：「三郎驕縱，敗在朝夕。潤州去廣陵❼隔一水耳，此天授也。」知誥悅，即之官。三郎，謂溫長子知訓也。溫以陳彥謙為鎮海節度判官❽。溫但舉大綱，細務悉委彥謙，江、淮稱治。彥謙，常州人也。

高季昌與孔勍❾修好，復通貢獻。

【章旨】以上為第十七段，寫徐知誥無意得鎮潤州，為南唐建立張本。

【注釋】❶昇州　州名，治所上元，在今江蘇南京。❷徐知誥　（西元八八八—九四三年）原姓李名昪，字正倫，小字彭奴，今江蘇徐州人，為徐溫養子。西元九三七年受吳禪，是謂南唐烈祖，西元九三七—九四三年在位。傳見《十國春秋》卷十五。❸行部　視察部屬。❹陳彥謙　今江蘇常州人，為人多智略，徐溫倚為親信。傳見《十國春秋》卷十。❺宣州　州名，治所宛陵，在今安徽宣城。❻宋齊丘　（西元八八七—九五九年）字子嵩，初字昭回。廬陵（今江西吉安）人，善機變，官至南唐宰相。著有文集六卷、《增補玉管照神經》十卷。傳見《十國春秋》卷二十。❼廣陵　吳國都，在今江蘇揚州。❽節度

判官　幕職官，協助節度使處理簿書、案牘、文移等事。❾孔勍　（約西元八五〇—九二八年）字鼎文，兗州（今山東兗州）人，官至河陽節度使。傳見《舊五代史》卷六十四。

【語　譯】吳國的昇州刺史徐知誥把州城街市和府署房屋建造得非常壯觀。五月，徐溫巡視到達昇州，喜歡上了這裡的繁盛和富庶。潤州司馬陳彥謙勸說徐溫把鎮海軍的治所遷到昇州，徐溫聽從了他的意見，就把徐知誥調任為潤州團練使。徐知誥請求到宣州任職，徐溫沒有答應，徐知誥很不高興。宋齊丘祕密地對徐知誥說：「三郎驕傲放縱，旦夕之間便要敗亡。潤州離廣陵僅隔了一條江，這是天賜良機啊。」徐知誥聽了這話很高興，立即去上任。三郎，指的是徐溫的長子徐知訓。徐溫任命陳彥謙為鎮海節度判官。徐溫只抓大事情，具體事務全部委託給陳彥謙去處理，江、淮地區被治理得井井有條。陳彥謙，是常州人。

高季昌與孔勍重新和好，又恢復了過去的進奉。

【研　析】本卷研析劉仁恭父子之死、梁將劉鄩不敵晉王李存勗、毛文錫明大義、蜀主王建喪膽四件史事。

劉仁恭父子之死。劉仁恭，深州樂壽縣（在今河北獻縣）人。劉仁恭初事幽州節鎮李可舉為軍校，勇猛善戰，性奸巧機智，處世八面玲瓏，成為李可舉及其子李匡威愛將。劉仁恭及其次子劉守光均是兇狡人，父子兩人都野心勃勃，貪於權勢，發展到極致，為了達到目的，不只是不擇手段，而且背離做人原則。劉仁恭恩將仇報，先是背叛李匡威，投靠李克用謀得了幽州鎮，既而背叛李克用，助梁為虐。劉守光生性之兇殘勝過乃父，真可謂青出於藍而勝於藍。劉守光囚父殺兄，狂妄稱帝，猜忍好殺，眾叛親離，他的滅亡是註定的。父子兩人顯赫時乖張暴戾，不可一世，當劉守光用鐵刷刷人之臉、寸斬孫鶴之時，是何等的英雄氣概，當劉守光成為階下囚時，搖尾乞憐，又是何等的不知羞恥，正如柏楊所說：「無恥的程度，即令在人渣中，也屬下品。」（柏楊《現代語文版資治通鑑》點評語）在中國大混亂，尤其是大黑暗時代，劉仁恭父子一類的人渣總是大批出籠，黑白顛倒，陰陽錯位，給社會帶來無窮災難。天道好還，劉仁恭父子這對人渣的結局也至為悲慘，從幽州押解到晉陽，千里示眾，最終在慘酷中處以極刑。劉仁恭父子之死，大快人心，他們被永遠地釘在歷史的恥辱柱上，為忘恩負義者戒。

梁將劉鄩不敵晉王李存勗。劉鄩是一位天才將領，其智慧勇略，在梁軍中無人可比，也是後梁的一根頂樑柱。晉王李存勗，英勇果敢，天下無敵。梁魏博鎮反叛投晉，晉王李存勗親臨魏州受降與劉鄩對陣，當時形勢，勢均力敵，雙方勝敗，各百分之五十。劉鄩堅守以疲晉師的策略使梁軍佔了上風。可惜梁末帝聽信小人蠱惑，遙控前線軍事，屢屢強令劉鄩出城，劉鄩無奈地選擇冒險戰術，於是接連敗北，一敗於偷襲晉陽，再敗於莘縣，三敗於魏州城下，全軍覆沒，梁河北之地盡失，國勢急劇衰落。劉鄩之敗，非敗於戰，而是敗於後梁的腐朽政治。

毛文錫明大義。荊南高季昌認為夔、萬、忠、涪四州之地，原來隸屬荊南，興兵代蜀，欲用武力奪取。荊南本非蜀國之敵，損兵折將，大敗而回，高季昌乘小舟逃走，差點成了俘虜。當時蜀國四面受敵，北面遭受岐王李茂貞的壓力，南面與南詔大戰，也無力滅荊南。於是有人建言，趁夏秋江水上漲，決峽江水壩，引江水灌江陵城。蜀國翰林學士承旨毛文錫勸諫說：「荊南高季昌一個人不歸附皇上，他所屬人民有什麼罪過，皇上正用仁德來號召天下，怎麼忍心讓鄰國的人民成為魚鱉呢！」蜀主王建聽取了毛文錫的諫言，沒有水灌江陵城。毛文錫不僅明大義，而且善諫，以仁德來勸諫王建，化解了一場大戰。

蜀主王建喪膽。梁貞明元年十一月初三日，蜀國宮中發生火災，蜀宮中的百尺樓化為灰燼。蜀主王建貪財貨，把聚斂來的珍寶都收藏在百尺樓，一場大火化為烏有。禁軍指揮使兼中書令王宗侃率領警衛宮門的衛兵入宮救火，王建不允許，緊閉宮門，讓百尺樓的大火自生自滅，燒了整整一夜，到第二天早上，大火還沒有完全熄滅。蜀主王建在義興門召見群臣，命令主管部門收攏太廟的神主，分派使者巡察都城各處，加強戒備，如臨大敵。王建害怕入宮救火的禁軍乘機作亂，膽寒心驚。第二天，採取戒嚴措施後仍禁閉宮門。起身行伍的王建，一旦走到權力頂峰，也就脫離了軍民大眾，沒有一個可以讓他信賴的人，真正成了孤家寡人。但王建的果決措施，也十分得當，不給有野心的人有下手的機會，顯示了一個創業之主的勇略智慧。

卷第二百七十

後梁紀五

起彊圉赤奮若（丁丑 西元九一七年）七月，盡屠維單閼（己卯 西元九一九年）九月，凡二年有奇。

【題解】本卷記事起於西元九一七年七月，迄於西元九一九年九月，凡兩年又三個月。當梁末帝貞明三年七月至五年九月。此時期晉、梁雙方進行大規模主力決戰，勢均力敵，晉兵南渡黃河及於梁郊而還。晉王李存勗失誤於輕躁冒進，死拼硬打，梁兵人眾，雙方打消耗戰，晉兵喪失了優勢，還折了一個大將周德威。但梁末帝昏庸無能，忠奸不分，大將內訌，自毀長城，總是在優勢中打敗仗。契丹南下攻晉幽州，長達半年，梁未能乘勢，收復河北，反而讓晉王從容北退契丹，南進渡河。晉王受挫北還，後梁只是獲得了苟延殘喘，梁之滅亡，不可避免。蜀主王建猜疑殺功臣，晚年嬖於群小，大臣爭權，太子王衍荒淫，繼位後，大權旁落，蜀國急劇衰落。南方吳與吳越大戰，先敗後勝，徐溫得勝退兵，兩國和好，江南黎民此後數十年免於兵禍。徐溫乘勝和好吳越，保境安民，是一個有遠見的政治家。

均王中

貞明三年（丁丑　西元九一七年）

秋，七月庚戌❶，蜀主以桑弘志❷為西北面第一招討❸，王宗宏❹為東北面第二招討。己未❺，以兼中書令王宗侃為東北面都招討，武信❻節度使劉知俊為西北面都招討。○晉王以李嗣源、閻寶兵少，未足以敵契丹，辛未❼，更命李存審將兵益之。

蜀飛龍使❽唐文扆❾居中用事❿，張格⓫附之，與司徒、判樞密院事⓬毛文錫爭權。文錫將以女適⓭左僕射兼中書侍郎、同平章事庾傳素⓮之子，會親族於樞密院用樂⓯，不先表聞⓰。蜀主聞樂聲，怪之，文扆從而譖之⓱。八月庚寅⓲，貶文錫茂州司馬，其子司封員外郎⓳詢流維州⓴，籍沒其家。貶文錫弟翰林學士文晏為榮經㉑尉㉒。傳素罷為工部尚書，以翰林學士承旨庾凝績㉓權判內樞密院事。凝績，傳素之再從弟㉔也。

癸巳㉕[1]，清海、建武節度使劉巖㉖即皇帝位於番禺㉗，國號大越。大赦，改元乾亨。以梁使㉘趙光裔㉙為兵部尚書，節度副使楊洞潛㉚為兵部侍郎，節度判官李殷衡㉛為禮部侍郎，並同平章事。建三廟㉜，追尊祖安仁曰太祖文皇帝，父謙曰代祖聖武皇帝，兄隱曰烈宗襄皇帝。以廣州為興王府。

【章旨】以上為第一段，寫蜀大臣爭權，劉巖建立南漢國。

【注釋】❶庚戌 七月初三日。❷桑弘志 黎陽（今河南浚縣東北）人，岐王李茂貞養為義子，賜姓名李繼岌。降蜀，官至蜀武定軍節度使。傳見《十國春秋》卷四十二。❸招討 官名，即招討使，為臨時軍事長官，掌招撫討伐事務，事罷則廢。❹王宗宏 王建養子。傳見《十國春秋》卷三十九。❺己未 七月十二日。❻武信 方鎮名，唐昭宗光化二年（西元八九九年）始置。前蜀因之，治所遂州，在今四川遂寧。❼辛未 七月二十四日。❽飛龍使 蜀內侍監屬官，由宦官擔任。❾唐文扆 （？—西元九一八年）前蜀宦官。傳見《十國春秋》卷四十六。❿居中用事 在內廷掌握實權。⓫張格 字義師，河間（今河北河間）人，為人矯譎，官至蜀中書侍郎、同平章事。傳見《十國春秋》卷四十一。⓬判樞密院事 官名，掌軍政。唐玄宗時始置，代宗時用宦官擔任，為內樞密使。五代用士人。判，暫時擔任。⓭適 嫁。⓮庾傳素 官至前蜀宰相，尸位厚祿，無所作為，蜀亡降後唐。傳見《十國春秋》卷四十一。⓯用樂 演奏舞樂。⓰表聞 上奏使蜀主知道。聞，使動用法。⓱從而譖之 乘機說他的壞話。⓲庚寅 八月十三日。⓳司封員外郎 官名，吏部屬官，掌封爵、襲蔭、褒贈等事。⓴維州 州名，治所保寧，在今四川理縣東北。㉑榮經 縣名，在今四川榮經。㉒尉 縣尉，掌全縣軍政。㉓庾凝績 庾傳素同曾祖之弟，官至蜀內樞密使。傳見《十國春秋》卷四十一。㉔再從弟 同曾祖之弟。㉕癸巳 八月十六日。㉖劉巖 （西元八八九—九四二年）南漢國建立者，初名巖，一名陟。貞明三年（西元九一七年）稱帝，改名龑，都廣州，國號大越，改元乾亨，西元九一七—九四二年在位。㉗番禺 縣名，縣治在今廣東廣州南部。㉘梁使 後梁派往南漢的使者。㉙趙光裔 （？—西元九三九年）字煥業，京兆奉天（今陝西蒲城）人，任南漢宰相二十餘年，府庫充實，政事清明，輯睦四鄰，邊境無恐，號稱賢相。傳見《十國春秋》卷六十二。㉚楊洞潛 字昭元，始興（今廣東韶關市）人，南漢宰相，請立學校、開貢舉、設銓選，注意教化。傳見《十國春秋》卷六十二。㉛李殷衡 趙郡（今河北邯鄲）人，唐宰相李德裕之孫。官南漢同平章事。傳見《十國春秋》卷六十二。㉜三廟 祭祀三位追尊的南漢祖宗太廟。即太祖劉安仁、代祖劉謙、烈宗劉隱三人之廟。

【校記】[1]癸巳 此二字原無。據章鈺校，十二行本、乙十一行本、孔天胤本皆有此二字，張敦仁《通鑑刊本識誤》、張瑛《通鑑校勘記》同，今據補。

【語譯】均王中

貞明三年（丁丑 西元九一七年）

秋，七月初三日庚戌，蜀主任命桑弘志為西北面第一招討，王宗宏為東北面第二招討。十二日己未，任命兼中書令王宗侃為東北面都招討，武信節度使劉知俊為西北面都招討。○晉王認為李嗣源、閻寶的兵力太少，不足以與契丹對抗，二十四日辛未，另外命令李存審率軍前去增援。

蜀國的飛龍使唐文扆在內廷掌權，張格依附他，與司徒、判樞密院事毛文錫爭奪權力。毛文錫準備把女兒嫁給左僕射兼中書侍郎、同平章事庾傳素的兒子，於是把親戚族人們聚集在樞密院演奏舞樂，沒有事先上奏稟告蜀主。蜀主聽到了樂聲，感到很奇怪，唐文扆乘機詆毀毛文錫。八月十三日庚寅，下詔貶毛文錫為茂州司馬，他的兒子司封員外郎毛詢被流放到維州，抄沒了他的全部家產。貶毛文錫的弟弟翰林學士毛文晏為榮經縣尉。庾傳素被降為工部尚書，任命翰林學士承旨庾凝績暫時兼任內樞密院事務。庾凝績，是庾傳素同曾祖的堂弟。

八月十六日癸巳，清海、建武節度使劉巖在番禺稱帝，國號大越。大赦，改年號為乾亨。任命梁朝的使者趙光裔為兵部尚書，節度副使楊洞潛為兵部侍郎，節度判官李殷衡為禮部侍郎，三人都為同平章事。修建三座宗廟，追尊祖父劉安仁為太祖文皇帝，父親劉謙為代祖聖武皇帝，哥哥劉隱為烈宗襄皇帝。改廣州為興王府。

契丹圍幽州且❶二百日，城中危困。李嗣源、閻寶、李存審步騎七萬會於易州❷，存審曰：「虜眾、吾寡，虜多騎、吾多步。若平原相遇，虜以萬騎蹂吾陳，吾無遺類❸矣。」嗣源曰：「虜無輜重，吾行必載糧食自隨❹，若平原相遇，虜抄吾糧，吾不戰自潰矣。不若自山中潛行❺趣❻幽州，與城中合勢。若中道遇虜，則據險拒之。」甲午⑦，自易州北行。庚子⑧，踰大房嶺⑨，循澗而東⑩。嗣源與養子從珂⑪將三千騎為前鋒，距幽州六十里，與契丹遇。契丹驚卻，晉兵翼而隨之⑫。契丹行山上，晉兵行澗下，每至谷口，契丹輒邀之⑬，嗣源父子力戰，乃得進。至山口，契丹以萬餘騎遮其前⑭，將士失色。嗣源以百餘騎先進，免冑揚鞭⑮，胡語⑯謂契丹曰：「汝無故犯我疆場⑰，晉王命我將百萬眾直抵西樓⑱，滅汝種族！」因躍馬奮檛⑲，三入其陳，斬契丹酋長一人。後軍齊進，契丹兵卻，晉兵始得出。李存審命步兵伐木為鹿角⑳，人持一枝，止則成寨。契丹騎環寨而過，寨中發萬弩射之，流矢蔽日，契丹人馬死傷塞路。將至幽州，契丹列陳待之。存審命步兵陳於其後㉑，戒勿動。先令羸兵㉒曳柴然草㉓而進，煙塵蔽天，契丹莫測其多少。因㉔鼓譟合戰，存審乃趨㉕後陳起乘之，契丹大敗，席卷㉖其眾自北山㉗去，委棄車帳鎧仗羊馬滿野。晉兵追之，俘斬萬計。辛丑㉘，嗣源等入幽州，周德威見之，握手流涕。

契丹以盧文進為幽州留後，其後，又以為盧龍節度使。文進常居平州，帥奚騎㉙歲入北邊，殺掠吏民。晉人自瓦橋㉚運糧輸薊城㉛，雖以兵援之，不免抄掠。契丹每入寇，則文進帥漢卒為鄉導㉜，盧龍巡屬諸州為之殘弊。

【章旨】以上為第二段，寫晉將李嗣源破契丹，解幽州之圍。

【注釋】❶且 將近。❷易州 州名，治所易縣，在今河北易縣。❸無遺類 指全軍覆沒，無一人遺存。遺類，遺種。❹載糧食自隨 運載糧食隨軍行動。❺潛行 祕密行軍。❻趣 通「趨」。趕往。❼甲午 八月十七日。❽庚子 八月二十三日。❾大房嶺 在今北京市良鄉西北。❿循澗而東 沿澗水東行。⓫從珂 （西元八八五—九三六年）李嗣源養子。後唐閔帝應順元年（西元九三四年），自鳳翔率軍入洛陽篡位稱帝，是謂唐末帝。西元九三四—九三六年在位。事見《舊五代史》卷四十六至四十八、《新五代史》卷七。⓬翼而隨之 晉軍分左右兩翼，緊逼退卻的契丹軍。⓭輒邀之 每每攔擊晉軍。⓮遮其前 在晉軍的前面阻擋著。遮，遮攔；阻擋。⓯免冑揚鞭 脫去盔甲，策馬向前。⓰胡語 指用契丹語說話。以下的話是用漢語翻譯的胡語。⓱疆場 疆界；邊界。⓲西樓 契丹以其所居為上京，起樓其間，號西樓。又於其東千里起東樓，北三百里起北樓，南木葉起南樓。⓳檛 馬鞭子。⓴鹿角 砍木成鹿角狀，紮營時釘在地上，以阻擋騎兵衝陣。㉑陳於其後 用步兵在契丹軍陣後布陣。前用騎兵迎敵，後用步兵布陣，夾擊契丹軍。陳，「陣」的古字。㉒羸兵 老弱疲憊的士兵。㉓然草 點燃柴草。然，通「燃」。㉔因 乘勢。㉕趣 通「促」。催促。㉖席卷 像捲席子一樣包括無餘。卷，通「捲」。㉗北山 山名，在古北口，契丹從古北口退兵。㉘辛丑 八月二十四日。㉙奚騎 奚族人組成的騎兵。㉚瓦橋 瓦橋關，在今河北雄縣西南。㉛薊城 即薊縣城。故城在今北京市西南。㉜鄉導 指路或引路的人。鄉，通「嚮」。

【語譯】契丹包圍幽州城將近二百天，城中危急困窘。李嗣源、閻寶、李存審率步兵騎兵七萬人在易州會集，李存審說：「敵眾、我寡，敵方騎兵多、我方步兵多。如果在平原地區相遇，敵人用萬名騎兵踐踏我們陣地，我們就一個也活不成了。」李嗣源說：「敵人沒有隨軍攜帶的軍需，而我們行軍一定會拉著糧食隨行。如果在平原地區相遇，敵人搶我們的糧食，我軍就不戰自潰了。不如從山中祕密行進趕赴幽州，與城裡的軍隊裡應外合，如果半路上遇到敵人，我們就佔據險要地勢抵禦他們。」八月十七日甲午，晉軍從易州向北行進。二十三日庚子，翻越大房嶺，沿著山澗向東。李嗣源和他的養子李從珂率領三千名騎兵為前鋒，在離幽州還有六十里的地方，與契丹軍隊相遇。契丹軍隊感到十分意外而向後退去，晉軍在兩側緊隨其後。契丹軍在山上行進，晉軍則在山澗下行進，每到一處谷口，契丹軍都要攔截晉軍，李嗣源父子奮力拼殺，才能夠繼續行進。到達山口時，契丹人用一萬餘名騎兵擋在前面，晉軍將士嚇得臉色都變了。李嗣源率領一百多名騎兵率先前行，他脫去頭盔，舞著馬鞭，用契丹語對契丹人說：「你們無緣無故地侵犯我們的疆土，晉王命令我率領百萬大軍直搗你們的老巢西樓，滅絕你們的種族！」隨即躍馬揮動馬鞭，多次衝進敵陣，斬殺契丹酋長一人。後面的晉軍一齊向前推進，契丹軍向後退卻，晉軍這才得以走出山口。李存審命令步兵砍伐樹木，做成鹿角狀，每人拿著一枝，部隊停下時插下鹿角圍成一個營寨。契丹騎兵繞營寨而過，寨中的晉軍萬箭齊發射向敵人，飛出的箭鏃遮天蔽日，契丹軍死傷的人馬把路都堵塞了。快要到達幽州城時，契丹軍已擺好陣勢等著他們。李存審命令步兵在契丹軍後面擺好陣勢，告誡他們不要輕舉妄動。先讓一些老弱士兵拖著柴火並點燃枯草在前面走，一時煙塵遮天，契丹人摸不清晉軍到底有多少人馬。晉軍乘勢擂鼓吶喊與敵戰成一團，這時李存審催促在契丹軍身後的步兵衝上前去加入拚殺，契丹軍被打得大敗，收拾全體殘餘人馬從北山逃走，丟棄的戰車、帳篷、鎧甲、兵仗、羊、馬等漫山遍野。晉軍乘勝追擊，俘虜和斬殺的敵人數以萬計。二十四日辛丑，李嗣源等進入幽州城，周德威看到他們，握著他們的手流出了眼淚。

契丹任命盧文進為幽州留後，後來，又任命他為盧龍節度使。盧文進經常居住在平州，每年率領奚族騎兵進入晉國北部邊境，對當地的官吏百姓實施殺戮搶劫。晉國人從瓦橋關運送糧食到薊城，雖然有軍隊為援，仍免不了要遭契丹軍搶奪。每當契丹入侵，盧文進就率領漢族士兵給他們當嚮導，盧龍所屬各州因此都殘破不堪。

劉鄩自滑州入朝，朝議❶以河朔失守❷責之。九月，落❸鄩平章事，左遷❹亳州團練使❺。

冬，十月己亥❻，加吳越王鏐天下兵馬元帥。

晉王還晉陽。王連歲出征，凡軍府政事一委監軍使張承業。承業勸課農桑，畜積金穀，收市⑦兵馬，徵租行法不寬貴戚。由是軍城⑧肅清，饋餉不乏。王或時須錢蒱博⑨及給賜伶人⑩，而承業靳⑪之，錢不可得。王乃置酒錢庫⑫，令其子繼岌⑬為承業舞⑭，承業以寶帶及幣馬贈之。王指錢積呼繼岌小名謂承業曰：「和哥⑮乏錢，七哥⑯宜以錢一積⑰與之，帶馬未為厚也！」承業曰：「郎君纏頭⑱皆出承業俸祿。此錢，大王所以養戰士也，承業不敢以公物為私禮。」王不悅，憑酒⑲以語侵之，承業怒曰：「僕老敕使⑳耳，非為子孫計！惜此庫錢，所以佐王成霸業也。不然，王自取用之，何問僕為！不過財盡民[1]散，一無所成耳。」王怒，顧李紹榮㉑索劍㉒。承業起，挽㉓王衣，泣曰：「僕受先王㉔顧託之命㉕，誓為國家誅汴賊，若以惜庫物死於王手，僕下見先王無愧矣。今日就王請死！」閻寶從旁解承業手令退，承業奮拳毆寶踣地㉖，罵曰：「閻寶，朱溫之黨，受晉大恩，曾不盡忠為報，顧欲以諂媚自容㉗邪！」曹太夫人㉘聞之，遽㉙令召王。王惶恐㉚叩頭，謝承業曰：「吾以酒失忤㉛七哥，必且得罪於太夫人，七哥為吾痛飲以分其過㉜。」王連飲四卮㉝，承業竟不肯飲。王入宮，太夫人使人謝承業曰：「小兒忤特進㉞，適㉟已笞㊱之矣。」明日，太夫人與王俱至承業第謝之。未幾，承制授承業開府儀同三司㊲、左衛上將軍㊳、燕國公。承業固辭不受，但㊴稱唐官，以至終身。

掌書記盧質㊵，嗜酒輕傲，嘗呼王諸弟為豚犬，王銜㊶之。承業恐其及禍，乘間㊷言曰：「盧質數無禮，請為大王殺之。」王曰：「吾方招納賢才以就㊸功業，七哥何言之過也㊹？」承業起立賀曰：「王能如此，何憂不得天下！」質由是獲免。

晉王元妃㊺衛國韓夫人，次燕國伊夫人，次魏國劉夫人。劉夫人最有寵，其父成安㊻人，以醫卜㊼為業。夫人幼時，晉將袁建豐掠得之，入于王宮。性狡悍淫妒㊽，從王在魏。父聞其貴，詣魏宮上謁㊾，王召袁建豐示之㊿。建豐曰：「始得夫人時，有黃鬚丈人(51)護之，此是也。」王以語夫人，夫人方與諸夫人爭寵，以門地相高(52)，恥其家寒微(53)，大怒曰：「妾去鄉(54)時略可記憶，妾父不幸死亂兵，妾守尸哭之而去，今何物田舍翁(55)敢至此！」命笞劉叟(56)于宮門。

【章旨】以上為第三段，寫張承業盡心於國事，為晉之蕭何。晉王寵信狡悍淫婦劉夫人，為不保英雄晚節張本。

【注釋】❶朝議　廷議；公卿大臣會議。❷河朔失守　劉鄩失守河朔事見上卷。河朔，地區名，泛指黃河以北之地。❸落免除。❹左遷　降職。❺團練使　官名，不設節度使之州，設團練使，掌一州政務與軍權。❻己亥　十月二十三日。❼收市　收購。❽軍城　指晉王李存勗國都晉陽府城。❾王或時須錢捕博　晉王李存勗有時需用錢賭博。或時，有時。捕博，賭博。❿伶人　歌舞藝人。⓫靳　吝惜。⓬置酒錢庫　在錢庫擺酒設宴。⓭繼岌　（？—西元九二六年）李存勗長子。同光三年（西元九二五年）九月二十三日封魏王。定蜀班師，被殺。傳見《舊五代史》卷五十一、《新五代史》卷十四。⓮舞　表演舞蹈。意在求得賞賜。⓯和哥　繼岌小名。⓰七哥　指張承業，因張承業排行第七，晉王以兄事之，故稱其為七哥。⓱一積　一處貯錢的府庫。⓲纏頭　唐時凡為人舞，人則以錢、綵、寶貨謝之，叫做纏頭。⓳憑酒　使酒；耍酒瘋。⓴老敕使　張承業自稱，指皇帝的使者。㉑李紹榮　即元行欽。㉒索劍　討寶劍。㉓挽　牽引；拉著。㉔先王　指晉王李克用。㉕顧託之命　臨死前託付輔佐幼子的遺命。㉖踣地　仆倒在地。㉗以諂媚自容　用拍馬奉承的辦法來保全自己。㉘曹太夫人　李存勗的生母。㉙遽　急忙。㉚惶恐　驚慌懼怕。㉛忤　違逆；冒犯。㉜以分其過　用來分擔我的過失。㉝四卮　四大杯酒。卮，大酒杯。㉞特進　官名，唐文散官的第二階，正二品，為榮譽加官。此指代張承業。㉟適　剛才。㊱笞　用竹板責打。㊲開府儀同三司　官名，唐文散官的第一階，從一品，為榮譽加官。可開府治事，儀仗相等於司徒、司馬、司空。㊳左衛上將軍　官名，禁衛軍高級將領。㊴但　只；僅。㊵盧質　（西元八六一—九三六年）字子徵，河南（今河南）人，幼聰慧，善屬文，積功至後唐匡國節度使。傳見《舊五代史》卷九十三、《新五代史》卷五十六。㊶銜　懷恨。㊷乘間　找機會。㊸就　成就。㊹何言之過也　為什麼說這樣的過頭話。㊺元妃　君主或諸侯的元配。㊻成安　縣名，縣治在今河北成安。㊼醫卜　行醫和卜卦。㊽狡悍淫妬　狡黠、兇悍、淫亂、嫉妒。㊾謁　晉見；謁見。㊿示之　給他看；讓他辨認。(51)黃鬚丈人　長黃鬍鬚的老人。(52)以門地相高　用出身的門第、地望的高尚來炫耀自己。門，門第。地，地望；所在州郡。(53)寒微　貧寒而地位低微。(54)去鄉　離開家鄉。(55)何物田舍翁　一個農家翁算什麼東西。(56)劉叟　即黃鬚劉老頭，晉王劉夫人之父，史失其名而稱叟。

【校　記】①民　據章鈺校，十二行本、乙十一行本、孔天胤本皆作「人」。

【語　譯】劉鄩從滑州進京朝見，朝廷公議追究了他失守河朔的責任。九月，免除劉鄩的平章事，降職為亳州團練使。

冬，十月二十三日己亥，梁末帝加封吳越王錢鏐為天下兵馬元帥。

晉王回到晉陽。晉王連年出征，凡是軍府中的政事一概委託給監軍使張承業處理。張承業鼓勵督促農桑生產，儲積錢糧，招兵買馬，他徵收租稅，執行法令，就是對皇親國戚也無所寬宥。從此軍城內外秩序井然，軍隊糧餉從不缺乏。晉王有時需要錢去賭博或者賞賜給歌舞藝人，而張承業捨不得，晉王也拿不到錢。晉王於是在錢庫裡擺酒設筵，讓他的兒子李繼岌給張承業表演舞蹈，張承業贈送給他鑲有珠寶的帶子和一匹當做禮物的馬作為答謝。晉王指著錢庫裡的錢堆喊著李繼岌的小名對張承業說：「和哥缺錢，七哥應該給他一堆錢，寶帶和馬匹可不算厚禮啊！」張承業說：「給公子的謝禮都出自我的俸祿。庫裡的這些錢，是大王用來供養戰士的，我張承業不敢拿公家的財物作為私人的謝禮。」晉王聽了很不高興，藉著幾分酒意出言冒犯他，張承業生氣地說道：「我不過是個年老的為皇上傳令的差官罷了，我不是為自己的兒孫在作打算！我珍惜這些庫錢，是為了幫助大王成就霸業。不然的話，大王您自己拿去用好了，何必還來問我呢！大不了錢財用完了，百姓散夥了，一事無成而已。」晉王聽後十分惱怒，回過頭來向李紹榮要劍。張承業站了起來，拉著晉王的衣服，流著淚說：「我受先王臨終囑託遺命，發誓要為國家誅滅汴梁賊子，如果因為珍惜國庫中的錢物而死在大王手裡，我在九泉之下見到先王心裡也無愧了。今日就在大王這裡請求一死！」閻寶在一旁掰開張承業的手叫他退下去，張承業揮起拳頭把閻寶打倒在地，罵道：「閻寶，你這個朱溫的同黨，受了我們晉國的大恩，卻不去盡忠報國，反而想用諂媚來求安身嗎！」曹太夫人聽到這件事，急忙下令召見晉王。晉王惶恐不安地趕忙磕頭，向張承業賠罪說：「我因為飲酒失態冒犯了七哥，一定會得罪太夫人，請七哥為我痛飲幾杯來分擔點我的罪過。」晉王一連喝了四大杯，張承業最終連一杯也不肯喝。晉王入宮後，曹太夫人派人來向張承業道歉說：「小兒冒犯了特進，剛才我已經責打他了。」第二天，曹太夫人又和晉王一道到張承業府上賠罪。不久，晉王又代行唐朝天子的旨意授予張承業開府儀同三司、左衛上將軍、燕國公。張承業堅決推辭不接受，終其一生只自稱是唐朝的官員。

掌書記盧質，愛好喝酒舉止輕佻傲慢，曾經稱呼晉王的弟弟們為豬狗，晉王懷恨在心。張承業怕他遭禍，便找機會對晉王說：「盧質多次對大王無禮，請讓我為大王殺了他。」晉王說：「我正在招納賢才來成就功業，七哥為什麼說這樣的過頭話呢？」張承業站起來向晉王祝賀說：「大王能夠如此，還愁得不到天下嗎！」

盧質因此得以免禍。

晉王的元妃是衛國的韓夫人，其次是燕國的伊夫人，又其次是魏國的劉夫人。劉夫人最受晉王寵愛，她的父親是成安人，以行醫占卜為業。劉夫人年幼之時，被晉國將領袁建豐搶了回來，進了王宮。劉夫人生性狡詐兇悍，放蕩，好妒忌人，這時跟隨晉王在魏州。她的父親聽說她地位顯貴，到魏地的王宮來請求晉見，晉王召袁建豐來辨認。袁建豐說：「當初得到劉夫人的時候，有一個黃鬍子老漢保護著她，就是這個人。」晉王把這些情況告訴了劉夫人，劉夫人當時正與其他幾位夫人爭寵，彼此都在炫耀自己的門第地望，劉夫人對自己貧寒低微的出身感到恥辱，於是十分生氣地說：「我離開家鄉時的情景大概還可記得，我的父親不幸死於亂兵，我曾守著他的屍體大哭一番後才離開，今天這個農家翁是個什麼東西，竟敢到這裡胡言亂語！」下令把劉老漢在宮門口鞭打了一頓。

越主巖遣客省使❶劉瑭❷使於吳，告即位，且勸吳王稱帝。

閏月戊申❸，蜀主以判內樞密院庾凝績為吏部尚書、內樞密使。

十一月丙子朔❹，日南至❺，蜀主祀圜丘❻。

晉王聞河冰合❼，曰：「用兵數歲，限❽一水不得度，今冰自合，天贊我也。」亟❾如魏州。

蜀主以劉知俊為都招討使，諸將皆舊功臣，多不用其命❿，且疾⓫之，故無成功。唐文扆數毀之⓬，蜀主亦忌其才，嘗謂所親曰：「吾老矣，知俊非爾輩所能馭⑬也。」十二月辛亥⑭，收⑮知俊，稱其謀叛，斬於炭市⑯。○癸丑⑰，蜀大赦，改明年元曰光天⑱。

壬戌⑲，以張宗奭⑳為天下兵馬副元帥。○帝論平慶州功㉑，丁卯㉒，以左龍虎統軍㉓賀瓌為宣義節度使、同平章事。尋㉔以為北面行營招討使。

戊辰㉕，晉王畋㉖于朝城㉗。是日，大寒，晉王視河冰已堅，引步騎稍度㉘。梁甲士三千戍楊劉城㉙，緣河㉚數十里，列柵㉛相望。晉王急攻，皆陷之。進攻楊劉城，使步兵斬其鹿角，負葭葦㉜塞塹㉝，四面進攻。即日拔之，獲其守將安彥之。

先是，租庸使㉞、戶部尚書趙巖言於帝曰：「陛下踐阼㉟以來，尚未南郊。議者以為無異藩侯㊱，為四方㊲所輕。請幸西都㊳行郊禮，遂謁宣陵㊴。」敬翔諫曰：「自劉鄩失利以來，公私困竭，人心惴恐㊵。今展禮㊶圜丘，必行賞賚㊷，是慕虛名而受實弊也。且勍敵㊸近在河上，乘輿㊹豈宜輕動！俟北方既平，報本㊺未晚。」帝不聽。己巳㊻，如㊼洛陽，閱車服㊽，飾宮闕㊾。郊祀有日㊿，聞楊劉失守，道路訛言(51)晉軍已入[1]大梁，扼汜水(52)矣。從官(53)皆憂其家，相顧涕泣。帝惶駭失圖(54)，遂罷郊祀，奔歸大梁。甲戌(55)，以河南尹張宗奭為西都留守(56)。

是歲，閩王審知(57)為其子牙內都指揮使延鈞(58)娶越主巖之女。

【章旨】以上為第四段，寫蜀主王建猜疑殺功臣，梁末帝在大敵當前祀南郊，昏庸之至。

【注釋】❶客省使　官名，掌別國使臣朝見、宴請、接受貢物等外交事務。❷劉瑭　官南漢客省使，曾聘於吳，勸吳王楊隆演稱帝。傳見《十國春秋》卷六十三。❸戊申　閏十月初二日。❹丙子朔　十一月初一日。❺日南至　冬至日。❻祀圜丘　舉行祭祀天地的儀式。圜丘，古時祭天的壇。❼河冰合　黃河結冰而水不流，成為坦途。❽限　限制；阻隔。❾亟　急。❿多不用其命　大多不聽從劉知俊的命令和指揮。⓫疾　通「嫉」。妒忌。⓬數毀之　多次誹謗劉知俊。數，多次。⓭馭　駕御；掌握。⓮辛亥　十二月初六日。⓯收　逮捕。⓰炭市　成都賣柴炭的市場。⓱癸丑　十二月初八日。⓲光天　前蜀王建第四個年號（西元九一八年）。⓳壬戌　十二月十七日。⓴張宗奭　即張全義。宗奭之名為梁太祖朱溫所賜。㉑平慶州功　賀瓌平慶州，事見上卷上年，至此時論功。㉒丁卯　十二月二十二日。㉓左龍虎統軍　後梁禁衛軍高級將領。㉔尋　不久。㉕戊辰　十二月二十三日。㉖畋　打獵。㉗朝城　縣名，縣治在今山東莘縣西南。㉘稍度　逐漸渡河。㉙楊劉城　地名，在今山東東阿北，瀕臨黃河。㉚緣河　沿黃河。㉛列柵　建立營柵。㉜葭葦　蘆葦。葭，小葦。葦，蘆。㉝塹　壕溝。㉞租庸使　官名，管理錢穀等事。往往因戰事而設，兵罷則止。由宰相兼領。㉟踐阼　即位。㊱藩侯　藩鎮；一般的諸侯王。㊲四方　全國；天下。㊳西都　後梁以洛陽為西都。㊴宣陵　朱溫墓。在今河南洛陽附近伊闕。㊵惴恐　擔心害怕。㊶展禮　大規模地行祭祀禮。㊷賞賚　賞賜。㊸勍敵　強勁的敵人，指晉軍。㊹乘輿　借指皇帝。輿，皇帝出行所乘之車輛。㊺報本　報答王業之根本。此處指郊祀上天及先帝朱溫。㊻己巳　十二月二十四日。㊼如　到。㊽閱車服　檢閱車駕、服飾等儀仗隊。㊾飾宮闕　裝飾、修繕宮殿。㊿有日　指離郊祀的日子沒有幾天了。(51)訛言　謠言；傳言。(52)扼汜水　扼守虎牢關，拒末帝東歸開封。汜水，在今河南滎陽。(53)從官　跟從後梁末帝到洛陽郊天的官員。(54)惶駭失圖　驚惶害怕，沒有了主意。(55)甲戌　十二月二十九日。(56)西都留守　官名，負責洛陽軍政的長官。(57)審知　王審知（西元八六二－九二五年），字信通，光州固始（今河南固始）人，其兄王潮死後，他襲爵威武軍節度使，割據福建。後梁開平三年（西元九〇九年）封為閩王。為人儉約，對福建多所建樹。西元九〇九－九二五年在位。傳見《舊五代史》卷一百三十四、《新五代史》卷六十八。(58)延鈞　（？－西元九三五年）王審知次子，審知死，於西元九二六年與王延稟殺兄延翰繼閩王位，改名璘，西元九三三年稱帝，改元龍啟。西元九二六—九三五年在位。傳見《舊五代史》卷一百三十四、《新五代史》卷六十八、《十國春秋》卷九十一。

【校　記】①入　原作「至」。據章鈺校，十二行本、乙十一行本、孔天胤本皆作「入」，熊羅宿《胡刻資治通鑑校字記》同，今據改。

【語　譯】大越國主劉巖派客省使劉瑭出使吳國，告知自己已經即位，並且勸吳王也稱帝。

閏十月初二日戊申，蜀主任命判內樞密院庾凝績為吏部尚書、內樞密使。

十一月初一日丙子，冬至，蜀主在圜丘祭天。

晉王聽說黃河河面上已經全部結上了冰，說道：「用兵多年，被一水阻隔而不能渡過去，現在河面上的冰自己結滿了，這是上天在幫助我們。」於是他急忙趕往魏州。

蜀主任命劉知俊為都招討使，所統帥的各位將領都是舊日的功臣，很多人都不聽從他的指揮，而且妒忌他，所以他沒建立什麼功績。唐文扆多次詆毀他；蜀主也妒忌他的才能，曾經對所親近的人說：「我老了，劉知俊不是你們這些人所能駕御的。」十二月初六日辛亥，逮捕了劉知俊，說他陰謀叛亂，把他在炭市斬首。○初八日癸丑，蜀國實行大赦，把明年的年號改為光天。

十二月十七日壬戌，梁末帝任命張宗奭為天下兵馬副元帥。○梁末帝論平定慶州的戰功，二十二日丁卯，任命左龍虎統軍賀瓌為宣義節度使、同平章事。不久又任命他為北面行營招討使。

十二月二十三日戊辰，晉王在朝城打獵。這一天，天氣特別寒冷，晉王看到黃河上的冰已經凍得很結實了，就率領步兵騎兵逐漸渡河。梁國有甲士三千人駐守楊劉城，沿河數十里建立了一座座營柵，彼此都能望見。晉王發起猛攻，把梁軍營柵全都攻了下來。接著進攻楊劉城，派步兵砍去梁軍在城外設置的鹿角，然後背著蘆葦去填塞壕溝，從四面發起進攻。當天就攻下了楊劉城，俘虜了楊劉城守將安彥之。

此前，租庸使、戶部尚書趙巖對梁末帝說：「陛下即位以來，還沒有去南郊祭天。談起這件事人們都認為這樣就和地方諸侯沒有什麼區別了，會被天下所輕視。希望陛下臨幸西都舉行郊祀禮，順便拜謁宣陵。」

敬翔卻勸諫說：「自從劉鄩征戰失利以來，朝廷和百姓都非常窮困，人心惴惴不安。如今在圜丘舉行大禮，勢必要進行賞賜，這樣做是貪慕虛名而在實際上遭受弊害。況且強敵就近在黃河邊上，皇上的大駕哪能輕易出動！等到北方的形勢平定之後，再去報答王業的根本也不算晚。」梁末帝不聽他的勸諫。十二月二十四日己巳，梁末帝前往洛陽，視察車駕禮服，修飾宮殿。離郊祀的日子沒有幾天了，突然聽說楊劉城失守，路人謠傳晉軍已經進入大梁，扼守住汜水了。隨行的官員們都在擔憂自己的家人，大家相對垂淚。梁末帝也驚慌害怕沒了主意，於是停止郊祀，急忙趕回大梁。二十九日甲戌，梁末帝任命河南尹張宗奭為西都留守。

這一年，閩王王審知為兒子牙內都指揮使王延鈞娶了越主劉巖的女兒。

四年（戊寅　西元九一八年）

春，正月乙亥朔❶，蜀大赦，復國號曰蜀。

帝至大梁。晉兵侵掠至鄆❷、濮❸而還。敬翔上疏曰：「國家連年喪師，疆土日蹙❹。陛下居深宮之中，所與計事者皆左右近習❺，豈能量❻敵國之勝負乎！先帝之時，奄有❼河北，親御豪傑之將，猶不得志。今敵至鄆州，陛下不能留意。臣聞李亞子❽繼位以來，于今十年❾，攻城野戰，無不親當矢石。近者攻楊劉，身負束薪❿，為士卒先，一鼓拔之⓫。陛下儒雅守文，晏安自若⓬，使賀瓌輩敵之，而望攘逐⓭寇讎，非臣所知也。陛下宜詢訪黎老⓮，別求異策。不然，憂未艾也。臣雖駑怯，受國重恩，陛下必若乏才，乞於邊垂自效。」疏奏，趙、張之徒言翔怨望，帝遂不用。

吳以右都押牙[15]王祺為虔州[16]行營都指揮使，將洪、撫、袁、吉[17]之兵擊譚全播[18]。嚴可求以厚利募贛石水工[19]，故吳兵奄至虔州城下，虔人始知之。

蜀太子衍[20]好酒色，樂遊戲。蜀主嘗自夾城[21]過，聞太子與諸王鬬雞擊毬喧呼之聲，歎曰：「吾百戰以立基業，此輩其能守之乎！」由是惡張格。而徐賢妃[22]為之內主[23]，竟不能去也。信王宗傑[24]有才略，屢陳時政，蜀主賢之，有廢立意。二月癸亥[25]，宗傑暴卒，蜀主深疑之。

河陽節度使、北面行營排陳[26]使謝彥章[27]將兵數萬攻楊劉城。甲子[28]，晉王自魏州輕騎詣河上。彥章築壘自固[29]，決河水，瀰浸[30]數里，以限[31]晉兵，晉兵不得進。彥章，許州人也。安彥之散卒多聚於兗[32]、鄆山谷為羣盜，以觀二國成敗。晉王招募之，多降於晉。○己亥[33]，蜀主以東面招討使王宗侃為東、西兩路[34]諸軍都統。

三月，吳越王鏐初立元帥府，置官屬。

夏，四月癸卯朔[35]，蜀主立子宗平[36]為忠王，宗特[37]為資王。○岐王復遣使求好[38]于蜀。○己酉[39]，以吏部侍郎蕭頊[40]為中書侍郎、同平章事。○保大[41]節度使高萬金卒。癸亥㊷，以忠義㊸節度使高萬興兼保大節度使，并鎮鄜、延。○司空兼門下侍郎、同平章事趙光逢告老，己巳㊹，以司徒致仕。

【章　旨】以上為第五段，寫梁末帝拒諫，臨事偏聽小人之言。蜀太子王衍沉湎酒色。

【注　釋】❶乙亥朔　正月初一日。❷鄆　鄆州，治所須昌，在今山東東平西北。❸濮　濮州，治所鄄城，在今山東鄄城北。❹日蹙　一天天縮小。❺近習　皇帝身邊的親幸嬖臣。❻量　估計；預料。❼奄有　佔有。❽李亞子　指李存勗。❾十年　言其大數。其實晉王李存勗從開平元年（西元九〇七年）嗣位以來，至此已經十一年。❿身負束薪　親自背負填壕溝的蘆葦。⓫一鼓拔之　一鼓作氣，攻佔楊劉城。⓬晏安自若　生活安逸，像往常一樣。⓭攘逐　抵抗、驅逐。⓮黎老　黎民百姓中之老者。這裡指那些德高望重的賢人。⓯右都押牙　官名，親軍統領官，位在上軍使之下。⓰虔州　州名，治所贛縣，在今江西贛州。⓱洪撫袁吉　皆州名。洪州治所豫章，在今江西南昌。撫州治所臨川，在今江西撫州西。袁州治所宜春，在今江西宜春。吉州治所廬陵，在今江西吉安。⓲譚全播　（約西元八三五－九一九年）南康（今江西南康）人，治虔州七年，有善政。傳見《十國春秋》卷八。⓳贛石水工　贛石，地名。水工，水手。從吉州水行到虔州有贛石之險，嚴可求用重金招募熟悉贛水之險的水手作嚮導，故能繞開險灘，迅速到達虔州城下。⓴蜀太子衍　蜀之太子王衍（西元八九八－九二五年），字化源，舊名宗衍，及即位，去宗字，單名衍。王建第十一子。西元九一八－九二五年在位。傳見《舊五代史》卷一百三十六、《新五代史》卷六十三、《十國春秋》卷三十七。㉑夾城　蜀仿效長安都城建制，在諸王宅建夾城。㉒徐賢妃　（？－西元九二六年）蜀順聖皇太后，王衍之母，交結宦官，干預朝政，為唐莊宗所殺。傳見《十國春秋》卷三十八。㉓內主　在宮內作主。㉔宗傑　（？－西元九一八年）王建第八子。有才略，武成三年（西元九一〇年）封信王。傳見《十國春秋》卷三十八。㉕癸亥　二月二十日。㉖陳　「陣」之古字。㉗謝彥章　（？－西元九一八年）許州（今河南許昌）人，後梁騎將，積功至許州節度使，為賀瓌所害。傳見《舊五代史》卷十六、《新五代史》卷二十三。㉘甲子　二月二十一日。㉙築壘自固　建築堡壘，自己固守。㉚瀰浸　瀰漫淹浸。決河水以阻遏幽并突騎。㉛限　阻止；阻擋。㉜兗　兗州，治所瑕丘城，在今山東兗州。㉝己亥　二月甲辰朔，無己亥。疑為己巳，二月二十六日。㉞兩路　指兩路伐岐之兵。東路出寶雞，西路出秦隴。㉟癸卯朔四月初一日。㊱宗平　王建第九子。㊲宗特　王建第十子（一作第六子）。傳見《十國春秋》卷三十八。㊳求好　要求和好。據本書乾化元年（西元九一一年）載，蜀主之女普慈公主嫁岐王從子繼宗，普慈公主不滿繼宗驕矜嗜酒，歸寧成都，蜀主留之，岐王怒，與蜀斷絕關係。至是，岐王又求好於蜀。㊴己酉　四月初七日。㊵蕭頃　（約西元八六〇－九二八年）字子澄，京兆萬年（今陝西西安）人。傳見《舊五代史》卷五十八。㊶保大　方鎮名，唐僖宗中和二年（西元八八二年）渭北節度賜號保大軍節度。治所鄜州，在今陝西富縣。㊷癸亥　四月二十一日。㊸忠義　方鎮名，即唐之保塞軍，朱溫改名為忠義軍，治所延州，在今陝西延安西北。㊹己巳　四月二十七日。

【語譯】四年（戊寅　西元九一八年）

春，正月初一日乙亥，蜀國大赦，恢復國號為蜀。

梁末帝到達大梁。晉軍入侵掠奪一直到了鄆州、濮州一帶才撤回去。敬翔向梁末帝上奏章說：「國家連年軍隊戰敗受損，疆土一天天縮小。陛下深居宮中，與您一起商量大事的都是您左右親幸之人，這怎麼能估量敵我的勝負呢！先帝在世的時候，擁有黃河以北廣大地區，親自統帥豪傑猛將，尚且不能處處如意。如今敵人已經到了鄆州，陛下仍不太在意。我聽說李存勗繼位以來，至今十年，不論攻城還是野戰，無不親自衝鋒陷陣。近日進攻楊劉城時，他身背成束的蘆葦，衝在士卒的前面，所以能一鼓作氣攻下楊劉城。陛下卻儒雅斯文，像往常一樣過著安逸的日子，只派賀瓌這種人去抵禦敵人，而指望他們驅逐敵寇，這真不是我所能理解的。陛下應當去諮詢一下老人們，另外尋求一種不同的禦敵之策。否則的話，憂患是不會停止的。我雖然無能而又怯弱，但也受過國家的厚恩，陛下如果實在缺少人才的話，我請求到邊疆去為國效力。」奏章呈上去以後，趙巖、張漢鼎這幫人說敬翔是在發洩不滿，於是梁末帝沒有採納他的意見。

吳國任命右都押牙王祺為虔州行營都指揮使，讓他率領洪州、撫州、袁州、吉州的軍隊去攻打譚全播。嚴可求用重金招募熟悉水道的贛石水工，所以直到吳軍突然到達虔州城下時，虔州人才發覺。

蜀國太子王衍嗜酒好色，喜歡遊樂嬉戲。一次蜀主從夾城路過，聽到牆內太子與諸王鬥雞擊毬的喧鬧呼喊之聲，慨歎道：「我歷經百戰創立的這份基業，這些人能守得住嗎！」從此蜀主厭惡當初主張擁立王衍的張格。但內宮有徐賢妃為他作主，所以到底也沒能把他趕走。信王王宗傑有才幹有謀略，屢次上表陳述對時政的看法，蜀主很器重他，曾經有過廢王衍立王宗傑的想法。二月二十日癸亥，王宗傑突然病死，蜀主對他的死深感可疑。

梁河陽節度使、北面行營排陳使謝彥章率軍數萬進攻楊劉城。二月二十一日甲子，晉王從魏州率輕騎趕到黃河邊。謝彥章築起營壘固守，並且決堤放出黃河水，淹沒了方圓好幾里，以阻擋晉軍，晉軍無法前進。謝彥章，是許州人。安彥之的潰散士卒大多聚集在兗州、鄆州的山谷當強盜，坐觀梁、晉兩國的勝負。晉王招募他們，他們大多歸順了晉國。〇己亥日，蜀主任命東面招討使王宗侃為東、西兩路諸軍都統。

三月，吳越王錢鏐開始設立元帥府，並設置僚屬。

夏，四月初一日癸卯，蜀主冊立他的兒子王宗平為忠王，王宗特為資王。〇岐王又派遣使者到蜀國請求和好。〇初七日己酉，梁末帝任命吏部侍郎蕭頃為中書侍郎、同平章事。〇梁保大節度使高萬金去世。二十一日癸亥，任命忠義節度使高萬興兼任保大節度使，同時鎮守鄜州和延州。〇梁司空兼門下侍郎、同平章事趙光逢告老辭官，二十七日己巳，同意他以司徒的官位退休。

蜀主自永平末得疾昏瞀❶，至是增劇❷。以北面行營招討使兼中書令王宗弼❸沈靜有謀❹，五月，召還，以為馬步都指揮使。乙亥❺，召大臣入寢殿❻，告之曰：「太子仁弱❼，朕不能違諸公之請，踰次❽而立之。若其不堪大業，可置諸別宮，幸勿殺之。但王氏子弟，諸公擇而輔之。徐妃兄弟，止可優其祿位，慎勿使之掌兵預政，以全其宗族❾。」

內飛龍使唐文扆久典禁兵，參預機密，欲去諸大臣，遣人守宮門。王宗弼等三十餘人日至朝堂，不得入見。文扆屢以蜀主之命慰撫之，伺蜀主殂，即作難⑩。遣其黨內皇城使⑪潘在迎⑫偵察外事，在迎以其謀告宗弼等。宗弼等排闥⑬入，言文扆之罪。以天冊府⑭掌書記崔延昌權判六軍事⑮，召太子⑯入侍疾。丙子⑰，貶唐文扆為眉州刺史。翰林學士承旨王保晦⑱坐附會⑲文扆，削官爵，流瀘州。在迎，沆之子也。

丙申⑳，蜀主詔中外財賦、中書除授、諸司刑獄案牘專委庾凝績，都城及行營軍旅之事委宣徽南院使㉑宋光嗣㉒。丁酉㉓，削唐文扆官爵，流雅州㉔。辛丑㉕，以宋光嗣為內樞密使，與兼中書令王宗弼、宗瑤㉖、宗綰、宗夔並受遺詔輔政。初，蜀主雖因唐制置樞密使，專用士人㉗。及唐文扆得罪，蜀主以諸將多許州故人㉘，恐其不為幼主用，故以光嗣代之。自是宦者始用事㉙。

六月壬寅朔㉚[1]，蜀主殂㉛。癸卯㉜，太子即皇帝位。尊徐賢妃為太后，徐淑妃㉝為太妃。以宋光嗣判六軍諸衛事。乙卯㉞，殺唐文扆、王保晦。命西面招討副使王宗昱㉟[2]殺天雄節度使唐文裔於秦州，免左保勝軍使㊱領右街使唐道崇官。

吳內外馬步都軍使、昌化節度使、同平章事徐知訓，驕倨淫暴㊲。威武節度使、知撫州李德誠㊳有家妓㊴數十，知訓求之，德誠遣使謝㊵曰：「家之所有皆長年，或有子，不足以侍貴人㊶，當更㊷為公求少而美者。」知訓怒，謂使者曰：「會當殺德誠，并其妻取之！」

【章　旨】以上為第六段，寫蜀國發生不流血宮廷政變，太子王衍即位。

【注　釋】❶昏瞀　頭昏目眩。❷增劇　病情加重。❸王宗弼　（？—西元九二五年）本姓魏，名宏夫，王建假子，蜀後主時專權。傳見《新五代史》卷六十三、《十國春秋》卷三十九。❹沈靜有謀　沉著冷靜而有謀略。❺乙亥　五月初三日。❻寢殿　君主的臥室。❼仁弱　仁慈而柔弱，指無所作為。❽踰次　不按次序。因王衍為王建幼子，以母徐賢妃有寵而立。❾全其宗族　保全徐氏的宗族。指不使外戚徐氏掌兵權，不致作亂而族誅。❿作難　即發難，發動政變。⓫內皇城使　掌禁衛皇城的軍事長官。⓬潘在迎　潘炕之子，以財賄交結權貴，以讒言蠱惑後主。傳見《十國春秋》卷四十六。⓭排闥　推開門戶。闥，宮中小門。⓮天冊府　即天策府。為蜀永平四年（西元九一四年）所建宮府。⓯權判六軍事　暫時擔任禁衛軍總指揮職務。⓰太子　指王衍。⓱丙子　五月初四日。⓲王保晦　（？—西元九一八年）閬州（今四川閬中）人。傳見《十國春秋》卷四十四。⓳附會　迎合。⓴丙申　五月二十四日。㉑宣徽南院使　官名，總領宮內諸司及三班內侍名籍和郊祀、朝會等，常以宦官擔任。㉒宋光嗣　（？—西元九二五年）宦官，福州（今福建福州）人，善迎合王衍，為其所寵。傳見《十國春秋》卷四十六。㉓丁酉　五月二十五日。㉔雅州　州名，治所嚴道，在今四川雅安。㉕辛丑　五月二十九日。㉖宗瑤　王建義子，積功封臨淄王。傳見《十國春秋》卷三十九。㉗專用士人　唐制，樞密使任用宦官，蜀主則改用士大夫。㉘諸將多許州故人　蜀主王建為許州舞陽（今河南舞陽）人，所以他的將領大多來自許地。㉙用事　掌權。㉚壬寅朔　六月初一日。㉛殂　死。㉜癸卯　六月初二日。㉝徐淑妃　（？—西元九二六年）徐賢妃之妹，宮中稱為花蕊夫人，能詩。傳見《十國春秋》卷三十八。㉞乙卯　六月十四日。㉟王宗昱　王建義子，蜀亡，降後唐。傳見《十國春秋》卷三十九。㊱左保勝軍使　官名，禁衛軍統領官。㊲驕倨淫暴　驕橫、傲慢、淫亂、暴虐。㊳李德誠　（西元八六三—九四〇年）廣陵（今江蘇揚州）人，謙恭沉厚，官鎮南軍節度使，進封趙王。傳見《十國春秋》卷七。㊴家妓　家中樂伎。㊵謝　推辭。㊶貴人　指徐知訓。㊷更　再。

【校　記】①朔　原無此字。據章鈺校，十二行本、乙十一行本、孔天胤本皆有此字，張敦仁《通鑑刊本識誤》同，今據補。②王宗昱　原作「王全昱」。據章鈺校，十二行本、乙十一行本、孔天胤本皆作「王宗昱」，《新五代史》、《十國春秋》亦作「王宗昱」，今據改。

【語　譯】蜀主自永平末年得了頭昏目眩的毛病，到現在更加厲害了。因為北面行營招討使兼中書令王宗弼沉著冷靜有謀略，五月，把他召了回來，任命他為馬步都指揮使。初三日乙亥，蜀主召大臣們到他的寢殿，告訴他們說：「太子仁慈而懦弱，朕當年不能拒絕諸位的請求，超越長幼的次序而立了他。如果他今後不堪繼承大業，你們可以把他安置到別宮去，希望不要殺了他。只要是王氏子弟，諸位可以從中選擇一人輔佐他。徐妃的兄弟，只能給他們優厚的俸祿和爵位，千萬不能讓他們執掌軍隊參與政事，以保全他們宗族。」

內飛龍使唐文扆長期掌管禁衛軍，參與國家機密大事，他打算除掉諸位大臣，於是派人守住宮門。王宗弼等三十多人每天都到朝堂，但都不能入宮看望蜀主。唐文扆多次以蜀主的旨意安撫他們，就等蜀主一死，他就發難。他還派他的同黨內皇城使潘在迎偵察宮外的動靜，潘在迎把他的謀劃報告了王宗弼等人。王宗弼等人於是奪門而入，向蜀主述說了唐文扆的罪狀。蜀主任命天冊府掌書記崔延昌暫時掌管六軍事，召太子入宮服侍。五月初四日丙子，把唐文扆貶為眉州刺史。翰林學士承旨王保晦犯有迎合唐文扆之罪，削去官爵，流放瀘州。潘在迎，是潘炕的兒子。

五月二十四日丙申，蜀主下詔，把朝廷內外的財賦、中書人事的任免、各官署的刑獄案件公文全部委託給庾凝績辦理，把都城和行營軍旅等事務委託給宣徽南院使宋光嗣負責。二十五日丁酉，削去唐文扆的官爵，把他流放到雅州。二十九日辛丑，任命宋光嗣為內樞密使，並與兼中書令王宗弼、王宗瑤、王宗綰、王宗夔四人一同受遺詔輔政。當初，蜀主雖然依照唐代的官制設置了樞密使，但專門用文人擔任此職。到了唐文扆獲罪以後，蜀主因諸將大多是家鄉許州的故人，怕他們將來不聽從幼主的使喚，所以任命宦官宋光嗣取代文人做樞密使。從此宦官開始掌權。

六月初一日壬寅，蜀主去世。初二日癸卯，太子王衍即皇帝位。尊奉徐賢妃為皇太后，徐淑妃為皇太妃。

任命宋光嗣兼管六軍諸衛的事務。十四日乙卯，殺唐文扆、王保晦。命令西面招討副使王宗昱在秦州殺掉天雄節度使唐文裔，免去左保勝軍使領右街使唐道崇的官職。

吳國的內外馬步都軍使、昌化節度使、同平章事徐知訓，驕橫傲慢，荒淫而又暴虐。威武節度使、知撫州李德誠家中有歌舞伎幾十人，徐知訓向他要，李德誠派人前去推辭說：「我家的所有女伎年紀都大了，有的還有孩子，實在不夠格來侍奉貴人，我再另外為您尋找年輕美貌的。」徐知訓十分生氣，對來使說：「我以後會殺了李德誠，連他的老婆也一起要過來！」

知訓狎侮❶吳王，無復❷君臣之禮。嘗與王為優❸，自為參軍❹，使王為蒼鶻❺，總角弊衣❻，執帽以從。又嘗泛舟濁河，王先起，知訓以彈彈之。又嘗賞花於禪智寺❼，知訓使酒悖慢❽，王懼而泣，四座股栗❾。左右扶王登舟，知訓乘輕舟逐之，不及，以鐵撾殺王親吏。將佐無敢言者，父溫皆不之知❿。

知訓及弟知詢皆不禮⓫於徐知誥，獨季弟知諫以兄禮事之。知訓嘗召兄弟飲，知誥不至，知訓怒曰：「乞子⓬不欲酒，欲劍乎⓭！」又嘗與知誥飲，伏甲⓮欲殺之，知諫躡⓯知誥足，知誥陽起如廁⓰，遁去。知訓以劍授左右刁彥能⓱使追殺之。彥能馳騎及於中塗，舉劍示知誥而還，以不及告⓲。

平盧節度使、同平章事、諸道副都統朱瑾遣家妓通候問⓳於知訓，知訓強欲私之[20]，瑾已不平[21]。知訓惡[22]瑾位加己上，置靜淮軍[23]於泗州，出瑾為靜淮節度使，瑾益恨之，然外[24]事知訓愈謹。瑾有所愛馬，冬貯於幄[25]，夏貯於幬[26]，寵妓有絕色[27]。知訓過別瑾[28]，瑾置酒，自捧觴[29]，出寵妓使歌，以所愛馬為壽[30]，知訓大喜。瑾因延[31]之中堂，伏壯士於戶內，出妻陶氏拜之，知訓答拜，瑾以笏[32]自後擊之踣地，呼壯士出斬之。瑾先繫二悍馬於廡下[33]，將圖知訓，密令人解縱之，馬相踶齧[34]，聲甚厲，以是外人莫之聞。瑾提知訓首出，知訓從者數百人皆散走。瑾馳入府[35]，以首示吳王曰：「僕已為大王除害。」王懼，以衣障面[36]，走入內，曰：「舅自為之[37]，我不敢知！」瑾曰：「婢子[38]不足與成大事！」以知訓首擊柱，挺[39]劍將出。子城使[40]翟虔[41]等已闔府門，勒兵[42]討之。乃自後踰城，墜而折足[43]，顧追者曰：「吾為萬人除害，以一身任患[44]。」遂自剄[45]。

徐知誥在潤州聞難[46]，用宋齊丘策，即日引兵濟江[47]。瑾已死，因撫定軍府[48]。時徐溫諸子皆弱，溫乃以知誥代知訓執吳政，沈[49]朱瑾尸於雷塘而滅其族。瑾之殺知訓也，泰寧[50]節度使米志誠從十餘騎問瑾所向，聞其已死，乃歸。宣諭使李儼貧困[1]，寓居海陵[51]。溫疑其與瑾通謀，皆殺之。嚴可求恐志誠不受命[52]，詐稱袁州大破楚兵，將吏皆入賀，伏壯士於戟門[53]，擒志誠，斬之，并其諸子。

【章旨】以上為第七段，寫吳國發生政變，徐知誥執吳政。

【注釋】❶狎侮　輕慢。狎，輕佻。侮，怠慢；不尊重。❷無復　不再有。❸為優　演戲。❹參軍　這裡指扮演參軍。幞頭衣綠，為主人。❺蒼鶻　奴僕。這裡指扮演奴僕。❻總角弊衣　挽起頭髮，穿著破衣。弊，通「敝」。❼禪智寺　在揚州城東，寺前有橋，跨舊官河。❽使酒悖慢　指徐知訓仗著酒勢欺陵吳王楊隆演，既背理，又傲慢。❾股栗　兩腿發抖。形容極其害怕。❿不之知　不知道其子徐知訓的行為。⓫不禮　沒有禮貌。⓬乞子　乞丐。輕蔑之詞。因知誥是徐溫養子，為知訓所輕視。⓭欲劍乎　要想嘗寶劍的滋味嗎。⓮伏甲　埋伏士兵。甲，指代士兵。⓯躡　暗暗地踢、踏。⓰陽起如廁　假裝起身上廁所。⓱刁彥能　（西元八九〇—九五七年）字德明，上蔡（今河南上蔡）人，好讀書，曾請築堤為斗門疏秦淮河水，有益於民。傳見《十國春秋》卷二十一。⓲以不及告　用追趕不上為理由向徐知訓報告。⓳通候問　遣使請安。⓴強欲私之　想強迫家伎與自己私通。㉑不平　不滿。㉒惡　厭恨。㉓靜淮軍　方鎮名，吳天祐十五年（西元九一八年）置。治所泗州，在今江蘇盱眙西北。㉔外　表面上。㉕幄　幃幕。㉖幬　葛紗，隔蚊蠅而透風。㉗絕色　異常漂亮。㉘知訓過別瑾　徐知訓到朱瑾家告別。㉙觴　大的酒杯。㉚為壽　為禮祝福。㉛延　請。㉜笏　上朝用的朝笏，可記事以備忘，用玉或竹、木製成。㉝廡下　廊下。㉞蹄齧　互相踢咬。㉟入府　進入吳王楊隆演王府。㊱以衣障面　用衣服遮住面孔，謂其非常害怕。㊲舅自為之　舅舅，你自己決定吧。吳王楊行密先娶朱氏，與朱瑾同姓，故楊隆演稱朱瑾為舅。㊳婢子　奴才。罵人的話。㊴挺拔。㊵子城使　即皇城使，掌管王宮的禁衛軍。㊶翟虔　彭城（今江蘇徐州）人，徐溫親信，奉命監視吳王。傳見《十國春秋》卷十。㊷勒兵　率領衛兵。㊸折足　跌斷腳骨。㊹任患　承擔禍患。㊺自剄　自殺。㊻聞難　聽到知訓被殺的消息。㊼濟江　渡江。宋齊丘為知誥謀劃，早已做好應變準備，故聞變當日渡江。㊽撫定軍府　安撫穩定節度使軍府。㊾沈　通「沉」。沉沒。㊿泰寧　方鎮名，唐僖宗乾符中賜號泰寧軍。光啟初，朱瑾佔有其地。治所兗州，在今山東兗州。(51)海陵　縣名，縣治在今江蘇泰州。(52)不受命　不接受命令。(53)戟門　宮門。古代宮門立戟，故稱戟門，也稱棘門。

【校　記】①貧困　原作「貧而困」。據章鈺校，十二行本、乙十一行本、孔天胤本皆無「而」字，今據刪。

【語　譯】徐知訓對吳王輕慢戲弄，不再顧及君臣之禮。他曾經和吳王一起演戲，他自己扮演主角參軍，卻讓吳王扮演蒼鶻，把頭髮紮成兩個丫角，穿著破衣，拿著帽子跟在他的後邊。又曾經在濁河划船遊玩，吳王先上了岸，徐知訓用彈弓打吳王。又有一次在禪智寺賞花，徐知訓藉著酒勁狂悖傲慢，把吳王嚇得哭了起來，在座的其他人也都嚇得兩腿發抖。吳王的侍從扶著吳王登船先回去，徐知訓就乘坐一艘輕便的船在後面追趕，沒追上，就用鐵檛打死吳王身邊的親信。將領佐吏沒有敢上前說話的，徐知訓的父親徐溫對此也一無所知。

徐知訓和弟弟徐知詢都對徐知誥很不禮貌，惟獨三弟徐知諫以兄長之禮對待徐知誥。徐知訓曾經召集兄弟們一起喝酒，徐知誥沒有到，徐知訓十分生氣地說：「這個叫花子不想喝酒，想吃我的劍嗎！」又有一次與徐知誥一起喝酒，徐知訓埋伏了甲士想乘機殺死徐知誥，徐知諫暗地裡踩徐知誥的腳示意，徐知誥假裝起身上廁所，逃走了。徐知訓把劍交給身邊的人刁彥能讓他追上去把徐知誥殺掉。刁彥能騎馬飛速趕去，在半路追上了徐知誥，舉起劍來讓徐知誥看了看就回去了，回來後報告徐知訓說是沒有追上。

平盧節度使、同平章事、諸道副都統朱瑾派家裡的女伎到徐知訓處請安問候，徐知訓想要強行霸佔她，朱瑾對此已經有所不滿了。徐知訓討厭朱瑾的地位在自己之上，於是在泗州設立了靜淮軍，派朱瑾出去擔任靜淮節度使，朱瑾因此更加仇恨徐知訓，但是在外表上對徐知訓更加恭敬。朱瑾有一匹非常喜愛的馬，冬天把牠圈在篷帳裡，夏天把牠養在紗帳中，還有個寵伎長得非常漂亮。徐知訓到朱瑾家中來向他道別，朱瑾設了酒宴，親自舉杯向徐知訓敬酒，讓那位漂亮的寵伎出來獻歌，還把自己所喜愛的馬送給徐知訓祝福，徐知訓大為高興。朱瑾隨後邀請徐知訓到中堂，在門內埋伏下壯士，讓他的妻子陶氏出來拜見客人，徐知訓回拜，朱瑾乘機用笏板從後面把徐知訓擊倒在地，喊壯士出來砍下了他的頭。朱瑾事先在廊下拴了兩匹兇悍的馬，在準備對徐知訓下手的時候，偷偷地讓家人把馬解開放牠們活動，這兩匹兇悍的馬互相踢咬著，聲音很大，所以外面的人沒有誰聽見裡面的動靜。朱瑾提著徐知訓的腦袋走出門外，徐知訓的隨從數百人全都逃散了。朱瑾騎快馬來到吳王府，把徐知訓的腦袋拿給吳王看，說：「我已經為大王除掉了禍害。」吳王很害怕，用衣服遮著臉不敢看，快步往裡屋走，說：「舅舅你自己看著辦吧，我不想知道這件事！」朱瑾罵道：「這奴才真是不足以和他共成大事！」說完把徐知訓的腦袋向柱子上摜去，拔出劍來準備走出吳王府。這時子城使翟虔等人已經關上了王府的大門，並正調集衛隊討伐他。朱瑾於是從後面翻越城牆，不料跳下去時把腳骨摔斷，他回過頭對追趕的人說：「我替萬人除害，而由我一個人承擔禍患。」說完就刎頸自殺了。

徐知誥在潤州聽到徐知訓被殺，採用宋齊丘的計策，當天率兵渡過長江。當時朱瑾已死，於是前去安撫穩定軍府。當時徐溫的幾個兒子都沒有什麼能耐，徐溫就讓徐知誥代替徐知訓執掌吳國的大政，把朱瑾的屍體沉到了雷塘裡，並且誅滅了他的家族。朱瑾殺徐知訓的時候，泰寧節度使米志誠帶著十來名騎兵打聽朱瑾的去向，聽說他已死，就回去了。宣諭使李儼貧窮困窘，寓居在海陵。徐溫懷疑他們與朱瑾同謀，就都把他們殺了。嚴可求擔心米志誠不服從命令，就謊稱在袁州把楚軍打得大敗，各地的將吏都入宮祝賀，同時在戟門內埋伏了壯士，於是擒獲米志誠，並把他殺了，同時被殺的還有米志誠的幾個兒子。

壬戌❶，晉王自魏州勞軍於楊劉，自泛舟測河水，其深沒槍。王謂諸將曰：「梁軍非有戰意，但欲阻水以老我師❷，當涉水攻之。」甲子❸，王引親軍先涉，諸軍隨之，褰甲橫槍❹，結陳而進❺。是日水落，深纔及膝。匡國節度使、北面行營排陳使謝彥章帥眾臨岸拒之，晉兵不得進，乃稍引卻❻，梁兵從之❼。及中流❽，鼓譟復進，彥章不能支，稍退登岸。晉兵因而乘之，梁兵大敗，死傷不可勝紀，河水為之赤，彥章僅以身免。是日，晉人遂陷濱河四寨❾。

蜀唐文扆既死，太傅、門下侍郎、同平章事張格內不自安❿，或勸格稱疾俟命⓫。禮部尚書楊玢⓬自恐失勢，謂格曰：「公有援立大功，不足憂也。」庚午⓭，貶格為茂州刺史，玢為榮經尉。吏部侍郎許寂⓮、戶部侍郎潘嶠皆坐格黨貶官。

格尋再貶維州司戶，庾凝績又[1]奏徙格於合水鎮⑮，令茂州刺史顧承鄖伺格陰事⑯。王宗侃妻以格同姓，欲全之，謂承鄖母曰：「戒汝子，勿為人報仇，他日將歸罪於汝。」承鄖從之。凝績怒，因公事抵承鄖罪⑰。

秋，七月壬申朔⑱，蜀主以兼中書令王宗弼為鉅鹿王，宗瑤為臨淄王，宗綰⑲為臨洮王，宗播為臨潁王，宗裔、宗夔及兼侍中宗黯⑳皆為琅邪郡王㉑。甲戌㉒，以王宗侃為樂安王。丙子㉓，以兵部尚書庾傳素為太子少保兼中書侍郎、同平章事。蜀主不親政事，內外遷除㉔皆出於王宗弼。宗弼納賄多私，上下咨怨㉕。宋光嗣通敏善希合㉖，蜀主寵任之，蜀由是遂衰。

【章旨】以上為第八段，寫晉軍渡過黃河。蜀主王衍垂拱，大權旁落王宗弼之手，上下咨怨，蜀由是衰落。

【注釋】❶壬戌 六月二十一日。❷以老我師 使我軍曠日持久而喪失戰鬥力。❸甲子 六月二十三日。❹褰甲橫槍 撩起甲衣，橫拿著槍。❺結陳而進 組成隊形前進。陳，通「陣」。❻引卻 退卻。❼從之 跟著晉軍。❽中流 河流中央。❾濱河四寨 後梁所築靠近黃河防禦晉兵渡河的四座營寨。❿內不自安 心裡不安。⓫稱疾俟命 假裝有病，等待命令。⓬楊玢 王建時附宰相張格，貶榮經尉。王衍時復為太常少卿。傳見《十國春秋》卷四十一。⓭庚午 六月二十九日。⓮許寂 會稽（今浙江紹興）人，官至前蜀中書侍郎、同平章事。傳見《十國春秋》卷四十一。⓯合水鎮 地名，在當時邛州蒲江縣境內。蒲江縣今名依舊，屬四川。⓰陰事 隱祕的、不可告人的事。⓱因公事抵承鄖罪 藉著公事治了承鄖的罪。⓲壬申朔 七月初一日。⓳宗綰 王建義子，本姓李，名綰。為人寬厚謹慎，功高不矜，封臨洮王。傳見《十國春秋》卷三十九。⓴宗

黯 王建義子，本姓吉，名諫。官侍中，封琅邪郡王。傳見《十國春秋》卷三十九。㉑琅邪郡王 封爵名，當時琅邪之王為衣冠甲族，封琅邪郡王表示高貴。㉒甲戌 七月初三日。㉓丙子 七月初五日。㉔遷除 官員的調動和任免。㉕咨怨 歎息怨憤。㉖希合 揣摩人主的意圖而迎合之。

【校記】①又 原無此字。據章鈺校，十二行本、乙十一行本、孔天胤本皆有此字，今據補。

【語譯】六月二十一日壬戌，晉王從魏州到楊劉去慰勞軍隊，他親自坐船到黃河中測量水的深淺，當時河水的深度僅能淹沒一支槍。晉王對眾將說：「梁軍無意作戰，只是想憑藉黃河阻隔拖垮我們，我們應該涉水過河去攻打他們。」二十三日甲子，晉王率領親信部隊先行過河，其他部隊緊隨其後，大家都提起甲衣，橫拿著槍，組成軍陣向前推進。這一天河水下落，水深剛到膝蓋。匡國節度使、北面行營排陳使謝彥章率領士卒在河對面的岸邊阻擊晉軍，晉軍不能繼續前進，於是稍稍退卻，梁軍下河追擊。到了河中央的時候，晉軍突然擊鼓吶喊回頭反擊，謝彥章頂不住了，漸漸後退登上河岸。晉軍乘勢進攻，梁軍大敗，死傷的士卒不可勝數，黃河的水都被血染紅了，謝彥章只是本人逃了一條命。這一天，晉軍便攻下了黃河邊梁軍的四座營寨。

蜀國的唐文扆死後，太傅、門下侍郎、同平章事張格心裡感到不安，有人勸張格稱病待在家裡等待蜀主的命令。禮部尚書楊玢害怕自己因此失去權勢，便對張格說：「您有擁立皇上的大功勞，不必擔憂。」六月二十九日庚午，蜀主把張格貶為茂州刺史，把楊玢貶為榮經縣尉。吏部侍郎許寂、戶部侍郎潘嶠都因為是張格的同黨而被貶官。張格不久再被貶為維州司戶，庾凝績又奏請把張格遷移到合水鎮，並且命令茂州刺史顧承鄴偵察張格那些隱祕的不可告人的事。王宗侃的妻子因為和張格是同姓，想要保全張格，就對顧承鄴的母親說：「告誡你的兒子，別替別人報仇，有朝一日別人會歸罪於你。」顧承鄴聽從了她的話。庾凝績知道後十分生氣，便藉著公事的名義治了顧承鄴的罪。

秋，七月初一日壬申，蜀主冊封兼中書令王宗弼為鉅鹿王，王宗瑤為臨淄王，王宗綰為臨洮王，王宗播為臨潁王，王宗裔、王宗夔及兼侍中王宗黯都為琅邪郡王。初三日甲戌，冊封王宗侃為樂安王。初五日丙子，任命兵部尚書庾傳素為太子少保兼中書侍郎、同平章事。蜀主不親自處理政事，朝廷內外官員的任免都由王宗弼決定。王宗弼收受賄賂營私舞弊，上下歎恨。宋光嗣機靈，善於揣摩迎合，蜀主寵愛信任他，蜀國從此便衰弱了。

吳徐溫入朝于廣陵❶，疑諸將皆預朱瑾之謀，欲大行誅戮❷。徐知誥、嚴可求具陳❸徐知訓過惡❹，所以致禍之由。溫怒稍解，乃命網瑾骨於雷塘而葬之，責知訓將佐不能匡救❺，皆抵罪❻。獨刁彥能屢有諫書，溫賞之。戊戌❼，以知誥為淮南節度行軍副使、內外馬步都軍副使、通判府事❽，兼江州團練使。以徐知諫權潤州團練事。溫還鎮金陵，總吳朝大綱，自餘庶政❾，皆決於知誥。

知誥悉反知訓所為，事吳王盡恭❿，接士大夫以謙，御眾以寬⓫，約身以儉⓬。以吳王之命，悉蠲⓭天祐十三年⓮以前逋稅⓯，餘俟豐年乃輸之。求賢才，納規諫，除奸猾，杜請託⓰。於是士民翕然歸心⓱，雖宿將悍夫⓲，無不悅服，以宋齊丘為謀主[1]。先是，吳有丁口錢⓳，又計畝輸錢⓴，錢重物輕㉑，民甚苦之。齊丘說知誥，以為「錢非耕桑所得，今使民輸錢，是教民棄本逐末㉒也。請蠲丁口錢。自餘稅悉輸穀帛，紬絹匹直千錢者當稅三千。」或曰：「如此，縣官㉓歲失錢億萬計。」齊丘曰：「安有民富而國家貧者邪！」知誥從之。由是江、淮間曠土㉔盡闢，桑柘㉕滿野，國以富彊。

知誥欲進用齊丘而徐溫惡之㉖，以為殿直㉗、軍判官㉘。知誥每夜引齊丘於水亭屏語㉙，常至夜分㉚。或居高堂，悉去屏障㉛，獨置大爐，相向坐㉜，不言，以鐵筯㉝畫灰為字，隨以匙㉞滅去之。故其所謀，人莫得而知㉟也。

虔州險固，吳軍攻之，久不下。軍中大疫，王祺病。吳以鎮南㊱節度使劉信㊲為虔州行營招討使，未幾，祺卒。譚全播求救於吳越、閩、楚。吳越王鏐以統軍使㊳傳球㊴為西南面行營應援使，將兵二萬攻信州㊵。楚將張可求將萬人屯古亭㊶，閩兵屯雩都㊷以救之。信州兵纔數百，逆戰㊸，不利。吳越兵圍其城。刺史周本㊹，啟關張虛幕㊺於門內，召僚佐登城樓作樂宴飲，飛矢雨集㊻，安坐不動。吳越疑有伏兵，中夜㊼，解圍去。吳以前舒州㊽刺史陳璋㊾為東南面應援招討使，將兵侵蘇、湖㊿，錢傳球自信州南屯汀州(51)。晉王遣間使持帛書(52)會兵於吳，吳人辭以虔州之難。

【章旨】以上為第九段，寫徐知誥執吳政，一反徐知訓之所為以結人心。

【注釋】❶廣陵　吳之國都，在今江蘇揚州。❷大行誅戮　大規模地殺戮有牽連的人。❸具陳　詳細地陳述。❹過惡　罪過與惡行。❺匡救　匡正缺失而加以補救。❻抵罪　判罪。❼戊戌　七月二十七日。❽通判府事　官名，處理吳王府日常事務。❾庶政　一般性的政務。❿盡恭　竭盡恭敬、謹慎。⓫寬　寬大；寬容。⓬約身以儉　用儉樸來約束自己。⓭蠲　免除。⓮天祐十三年　後梁簒唐，淮南仍稱唐天祐年號，是年為天祐十五年。⓯逋稅　拖欠的租稅。天祐十三年以前的逋稅，徐知誥悉數免除，天祐十四年以來的逋稅仍然徵收。⓰杜請託　杜絕請託人情。⓱翕然歸心　言行一致地擁護。⓲宿將悍夫　建立功勳的老將和強悍的武夫。⓳丁口錢　按丁徵錢。即漢代之算賦。唐制，成丁則服役，不服役計日而收庸錢。唐末、五代時丁口錢即本此而出。⓴計畝輸錢　按畝收稅款。㉑錢重物輕　錢價貴而物價便宜。㉒棄本逐末　放棄農業，追逐商業。本，農業。末，商業。㉓縣官　指代天子、國家。㉔曠土　荒蕪的土地。㉕桑柘　桑樹和柘樹，葉可餵蠶。㉖徐溫惡之　徐溫看不起宋齊丘輕浮急躁，尚不知宋齊丘為徐知誥謀劃奪徐氏之政。㉗殿直　官名，入直朝廷，為皇帝的侍從官。㉘軍判官　官名，行軍判官。㉙屏語　摒除左右，以防竊聽，與宋齊丘密語。㉚夜分　午夜；深夜。㉛屏障　屏風等遮蔽物。㉜相向坐　面對面坐著。㉝鐵筯　鐵筷子，即撥火鐵棍。㉞匙　撬灰勺子。㉟莫得而知　沒有辦法知道；無從知曉。㊱鎮南　方鎮名，唐懿宗咸通六年（西元八六五年）始置。治所洪州，在今江西南昌。㊲劉信　兗州中都（今山東汶上）人，積功至吳鎮南大將軍。傳見《十國春秋》卷七。㊳統軍使　官名，吳越國置，禁軍統領官。㊴傳球　錢鏐之子，封大彭縣侯。傳見《十國春秋》卷八十三。㊵信州　州名，治所上饒，在今江西上饒。㊶古亭　地名，在今江西崇義西南。㊷雩都　地名，古城在今江西于都東北。㊸逆戰　迎戰。㊹周本　（西元八六一—九三七年）舒州宿松（今安徽宿松）人，積功至吳平西王。傳見《十國春秋》卷七。㊺啓關張虛幕　打開城門，在城內支起空帳篷。即擺下空城計。㊻飛矢雨集　射來的箭像雨一樣密集。㊼中夜　半夜。㊽舒州　州名，治所懷寧，在今安徽潛山縣。㊾陳璋　初從錢鏐為衢州刺史，後降吳，官至吳右龍武統軍。傳見《十國春秋》卷八十八。㊿蘇湖　均州名，即今江蘇蘇州和浙江湖州。(51)汀州　州名，治所長汀，在今福建長汀。(52)帛書　古人用縑帛寫書叫帛書。這裡指書信。

【校　記】 ①以宋齊丘為謀主　原無此七字。據章鈺校，十二行本、乙十一行本、孔天胤本皆有此七字，張敦仁《通鑑刊本識誤》、張瑛《通鑑校勘記》同，今據補。

【語　譯】 吳國的徐溫到廣陵入朝，他懷疑諸將都參與了朱瑾的謀劃，準備大開殺戒。徐知誥、嚴可求兩人詳細地向他報告了徐知訓的罪過與惡行以及導致被殺的原由。徐溫的怒氣這才稍微緩解了一些，於是讓人用漁網把朱瑾的屍骨從雷塘裡打撈出來加以安葬，並且追究徐知訓左右的將領佐吏沒能及時匡正補救，把他們都治了罪。惟獨刁彥能因多次上書勸諫徐知訓，徐溫特別獎賞了他。七月二十七日戊戌，任命徐知誥為淮南節度行軍副使、內外馬步都軍副使、通判府事，兼江州團練使。又任命徐知諫暫時代理潤州團練事務。徐溫仍然回到金陵鎮守，總掌吳國的大政，其他的具體事務，都由徐知誥去決定。

徐知誥的所作所為與徐知訓完全相反，他侍奉吳王竭盡恭敬，對待士大夫謙和，統御部下寬容，對自己加以約束，生活儉樸。他以吳王的名義下令，全部免除百姓在天祐十三年以前的欠稅，其餘的欠稅等到年景豐收時再交納。他訪求賢才，接受規勸諍諫，剷除奸猾，杜絕請託。於是士民們都一致誠心擁護他，即使是那些功臣老將和強悍的武夫們，也無不心悅誠服，以宋齊丘作為他的謀主。此前，吳國有按人口徵收的丁口錢，又要按照田畝的數量繳納稅錢，這樣錢就貴了，貨物反而輕賤，百姓都深以為苦。宋齊丘勸說徐知誥，認為「錢不是耕田種桑所能直接得到的，現在讓百姓繳納現錢，這是教他們去捨本逐末。請求能免除丁口錢。其餘的稅錢全部用穀物、布帛等實物繳納，綢絹每匹值一千錢的可以抵交稅金三千錢。」有人說：「這樣的話，朝廷每年要損失數以億萬計的錢。」宋齊丘說：「哪有百姓富足了而君主還貧窮的道理呢！」徐知誥採納了他的建議。從此江、淮間荒蕪的土地都被開墾了出來，漫山遍野都種上了桑樹和柘樹，國家因此也富強了起來。

徐知誥想提拔重用宋齊丘而徐溫卻很厭惡他，只任命他為殿直、軍判官。徐知誥每天晚上都把宋齊丘領到水亭中屏退左右密談，常常談到半夜。有時候在高大的廳堂上，把堂中屏風之類遮蔽物全部撤去，只擺上一個大火爐，兩人相對而坐，誰都不說話，用撥火用的鐵筷子在灰燼上寫字，隨即又用灰勺子把字抹掉。所以他倆謀劃的事情，外人不得而知。

虔州城險要堅固，吳國軍隊攻打虔州，很久沒能攻下。這時軍中瘟疫流行，王祺病了。吳國任命鎮南節度使劉信為虔州行營招討使，沒過多久，王祺去世。譚全播向吳越、閩、楚三國求救。吳越王錢鏐任命統軍使錢傳球為西南面行營應援使，率軍二萬進攻吳國的信州。楚國將領張可求率領一萬士兵屯駐在古亭，閩國軍隊則屯駐在雩都以援救譚全播。信州的守軍只有幾百人，出來迎戰吳越軍，不利。吳越軍包圍了信州城。

信州刺史周本，打開城門，在城門裡面支起了空帳篷，然後召集幕僚將佐們登上城樓奏樂飲酒，城外射來的飛箭像雨點一樣密集，周本等依然安坐不動。吳越軍懷疑他們另有伏兵，到了半夜，便解除包圍撤了回去。吳國任命前舒州刺史陳璋為東南面應援招討使，率軍入侵吳越境內的蘇州、湖州，錢傳球從信州南下屯駐在汀州。晉王派密使帶著帛書到吳國請求會師攻梁，吳國以虔州有戰事而推辭。

晉王謀大舉入寇，周德威將幽州步騎三萬，李存審將滄、景步騎萬人，李嗣源將邢、洺步騎萬人，王處直遣將將易、定步騎萬人，及麟、勝、雲、蔚、新、武等州諸部落奚、契丹、室韋、吐谷渾❶，皆以兵會之。八月，并河東、魏博之兵，大閱❷於魏州。

蜀諸王皆領軍使❸，彭王宗鼎❹謂其昆弟❺曰：「親王典兵，禍亂之本。今主少臣彊，讒間❻將興。繕甲訓士❼，非吾輩所宜為也。」因固辭軍使，蜀主許之，但營書舍、植松竹自娛而已。

泰寧節度使張萬進❽，輕險好亂❾。時嬖倖❿用事，多求賂於萬進，萬進聞晉兵將出，己酉⓫，遣使附于晉，且求援。以亳州團練使劉鄩為兗州安撫制置使，將兵討之。

甲子⓬，蜀順德皇后⓭殂。○乙丑⓮，蜀主以內給事⓯王廷紹、歐陽晃、李周輅、宋光葆[1]、宋承蘊、田魯儔等為將軍及軍使，皆干預政事，驕縱貪暴⑯，大為蜀患。周庠⑰切諫，不聽。晃患所居之隘，夜，因風縱火，焚西鄰軍營數百間。明旦，召匠廣其居，蜀主亦不之問。光葆，光嗣之從弟⑱也。

晉王自魏州如楊劉，引兵略⑲鄆、濮⑳而還，循河而上，軍於麻家渡㉑。賀瓌、謝彥章將梁兵屯濮州北行臺村㉒，相持不戰。

晉王好自引輕騎迫㉓敵營挑戰，危窘者㉔數四㉕，賴李紹榮㉖力戰翼衛㉗之，得免。趙王鎔及王處直皆遣使致書曰：「元元㉘之命繫㉙於王，本朝中興繫於王，柰何自輕如此！」王笑謂使者曰：「定天下者，非百戰何由得之！安可但[2]深居帷房㉚以自肥乎！」一旦㉛，王將出營，都營使李存審扣馬㉜泣諫曰：「大王當為天下自重。彼㉝先登陷陳，將士之職也，存審輩宜為之，非大王之事也。」王為之攬轡㉞而還。他日，伺存審不在，策馬急出，顧謂左右曰：「老子妨人戲㉟！」王以數百騎抵梁營，謝彥章伏精甲㊱五千於隄下㊲。王引十餘騎度[3]隄，伏兵發，圍王數十重，王力戰於中，後騎繼至者攻之於外，僅得出。會㊳李存審救至，梁兵乃退，王始以存審之言為忠。

【章　旨】以上為第十段，寫晉王李存勗輕躁逞強，冒衝敵陣，幾乎喪身。

【注　釋】❶吐谷渾　少數民族，原為鮮卑的一支，五代時散居於蔚州。❷大閱　舉行盛大的閱兵式。❸軍使　軍職。這裡指掌握軍權。❹宗鼎　（？—西元九二六年）王建第七子，乾德六年徙封魯王。傳見《十國春秋》卷三十八。❺昆弟　即兄和弟。包括近房和遠房的兄弟。❻讒間　進讒言，挑撥離間。❼繕甲訓士　修繕甲兵，訓練士卒，這裡指統率軍隊。❽張萬進　（？—西元九一九年）雲州（今山西大同）人，初為劉守光裨將，降梁，為兗州節度使，賜名守進。傳見《舊五代史》卷十三。❾輕險好亂　輕率陰險，喜歡作亂。❿嬖倖　受君主寵信的近臣群小。⓫己酉　八月初九日。⓬甲子　八月二十四日。⓭順德皇后　周氏（？—西元九一八年），許州（今河南許昌）人，武成元年（西元九〇八年）冊封為皇后，卒諡順德。傳見《十國春秋》卷三十八。⓮乙丑　八月二十五日。⓯內給事　官名，內侍省宦官。⓰驕縱貪暴　驕橫、放縱、貪婪、暴虐。⓱周庠　（？—約西元九二一年）從王建定蜀，謀劃為多，官至蜀同平章事。傳見《十國春秋》卷四十。⓲從弟　堂弟。⓳略　侵掠。⓴鄆濮　鄆州、濮州。鄆州在今山東鄆城，濮州在今山東鄄城北，兩地接壤，濮州臨近黃河。㉑麻家渡　地名，在濮州（今山東鄄城北）界內黃河邊上。㉒行臺村　地名，在今山東鄄城境內。㉓迫　迫近；靠近。㉔危窘者　處於危險窘迫的境地。㉕數四　多次。㉖李紹榮　即元行欽。㉗翼衛　保衛。㉘元元　老百姓。㉙繫　寄託。㉚帷房　帳幕。這裡指宮殿。用以嘲笑王鎔，守祖父業而無大志。此時晉王李存勗志在滅梁以雪恥，親冒矢石，馳騁疆場，及梁既滅，志滿意得，畋獵無度，甚於王鎔居帷自肥。㉛一旦　有一天。㉜扣馬　拉住馬轡。㉝彼　那個。㉞攬轡　拉著馬轡繩。㉟老子妨人戲　老傢伙妨礙人家遊戲。㊱精甲　精銳的部隊。甲，指代軍隊。㊲隄下　河堤之下。㊳會　剛好。

【校　記】[1]宋光葆　原作「朱光葆」。據胡三省注云：「『朱』當作『宋』。」嚴衍《通鑑補》改作「宋光葆」，當是，今據改。按，宋光葆字季正，隨其從兄宋光嗣為宦官，《十國春秋》卷四十六有傳。[2]但　原無此字。據章鈺校，十二行本、乙十一行本、孔天胤本皆有此字，今據補。[3]度　據章鈺校，十二行本、乙十一行本、孔天胤本皆作「發」。

【語　譯】晉王準備大舉入侵梁國，周德威率領幽州的步兵、騎兵三萬人，李存審率領滄州、景州的步兵、騎兵一萬人，李嗣源率領邢州、洺州的步兵、騎兵一萬人，王處直派遣部將率領易州、定州的步兵、騎兵一萬人，以及麟、勝、雲、蔚、新、武等州的奚、契丹、室韋、吐谷渾各部落，都出兵會合。八月，連同河東、魏博的軍隊，在魏州舉行了盛大的檢閱。

蜀國的各親王都擔任軍使，彭王王宗鼎對自己的兄弟們說：「親王掌管軍隊，是引起禍亂的根源。如今主上年少而臣子勢力強大，挑撥離間的事情會很多。修繕武器訓練士兵，這不是我們這些人所適宜做的。」於是他堅決請求辭去軍使的職務，蜀主答應了他的請求，他就只幹些營建書房，種植松竹的事來自尋其樂而已。

梁泰寧節度使張萬進，輕佻奸險喜歡作亂。當時朝廷正是受寵信的小人在專權，很多人向張萬進索求賄賂，張萬進聽說晉國快要出兵了，八月初九日己酉，他派使者前去表示歸附晉國，並且請求救援。梁末帝任命亳州團練使劉鄩為兗州安撫制置使，率軍討伐張萬進。

八月二十四日甲子，蜀國順德皇后去世。〇二十五日乙丑，蜀主任命內給事王廷紹、歐陽晃、李周輅、宋光葆、宋承蘊、田魯儔等為將軍及軍使，讓他們都干預政事，這些人驕橫放縱又貪婪殘暴，成了蜀國的大害。周庠向蜀主直言勸諫，蜀主不聽。歐陽晃嫌自己的住所不夠寬廣，在一天夜裡，藉著風勢放火，燒掉了宅第西邊軍營的幾百間房。第二天一早，他就召來工匠擴建他的房子，蜀主對此不加過問。宋光葆，是宋光嗣的堂弟。

晉王從魏州前往楊劉，率軍搶掠了鄆州、濮州之後返回駐地，接著又沿黃河向上游進軍，駐紮在麻家渡。賀瓌、謝彥章率領梁軍屯駐在濮州北面的行臺村，與晉軍相持而不主動出戰。

晉王喜好親自率領輕裝騎兵迫近敵營挑戰，有好幾次都陷入危險窘迫的境地，多虧有李紹榮拼力死戰保護他，他才得以脫身。趙王王鎔和王處直都派使者送信對他說：「百姓的命運寄託在大王身上，我們唐朝的中興也寄託在大王身上，大王怎能這樣不重視自身的安全呢！」晉王笑著對來使說：「平定天下，不是身經百戰哪能辦得到呢！怎麼可以只是深居帷房中把自己養得肥肥胖胖的呢？」有一天，晉王準備出營挑戰，都營使李存審拉住他的馬韁哭著勸諫說：「大王應當為天下的百姓而自己保重。那種率先攻城衝鋒陷陣的事，是將士們的職責，是我李存審這類人所應該做的，不是大王的事。」晉王因為他的這番話而不得不拉著馬韁繩掉頭回來。另外一天，晉王乘李存審不在，騎上馬急忙跑出營外，回過頭對身邊的人說：「那老傢伙就會妨礙別人出去遊玩！」晉王率領數百名騎兵來到梁軍營寨，謝彥章在河堤下埋伏了五千名精兵。晉王率領十餘名騎兵正要過河堤，梁軍的伏兵衝了出來，把晉王一行團團圍了幾十重，晉王在重圍中拼力死戰，後面跟上來的晉王所率騎兵在包圍圈外拼殺，這樣晉王才得以衝了出來。剛好李存審率領的救兵也趕到了，梁兵於是退了回去，晉王這才認識到李存審原先講的那一番話完全是出自忠心。

吳劉信遣其將張宣❶等夜將兵三千襲楚將張可求於古亭，破之。又遣梁詮等將兵[1]擊吳越及閩兵，二國聞楚兵敗，俱引歸。○梅山蠻❷寇邵州，楚將樊須擊走之。

九月壬午❸，蜀內樞密使宋光嗣以判六軍讓兼中書令王宗弼，蜀主許之。

吳劉信晝夜急攻虔州，斬首數千級，不能克。使人說❹譚全播，取質納賂❺而還。徐溫大怒，杖❻信使者。信子英彥典親兵❼，溫授英彥兵三千，曰：「汝父居上游之地❽，將十倍之眾❾，不能下一城❿，是反也！汝可以此兵往，與父同反！」又使昇州牙內指揮使⓫朱景瑜與之俱⓬，曰：「全播守卒皆農夫，飢窘踰年⓭，妻子在外。重圍既解，相賀而去，聞大兵再往，必皆逃遁。全播所守者空城耳，往必克之。」

冬，十一月壬申⑭，蜀葬神武聖文孝德明惠皇帝于永陵⑮，廟號高祖。○越主嚴祀南郊，大赦，改國號曰漢。○劉信聞徐溫之言，大懼，引兵還擊虔州。先鋒始至，虔兵皆潰，譚全播奔雩都，追執之。吳以全播為右威衛將軍⑯，領百勝⑰節度使。

先是，吳越王鏐常自虔州入貢，至是道絕⑱，始自海道出登、萊⑲，抵大梁。

初，吳徐溫自以權重而位卑，說吳王曰：「今大王與諸將皆為節度使，雖有都統⑳之名，不足相臨制㉑，請建吳國，稱帝而治。」王不許。嚴可求屢勸溫以次子知詢㉒代徐知誥知㉓吳政，知誥與駱知祥㉔謀，出可求為楚州刺史。可求既受命，至金陵，見溫，說之曰：「吾奉唐正朔㉕，常以興復為辭㉖。今朱、李方爭，朱氏日衰，李氏日熾。一旦李氏有天下，吾能北面為之臣乎？不若先建吳國以繫民望㉗。」溫大悅，復留可求。參總庶政㉘，使草具禮儀㉙。知誥知可求不可去，乃以女妻其子續。

【章旨】以上為第十一段，寫吳兵攻破虔州。徐知誥結好嚴可求。

【注釋】❶張宣　字致用，少從楊行密為軍校，官至武昌軍節度使。嚴於為政，境內大治。傳見《十國春秋》卷九。❷梅山蠻　在當時邵州地域的少數民族。邵州治所邵陽縣，在今湖南邵陽。❸壬午　九月十二日。❹說　遊說。❺取質納賂　經過談判，取得人質和賄賂。❻杖　責打。❼典親兵　統率王府禁衛軍。❽上游之地　劉信鎮洪州，地處揚州上游。❾十倍之眾　指劉信之兵多於虔州譚全播十倍。❿下一城　攻破一座城池。⓫牙內指揮使　掌節度使軍府親兵。⓬與之俱　同劉英彥一起去。⓭飢窘踰年　飢餓窘困超過一年。⓮壬申　十一月初三日。⓯永陵　蜀主王建墳墓名。⓰右威衛將軍　官名，禁軍將領，分左右，位在衛威大將軍下。⓱百勝　方鎮名，五代吳置，治所虔州，在今江西贛州。⓲道絕　吳越取道虔州向梁朝進貢，事見上卷貞明二年。今虔州被吳佔領，陸路通道被阻斷。⓳登萊　均州名。登州，治所在今山東蓬萊。萊州，治所在今山東萊州。⓴都統　唐授吳王楊行密為諸道行營都統，統率境內各節度使。其子渥、隆演嗣位，均帶都統銜。㉑臨制　制約；駕御。㉒知詢　（？—西元九三四年）徐溫第二子，素暗弱。傳見《十國春秋》卷十三。㉓知　執掌。㉔駱知祥　合肥（今安徽合肥）人，善理財賦，與嚴可求齊名，號稱「嚴駱」。傳見《十國春秋》卷十。㉕奉唐正朔　尊奉唐朝為正統。㉖以興復為辭　以復興唐朝為口實。㉗以繫民望　用以維繫民心。㉘參總庶政　參與總管國家具體政務。㉙草具禮儀　草擬國家禮儀制度。

【校　記】[1]將兵　原無此二字。據章鈺校，十二行本、乙十一行本、孔天胤本皆有此二字，張敦仁《通鑑刊本識誤》同，今據補。

【語　譯】吳國的劉信派部將張宣等人在夜間率領三千名士兵在古亭偷襲楚國將領張可求，擊敗了楚軍。劉信又派梁詮等人率軍進攻吳越和閩國的軍隊，兩國聽說楚軍已被打敗，都把軍隊撤了回去。〇梅山蠻人入侵邵州，楚將樊須率兵把他們擊退了。

九月十二日壬午，蜀國的內樞密使宋光嗣把兼管六軍的職務讓給兼中書令王宗弼，蜀主同意了。

吳國的劉信不分晝夜猛攻虔州城，斬殺了數千人，但還是沒能攻下。於是派人遊說譚全播，讓他送來人質交出財貨後就撤軍了。徐溫知道後大怒，責打了劉信的使者。劉信的兒子劉英彥當時正統領親兵，徐溫派給他三千名士兵，對他說：「你的父親處在上游的地方，率領著十倍於敵人的兵力，居然攻不下虔州這一座城池，這是存心要造反！你可以率領這些人馬前去，也和你父親一起造反吧！」又派昇州牙內指揮使朱景瑜和他一同前往，並對他們說：「譚全播那些守城的士兵都是農夫，被圍後飢餓困窘已經超過一年，妻子兒女又都在城外。現在重重包圍已經解除，他們相互慶賀後都已離城回家，如果聽到大軍又殺了回去，肯定都四散逃命。譚全播所守衛的只是一座空城而已，你們前去一定能夠攻下來。」

冬，十一月初三日壬申，蜀國在永陵安葬神武聖文孝德明惠皇帝王建，廟號為高祖。〇越主劉巖在南郊祭祀，並實行大赦，把國號改為漢。〇劉信聽到徐溫所說的話以後，十分害怕，立即率軍回頭攻打虔州。先頭部隊剛剛到達，虔州的守兵便潰逃了，譚全播逃到雩都，吳軍追上去擒獲了他。吳國任命譚全播為右威衛將軍，領百勝節度使。

此前，吳越王錢鏐經常取道虔州到梁朝入貢，至此這條入貢之路斷絕了，便開始從海路在登州或萊州上岸，然後抵達大梁。

起初，吳國的徐溫認為自己權力雖大，但是地位低下，他就勸吳王說：「如今大王和各位將領都是節度使，大王雖然還有都統的名分，但仍不足以轄制他們；希望大王建立吳國，即位稱帝，進行治理。」吳王沒有答應。嚴可求多次勸說徐溫用次子徐知詢來取代徐知誥掌管吳國的大政，徐知誥與駱知祥商議，決定把嚴可求派出去擔任楚州刺史。嚴可求接受命令後，來到金陵，晉見徐溫，對徐溫勸說道：「我們尊奉唐朝的正朔，常常以興復唐室為號召。如今朱、李兩家正在爭鬥，朱氏正一天天衰落，而李氏卻一天天興旺。有朝一日李氏取得了天下，我們能向他北面稱臣嗎？不如搶先一步建立吳國以維繫民心。」徐溫聽了這一番話非常高興，又把嚴可求留了下來，讓他參與總管各項具體政務，並且讓他草擬建立國家所需的各項禮儀。徐知誥由此知道嚴可求是不可能被排擠出去的，於是就把自己的女兒嫁給了嚴可求的兒子嚴續。

晉王欲趣大梁，而梁軍扼其前，堅壁❶不戰百餘日。十二月庚子朔❷，晉王進兵，距梁軍十里而舍❸。

初，北面行營招討使賀瓌善將步兵，排陳使謝彥章❹善將騎兵，瓌惡❺其與己齊名。一日，瓌與彥章治兵❻於野，瓌指一高地曰：「此可以立柵。」至是，晉軍適置柵於其上，瓌疑彥章與晉通謀。瓌屢欲戰，謂彥章曰：「主上悉以國兵授吾二人，社稷是賴❼。今彊寇壓吾門，而逗遛❽不戰，可乎！」彥章曰：「彊寇憑陵❾，利在速戰。今深溝高壘，據其津要，彼安敢深入！若輕與之戰，萬一蹉跌❿，則大事去矣。」瓌益疑之，密譖之於帝，與行營馬步都虞候曹州刺史朱珪謀⓫，因享士⓬，伏甲，殺彥章及濮州刺史孟審澄、別將侯溫裕，以謀叛聞⓭。審澄、溫裕，亦騎將之良者也。丁未⓮，以朱珪為匡國留後。癸丑⓯，又以為平盧節度使兼行營馬步副指揮使以賞之。

晉王聞彥章死，喜曰：「彼將帥自相魚肉⓰，亡無日矣⓱。賀瓌殘虐，失士卒心，我若引兵直指其國都⓲，彼安得堅壁不動！幸而一與之戰，蔑⓳不勝矣。」王欲自將萬騎直趣大梁，周德威曰：「梁人雖屠上將，其軍尚全，輕行徼利⓴，未見其福。」不從。戊午㉑，下令軍中老弱悉歸魏州，起師趨汴。庚申㉒，毀營而進，眾號十萬。

【章　旨】以上為第十二段，寫梁將賀瓌不識大體，不懂戰略，擅殺大將，自毀長城，招致速敗。

【注　釋】❶堅壁　堅守壁壘。❷庚子朔　十二月初一日。❸舍　駐紮；住宿。即自麻家渡進軍，逼近行臺村。❹謝彥章（？—西元九一八年）許州（今河南許昌）人，為後梁騎將，懂陣法，行陣整肅，騎士樂為其用，被賀瓌害死。傳見《舊五代史》卷十六、《新五代史》卷二十三。❺惡　厭恨；嫉妒。❻治兵　訓練士兵。❼社稷是賴　國家命運都依靠我們。❽逗遛　停留。指觀望不戰，貽誤軍機。❾憑陵　侵擾。❿蹉跌　失誤；失敗。謝彥章以持久疲弊晉師，賀瓌冒險決戰，智略高下顯而易見。賀瓌不如謝彥章遠甚。⓫謀　策劃。⓬因享士　乘著宴請將士的機會。⓭以謀叛聞　給謝彥章等加上謀叛的罪名，向皇帝報告。⓮丁未　十二月初八日。⓯癸丑　十二月十四日。⓰自相魚肉　自相殘殺。⓱亡無日矣　要不了多少天就滅亡了。⓲國都　指後梁首都大梁。⓳蔑　沒有；無。⓴輕行徼利　輕率行動，追求利益。徼，通「邀」。㉑戊午　十二月十九日。㉒庚申　十二月二十一日。

【語　譯】晉王想要直搗大梁，而梁軍阻擋在他的前面，堅守壁壘不肯出戰已經有一百多天了。十二月初一日庚子，晉王進軍，在距離梁軍十里的地方紮了營。

當初，北面行營招討使賀瓌擅長指揮步兵，排陣使謝彥章擅長指揮騎兵，賀瓌厭惡謝彥章與自己齊名。一天，賀瓌和謝彥章在野外練兵，賀瓌指著一塊高地說：「此處可以設立柵寨。」到達高地後發現，晉軍恰好就在那上面設置了柵寨，於是賀瓌懷疑謝彥章跟晉軍通謀。賀瓌多次想要出戰，對謝彥章說：「主上把國家的軍隊全都交給了我們兩人，國家的命運都依靠我們了。如今強敵壓迫到我們家門口，而我們卻停留在這裡不出戰，這可以嗎！」謝彥章回答說：「強敵入侵，速戰速決最有利於他們。如今我們深溝高壘，佔據著衝要之地，敵人怎麼敢深入！如果輕率地與他們交戰，萬一有個什麼閃失，那麼大勢就全完了。」賀瓌聽了這話對他更加懷疑，祕密地在梁末帝面前誣陷謝彥章，並和行營馬步都虞候曹州刺史朱珪謀劃，趁犒勞士兵之機，埋伏下甲士，殺了謝彥章和濮州刺史孟審澄、別將侯溫裕，以這些人陰謀叛亂的罪名向梁末帝奏報。孟審澄、侯溫裕，也都是騎兵將領中的佼佼者。十二月初八日丁未，梁末帝任命朱珪為匡國留後。十四日癸丑，又任命他為平盧節度使兼行營馬步副指揮使，作為對他的獎賞。

晉王聽說謝彥章死了，高興地說：「他們的將帥自相殘殺，要不了多少天就滅亡了。賀瓌兇殘暴虐，已經失去了士卒的心，我們如果率兵直搗他的國都，他們怎麼能堅守壁壘不出來呢！如果能有幸和他們打一仗，沒有不取勝的。」晉王準備親自率領一萬名騎兵直搗大梁，周德威勸他說：「梁人雖然殺了他們的大將，但是軍隊還是完好的，如果我們輕率行動求取利益，未必能有好處。」晉王沒有聽從他的意見。十二月十九日戊午，下令軍中的老弱將士全部回到魏州去，然後發兵直奔汴梁。二十一日庚申，拆毀軍營，大舉進軍，兵力號稱十萬。

辛酉❶，蜀改明年元曰乾德❷。

賀瓌聞晉王已西❸，亦棄營而踵之❹。晉王發魏博白丁❺三萬從軍，以供營柵之役❻。所至，營柵立成。壬戌❼，至胡柳陂❽。癸亥❾旦，候者❿言梁兵自後至矣。周德威曰：「賊倍道⓫而來，未有所舍⓬。我營柵已固，守備有餘。既深入敵境，動須萬全⓭，不可輕發。此去大梁至近，梁兵各念其家，內懷憤激⓮，不以方略制之，恐難得志。王宜按兵勿戰，德威請以騎兵擾之，使彼不得休息，至暮營壘未立，樵爨⓯未具，乘其疲乏，可一舉滅也。」王曰：「前在河上⓰，恨不見賊。今賊至不擊，尚復何待⓱？公何怯也！」顧李存審曰：「敕⓲輜重先發，吾為爾殿後⓳，破賊而去！」即以親軍先出。德威不得已，引幽州兵從之，謂其子曰：「吾無死所矣⑳。」

賀瓌結陳㉑而至，橫亙㉒數十里。王師銀槍都㉓陷其陳㉔，衝盪擊斬㉕，往返十餘里。行營左廂馬軍都指揮使、鄭州防禦使王彥章軍先敗，西走趣濮陽。晉輜重在陳西㉖，望見梁旗幟，驚潰，入幽州陳㉗。幽州兵亦擾亂，自相蹈藉㉘。周德威不能制，父子皆戰死。魏博節度副使王緘與輜重俱行，亦死。

晉兵無復部伍㉙。梁兵四集，勢甚盛。晉王據高丘收散兵，至日中，軍復振。陂中有土山，賀瓌引兵據之。晉王謂將士曰：「今日得此山者勝㉚，吾與汝曹㉛奪之。」即引騎兵先登，李從珂與銀槍大將王建及㉜以步卒繼之，梁兵紛紛而下，遂奪其山。

日向晡㉝，賀瓌陳於山西，晉兵望之有懼色。諸將以為諸軍未盡集，不若斂兵㉞還營，詰朝㉟復戰。天平節度使、東南面招討使閻寶曰：「王彥章騎兵已入濮陽㊱，山下惟步卒，向晚皆有歸志，我乘高趣下㊲擊之，破之必矣。今王深入敵境，偏師㊳不利，若復引退㊴，必為所乘。諸軍未集者㊵，聞梁再克，必不戰自潰。凡決勝料敵，惟觀情勢，情勢已得，斷在不疑㊶。王之成敗，在此一戰。若不決力取勝㊷，縱收餘眾北歸，河朔非王有也。」昭義節度使李嗣昭曰：「賊無營壘，日晚思歸，但以精騎擾之，使不得夕食(43)，俟其引退，追擊可破也。我若斂兵還營，彼歸整眾復來，勝負未可知也。」王建及擐甲橫槊(44)而進曰：「賊大將已遁(45)，王之騎軍一無所失，今擊此疲乏之眾，如拉朽耳。王但登山，觀臣為王破賊。」王愕然曰：「非公等言，吾幾誤計(46)。」嗣昭、建及以騎兵大呼陷陳，諸軍繼之，梁兵大敗。元城(47)令吳瓊，貴鄉(48)令胡裝(49)，各帥白丁萬人，於山下曳柴揚塵(50)，鼓譟以助其勢。梁兵自相騰藉(51)，棄甲山積，死亡者幾三萬人。裝，証[1]之曾孫也。是日，兩軍所喪士卒各三之二，皆不能振。

晉王還營，聞周德威父子死，哭之慟(52)，曰：「喪吾良將，是吾罪也。」以其子幽州中軍兵馬使光輔(53)為嵐州(54)刺史。

李嗣源與李從珂相失(55)，見晉軍橈敗(56)，不知王所之，或曰：「王已[2]北度河矣。」嗣源遂乘冰北渡，將之相州(57)。是日，從珂從王奪山、晚戰皆有功。甲子(58)，晉王進攻濮陽，拔之。李嗣源知晉軍之捷，復來見王於濮陽。王不悅，曰：「公以吾為死邪？度河安之(59)！」嗣源頓首謝罪。王以從珂有功，但賜大鍾酒以罰之，然[3]自是待嗣源稍薄。

初，契丹主之弟撒剌阿撥(60)號北大王，謀作亂於其國。事覺，契丹主數(61)之曰：「汝與吾如手足，而汝興此心，我若殺汝，則與汝何異62！」乃囚之，期年63而釋之64。撒剌阿撥帥其眾奔晉，晉王厚遇之，養為假子65，任為刺史。胡柳之戰，以其妻子來奔。

晉軍至德勝渡66，王彥章敗卒有走67至大梁68者，曰：「晉人戰勝，將至矣。」頃之，晉兵有先至大梁問次舍者69，京城大恐。帝驅市人70登城，又欲奔洛陽，遇夜而止。敗卒至者不滿千人，傷夷71逃散，各歸鄉里，月餘，僅能成軍。

【章　旨】以上為第十三段，寫晉、梁兩軍大戰，晉王僥倖取勝，喪失大將周德威。

【注　釋】❶辛酉　十二月二十二日。❷乾德　前蜀王衍年號。❸已酉　已經西進。自行臺村到開封的方位是自東向西。❹踵之　跟蹤晉軍之後。❺白丁　農民、平民。沒有地位、文化的人。❻營柵之役　幹作戰和止宿時立營寨的勞務。❼壬戌　十二月二十三日。❽胡柳陂　地名，在當時濮州西臨濮縣界內。臨濮治所在今山東鄄城西南臨濮集。❾癸亥　十二月二十四日。❿候者　偵察兵。⓫倍道　兼程。⓬舍　住宿的地方。⓭動須萬全　行動必須保證絕對安全。⓮內懷憤激　對於敵軍入侵，內心懷著激烈憤慨的情緒。⓯樵爨　打柴燒飯。⓰河上　黃河上。⓱尚復何待　還要再等到什麼。⓲敕　命令。⓳殿後　走在最後面押陣。⓴吾無死所矣　我沒有死的地方了。意思是面臨死亡的絕境，必死無疑。周德威若不以兵追隨晉王出擊，按軍法叫做顧望不進，故明知處境危險仍不得不從。㉑結陳　排成陣勢。陳，通「陣」。㉒橫亙　由此到彼橫貫不斷。㉓銀槍都　李存勗在取得魏州後創建的親軍。㉔陷其陳　攻入賀瓌的陣營。㉕衝盪擊斬　往來衝殺。㉖陳西　在戰陣的西面。因晉軍輜重奉命先行。㉗入幽州陳　潰兵竄入周德威幽州軍陣。㉘蹈藉　踐踏。㉙無復部伍　沒有隊形，一片混亂。㉚得此山者勝　用兵之勢，據高以臨下者勝。晉、梁兩軍爭土山。㉛汝曹　你們。㉜王建及　即李建及。本姓王，為李克用義子、典義兒子，賜姓李。㉝日向晡　紅日西沉，臨近黃昏。晡，下午三時至五時。㉞斂兵　收兵。㉟詰朝　第二天。㊱濮陽　縣名，南臨黃河，在今河南濮陽。㊲乘高趣下　居高臨下。㊳偏師　掩護主力的側翼部隊。此指周德威部。㊴若復引退　如果再引軍退卻。㊵諸軍未集者　尚未趕到集合地點的晉軍。㊶斷在不疑　內心不疑惑，才能作出正確的判斷。㊷若不決力取勝　如果不全力以赴去取得勝利。㊸夕食　晚餐。㊹擐甲橫槊　穿著盔甲，橫拿著槊，準備戰鬥的樣子。槊，古代兵器。㊺大將已遁　指後梁大將王彥章敗退濮陽。㊻誤計　失策。㊼元城　縣名，縣治在今河北大名東。㊽貴鄉　縣名，縣治在今河北大名東北。㊾胡裝　（？—西元九二六年）官至後唐給事中。傳見《舊五代史》卷六十九。㊿曳柴揚塵　拖著柴草，使灰塵飛揚，以為疑兵。(51)騰藉　推撞踐踏。(52)哭之慟　哭得非常傷心。慟，哀痛之極。(53)光輔　周德威子，官後唐汾、汝州刺史。傳見《舊五代史》卷九十一。(54)嵐州　州名，治所在今山西嵐縣。(55)相失　互相失去聯繫。(56)橈敗　戰敗；挫敗。橈，通「撓」。勢屈為橈。(57)相州　州名，治所在今河南安陽。(58)甲子　十二月二十五日。(59)度河安之　謂你李嗣源渡過黃河準備去哪裡。之，往。(60)撤剌阿撥　耶律阿保機弟，《遼史》稱撒剌。(61)數　數落；教訓。(62)與汝何異　同你有什麼區別。(63)期年　一年。(64)釋之　釋放了他。(65)假子　義子。(66)德勝渡　地名，在今河南濮陽北面，為黃河重要渡口，為兵家所必爭。(67)走　逃。(68)大梁　後梁首都開封府。(69)問次舍者　問住宿地方的人。次，停留。停留三宿以上為次。舍，一宿為舍。(70)市人　居住在城裡的平民。(71)傷夷　指受傷的梁軍士兵。

【校　記】①証　原作「證」。據章鈺校，十二行本、乙十一行本、孔天胤本皆作「証」，《新唐書》卷一六四本傳亦作「胡証」，今據改。②已　原作「以」。據章鈺校，十二行本、乙十一行本、孔天胤本皆作「已」，今據改。③然　原無此字。據章鈺校，十二行本、乙十一行本、孔天胤本皆有此字，張敦仁《通鑑刊本識誤》同，今據補。

【語　譯】十二月二十二日辛酉，蜀國把明年的年號改為乾德。

賀瓌聽說晉王已經率軍西行了，也放棄營寨跟蹤其後。晉王徵調了魏博三萬名平民百姓隨軍，讓他們從事修築營壘柵寨的勞務，所以晉軍到了哪裡，營壘柵寨馬上就修起來了。十二月二十三日壬戌，晉軍到達胡柳陂。二十四日癸亥清晨，探了報告說梁軍從後面追上來了。周德威說：「敵人兼程趕來，還沒有住的地方。而我們的營柵已很牢固，用來守備是足夠的。我們已經深入敵境，一舉一動必須萬無一失，不能輕舉妄動。這裡離大梁很近，梁軍士兵都很思念他們的家人，內心憤慨而又激動，如果不能採用好的策略來對付他們，恐怕很難如願。大王最好按兵不動，請求讓我周德威率領騎兵去騷擾他們，使他們不能休息，一直拖到黃昏營壘還建立不起來，打柴燒飯也沒準備好，那時乘他們疲乏不堪之機，可以一舉把他們消滅。」晉王說：「前一陣子在黃河邊上，就遺憾沒能和賊軍正面交手。如今賊軍來了又不打，還要等待什麼？您為什麼這麼膽小了啊！」晉王回過頭來對李存審說：「下令讓運糧草的車子先出發，我替你們殿後，打敗賊軍後我就離開這裡！」說完，就率領親兵先行衝了出去。周德威沒有辦法，率領幽州的軍隊跟隨在後面，他對自己的兒子說：「我今天不知道會死在什麼地方了。」

賀瓌率領梁軍列成陣勢趕到，隊伍連綿幾十里。晉王率領銀槍都攻入梁軍戰陣，前後衝殺，來來回回跑了十多里。梁軍的行營左廂馬軍都指揮使、鄭州防禦使王彥章所率部隊先被擊敗，向西逃往濮陽。晉軍運糧草的車隊在陣地的西面，他們望見梁軍的旗幟向這邊奔來，嚇得四處逃散，散兵衝入幽州軍的戰陣中。幽州軍也受攪擾而亂作一團，自相踐踏。周德威無法控制，父子二人都在混亂中戰死。魏博節度副使王緘與運糧草的車隊一起走，也陣亡了。

晉軍亂得不再有隊形了。梁軍又從四面圍了過來，攻勢很猛。晉王佔據一個高丘搜集散兵，到了中午時分，晉軍才又重新振作起來。坡中有一座土山，賀瓌率兵佔領了它。晉王對他的將士們說：「今天能得到這座山的人就能取得勝利，我和你們把它奪下來。」說完，就率騎兵先攻了上去，李從珂和銀槍大將李建及率領步兵緊跟其後，梁軍紛紛退下，晉軍於是奪取了這座山。

臨近黃昏時分，賀瓌的軍隊在土山西面擺好了陣勢，晉兵遠遠望去臉上露出了恐懼的神色。晉軍的很多將領認為各路部隊還沒有完全集結，不如先收兵回營，明天一早再戰。天平節度使、東南面招討使閻寶說：「王彥章的騎兵已經逃到濮陽，山下的梁軍只有步兵，天快黑了都想收兵回去，我們如果居高臨下發起攻擊，一定能把他們打敗。如今大王深入敵境，側翼部隊已經失利，如果再率軍撤退，一定會被敵人乘機攻擊。我們那些還沒有完成集結的部隊，聽說梁軍又打了勝仗，一定會不戰自潰。凡是在決定勝負的時候判斷敵情，只能認真觀察敵我雙方的情勢，情勢搞清楚了，心裡不疑惑才能作出正確的判斷。大王的成功與失敗，就在這一戰了。如果不竭力死戰奪取勝利的話，即使收拾殘兵北返，恐怕河朔一帶也不歸大王所有了。」昭義節度使李嗣昭說：「梁賊還沒有修好營壘，天一黑就想收兵回去，我們只要用精銳的騎兵去騷擾他們，使他們吃不上晚飯，等他們撤退的時候，我們發起追擊，就可以打敗他們。我們如果收兵回營，他們就會回去整頓好軍隊再向我們殺來，到那時誰勝誰負就很難說了。」李建及穿著盔甲橫握長矛上前說道：「梁賊的大將已經逃了，而大王的騎兵則毫無損失，現在去攻打這些疲乏不堪的敵軍，簡直就像折斷一根朽木那樣。大王只管待在山上，看臣等為大王破賊。」晉王恍然大悟說：「不是諸位提醒，我幾乎決策失誤。」李嗣昭、李建及率領騎兵吶喊著衝向山下的梁軍陣地，其他部隊也緊跟著衝了下去，梁軍大敗。元城縣令吳瓊、貴鄉縣令胡裝，各率一萬名平民百姓，在山下拖著柴草揚起漫天塵土，大聲喊叫著為晉軍助威。梁軍士兵自相推撞踐踏，丟棄的盔甲堆得像小山一樣，死亡士卒將近有三萬人。胡裝，是胡証的曾孫。這一天，兩軍各自損失了三分之二的士卒，都難以再振作起來。

晉王回到軍營，聽說周德威父子二人都戰死了，哭得非常傷心說：「損折了我的好將領，這是我的罪過啊。」於是任命周德威的另一個兒子幽州中軍兵馬使周光輔為嵐州刺史。

李嗣源與李從珂彼此失去了聯繫，李嗣源看見晉軍戰敗，也不知道晉王到了哪裡，有人說：「大王已經北渡黃河了。」於是李嗣源也乘著河面結冰渡河北上，準備前往相州。這一天，李從珂跟隨晉王攻奪土山，在傍晚的戰鬥中也都立有戰功。十二月二十五日甲子，晉王進攻濮陽，攻了下來。李嗣源得知晉軍打了勝仗，又到濮陽來見晉王。晉王很不高興，說道：「您以為我死了嗎？您渡過黃河準備去哪裡呢！」李嗣源趕忙磕頭請罪。晉王因為他的兒子李從珂立有戰功，只是賜給他一大杯酒懲罰他，但是從此以後晉王對待李嗣源逐漸冷淡了。

起初，契丹主的弟弟撒剌阿撥號稱北大王，在他們國內陰謀作亂。事情敗露之後，契丹主責備他說：「我與你是手足之親，而你竟然起了這種念頭，我如果殺了你，那與你又有什麼區別呢！」於是把撒剌阿撥囚禁起來，一年之後又釋放了他。撒剌阿撥率領他的部眾投奔晉國，晉王對他待遇優厚，把他收養為義子，任命他為刺史。在這次胡柳陂之戰時，他又帶領妻子兒女前來投奔後梁。

晉軍到了德勝渡，王彥章部隊的敗兵有逃到大梁的，他們說：「晉國的人打勝了，即將到達這裡。」不久，晉軍也有率先到達大梁打聽住處的，京城裡的人大為恐慌。梁末帝驅趕京城的平民登城防守，同時又想逃到洛陽去，只是因為已經入夜而只好作罷。梁軍的敗兵回來的不到一千人，作戰中受傷的士兵逃散了，各自回到家鄉，過了一個多月，才勉強再湊集成一支軍隊。

五年（己卯　西元九一九年）

春，正月辛巳❶，蜀主祀南郊❷，大赦。

晉李存審於德勝南北，夾河[1]築兩城❸而守之。晉王以存審代周德威為內外蕃漢馬步總管❹。晉王還魏州，遣李嗣昭權知❺幽州軍府事。

漢主巖立越國夫人馬氏❻為皇后，殷之女也。

三月丙戌❼，蜀北路行營都招討、武德❽節度使王宗播等自散關擊岐，度渭水❾，破岐將孟鐵山。會大雨而還，分兵戍興元❿、鳳州及威武城⓫。戊子⓬，天雄節度使、同平章事王宗昱攻隴州⓭，不克。

蜀主奢縱無度，日與太后、太妃遊宴於貴臣之家，及遊近郡名山，飲酒賦詩，所費不可勝紀。仗內教坊使⓮嚴旭強取士民女子內宮中，或得厚賂而免之，以是累遷至蓬州⑮刺史。太后、太妃各出教令⑯，賣刺史、令、錄⑰等官。每一官闕，數人爭納賂，賂多者得之。

晉王自領盧龍節度使⑱，以中門使⑲李紹宏提舉⑳軍府事，代李嗣昭。紹宏，宦者也，本姓馬，晉王賜姓名，使與知嵐州事孟知祥㉑俱為河東、魏博[2]中門使。知祥又薦教練使鴈門郭崇韜㉒能治劇㉓，王以為中門副使。崇韜倜儻㉔有智略，臨事敢決，王寵待日隆㉕。先是，中門使吳珪、張虔厚相繼獲罪，及紹宏出幽州，知祥懼禍，稱疾辭位㉖，王乃以知祥為河東馬步都虞候㉗。自是崇韜專典機密。

詔吳越王鏐大舉討淮南㉘。鏐以節度副大使傳瓘㉙為諸軍都指揮使，帥戰艦五百艘，自東洲㉚擊吳。吳遣舒州刺史彭彥章㉛及裨將陳汾拒之。

吳徐溫帥將吏藩鎮請吳王稱帝，吳王不許。夏，四月戊戌朔㉜，即吳國王位。大赦，改元武義。建宗廟社稷，置百官，宮殿文物皆用天子禮。以金繼土㉝，臘用丑㉞。改諡武忠王曰孝武王，廟號太祖，威王曰景王，尊母為太妃。以徐溫為大丞相、都督中外諸軍事、諸道都統、鎮海•寧國㉟節度使、守太尉兼中書令、東海郡王。以徐知誥為左僕射、參政事兼知內外諸軍事，仍領江州團練使。以揚府左司馬王令謀㊱為內樞使，營田副使嚴可求為門下侍郎，鹽鐵判官駱知祥為中書侍郎，前中書舍人盧擇㊲為吏部尚書兼太常卿，掌書記殷文圭㊳為翰林學士，館驛巡官游恭㊴為知制誥，前駕部員外郎楊迢㊵為給事中。擇，醴泉人。迢，敬之之孫也。

錢傳瓘與彭彥章遇。傳瓘命每船皆載灰、豆及沙，乙巳㊶，戰于狼山江㊷。吳船乘風而進，傳瓘引舟避之，既過，自後隨之。吳回船與戰，傳瓘使順風揚灰，吳人不能開目。及船舷㊸相接，傳瓘使散沙於己船，而散豆於吳船。豆為戰血所漬㊹，吳人踐之皆僵仆㊺。傳瓘因縱火焚吳船，吳兵大敗。彥章戰甚力，兵盡，繼之以木㊻，身被數十創。陳汾按兵不救。彥章知不免，遂自殺。傳瓘俘吳裨將㊼七十人，斬首千餘級，焚戰艦四百艘[3]。吳人誅汾，籍沒家貲㊽，以其半賜彥章家，稟㊾其妻子終身。

【章旨】以上為第十四段，寫蜀國主淫奢政荒，吳楊隆演即王位。吳越王錢鏐伐吳，大敗吳師。

【注釋】❶辛巳　正月十二日。❷祀南郊　在城南市郊行祭天大禮。❸於德勝南北二句　指在德勝渡的南北夾河築兩城，謂之「夾寨」。❹內外蕃漢馬步總管　官名，統領全國軍隊。❺權知　暫時代理。❻越國夫人馬氏　（?—西元九三四年）馬殷之女，乾亨元年（西元九一七年）封越國夫人。傳見《十國春秋》卷六十一。❼丙戌　三月十八日。❽武德　方鎮名，前蜀永平二年（西元九一二年）改劍南東川節度使為武德節度使。治所梓州，在今四川三臺。❾渭水　渭河。這裡指處在寶雞的一段渭河。❿興元　府名，治所南鄭，在今陝西漢中東。⓫威武城　地名，在鳳州以北，為前蜀所築。⓬戊子　三月二十日。⑬隴州　州名，治所汧陽，在今陝西隴縣東南。⑭仗內教坊使　內廷官屬，教宮女歌舞，供君主欣賞。⑮蓬州　州名，治所在今四川儀隴。⑯教令　太后、太妃、皇后、太子所發的命令。⑰令錄　令，縣令。錄，錄事參軍，州郡屬官。⑱自領盧龍節度使　自己兼任盧龍節度使。因盧龍為北邊大鎮，士馬強銳，周德威死，無適當人選，故晉王自領。⑲中門使　官名，宮廷屬官，一般由宦官擔任。⑳提舉　管理。㉑孟知祥　（西元八七四—九三四年）字保胤，邢州龍岡（今河北邢臺）人，後蜀創建者，西元九三四年稱帝，西元九二五—九三四年在位。是時從後唐李存勗，為中門使。傳見《舊五代史》卷一百三十六、《新五代史》卷六十四。㉒郭崇韜　（？—西元九二六年）字安時，代州雁門（今山西代縣）人，臨事機警，應付裕如，為後唐莊宗所器重，官至侍中兼樞密使，專典機要，權傾中外。傳見《舊五代史》卷五十七、《新五代史》卷二十四。㉓治劇善於處理繁難棘手的問題。劇，繁難；繁重。㉔倜儻　卓異、豪爽，不同尋常。㉕寵待日隆　恩寵一天比一天隆重。㉖稱疾辭位　藉口有病，辭去職務。㉗馬步都虞候　官名，馬步軍指揮官，位在都指揮使下。㉘淮南　地區名，泛指淮河以南的地方，這裡指代吳國。㉙傳瓘　（西元八八七—九四一年）字明寶，錢鏐第七子。錢鏐死，襲吳越王位，改名元瓘。西元九二三—九四一年在位。傳見《舊五代史》卷一百三十三、《新五代史》卷六十七、《十國春秋》卷七十九。㉚東洲　地名，在今江蘇常州。吳越軍自常州東洲出海，再溯長江擊吳。㉛彭彥章　（？—西元九一九年）廬陵（今江西吉安）人。傳見《十國春秋》卷八。㉜戊戌朔　四月初一日。㉝以金繼土　按古代五行說，土生金，金在土後。唐於五行為土，吳繼唐，五行為金，以金繼土。㉞臘用丑　在丑日舉行臘祭。古時以十二月為祭祖先的時間。臘，陰曆十二月祭祀祖先的祭名，一般以十二月初八為臘日。是歲十二月初八為辛丑，故曰「臘用丑」。㉟寧國　方鎮名，吳升宣州為寧國節度。治所宣州，在今安徽宣州。㊱王令謀　（？—西元九三七年）徐知誥謀士，官至忠武軍節度使。傳見《十國春秋》卷十。㊲盧擇　醴泉（今陝西禮泉）人，居官無所短長，充位而已。傳見《十國春秋》卷九。㊳殷文圭　小字桂郎，池州（今安徽池州）人。傳見《十國春秋》卷十一。㊴游恭　建安（今福建建甌）人。傳見《十國春秋》卷十一。㊵楊迢　唐楊敬之之孫，官至吳給事中。傳見《十國春秋》卷九。㊶乙巳　四月初八日。㊷狼山江　即謂狼山附近長江。當時靜海縣南五里有狼山，唐曾在此置狼山鎮遏使，狼山外即長江。靜海縣在今江蘇南通。㊸船舷　船邊。㊹漬　浸溼。㊺僵仆　直挺挺地倒在地上。㊻繼之以木　繼續用木棒作武器戰鬥。㊼裨將　副將。㊽籍沒家貲　抄沒家財。貲，財產。㊾稟　通「廩」。公家發給的糧食。

【校　記】①夾河　原無此二字。據章鈺校，十二行本、乙十一行本、孔天胤本皆有此二字，張敦仁《通鑑刊本識誤》、張瑛《通鑑校勘記》同，今據補。②河東魏博　此四字原無。據章鈺校，十二行本、乙十一行本、孔天胤本皆有此四字，張敦仁《通鑑刊本識誤》、張瑛《通鑑校勘記》同，今據補。③焚戰艦四百艘　原無此六字。據章鈺校，十二行本、乙十一行本、孔天胤本皆有此六字，張敦仁《通鑑刊本識誤》同，今據補。

【語譯】五年（己卯　西元九一九年）

春，正月十二日辛巳，蜀主到南郊祭天，實行大赦。

晉國的李存審在德勝渡的南、北夾河兩岸修築了兩座城並駐守在那裡。晉王任命李存審代替周德威為內外蕃漢馬步總管。晉王回到魏州，派李嗣昭暫時主持幽州軍府事務。

漢主劉巖冊立越國夫人馬氏為皇后，馬氏是楚王馬殷的女兒。

三月十八日丙戌，蜀國的北路行營都招討、武德節度使王宗播等從散關攻打岐國，他們渡過渭水，打敗了岐國將領孟鐵山。遇上下大雨，部隊返回，分兵戍守興元、鳳州和威武城三地。二十日戊子，天雄節度使、同平章事王宗昱進攻隴州，沒有攻下來。

蜀主奢侈放縱毫無節制，每天與太后、太妃在顯貴的大臣家遊玩飲宴，以及到附近的名山去遊覽，飲酒賦詩，所耗費的財物簡直無法計算。仗內教坊使嚴旭強行徵取士民家的女子送入宮中，有時拿到別人送上的豐厚財物也可免於徵取，因此他的官職一直升到蓬州刺史。太后、太妃也各自下令，出賣刺史、縣令、錄事參軍等官職。所以每當有一個官位空缺，就有幾個人爭著去送財物，所送財物多的人能得到官職。

晉王自己兼領盧龍節度使，任命中門使李紹宏管理軍府的事務，以代替李嗣昭。李紹宏是宦官，本來姓馬，晉王賜給了他現在的姓名，讓他與主持嵐州事務的孟知祥一同擔任河東、魏博中門使。孟知祥又推薦教練使雁門人郭崇韜善於處理繁雜難辦的事務，晉王就任命郭崇韜為中門副使。郭崇韜為人倜儻，富有才智謀略，處理政事十分果斷，晉王對他的恩寵一天比一天隆重。在此之前，中門使吳珪、張虔厚相繼獲罪，等到李紹宏出任幽州，孟知祥害怕禍及自身，就推說生病辭去職務，晉王於是改派孟知祥擔任河東馬步都虞候。從此郭崇韜就獨自掌管國家的機密大事。

梁末帝下詔，命令吳越王錢鏐大舉討伐淮南。錢鏐任命節度副大使錢傳瓘為諸軍都指揮使，率領五百艘戰船，從東洲出發攻打吳國。吳國派遣舒州刺史彭彥章和副將陳汾抵禦吳越軍隊。

吳國徐溫率領將帥官吏和各路藩鎮請求吳王稱帝，吳王不答應。夏，四月初一日戊戌，吳王登吳國王位。大赦境內，改年號為武義。修建了宗廟和社稷壇，設置百官，宮中的禮樂制度都採用天子的禮制。以金德繼承唐代的土德，在十二月初八日辛丑舉行臘祭。改諡武忠王楊行密為孝武王，廟號為太祖，改諡威王楊渥為景王，尊奉母親為太妃。任命徐溫為大丞相、都督中外諸軍事、諸道都統、鎮海·寧國節度使，仍擔任太尉兼中書令、東海郡王。任命徐知誥為左僕射、參政事兼知內外諸軍事，仍兼任江州團練使。任命揚府左司馬王令謀為內樞使，營田副使嚴可求為門下侍郎，鹽鐵判官駱知祥為中書侍郎，前中書舍人盧擇為吏部尚書兼太常卿，掌書記殷文圭為翰林學士，館驛巡官游恭為知制誥，前駕部員外郎楊迢為給事中。盧擇，是醴泉人。楊迢，是楊敬之的孫子。

錢傳瓘與彭彥章兩軍相遇。錢傳瓘命令每艘船都裝上灰土、豆子和沙子。四月初八日乙巳，兩軍在狼山江交戰。吳國的船隊乘風前進，錢傳瓘率領船隻避開吳船，等到吳國的船隊過去之後，他又從後面跟了上去。吳國船隊掉轉頭來與他們交戰，錢傳瓘下令士卒們順風揚灰，吳國士卒睜不開眼睛。等到兩軍的船舷靠在一起的時候，錢傳瓘又讓士卒們在自己的船上撒上沙子，而向吳軍的船上撒豆子。豆子被戰鬥中流的血所浸溼，吳軍士卒踩上這些豆子紛紛摔倒。錢傳瓘乘勢放火焚燒吳國船隊，吳軍大敗。彭彥章作戰十分盡力，兵器用沒了，接著用木棒，身上數十處受傷。陳汾卻按兵不動，不來救援。彭彥章知道不免一死，便自殺身亡。錢傳瓘俘虜了吳軍副將七十人，斬殺了一千多人，焚毀戰艦四百艘。吳國人後來誅殺了陳汾，沒收了他的家產，將其中的一半賜給了彭彥章的家屬，並給彭彥章的妻子兒女以終身撫恤。

賀瓌攻德勝南城❶，百道俱進❷，以竹笮❸聯艨艟十餘艘，蒙以牛革，設睥睨❹、戰格❺如城狀，橫於河流，以斷晉之救兵，使不得度。晉王自引兵馳往救之，陳❻於北岸，不能進。遣善游者馬破龍入南城，見守將氏延賞，延賞言矢石將盡，陷在頃刻。晉王積金帛於軍門，募能破艨艟者，眾莫知為計❼。親將李建及曰：「賀瓌悉眾而來，冀此一舉。若我軍不度，則彼為得計。今日之事，建及請以死決之。」乃選效節敢死士❽得三百人，被鎧操斧，帥之乘舟而進。將至艨艟，流矢❾雨集，建及使操斧者入艨艟間，斧其竹笮。又以木甖❿載薪，沃油然火⓫，於上流縱之。隨以巨艦實⓬甲士，鼓譟攻之。艨艟既斷，隨流而下，梁兵焚溺者殆半⓭，晉兵乃得度。瓌解圍走，晉兵逐之，至濮州而還。瓌退屯行臺村。

蜀主命天策府諸將無得擅離屯戍。五月丁卯朔⓮，左散旗軍使王承諤、承勳、承會違命⓯，蜀主皆原⓰之。自是禁令不行。

楚人攻荊南，高季昌求救于吳，吳命鎮南⓱節度使劉信等帥洪、吉、撫、信步兵自瀏陽⓲趣潭州⓳，武昌⓴節度使李簡㉑等帥水軍攻復州㉒。信等至潭州東境，楚兵釋荊南引歸。簡等入復州，執其知州鮑唐㉓。

六月，吳人敗吳越兵于沙山。
秋，七月，吳越王鏐遣錢傳瓘將兵三萬攻吳常州，徐溫帥諸將拒之，右雄武統軍陳璋以水軍下海門[24]出其後。壬申[25]，戰于無錫[26]。會溫病熱[27]，不能治軍[28]。吳越攻中軍，飛矢雨集，鎮海節度判官陳彥謙遷中軍旗鼓于左，取貌類溫者[29]，擐甲冑，號令軍事，溫得少息。俄頃[30]，疾稍間[31]，出拒之。時久旱草枯，吳人乘風縱火，吳越兵亂，遂大敗，殺其將何逢、吳建，斬首萬級。傳瓘遁去，追至山南，復敗之。陳璋敗吳越于香彎。溫募生獲[32]叛將陳紹者賞錢百萬，指揮使崔彥章獲之。紹勇而多謀，溫復使之典兵[33]。

初，衣錦之役[34]，吳馬軍指揮[35]曹筠[36]叛奔吳越，徐溫赦其妻子，厚遇之。遣間使告之曰：「使汝不得志而去，吾之過也，汝無以妻子為念。」及是役，筠復奔吳。溫自數[37]昔日不用筠言者三，而不問筠去來之罪，歸其田宅，復其軍職。筠內愧而卒。

知誥請帥步卒二千，易吳越旗幟[1]鎧仗，躡[38]敗卒而東，襲取蘇州。溫曰：「爾策固善，然吾且求息兵，未暇如汝言也[39]。」諸將皆以為：「吳越所恃者舟楫，今大旱，水道涸，此天亡之時也。宜盡步騎之勢，一舉滅之。」溫歎曰：「天下離亂久矣，民困已甚，錢公亦未易可輕。若連兵不解，方為諸君之憂。今戰勝以懼之，戢兵[40]以懷之，使兩地之民各安其業，君臣高枕，豈不樂哉！多殺何為！」

遂引還。

吳越王鏐見何逢馬，悲不自勝[41]，故將士心附[42]之。寵姬鄭氏父犯法當死，左右為之請[43]，鏐曰：「豈可以一婦人亂我法！」出其女而斬之[44]。鏐自少在軍中，夜未嘗寐[45]，倦極則就圓木小枕，或枕大鈴，寐熟輒欹[46]而寤[47]，名曰「警枕」。置粉盤于臥內，有所記則書盤中，比老[48]不倦。或寢方酣[49]，外有白事[50]者，令侍女振紙[51]即寤。時彈銅丸於樓牆之外，以警直更[52]者。嘗微行[53]，夜叩北城門，吏不肯啟關[54]，曰：「雖大王來亦不可啟。」乃自他門入。明日，召北門吏，厚賜之。

丙戌[55]，吳王立其弟濛[56]為廬江郡公，溥[57]為丹陽郡公，潯[58]為新安郡公，澈[59]為鄱陽郡公，子繼明[60]為廬陵郡公。

【章　旨】以上為第十五段，寫吳徐溫大敗吳越王錢鏐，得勝退兵，和合兩國。

【注　釋】❶德勝南城　晉軍築在德勝渡黃河南岸的夾寨。❷百道俱進　多路同時進攻，即全線進攻。百道，極言多道。❸竹笮　竹索。❹睥睨　城上的短牆，這裡指瞭望孔。❺戰格　即戰柵。防禦障礙物。❻陳　布陣陳兵。❼眾莫知為計　眾將沒有人能獻出破敵之計。❽效節敢死士　在銀槍效節軍中選拔的敢死隊員。❾流矢　亂箭。❿木罌　口小腹大的木罐。罌，盛酒器。⓫沃油然火　浸上油，點著火。沃，浸。然，通「燃」。⓬實　盛滿；裝滿。⓭殆半　差不多一半；近半。⓮丁卯朔　五月初一日。⓯違命　違反命令。這裡指擅自撤離屯戍地。⓰原　原諒；寬恕。⓱鎮南　方鎮名，唐懿宗咸通六年（西元八六五年）升江南西道團練觀察使為鎮南軍節度使，吳因之。治所洪州，在今江西南昌。⑱瀏陽　縣名，縣治在今湖南瀏陽。⑲潭州　州名，治所長沙，在今湖南長沙。⑳武昌　方鎮名，唐憲宗元和元年（西元八〇六年）升鄂岳觀察使為武昌軍節度使，吳因之。治所鄂州，在今武漢。㉑李簡　（?—西元九二九年）上蔡（今河南上蔡）人，官至吳武昌節度使。傳見《十國春秋》卷五。㉒復州　州名，治所竟陵，在今湖北天門。㉓鮑唐　人名，後梁復州知州。傳見《十國春秋》卷一百二。㉔海門　縣名，縣治在今江蘇海門，長江入海處，舟行入太湖，可達常州的東洲。㉕壬申　七月初七日。㉖無錫　縣名，縣治在今江蘇無錫。㉗病熱　發高燒。㉘治軍　指揮軍隊。㉙貌類溫者　相貌像徐溫的人。㉚俄頃　一會兒。㉛疾稍間　疾病稍許好轉。㉜生獲　活捉。㉝典兵　領兵。㉞衣錦之役　西元九一三年三月吳軍攻打吳越國臨安縣衣錦鄉錢鏐老家的戰役。事見本書卷二百六十八乾化三年。㉟馬軍指揮　胡三省注認為「指揮」下當有「使」字。㊱曹筠　（?—西元九一九年）傳見《十國春秋》卷九。㊲自數　自我責備。㊳躡　暗中跟蹤。㊴未暇如汝言也　沒有時間按你的意見去做。㊵戢兵　停戰；休戰。㊶悲不自勝　不能抑制內心的悲痛。㊷心附　從內心服從。㊸請　求情。㊹出其女而斬之　將寵姬鄭氏逐出宮，並斬其犯法之父。㊺寐　睡覺。㊻欹　通「敧」。傾斜。㊼寤　醒來。㊽比老　及至年老。㊾或寢方酣　有時睡得正熟。㊿白事　報告事情。(51)振紙　抖動紙張，發出聲音。(52)直更　打更。(53)微行　微服出行。(54)啓關　開城門。(55)丙戌　七月二十一日。(56)濛　楊濛（?—西元九三七年），字志龍，楊行密第三子，封臨川王。傳見《十國春秋》卷四。(57)溥　楊溥（西元八九九—九三七年），楊行密第四子，武義二年（西元九二〇年）即吳王位。乾貞元年（西元九二七年）稱帝，天祚三年（西元九三七年）為徐知誥所殺。西元九二〇—九三七年在位，謚睿帝。傳見《舊五代史》卷一百三十四、《新五代史》卷六十一、《十國春秋》卷三。(58)潯　楊潯，楊行密第五子。傳見《十國春秋》卷四。(59)澈　楊澈，楊行密第六子。傳見《十國春秋》卷四。(60)繼明　楊繼明，楊隆演子。傳見《十國春秋》卷四。

【校　記】①旗幟　原作「旗蟙」。據章鈺校，十二行本、乙十一行本、孔天胤本皆作「旗幟」，今據改。

【語　譯】賀瓌攻打德勝南城，兵分多路同時推進，用竹索把十多艘戰船連在一起，蒙上生牛皮，並且像城牆一樣在上面設置了瞭望孔和木柵欄，把它們橫在黃河上，用以阻斷晉軍救兵，使他們無法渡過黃河。晉王親自率兵迅速趕去救援，在黃河北岸擺開陣勢，卻無法前進。於是派遣善於游泳的馬破龍泅過河去進入南城，見到守將氏延賞，氏延賞說這裡的弓箭和石塊即將用盡，城池很快就會陷落。晉王在軍營門前堆了許多金銀布帛，懸賞招募能夠擊破梁軍戰船的人，但大家都想不出破敵之計。這時晉王的親軍將領李建及說：「賀瓌率領他的全部人馬前來，就是希望能打勝這一仗。如果我們的大軍不去渡河，那麼他們就要得逞。今天的事態，我李建及請求拼死與他們決一勝負。」於是他從晉王親軍效節都中挑選了敢死的士卒共三百人，都披上鎧甲拿著斧子，李建及帶領他們乘船向江中進發。快接近梁軍戰船的時候，亂箭像雨點一樣密集射來，李建及讓拿斧子的士兵衝入敵方戰船之間，砍斷連接戰船的竹索。又用木甖裝上柴草，澆上油點燃，從上游順流漂下來。隨後又用大戰船載滿士卒，擂鼓吶喊向梁軍戰船發起進攻。梁軍戰船間相互連接的竹索被砍斷以後，戰船順著河水往下漂，士卒被燒死和淹死的將近有一半，晉軍這才得以渡過了黃河。賀瓌解除圍困逃走，晉軍在後面追擊，一直追到濮州才收兵回來。賀瓌撤退後屯駐在行臺村。

蜀主命令天策府的各位將領不得擅自離開駐防之地。五月初一日丁卯，左散旗軍使王承諤、王承勳、王承會違反命令，蜀主都寬恕了他們。從此蜀主的禁令就行不通了。

楚人進攻荊南，高季昌向吳國求救，吳國命令鎮南節度使劉信等率領洪州、吉州、撫州、信州的步兵從瀏陽進逼潭州，命令武昌節度使李簡等率領水軍進攻復州。劉信等大軍到達潭州的東部地區，楚軍就停止了對荊南的進攻而撤退回去。李簡等攻入復州，抓獲知州鮑唐。

六月，吳軍在沙山打敗吳越軍。

秋，七月，吳越王錢鏐派錢傳瓘率軍三萬攻打吳國的常州，徐溫率眾將進行抵禦，右雄武統軍陳璋率水軍從海門入海繞到敵人後方。初七日壬申，兩軍在無錫交戰。適逢這時徐溫發高燒，不能指揮軍隊。吳越軍向徐溫所在的中軍發起進攻，飛箭像雨點一樣密集，鎮海節度判官陳彥謙把中軍的旗鼓轉移到了左軍，又找了一個長相酷似徐溫的人，穿上盔甲，在那裡發號施令，這樣徐溫才得以稍作休息。過了一會兒，徐溫的病稍好了一點，便又出來指揮作戰抵禦。當時久旱草枯，吳軍藉著風勢放起火來，吳越的軍隊亂作一團，結果被打得大敗。吳軍殺死了吳越軍的將領何逢、吳建，斬殺吳越士兵萬名。錢傳瓘逃走了，吳軍一直追到山南，又把他們打敗。陳璋在香灣也打敗了吳越軍隊。徐溫招募能夠活捉叛將陳紹的人，賞錢是一百萬，結果指揮使崔彥章捉住了陳紹。陳紹這個人作戰勇敢而又富有謀略，徐溫又讓他統領軍隊。

當初，在衣錦戰役中，吳國的馬軍指揮曹筠叛變逃往吳越，徐溫赦免了他的妻子兒女，厚待他們。派密使告訴曹筠說：「讓你不得志而離開吳國，這是我的過錯，你不必顧念妻子兒女。」在這次戰役中，曹筠又回到了吳軍。徐溫再三地責備自己過去沒有採納曹筠的建議，而不提曹筠叛逃的罪過，歸還了他的田地房宅，恢復了他的軍職。曹筠內心慚愧而死。

徐知誥請求率領兩千名步兵，換上吳越軍的旗幟、鎧甲和儀仗，跟在吳越的敗兵後面向東進發，偷襲奪取蘇州。徐溫說：「你的計策固然是好，但是我現在只想休兵，沒有時間照你說的去做。」將領們都認為：「吳越軍隊所依靠的是舟船，如今大旱，河道乾涸，這是老天要滅亡他們的時候了。我們應該充分發揮步兵和騎兵的優勢，一舉消滅他們。」徐溫慨歎道：「天下離亂已經很久了，百姓貧困之極，而且錢公也不是輕易可小看的。如果戰爭再延續不停，這才正是各位所應該憂慮的事。如今我們打勝了讓他們有所畏懼，我們又停止軍事行動來懷柔他們，使兩國的百姓各自能夠安居樂業，君臣們都高枕無憂，難道不是值得高興的事嗎！打仗多殺人又為的是什麼呢！」於是就率軍回去了。

吳越王錢鏐看到何逢的戰馬，十分悲傷，難以自制，所以將士們都衷心服從他。他的寵姬鄭氏的父親犯了法應當處死，身邊的人替他求情，錢鏐說：「怎麼能因為一個婦人就亂了我的國法！」於是把鄭氏逐出宮去，斬殺了她的父親。錢鏐從小就在軍旅中生活，夜裡未曾臥睡，睏倦極了枕在圓木小枕頭上，或者枕在一個大鈴上，睡熟後圓木小枕或大鈴傾斜，他也就醒過來了，他把這種枕頭叫做「警枕」。又在臥房內放置一個粉盤，有什麼事情需要記下來就寫在盤子裡，一直到老都不懈怠。有時候睡得正熟，外面有人來報告事情，讓侍女抖動一下紙張就能醒過來。他經常把銅丸彈射到樓牆外面去，以使打更的人提高警覺。有一次他微服出行，夜裡回來要敲開北城門，守門的官吏不肯開門，說：「就是大王來了也不能開。」於是他只好從另一個城門進城。第二天，把守北城門的官吏召來，給了他很豐厚的賞賜。

七月二十一日丙戌，吳王封他的弟弟楊濛為廬江郡公，楊溥為丹陽郡公，楊潯為新安郡公，楊澈為鄱陽郡公，兒子楊繼明為廬陵郡公。

晉王歸晉陽，以巡官馮道❶為掌書記。中門使郭崇韜以諸將陪食❷者眾，請省其數。王怒曰：「孤為效死者❸設食，亦不得專❹，可令軍中別擇河北帥，孤自歸太原！」即召馮道令草詞以示眾。道執筆，逡巡❺不為，曰：「大王方平河南，定天下，崇韜所請未至大過。大王不從可矣，何必以此驚動遠近？使敵國聞之，謂大王君臣不和，非所以隆威望❻也。」會崇韜入謝，王乃止。

初，唐滅高麗❼。天祐初，高麗石窟寺眇僧❽躬乂❾，聚眾據❿開州⓫稱王，號大封國。至是，遣佐良尉金立奇入貢于吳。

八月乙未朔⓬，宣義節度使賀瓌卒。以開封尹王瓚⓭為北面行營招討使。瓚將兵五萬，自黎陽度河掩擊澶、魏，至頓丘⓮，遇晉兵而旋。瓚為治嚴，令行禁止，據晉人上游十八里楊村⓯，夾河築壘，運洛陽竹木造浮梁[1]，自滑州饋運相繼。晉蕃漢馬步副總管、振武節度使李存進亦造浮梁於德勝。或曰：「浮梁須竹笮⓰、鐵牛⓱、石囷⓲，我皆無之，何以能成！」存進不聽，以葦笮⓳[2]維巨艦，繫於土山巨木，踰月而成，人服其智。

吳徐溫遣使以吳王書歸無錫之俘於吳越，吳越王鏐亦遣使請和⑳於吳。自是吳國休兵息民，三十餘州㉑民樂業者二十餘年。吳王及徐溫屢遺㉒吳越王鏐書，勸鏐自王其國，鏐不從。

九月丙寅㉓，詔削劉巖官爵，命吳越王鏐討之。鏐雖受命，竟不行㉔。

吳廬江公濛㉕有材氣㉖，常歎曰：「我國家而為他人㉗所有，可乎！」徐溫聞而惡之。

【章旨】以上為第十六段，寫梁、晉雙方大戰後各自休整。吳與吳越兩國和好。

【注釋】❶馮道　（西元八八二—九五四年）字可道，瀛州景城（今河北滄州西景城）人，後唐、後晉時任宰相。契丹滅晉，附契丹任太傅。後漢時任太師。後周時任太師中書令。歷仕四朝五姓，自號「長樂老」。傳見《舊五代史》卷一百二十六、《新五代史》卷五十四。❷陪食　李存勗與諸將共甘苦，進食時，召諸將陪食，人數甚多。❸效死者　能以死命報效的人。❹不得專　不能自己作主。❺逡巡　猶豫不安的樣子。❻隆威望　提高威望。❼高麗　高句麗的另一稱呼，居朝鮮半島。始見於六世紀初北魏正始中，唐高宗時滅之。唐末，其王姓高氏，西元九一八年，王建建國。後唐明宗封其為高麗國王。❽眇僧　瞎了一隻眼睛的和尚。眇，一隻眼瞎。❾躬乂　眇僧名字。❿據　佔據。⓫開州　即今朝鮮平壤之東的開城。⓬乙未朔　八月初一日。⓭王瓚　（？—西元九二三年）後梁大將，官至開封尹，降後唐，憂悸而卒。傳見《舊五代史》卷五十九、《新五代史》卷四十二。⓮頓丘　縣名，縣治在今河南浚縣。⓯楊村　地名，在德勝渡上游。⓰竹笮　竹索。⓱鐵牛　大鐵塊。⓲石囷　大石盤。鐵塊、石盤用以維繫竹索，固定浮橋。⓳葦笮　蘆葦搓成的索子。⓴請和　請求和好。㉑三十餘州　史稱當時吳國佔有揚、楚、泗、滁、和、光、黃、舒、蘄、廬、壽、濠、海、潤、常、昇、宣、歙、池、饒、信、江、鄂、洪、撫、袁、吉、虔等州。㉒遺　送；致。㉓丙寅　九月初二日。㉔竟不行　結果沒有執行。因不肯損耗自己實力，得罪別國。

❷❺濛　楊濛，楊行密第三子。❷❻材氣　才氣。材，通「才」。❷❼他人　指徐溫。因徐溫專吳國政。

【校　記】①浮梁　原作「浮橋」。據章鈺校，十二行本、乙十一行本、孔天胤本皆作「浮梁」，今據改。②葦笮　原作「葦荇」。據章鈺校，十二行本、乙十一行本、孔天胤本皆作「葦笮」，今據改。

【語　譯】晉王回到晉陽，任命巡官馮道為掌書記。中門使郭崇韜認為陪晉王吃飯的將領太多了，請求減少一些人數。晉王聽了生氣地說：「我為捨命報效我的將領們準備一點飯菜，這種小事我都不能自己作主，那麼可以讓軍中另外推選一個河北的主帥，我自己回太原去好了！」晉王立即召來馮道讓他草擬告示通知大家。馮道拿起筆，猶豫著一直不寫，說：「大王正要平定黃河以南，安定天下，郭崇韜所請求的也不算太過分。大王不聽他的也就算了，何必因為這件小事去驚動遠近的人呢？如果讓敵國知道了，說大王君臣不和，這恐怕不是擴大威望的做法。」正巧郭崇韜也進來謝罪，晉王於是作罷。

當初，唐朝滅了高麗。天祐初年，高麗石窟寺的獨眼和尚躬乂聚集民眾佔據開州稱王，國號叫大封國。到了這時，派佐良尉金立奇來向吳國入貢。

八月初一日乙未，宣義節度使賀瓌去世。梁末帝任命開封尹王瓚為北面行營招討使。王瓚率軍五萬，從黎陽渡過黃河準備襲擊澶州、魏州，到達頓丘時，遭遇晉軍而把軍隊撤了回來。王瓚治軍非常嚴格，令行禁止，佔據了晉軍德勝城上游十八里處的楊村，在黃河的兩岸修築營壘，運來洛陽竹子、木材建造浮橋，從滑州接連不斷地運來糧餉。晉國的蕃漢馬步副總管、振武節度使李存進也要在德勝渡建造浮橋。有人勸他說：「建浮橋需要竹索、大鐵塊和大石盤，這些東西我們都沒有，怎麼能建成！」李存進不聽，他用蘆葦做成的繩索把大戰船連起來，另一頭則固定在土山的大樹上，過了一個月建成了浮橋，大家都很佩服他的智慧。

吳國的徐溫派使者帶著吳王的信把無錫戰役中抓獲的俘虜送回吳越，吳越王錢鏐也派使者來吳國請求和好。從此吳國停止了作戰，百姓得以休養生息，三十多個州的百姓安居樂業長達二十多年。吳王和徐溫多次寫信給吳越王錢鏐，勸錢鏐在吳越稱王，錢鏐沒有聽從他們的意見。

九月初二日丙寅，梁末帝下詔書削去劉巖的官爵，命令吳越王錢鏐去討伐他。錢鏐雖然接受了命令，最終卻並沒有採取行動。

吳國的廬江郡公楊濛很有才氣，他常常感歎道：「我們的國家竟被外姓人所把持，這怎麼可以呢！」徐溫聽到這話後，對楊濛懷恨在心。

【研　析】這一卷所敘述的年分是西元九一七—九一九年，距離五代十國時代的開始，即九〇七年，正好十年有餘。可以說，在這兩三年內，五代十國南北分裂的局面已經趨於穩定，只有在南北各自內部稍有變化。短時間內的這種變化，雖然不明顯，卻也能讓我們細細看出歷史的走向。當然，我們如今看歷史，一定程度上都是結局決定過程的。不過，正是因為我們看到了結局，才會明白過程中的一些事情為何會發生。

在北方，晉王李存勗作為繼承其父李克用的沙陀人首領，在他周圍所形成的是一個集合了眾多民族成分的社會集團。有學者根據其地域特徵，稱之為「代北集團」，實際上並不精確。特別是在李存勗時期，不僅所統治的範圍屢有變遷，加入其統治集團的成員成分也變化頗大。在這一卷中，李存勗進攻後梁所能動員的軍隊，就有幽州步騎三萬、滄景步騎萬人、邢洺步騎萬人、易定步騎萬人，及「麟、勝、雲、蔚、新、武等州諸部落奚、契丹、室韋、吐谷渾」等，加上河東和魏博的軍隊，「眾號十萬」。也就是說，在這一時期，其實從所能動員的政治勢力來說，後梁已經在下風了。此後，不出五年，後梁滅亡，天平遂完全傾向了李存勗一方。

值得一提的是，後梁政權的衰亡，和沙陀人為主導的晉・後唐政權的興起，分別代表了唐末黃巢集團殘餘勢力的失勢，以及晚唐以來北方游牧民族的興盛。黃巢集團從黃巢本人來說，他出身鹽販，是游離於政權之外的自由民，加入黃巢集團隨後又投降唐朝的朱溫，則是生逢亂世的農村無賴。這樣的組合，在一段時間內掀起了聲勢浩大的叛亂，打破了晚唐藩鎮割據之下動亂局限於藩鎮內部的局面，最終橫行全國，乃至建立政權。但如果要做到長治久安，不得不處理好與各種地緣性、民族性、階層性政治勢力的關係。地緣性方面，河北藩鎮一直是中晚唐以來重要的政治勢力，後梁政權從征服河北到喪失河北，極大影響了政權的穩定。民族性方面，沙陀人勢力的游離於帝國政治核心之外，是一個巨大的隱患，最終成為了後梁政權的掘墓人。階層性的政治勢力，主要是指晚唐以來一直式微的世族階層，雖然經過各種動亂，世族的延續性所剩無幾，但即便是白馬之禍，也只是那些牽連到政治鬥爭的世族遭到毀滅，並未觸及整個世族社會。因此，當晉國政權開始拉攏世族，乃至本卷所載晉王劉夫人都開始「以門地相高」時，後梁政權的統治基礎已然十分薄弱。

在蜀地，本卷記載了王建的去世和王衍的繼位，以及圍繞這一權力傳遞所進行的人事安排和政治鬥爭。從整體來說，這一過程大致反映了兩個層面的變化：

首先，在古代社會，父死子繼的權力傳遞模式，以及通常而言需要嫡長子來繼承的原則，使得權力傳遞經常因此出現兩種情況，即沒有兒子來繼承，或者是不以長子來繼承。兩種情況任何一種都會導致政權在一定程度上的不穩定。就前者而言，沒有兒子繼承，勢必涉及到從宗室內選擇養子過繼的問題，等到被選擇的養子繼位之後，又會涉及對養父和生父的祭祀問題，這在東漢、兩宋、明朝皆造成了影響很大的政治鬥爭。就後者而言，不以長子來繼承的情況，整個古代更為普遍，比如本卷所記載的王衍繼承王建的例子，因為王衍其實是王建最小的兒子，如果按照嫡長子繼承原則，怎麼都不會輪到他。所以，他是依靠他母親受到年老昏耄的王建寵愛，才得以當上皇帝的。由此造成了兩個惡果：第一，隨著王衍的即位，其母親一族開始賣官鬻爵，其所信任的宦官開始把持朝政；第二，治國能力不足的他需要王宗弼這樣的嫻於政治的人來「輔佐」，從而導致權臣誤國。

另一個層面，則是跟隨王建打天下的許州元從將領，逐漸被王衍及其周圍的新貴們排擠出權力中心。在歷史上，但凡一個政權的建立，特別是依靠武力創建的政權，必定會在第一代統治者周圍形成一個武力集團。而這樣一個集團，在到了第二代的時候，又基本上會岌岌可危。在王建周圍形成的許州元從，就是如此。

在本卷中涉及到的楊吳政權裡，同樣存在這種情況，圍繞在楊吳開國君主楊行密周圍的、以淮南武將為主的集團，在楊行密於九〇五年去世之後，逐漸失去影響力，被處於權力核心的徐溫父子所取代。徐溫雖然也是所謂「三十六英雄」之一，但他本身出身海州鹽販，與楊行密等出身淮南軍將的人結合度不高，而且也沒有顯赫的戰功，所以一直待在楊行密身邊掌握衙軍。而他正借助這一便利，才得以接近權力中心，並在楊行密去世後迅速控制了政局。有趣的是，到了徐溫已經坐鎮金陵掌握楊吳政權之後，他的第二代又被別人給邊緣化了，即留在揚州「輔佐」吳王的親子徐知訓，因恃驕而為大將朱瑾所殺，導致徐溫的養子徐知誥趁虛而入，掌握了入主揚州「輔佐」吳王的便利。當然，徐知誥的掌權，一定程度上與王衍的繼位相似，即導致兄弟輩的其他成員失勢，甚至面臨隨時被殺的危險。不過在前蜀和吳・南唐政權，都沒有像南漢、馬楚、王閩那樣出現兄弟之間反目成仇的情況。

除了以上的內容，本卷還涉及到兩件比較重要的事情，即：楊吳政權最終攻下虔州，統一江南西道，奠定了此後半個世紀的版圖；楊吳政權與吳越國一勝一負，最終各保疆域，從此維持了半個世紀的安定。這兩件事，共同反映了五代時期南方政權（不包括蜀地）進入了第一個穩定期，即自九一九年起，至九四五年南唐滅閩。第二個穩定期則從九五〇年左右南唐滅楚後又退出楚地，至九六三年荊南高氏、楚地周保權相繼被宋朝所滅。從時間上看，第一個穩定期持續的時間較長，說明各國之間實力達到了平衡，即便蜀地於九二五—九三五年間歸屬北方政權統治，也沒有影響到這一平衡。

能夠出現這樣的情況，一定程度上與各國的內政外交政策有關。內政方面，這一時期創業君主正向下一代移交權力，需要一個穩定的外部環境，隨之而來的內爭也是如此。外交方面，經過唐末五代初幾十年的戰爭，原先僅僅保有一州或數州地域的政治勢力已經沒有什麼地盤可以擴張，在已經擴張的版圖內，民眾也需要休養生息。因此，在這兩個方面的影響下，南方政權之間才能得以維持較長的一個穩定期。

綜合而言，在本卷的這幾年裡，北方、蜀地、南方三大區域的政治動向，基本將歷史進程導向了五代的第二個階段。第一個階段是唐末五代時期，南北方諸政權的版圖奠定期。第二個階段，在北方，沙陀人為主的政治集團取代黃巢殘餘勢力所建立的政權，隨後又在內部鬥爭不已，甚至導致契丹的一度介入；在蜀地，前蜀、後唐、後蜀在短短的十年之內輪番登場；在南方，各國進入第一個穩定期。第三個階段，北方政權開始進行全國統一戰爭，蜀地的後蜀政權維持了較長時間的統治，南方數個政權經過短暫的戰爭後進入第二個穩定期。

卷第二百七十一

後梁紀六

起屠維單閼（己卯　西元九一九年）十月，盡玄黓敦牂（壬午　西元九二二年），凡三年有奇。

【題　解】本卷記事起西元九一九年十月，迄西元九二二年，凡三年又三個月。當後梁末帝貞明五年十月至龍德三年。此三年間，主戰場仍是晉梁雙方夾河大戰，勢均力敵。梁末帝甘聽群小之言，處事不當逼反冀王朱友謙，失河中之地，國勢日衰。河北成德鎮將殺趙王鎔，投附後梁，後梁末帝坐視不救，喪失了收復河北諸鎮的一次大好時機。契丹南下為晉王所敗，晉王乘勢破鎮州，打破均勢，晉王取得了對後梁的壓倒優勢，謀稱帝位，張承業因諫不聽，憂鬱而死。南方吳、閩、南漢、吳越諸國保境安民。吳徐溫忠於舊主，奉楊溥即吳王位，祀南郊。蜀主王衍輕啟邊釁伐岐，驕奢淫逸，荒於政務，民心盡失。

均王下

貞明五年（己卯　西元九一九年）

冬，十月，出濛為楚州團練使。

晉王如魏州，發徒❶數萬，廣❷德勝北城。日與梁人爭，大小百餘戰，互有勝負。左射軍使❸石敬瑭❹與梁人戰于河壖❺。梁人擊敬瑭，斷其馬甲❻，橫衝兵馬使❼劉知遠❽以所乘馬授之，自乘斷甲者徐行為殿❾。梁人疑有伏，不敢迫，俱得免，敬瑭以是親愛之。敬瑭、知遠，其先皆沙陀人。敬瑭，李嗣源之壻也。

劉鄩圍張萬進於兗州經年❿，城中危窘⓫。晉王方與梁人戰河上，力不能救。萬進遣親將劉處讓⓬乞師於晉，晉王未之許。處讓於軍門截耳⓭，曰：「苟不得請，生不如死！」晉王義之⓮，將為出兵，會鄩已屠兗州，族萬進，乃止。以處讓為行臺左驍衛將軍。處讓，滄州人也。

十一月，吳武寧節度使張崇寇安州⓯。○丁丑⓰，以劉鄩為泰寧節度使、同平章事。○辛卯⓱，王瓚引兵至戚城⓲，與李嗣源戰，不利。

梁築壘貯糧於潘張⓳，距楊村五十里。十二月，晉王自將騎兵自河南岸西上，邀其餉者⓴，俘獲而還。梁人伏兵於要路，晉兵大敗。晉王以數騎走，梁數百騎圍之，李紹榮識其旗㉑，單騎奮擊救之，僅免。戊戌㉒，晉王復與王瓚戰於河南㉓，瓚先勝，獲晉將石君立等。既而大敗，乘小舟度河，走保北城，失亡萬計。帝聞石君立勇，欲將之㉔，繫於獄而厚餉㉕之，使人誘㉖之。君立曰：「我晉之敗將，而為用於梁，雖竭誠效死㉗，誰則信之！人各有君，何忍㉘反為仇讎用哉！」帝猶惜之，盡殺所獲晉將，獨置㉙君立。晉王乘勝遂拔濮陽。帝召王瓚還，以天平節度使戴思遠㉚代為北面招討使，屯河上以拒晉人。

己酉㉛，蜀雄武㉜節度使兼中書令王宗朗㉝有罪，削奪官爵，復其姓名曰全師朗，命武定㉞節度使兼中書令桑弘志討之。

吳禁民私畜兵器，盜賊益繁。御史臺主簿㉟京兆盧樞㊱上言：「今四方分㊲爭，宜教民戰。且善人畏法禁而姦民弄干戈，是欲偃㊳武而反招盜也。宜團結民兵，使之習戰，自衛鄉里。」從之。

【章旨】以上為第一段，寫梁、晉兩軍夾黃河兩岸拉鋸大戰，互有勝敗。

【注釋】❶徒　服勞役的犯人。❷廣　擴大；擴建。❸左射軍使　官名，統領射手。❹石敬瑭　（西元八九二－九四二年）太原人，後晉高祖。石敬瑭在後唐末帝清泰三年（西元九三六年）勾結契丹滅後唐，並受契丹冊封為帝，建都開封。割燕雲十六州給契丹，年獻帛三十萬匹，稱比自己小十歲的耶律德光為「父皇帝」。西元九三六－九四二年在位。傳見《舊五代史》卷七十五。❺河壖　河邊。❻馬甲　馬披的甲衣。❼橫衝兵馬使　軍官名。❽劉知遠　（西元八九五－九四八年）後漢高祖，即位後改名暠，沙陀人。後晉出帝開運四年（西元九四七年）契丹滅後晉，他在太原稱帝，建都開封。西元九四七－九四八年在位。事見《舊五代史》卷九十九、《新五代史》卷八。❾徐行為殿　慢慢地走在最後面。❿經年　歷經一年。⓫危窘　危險、窘迫。⓬劉處讓　（西元八八一－九四三年）字德謙，滄州（今河北滄州）人，勤於公務，累官至後唐彰德軍節度使。傳見《舊五代史》卷九十四、《新五代史》卷四十七。⓭截耳　削去外耳。⓮義之　認為他有義氣。⓯安州　州名，治所在今湖北安陸。⑯丁丑　十一月十三日。⑰辛卯　十一月二十七日。⑱戚城　地名，在今河南濮陽北。⑲潘張　地名，在山西河曲。⑳邀其餉者　攔截梁軍運糧餉的人。㉑識其旗　認識晉王的旗幟。凡行軍，主將各有旗幟以為標誌。㉒戊戌　十二月初五日。㉓河南　這裡指黃河南岸。㉔欲將之　想拜他為將軍。㉕厚餉　豐厚地招待他。㉖誘　勸說。㉗竭誠效死　竭盡忠誠，以死報效。㉘何忍　怎麼忍心。㉙置　放；留。此謂留下石君立，讓他活命。㉚戴思遠　（？—西元九三五年）後梁將領，降後唐，授洋州節度使，太子少保致仕。傳見《舊五代史》卷六十四。㉛己酉　十二月十六日。㉜雄武　方鎮名，蜀王建天復五年（西元九〇五年）置，治所金州，在今陝西安康。㉝王宗朗　本名全師朗，王建義子。傳見《十國春秋》卷三十九。㉞武定　方鎮名，唐僖宗光啓元年（西元八八五年）置。治所洋州，在今陝西洋縣。㉟御史臺主簿　官名，掌御史臺印，核查臺務等事。㊱盧樞　京兆（今陝西西安）人。傳見《十國春秋》卷十。㊲分　通「紛」。㊳偃　止息。

【語　譯】均王下

貞明五年（己卯　西元九一九年）

冬，十月，吳國派楊濛出任楚州團練使。

晉王前往魏州，徵調了幾萬名囚犯，擴建德勝北城。天天與梁軍爭戰，大仗小仗打了一百多場，互有勝負。左射軍使石敬瑭與梁軍在黃河邊交戰。梁軍攻擊石敬瑭，砍斷了他戰馬所披的甲衣，橫衝兵馬使劉知遠把自己所乘的戰馬交給石敬瑭，自己騎上那匹被砍斷甲衣的馬慢慢地走在隊伍的最後面進行掩護。梁軍懷疑有埋伏，不敢逼近，於是兩人都幸免於難，石敬瑭因此親近並喜愛劉知遠。石敬瑭、劉知遠，他們的祖先都是沙陀人。石敬瑭，是李嗣源的女婿。

劉鄩把張萬進圍在兗州已經一年了，城中的情況十分危險窘迫。晉王正與梁軍在黃河邊作戰，其兵力不能前去救援。張萬進派親信將領劉處讓來向晉王請求援兵，晉王沒有答應。劉處讓在軍營門口割下自己的耳朵，說：「如果請不到救兵，生不如死！」晉王認為他的這一舉動很有義氣，準備為他出兵，適逢此時劉鄩已對兗州屠城，並且殺了張萬進全族，晉王才停止出兵。晉王任命劉處讓為行臺左驍衛將軍。劉處讓，是滄州人。

十一月，吳國的武寧節度使張崇入侵安州。〇十三日丁丑，梁末帝任命劉鄩為泰寧節度使、同平章事。〇二十七日辛卯，王瓚率兵到達戚城，與李嗣源交戰，沒有取得勝利。

梁軍在潘張修築營壘，儲備糧食，這裡距楊村五十里。十二月，晉王親自率騎兵從黃河南岸西上，攔截梁軍運送糧食的人，俘虜敵軍繳獲糧食後返回。梁軍在他們返回的要道上設下伏兵，晉軍大敗。晉王帶著幾名騎兵逃走，被梁軍的幾百名騎兵團團圍住，李紹榮認出晉王的旗幟，單槍匹馬奮力衝上去搭救，晉王這才得以脫身。初五日戊戌，晉王又與王瓚在黃河南岸交戰，王瓚先是獲勝，俘虜了晉軍將領石君立等人。不久又被打得大敗，乘小船渡過黃河，逃往楊村北城堅守，損失的兵馬數以萬計。梁末帝聽說石君立作戰勇敢，想讓他做梁軍的將領，於是雖然把他關在監獄裡但給他豐厚的招待，並派人勸說他歸順。石君立說：「我是晉國的敗將，而在梁國被起用，即使是竭盡忠誠以死報效，又有誰能相信我呢！人各有自己的君主，我怎能忍心反被仇敵所任用呢！」梁末帝還是很愛惜他，把所俘虜的晉軍將領全都殺了，惟獨留下了石君立。晉王乘勝進兵攻下了濮陽。梁末帝把王瓚召了回來，任命天平節度使戴思遠代替他擔任北面招討使，屯駐在黃河邊以抵禦晉軍。

十二月十六日己酉，蜀國雄武節度使兼中書令王宗朗犯了罪，被削去官職爵位，蜀主恢復了他原來的姓名叫全師朗，命令武定節度使兼中書令桑弘志前去討伐他。

吳國禁止百姓私藏兵器，但盜賊卻越來越多。御史臺主簿京兆人盧樞上奏說：「如今天下紛爭，應該教老百姓作戰。況且善良的人害怕犯法不敢藏有兵器，而奸邪之徒卻在那裡舞刀弄槍，這是想停止武力爭鬥卻反而招致盜賊橫行。應該把民間的兵力組織起來，讓他們熟悉戰鬥，各自保衛家鄉。」吳王採納了他的建議。

六年（庚辰　西元九二〇年）

春，正月戊辰❶，蜀桑弘志克金州，執全師朗。獻于成都，蜀主釋之。

吳張崇攻安州，不克而還。崇在廬州②，貪暴不法。廬江③民訟縣令受賕，徐知誥遣侍御史知雜事④楊廷式⑤往按⑥之，欲以威崇⑦。廷式曰：「雜端推事⑧，其體至重⑨，職業不可不行⑩。」知誥曰：「何如？」廷式曰：「械繫張崇⑪，使吏如昇州⑫，簿責都統⑬。」知誥曰：「所按者縣令耳，何至於是！」廷式曰：「縣令微官，張崇使之取民財轉獻都統耳，豈可捨大而詰小⑭乎！」知誥謝之曰：「固知小事不足相煩。」以是益重之⑮。廷式，泉州人也。

晉王自得魏州，以李建及為魏博內外牙都將⑯，將銀槍效節都。建及為人忠壯⑰，所得賞賜，悉分士卒，與同甘苦，故能得其死力，所向立功。同列⑱疾之。宦者韋令圖監建及軍，譖⑲於晉王曰：「建及以私財驟施⑳，此其志不小，不可使將牙兵。」王疑之。建及知之，自恃無它[1]，行之自若㉑。三月，王罷建及軍職，以為代州㉒刺史。

漢楊洞潛㉓請立學校，開貢舉，設銓選㉔。漢主巖從之。

夏，四月乙亥㉕，以尚書左丞㉖李琪㉗為中書侍郎、同平章事。琪，珽之弟也，性疏俊㉘，挾趙巖、張漢傑之勢，頗通賄賂㉙。蕭頃㉚與琪同為相，頃謹密而陰伺琪短㉛。久之，有以攝官㉜求仕㉝者，琪輒改攝為守，頃奏之。帝大怒，欲流琪遠方，趙、張左右㉞之，止罷為太子少保。

河中㉟節度使冀王友謙㊱以兵襲取同州㊲，逐忠武㊳節度使程全暉，全暉奔大梁。友謙以其子令德為忠武留後，表求節鉞㊴。帝怒，不許。既而懼友謙怨望，己酉㊵，以友謙兼忠武節度使。制下，友謙已求節鉞於晉王，晉王以墨制㊶除令德忠武節度使。

【章旨】以上為第二段，寫晉王聽宦者之言而猜疑忠臣，梁末帝綱紀不整。

【注釋】❶戊辰　正月初五日。❷廬州　州名，治所合肥，在今安徽合肥。❸廬江　縣名，在今安徽廬江縣。❹知雜事　唐御史臺置侍御史六人，以任職長久的一人為負責人，稱知雜事，也叫雜端。❺楊廷式　字憲臣，泉州（今福建泉州）人，為人正直，不畏強禦。傳見《十國春秋》卷十。❻按　按問。即調查瞭解。❼威崇　威懾張崇，使之懼憚。❽推事　處理事務。❾其體至重　這件事體極其重大。❿職業不可不行　本職工作不能不履行。⓫械繫張崇　用刑具加在張崇身上，逮繫來國都。⓬使吏如昇州　派官員前往昇州。⓭簿責都統　據文書所列罪狀責問審理徐溫。⓮捨大而詰小　丟下大官而追究小官。⓯益重之　更加器重他。⓰內外牙都將　軍官名，統領節度使親軍。⓱忠壯　忠勇、豪壯。⓲同列　同僚。⓳譖　進讒言。⑳私財驟施　將私人的財物很快地分給部下。㉑行之自若　內心很踏實地仍舊這樣做。㉒代州　州名，治所廣武，在今山西代縣。㉓楊洞潛　字昭元，始興（今廣東始興）人，南漢劉龑謀臣，官至同平章事。傳見《十國春秋》卷六十二。㉔銓選　考核和選拔官吏。㉕乙亥　四月癸巳朔，無乙亥，疑為己亥之誤，己亥，四月初七日。㉖尚書左丞　與右丞總領尚書省六部事務。左丞領吏、戶、禮三部。㉗李琪　（西元八七〇—九三〇年）字臺秀，博學多才，官至後梁宰相。著有《金門集》十卷。傳見《舊五代史》卷五十八、《新五代史》卷五十四。㉘疏俊　疏闊、俊逸。㉙頗通賄賂　大肆接受賄賂。㉚蕭頃　（西元八六二—九三〇年）字子澄，京兆萬年（今陝西西安）人，官至後梁宰相。傳見《舊五代史》卷五十八。㉛頃謹密而陰伺琪短　蕭頃謹慎細密，暗中調查他的短處。㉜攝官　試用官；見習官。㉝求仕　要求改為實授官。㉞左右　通「佐佑」。即祖護、包庇。㉟河中　方鎮名，唐肅宗至德二載（西元七五七年）置，治所蒲坂，在今山西永濟。㊱友謙　（？—西元九二六年）字德光，許州（今河南許昌）人，本名簡，先從朱溫，後歸李存勗，官至後唐河中節度使。同光四年（西元九二六年），因讒被殺。傳見《舊五代史》卷六十三、《新五代史》卷四十五。㊲同州　州名，治所武鄉，在今陝西大荔。㊳忠武　方鎮名，唐德宗貞元十年（西元七九四年）陳許節度賜號忠武軍節度使，治所同州。㊴表求節鉞　上表請求節度使的符節和斧鉞。斧鉞為儀仗。㊵己酉　四月十七日。㊶墨制　不經中書省蓋印，而由皇帝直接頒下的敕書。用斜封交中書省執行。

【校　記】①自恃無它　原無此四字。據章鈺校，十二行本、乙十一行本、孔天胤本皆有此四字，張敦仁《通鑑刊本識誤》、張瑛《通鑑校勘記》同，今據補。

【語　譯】六年（庚辰　西元九二〇年）

春，正月初五日戊辰，蜀國的桑弘志攻克了金州，擒獲全師朗，送到成都，蜀主把他釋放了。

吳國的張崇進攻安州，沒能攻下而撤了回去。張崇在廬州任職期間，貪婪殘暴，不守法紀。廬江縣的百姓控告縣令受賄，徐知誥派侍御史知雜事楊廷式前往查處，準備以此震懾張崇。楊廷式說：「雜端出面查處案件，這件事情極其重大，職分應做的工作不能不認真履行。」徐知誥問道：「準備如何進行？」楊廷式說：「把張崇戴上刑具押起來，派官員前往昇州，依據文書所列罪狀逐一責問都統。」徐知誥說：「所查處的不過是個縣令罷了，何至於這樣！」楊廷式說：「縣令只是個小官，張崇讓他榨取民財是要轉獻給都統，怎麼可以放下大官而去追究小吏呢！」徐知誥抱歉地說：「本來我就知道小事情是不應該麻煩你的。」因為這件事，徐知誥就更加器重楊廷式了。楊廷式，是泉州人。

晉王自從取得魏州以後，就任命李建及為魏博內外牙都將，統率禁衛軍銀槍效節都。李建及為人忠誠豪壯，自己所得到的賞賜，全都分給部下士卒，與士卒同甘共苦，所以能得到士卒為他拼死效力，每次出戰都能立功，同僚對他心懷妒忌。宦官韋令圖任李建及部的監軍，在晉王面前誣陷李建及說：「李建及把自己的財物很快地分給部下，這表明他的野心不小，不能讓他統率禁衛軍。」從此晉王對李建及起了懷疑。李建及知道這件事後，仗著自己並無他念，仍像往常一樣行事。三月，晉王免去了李建及的軍職，任命他為代州刺史。

漢國楊洞潛奏請建立學校，開設貢舉，設立銓敘選拔官吏制度。漢主劉巖聽從了他的建議。

夏，四月乙亥日，梁末帝任命尚書左丞李琪為中書侍郎、同平章事。李琪，是李珽的弟弟，性情放達超逸，依仗著趙巖、張漢傑的權勢，大肆接受賄賂。蕭頃和李琪一同擔任宰相，蕭頃處事謹慎細密，在暗地裡調查李琪的短處。過了很長一段時間，有個擔任代理官職的人請求改為實授，李琪受賄之後就把代理改成了「守」，蕭頃把這件事上奏給了梁末帝。梁末帝大怒，準備把李琪流放到遠方去，趙巖、張漢傑袒護李琪，最後才只是降為太子少保。

河中節度使冀王朱友謙率軍襲取同州，趕走了忠武節度使程全暉，程全暉逃往大梁。朱友謙讓他的兒子朱令德擔任忠武節度留後，上表請求梁末帝賜給他符節和斧鉞。梁末帝很生氣，沒有答應。不久又害怕朱友謙怨恨，四月十七日己酉，任命朱友謙兼任忠武節度使。就在梁末帝宣布任命的制書下達的時候，朱友謙已經另外向晉王請求符節和斧鉞了，晉王直接發出手令任命朱令德為忠武節度使。

吳宣王重厚恭恪❶，徐溫父子專政，王未嘗有不平之意形於言色，溫以是安之❷。及建國稱制，尤非所樂❸，多沈飲鮮食❹，遂成寢疾❺。

五月，溫自金陵入朝，議當為嗣者。或希❻溫意言曰：「蜀先主謂武侯：『嗣子不才，君宜自取。』」溫正色❼曰：「吾果有意取之，當在誅張顥❽之初，豈至今日邪！使楊氏無男，有女亦當立之。敢妄言者斬！」乃以王命迎丹楊公溥❾監國❿，徙⓫溥兄濛為舒州團練使。己丑⓬，宣王殂。六月戊申⓭，溥即吳王位。尊母王氏⑭曰太妃。

丁巳⑮，蜀以司徒兼門下侍郎、同平章事周庠同平章事，充永平⑯節度使。

○帝以泰寧節度使劉鄩為河東道招討使，帥感化節度使尹皓、靜勝⑰節度使溫昭圖⑱、莊宅使段凝⑲攻同州。

閏月庚申朔⑳，蜀主作高祖原廟㉑于萬里橋㉒，帥㉓后妃、百官，用褻味㉔、作鼓吹祭之。華陽㉕尉張士喬上疏諫，以為非禮。蜀主怒，欲誅之，太后以為不可，乃削官[1]流㉖黎州。士喬感憤㉗，赴水㉘死。

劉鄩等圍同州，朱友謙求救于晉。秋，七月，晉王遣李存審、李嗣昭、李建及、慈州刺史李存質將兵救之。

乙卯㉙，蜀主下詔北巡，以禮部尚書㉚兼成都尹長安韓昭㉛為文思殿大學士，位在翰林承旨上。昭無文學㉜，以便佞得幸㉝，出入宮禁。就蜀主乞通、渠、巴、集數州刺史賣之以營居第㉞，蜀主許之。識者㉟知蜀之將亡。

八月戊辰㊱，蜀主發㊲成都，被金甲、冠珠帽、執弓矢而行。旌旗兵甲，亙㊳百餘里。雒令㊴段融㊵上言：「不宜遠離都邑，當委大臣征討。」不從。九月，次㊶安遠城㊷。

【章　旨】以上為第三段，寫吳國徐溫忠於舊主，立楊溥即吳王位。蜀主王衍親任小人，荒於政務。

【注　釋】❶重厚恭恪　厚道謙恭而又謹慎。❷安之　安心；放心。❸樂　喜歡。❹沈飲鮮食　沉湎於酒而很少吃飯食，意在借酒澆愁，壓抑心中不平。沈，通「沉」。鮮，少。❺寢疾　臥病在床。❻希　迎合。❼正色　神氣嚴肅。❽誅張顥　事見本書卷二百六十九梁太祖開平二年。❾丹楊公溥　楊行密第四子楊溥，封丹楊公。❿監國　君主外出、臥病時，由太子或兄弟代行國事。⓫徙　遷。徙楊濛楚州團練使為舒州團練使。⓬己丑　五月二十八日。⓭戊申　六月十八日。⓮王氏　（？—西元九二八年）吳王楊溥生母。傳見《十國春秋》卷四。⓯丁巳　六月二十七日。⓰永平　方鎮名，唐僖宗文德元年（西元八八八年）置，治所邛州。蜀以雅州為永平節度，治所雅州，在今四川雅安。⓱靜勝　方鎮名，唐哀帝天祐三年（西元九〇六年）置義勝軍，後梁改靜勝軍，治所耀州，在今陝西耀州。⓲溫韶圖　即溫韜。⓳段凝　（？—西元九二七年）開封（今河南開封）人，本名明遠。後梁大將，降後唐，為明宗所殺。傳見《舊五代史》卷七十三、《新五代史》卷四十五。⓴庚申朔　閏六月初一日。㉑原廟　已立太廟而再立廟叫原廟。原廟起於漢代。原，再也。㉒萬里橋　地名，在今四川成都。㉓帥　通「率」。帶領。㉔褻味　嗜好常吃的食品。㉕華陽　縣名，在今四川成都東南雙流。㉖流　古代刑罰名，把罪人放逐到遠方服勞役，俗稱充軍。㉗感憤　感慨而憤激。㉘赴水　投水。㉙乙卯　七月二十六日。㉚禮部尚書　禮部長官，掌典章法度、典禮、祭祀、學校、科舉和接待四方賓客等事。㉛韓昭　（？—西元九二五年）字德華，長安（今陝西西安）人，蜀後主狎客。傳見《十國春秋》卷四十六。㉜無文學　沒有學問。㉝以便佞得幸　因為巧言善辯阿諛逢迎而得到寵信。㉞就蜀主句　意謂向蜀主請求用出賣通、渠、巴、集等數州刺史的錢來建造住宅。就，向。㉟識者　有見識的人。㊱戊辰　八月初十日。㊲發　出發；啟程。㊳亙　連綿不斷。㊴雒令　雒縣縣令。雒，古縣名，唐時屬漢州，為州治所，縣治在今四川廣漢北。㊵段融　雒縣令，治縣多惠政。傳見《十國春秋》卷四十三。㊶次　停留。㊷安遠城　疑即秦州治所成紀，因部署伐岐而取佳名。成紀在今甘肅秦安西北。

【校　記】[1]削官　原作「削官爵」。據章鈺校，十二行本、乙十一行本、孔天胤本皆無「爵」字，今據刪。

【語　譯】吳宣王為人厚道謙恭而謹慎，徐溫父子把持朝政，吳宣王在言談神色上從來沒有表露過不滿的意思，徐溫因此頗為安心。及至建國稱制，這尤非吳宣王所樂意的事，所以他經常沉溺於飲酒，很少吃飯，終於導致臥病在床。

五月，徐溫從金陵入京朝見，商議誰可以為嗣君。有人迎合徐溫的心思說：「蜀先主劉備曾對諸葛武侯說：『嗣子如果不成器，先生可以自取王位。』」徐溫神情嚴肅地說：「我如果真有心取代王位，那應當在當初誅殺張顥的時候，哪裡還要等到今天呢！假如楊氏沒有兒子，就是有女兒也應該擁立她。誰敢胡言亂語一律處斬！」於是以吳宣王之命迎接丹楊公楊溥入京監國，調任楊溥的哥哥楊濛為舒州團練使。二十八日己丑，吳宣王去世。六月十八日戊申，楊溥登上吳王之位，尊奉他的母親王氏為太妃。

六月二十七日丁巳，蜀國任命司徒兼門下侍郎、同平章事周庠參議國事，並充任永平節度使。○梁末帝任命泰寧節度使劉鄩為河東道招討使，率領感化節度使尹皓、靜勝節度使溫昭圖、莊宅使段凝一起攻打同州。

閏六月初一日庚申，蜀主在萬里橋修建了高祖原廟，帶領后妃、百官，用平日嗜好常吃的美味、演奏樂曲來祭祀高祖。華陽縣尉張士喬上疏勸諫，認為這樣做不合禮儀。蜀主聽後很生氣，要殺他，太后認為不能殺，於是把他削去官職，流放黎州。張士喬十分感慨激憤，投水而死。

劉鄩等包圍了同州，朱友謙向晉國求救。秋，七月，晉王派李存審、李嗣昭、李建及、慈州刺史李存質率兵前去救援。

七月二十六日乙卯，蜀主下達詔書要親自北征，任命禮部尚書兼成都尹長安人韓昭為文思殿大學士，地位在翰林承旨之上。韓昭沒有什麼才學，只是因為巧言善辯、阿諛逢迎而博得蜀主的寵信，能出入宮禁。他向蜀主乞求通州、渠州、巴州、集州幾個州的刺史官職拿來賣錢，用以修建自己的住宅，蜀主竟然答應了他的要求。有識之士都意識到蜀國快要滅亡了。

八月初十日戊辰，蜀主從成都出發，他身披金甲、頭戴珠帽、手執弓箭而行，隨從的旌旗兵馬，連綿一百多里。雒縣縣令段融上奏說：「大王不宜遠離京城，應當委派大臣前去征討。」蜀主沒有聽從。九月，軍隊駐紮在安遠城。

李存審等至河中，即日濟河❶。梁人素輕河中兵，每戰必窮追不置❷。存審選精甲二百，雜河中兵，直壓劉鄩壘。鄩出千騎逐之，知晉人已至❸，大驚，自是不敢輕出。晉人軍❹于朝邑❺。

河中事❻梁久，將士皆持兩端❼。諸軍大集，芻粟踊貴❽，友謙諸子說❾友謙且歸款❿於梁，以退其師。友謙曰：「昔晉王親赴吾急，秉燭夜戰。今方與梁相拒，又命將星行⓫，分我資糧，豈可負邪！」

晉人分兵攻華州⓬，壞其外城。李存審等按兵累旬⓭，乃進逼劉鄩營。鄩等悉眾出戰，大敗，收餘眾退保羅文寨⓮。又旬餘，存審謂李嗣昭曰：「獸窮則搏⓯，不如開其走路，然後擊之。」乃遣人牧馬於沙苑⓰。鄩等宵遁⓱，追擊至渭水，又破之，殺獲甚眾。存審等移檄⓲告諭關右⓳，引兵略地⓴至下邽㉑，謁唐帝陵㉒，哭之而還。

河中兵進攻崇州㉓，靜勝㉔節度使溫昭圖甚懼。帝使供奉官㉕竇維說之曰：「公所有者，華原㉖、美原㉗兩縣耳。雖名節度使，實一鎮將㉘，比之雄藩，豈可同日語也！公有意欲之乎？」昭圖曰：「然。」維曰[1]：「當為公圖之。」即教昭圖表求移鎮㉙，帝以汝州㉚防禦使華溫琪㉛權知靜勝留後。

【章　旨】以上為第四段，寫冀王朱友謙叛梁附晉，梁國勢益衰。

【注　釋】❶濟河　渡河。❷窮追不置　盡力追趕而不停止。❸知晉人已至　當時劉鄩出兵千騎追擊河中兵，晉騎兵反擊，俘獲梁騎兵五十人，劉鄩知道晉軍已至。❹軍　駐紮。❺朝邑　縣名，縣治在今陝西大荔東。❻事　侍奉；服事。❼持兩端　在事梁和事唐上搖擺不定。❽芻粟踊貴　馬料和糧食的價格飛漲。❾說　勸說。❿歸款　歸順；歸附。⓫命將星行　命令大將星夜趕路。⓬華州　州名，治所華山，在今陝西華縣，歷來為關中軍事重地。⓭累旬　數旬。⓮羅文寨　地名，在今陝西華縣境內。⓯獸窮則搏　野獸走投無路，就要拼死搏鬥，以求生存。⓰沙苑　地名，在陝西大荔南，接舊朝邑縣界。宜放牧。⓱宵遁　乘夜逃跑。⓲移檄　移送檄文；張貼聲討文告。⓳關右　古地區名，即關西。指函谷關以西地區，今陝、甘二省。⓴略地　攻城略地。㉑下邽　古縣名，縣治在今陝西渭南市北下邽鎮。㉒唐帝陵　在同州奉先縣，即今陝西乾縣。㉓崇州　州名，五代梁改耀州為崇州，治所在今陝西耀州。㉔靜勝　方鎮名，唐哀帝天祐三年（西元九〇六年）置義勝軍節度使，領耀、鼎二州。後梁改義勝為靜勝，改耀州為崇州，治所在今陝西耀州。㉕供奉官　官名，在皇帝左右供職。㉖華原　縣名，故城在今陝西耀州東南。㉗美原　縣名，故城在今陝西富平東北美原鎮。㉘鎮將　鎮守一地的將領。㉙表求移鎮　上表皇帝請求調動駐防地。㉚汝州　州名，治所梁縣，在今河南汝州。㉛華溫琪　（西元八六二—九三六年）字德潤，宋州下邑（今安徽碭山縣）人。傳見《舊五代史》卷九十、《新五代史》卷四十七。

【校　記】①曰　原作「白」。據章鈺校，十二行本、乙十一行本、孔天胤本皆作「曰」，張瑛《通鑑校勘記》同，今據改。

【語　譯】李存審等人到達河中，當天就渡過黃河。梁軍素來輕視河中的軍隊，每次交戰定要窮追不捨。李存審於是挑選了二百名精兵，混雜在河中軍中，直逼劉鄩的營壘。劉鄩出動千名騎兵出營追擊。交戰中發現晉軍已經到達，大為吃驚，從此不敢輕易出動了。晉軍駐紮在朝邑。

河中歸順梁朝已經很久了，將士們在歸順梁還是晉這件事上態度搖擺不定。現在各路兵馬雲集在這裡，馬料和糧食價格飛漲，朱友謙的幾個兒子勸說朱友謙暫且歸順梁朝，以使梁軍撤退。朱友謙說：「當初晉王親自率軍趕來解救我們的急難，挑燈夜戰。如今我們正與梁軍對陣，晉王又命令將帥們星夜趕來支援，還把他們的物資糧食分給我們，我們怎麼能夠有負於他們呢！」

晉軍分兵攻打華州，毀掉了華州的外城。李存審等人按兵不動幾十天後，出兵進逼劉鄩的營壘。劉鄩等率領全部人馬出戰，被打得大敗，只好收拾剩餘部隊退守羅文寨。又過了十來天，李存審對李嗣昭說：「野獸走投無路了就會拼死一搏，我們不如放開一條讓他們逃走的路，然後再打擊他們。」於是派出人到沙苑去牧馬。劉鄩等乘夜色逃走，晉軍一路追擊到渭水，又把梁軍打敗了，斬殺和俘虜了很多人。李存審等移送檄文通告關右，並率軍攻城略地，直至下邽，拜謁了唐朝皇帝的陵墓，在陵前哭祭了一番之後才回去。

河中的軍隊進攻崇州，靜勝節度使溫昭圖十分害怕。梁末帝派供奉官竇維向他遊說說：「您所管轄的，只有華原、美原兩縣而已。雖然名義上是節度使，其實只是一名鎮將，比起別的大藩鎮，哪能同日而語呢！您是否有意換個大藩鎮呢？」溫昭圖說：「是這樣的。」竇維說：「我來為您想個辦法。」隨即就教溫昭圖上表請求換個地方鎮守，梁末帝於是任命汝州防禦使華溫琪暫時代理靜勝節度留後。

冬，十月辛酉❶，蜀主如❷武定軍。數日，復還安遠。

十一月戊子朔❸，蜀主以兼侍中王宗儔❹[1]為山南❺節度使、西北面都招討、行營安撫使，天雄節度使．同平章事王宗昱❻、永寧軍使❼王宗晏❽、左神勇軍使❾王宗信❿為三招討以副之，將兵伐岐⓫。出故關⓬，壁於咸宜⓭，入良原⓮。丁酉⓯，王宗儔攻隴州，岐王自將萬五千人屯汧陽⓰。癸卯⓱，蜀將陳彥威出散關⓲，敗岐兵于箭筈嶺⓳。蜀兵食盡，引還。宗昱屯秦州[2]，宗儔屯上邽⓴，宗晏、宗信屯威武城㉑。

庚戌㉒，蜀主發安遠城㉓。十二月庚申㉔，至利州。閬州㉕團練使林思諤㉖來朝，請幸所治，從之。癸亥㉗，泛江㉘而下，龍舟畫舸㉙，輝映江渚㉚，州縣供辦㉛，民始愁怨。壬申㉜，至閬州。州民何康女色美，將嫁，蜀主取之，賜其夫家帛百匹，夫一慟㉝而卒。癸未㉞，至梓州㉟。

【章　旨】以上為第五段，寫蜀主王衍輕啟邊釁伐岐，又驕奢淫逸，軍民怨憤。

【注　釋】❶辛酉　十月初三日。❷如　到。❸戊子朔　十一月初一日。❹王宗儔　（？—西元九二四年）傳見《十國春秋》卷三十九。❺山南　方鎮名，唐肅宗至德元載（西元七五六年）置山南西道防禦守捉使，唐代宗廣德元年（西元七六三年）升為節度使。前蜀王建置山南節度使，治所興元，在今陝西漢中市東。❻王宗昱　王建假子。傳見《十國春秋》卷三十九。❼永寧軍使　禁衛軍軍官。❽王宗晏　王建養子。傳見《十國春秋》卷三十九。❾左神勇軍使　禁衛軍軍官。❿王宗信　王建假子。傳見《十國春秋》卷三十九。⓫伐岐　攻討岐王李茂貞。岐，岐州，治所在今陝西鳳翔。⓬故關　關名，即安戎關，在今陝西隴縣西，時屬隴州汧源。⓭壁於咸宜　在咸宜築壁壘以屯軍。咸宜，地名，在故關北汧源界。⓮良原　縣名，故城在今甘肅靈臺西北。⓯丁酉　十一月初十日。⓰汧陽　縣名，縣治在今陝西千陽西。⓱癸卯　十一月十六日。⓲散關　關名，亦稱大散關，在今陝西寶雞西南。⓳箭筈嶺　即岐山。其山兩岐，俗稱箭筈嶺，在今陝西岐山縣。⓴上邽　古縣名，在今甘肅天水市。㉑威武城　軍鎮名，在鳳州境內。㉒庚戌　十一月二十三日。㉓蜀主發安遠城　蜀主八月至安遠城，因伐岐兵食盡退還，蜀主出發還成都。㉔庚申　十二月初三日。㉕閬州　州名，治所閬中，在今四川閬中市。㉖林思諤　官至蜀昭武軍節度使，諂媚逢迎，後降後唐。傳見《十國春秋》卷四十三。㉗癸亥　十二月初六日。㉘泛江　乘船嘉陵江上。㉙舸　大船。㉚江渚　指江水和沙洲。渚，水中的小塊陸地。㉛州縣供辦　指後蜀主巡遊所經過的州縣要供應置辦所需飲食器用。㉜壬申　十二月十五日。㉝慟　痛哭。㉞癸未　十二月二十六日。㉟梓州　治所郪縣，在今四川三臺。

【校　記】①王宗儔　原作「王宗濤」。據章鈺校，十二行本、乙十一行本、孔天胤本皆作「王宗儔」，今據改。②秦州　原作「秦州」。據章鈺校，十二行本、乙十一行本、孔天胤本皆作「秦州」，張敦仁《通鑑刊本識誤》、張瑛《通鑑校勘記》同，今據改。

【語譯】冬，十月初三日辛酉，蜀主前往武定軍。幾天後，又回到安遠城。

十一月初一日戊子，蜀主任命兼侍中王宗儔為山南節度使、西北面都招討、行營安撫使，任命天雄節度使・同平章事王宗昱、永寧軍使王宗晏、左神勇軍使王宗信為三位招討以輔佐王宗儔，率軍討伐岐國。部隊出故關，在咸宜修築壁壘，進入良原縣。初十日丁酉，王宗儔進攻隴州，岐王親自率領一萬五千人屯駐在汧陽。十六日癸卯，蜀將陳彥威從散關出兵，在箭筈嶺打敗了岐軍。但因蜀軍的糧食吃完了，只好撤軍回去。王宗昱屯駐在秦州，王宗儔屯駐在上邽，王宗晏和王宗信屯駐在威武城。

十一月二十三日庚戌，蜀主從安遠城出發。十二月初三日庚申，到達利州。閬州團練使林思諤前來朝見，請求蜀主巡幸他所管地區，蜀主答應了。初六日癸亥，乘船順嘉陵江而下，龍舟與彩船在江渚間交相輝映，所經州縣操辦供給沿途所需，百姓們開始愁苦抱怨起來。十五日壬申，蜀主到達閬州。州民何康的女兒長得漂亮，馬上就要出嫁了，蜀主把她強奪了過來，賞賜她的未婚夫家一百匹絲帛，那個未婚夫痛哭而死。二十六日癸未，蜀主到達梓州。

趙王鎔自恃累世❶鎮成德、得趙人心，生長富貴，雍容自逸❷。治府第園沼極一時之盛。多事嬉遊，不親政事，事皆仰成❸於僚佐，深居府第，權移左右❹。行軍司馬❺李藹、宦者李弘規用事於中外，宦者石希蒙尤以諂諛得幸。

初，劉仁恭使牙將❻張文禮❼從其子守文鎮滄州。守文詣幽州省其父，文禮於後據城作亂。滄人討之，奔鎮州。文禮好誇誕⑧，自言知兵，趙王鎔奇之，養以為子，更名德明，悉以軍事委之。德明將行營兵從晉王，鎔欲寄以腹心，使都指揮使符習⑨代還，以為防城使。

鎔晚年好事佛及求僊，專講佛經，受符籙⑩，廣齋醮⑪，合煉仙丹。盛飾館宇於西山⑫，每往遊之，登山臨水，數月方歸。將佐士卒陪從者常不下萬人，往來供頓⑬，軍民皆苦之。是月，自西山還，宿鶻營莊⑭，石希蒙勸王復之它所⑮。李弘規言於王曰：「晉王夾河血戰，櫛風沐雨⑯，親冒矢石。而王專以供軍之資⑰，奉不急之費。且時方艱難，人心難測，王久虛府第，遠出遊從，萬一有姦人為變，閉關相距，將若之何？」王將歸，希蒙密言於王曰：「弘規妄生猜間⑱，出不遜語以劫脅王，專欲誇大於外，長威福⑲耳。」王遂留，信宿⑳無歸志。弘規乃教內牙都將㉑蘇漢衡帥親軍，擐甲拔刃㉒，詣帳前白王曰：「士卒暴露已久，願從王歸！」弘規因進言曰：「石希蒙勸王遊從不已，且聞欲陰謀為逆[1]，請誅之以謝眾。」王不聽，牙兵遂大譟，斬希蒙首，訴於前。王怒且懼，亟歸府。是夕，遣其長子副大使昭祚㉓與王德明將兵圍弘規及李藹之第，族誅之，連坐者數十家。又殺蘇漢衡，收其黨與㉔，窮治反狀。親軍大恐。

【章　旨】以上為第六段，寫成德趙王鎔驕奢縱欲，親佞濫殺。

【注　釋】❶累世　數代。❷雍容自逸　儀態溫雅大方，安逸自適。❸仰成　依賴下屬來完成。❹權移左右　權力落在近臣手中。❺行軍司馬　節度使副職，職掌軍政，權任甚重。❻牙將　即衙將，節度府親軍將領。❼張文禮　（?—西元九二一年）河北人，王鎔賜姓名為王德明。傳見《舊五代史》卷六十二、《新五代史》卷三十九。❽誇誕　說大話荒誕不經，俗謂吹牛皮。❾符習　趙州昭慶（今河北隆平）人，官至後唐汴州節度使。傳見《舊五代史》卷五十九、《新五代史》卷二十六。❿符籙　道士用來驅鬼召神或治病延年的祕密文書。⓫齋醮　道教設壇祭禱的一種儀式。⓬西山　河北鎮州（今河北正定）西房山，上有西王母祠。⓭供頓　供應食宿及行旅所需之物。⓮鶻營莊　村莊名。⓯復之它所　再到其他勝景地遊樂。⓰櫛風沐雨　以風梳髮，以雨洗頭，形容征戰奔波的辛苦。⓱供軍之資　供應軍隊作戰的費用。⓲妄生猜間　沒有根據地猜疑。⓳長威福　樹立自己的威信。⓴信宿　連宿兩夜。㉑內牙都將　節度使衙內統領親軍將領。㉒擐甲拔刃　穿好盔甲，拔出利刃。即全副武裝。㉓昭祚　（?—西元九二一年）王鎔之子，娶朱溫之女，為張文禮所殺。傳見《舊五代史》卷五十四。㉔黨與　即黨羽，同黨。與，通「羽」。

【校　記】①為逆　原作「殺逆」。據章鈺校，十二行本、乙十一行本、孔天胤本皆作「為逆」，今據改。

【語　譯】趙王王鎔依仗著幾代都鎮守成德、深得趙地的人心，他生長在富貴的環境中，儀態溫雅大方，身心安逸自適。他所修建的府第園池，在當時都是第一流的。他經常沉迷於嬉戲遊玩，不親自參與政事，一切政事都依靠屬官去處理，他深居在府第中，權力落到了身邊的大臣們手中。行軍司馬李藹、宦官李弘規掌管王府內外的事務，而宦官石希蒙尤其因善於諂媚阿諛而得到趙王的寵愛。

當初，劉仁恭派部將張文禮跟隨他的兒子劉守文去鎮守滄州。劉守文到幽州去看望父親時，張文禮隨後就佔據了滄州城發動叛亂。滄州的人討伐他，他逃到了鎮州。張文禮喜好吹牛說大話，自稱通曉軍事，趙王王鎔認為他是個奇才，把他收為養子，改名叫王德明，把軍隊事務全都委託給他。王德明率行營的軍隊跟隨晉王南征，王鎔想把他當做心腹之人，於是派都指揮使符習前去把他替代回來，任命他為防城使。

王鎔晚年喜好事佛求仙，專心講習佛經，接受道家的符籙，廣設齋壇祭禱，修煉仙丹。在西山把館宇裝飾得非常華麗，每次前往那裡遊玩，登山臨水，往往幾個月才回來。隨行陪從的將領佐吏士卒常常不下萬人，來往中供應食宿及行旅所需耗費巨大，軍民們都深受其苦。這個月，王鎔從西山回來，住宿在鶻營莊，石希蒙勸說趙王再到別的地方去玩。李弘規對趙王說：「晉王正在黃河兩岸血戰，櫛風沐雨，親自冒著飛箭石塊上陣交戰。而大王您卻把供應軍需的物資，挪用於不急的花費上面。況且眼下時勢正處在艱難時期，人心難測，大王讓府第長久空著，遠出遊玩，萬一有奸人乘機發動變亂，關閉城門和我們對抗，那該怎麼辦呢？」趙王聽了這番話後準備回去，石希蒙卻偷偷地對趙王說：「李弘規胡亂產生猜疑，挑撥離間，出言不遜以脅迫大王，一心想在外面誇大其事，只是為了增加自己的威望罷了。」趙王於是又留了下來，連住兩夜仍沒有回去的意思。李弘規於是讓內牙都將蘇漢衡率領親兵，穿好鎧甲拔出兵刃，到軍帳前對趙王說：「士卒們在外風吹日曬已經很久了，都想跟著大王回去！」李弘規隨即向趙王進言說：「石希蒙勸大王出遊不止，而且還聽說他陰謀叛逆，請求把他殺了以平民憤。」趙王不聽，於是親兵們就大聲喧鬧起來，砍下了石希蒙的頭，在趙王面前控訴。趙王又生氣又害怕，急忙趕回府第。當天晚上，趙王就派他的長子副大使王昭祚和王德明率兵包圍了李弘規和李藹的住宅，把他們整個家族全都殺了，受株連入罪的有幾十家。又殺了蘇漢衡，逮捕了他的同黨，深入追究他們謀反的情況。趙王的親兵們都十分恐懼。

吳金陵城成，陳彥謙上費用之[1]籍，徐溫曰：「吾既任公，不復會計❶。」悉焚之。

初，閩王審知❷承制加其從子泉州刺史延彬❸領平盧節度使。延彬治泉州十七年❹，吏民安之。會得白鹿及紫芝，僧浩源以為王者之符，延彬由是驕縱，密遣使浮海入貢❺，求為泉州節度使。事覺，審知誅浩源及其黨，黜延彬歸私第。

漢主巖遣使通好于蜀。

吳越王鏐遣使為其子傳琇❻求昏於楚，楚王殷❼許之。

【章旨】以上為第七段，寫南方吳、閩、南漢、吳越諸國事務。

【注釋】❶會計 記帳核算。❷閩王審知 五代時閩國的建立者，西元九〇九—九二五年在位。傳見《舊五代史》卷一百三十四、《新五代史》卷六十八、《十國春秋》卷九十四。❸延彬 王審邽長子，工詩歌，善與海商貿易，時人稱之為「招寶侍郎」。傳見《十國春秋》卷九十四。❹十七年 《十國春秋》作二十六年。❺浮海入貢 從海道北上向後梁朝貢。❻傳琇 錢鏐第十四子，封新安侯。傳見《十國春秋》卷八十三。❼楚王殷 馬殷，五代時楚國的建立者，後梁開平元年（西元九〇七年）封為楚王。西元九〇七—九三〇年在位。傳見《舊五代史》卷一百三十三、《新五代史》卷六十六、《十國春秋》卷六十七。

【校記】①之 原作「冊」。據章鈺校，十二行本、乙十一行本、孔天胤本皆作「之」，今據改。

【語譯】吳國的金陵城竣工，陳彥謙把修城費用的帳簿交給徐溫審查，徐溫說：「我既然委託閣下操辦，不需要再行審核。」於是把帳冊全都燒了。

當初，閩王王審知以稟承梁末帝意旨的名義加封他的姪子泉州刺史王延彬兼領平盧節度使。王延彬治理泉州十七年，官民都能安居樂業。恰好此時王延彬得到了白鹿和紫芝兩件祥瑞之物，和尚浩源認為這是要稱王的徵兆，王延彬由此而驕傲放縱起來，祕密派使者從海路向梁朝入貢，請求封他為泉州節度使。事情敗露後，王審知誅殺了浩源及其同黨，罷免了王延彬的職務，打發他回家。

漢主劉巖派使者到蜀國去互通友好。

吳越王錢鏐派使者到楚國去為他的兒子錢傳琇求婚，楚王馬殷答應了他的請求。

龍德元年（辛巳　西元九二一年）

春，正月甲午❶，蜀主還成都。

初，蜀主之為太子，高祖為聘兵部尚書高知言女為妃，無寵。及韋妃❷入宮，尤見疏薄，至是遣還家。知言驚仆，不食而卒。韋妃者，徐耕之孫也，有殊色。蜀主適徐氏，見而悅之，太后因納於後宮。蜀主不欲娶於母族，託云韋昭度❸之孫。初為婕妤，累加元妃。

蜀主常列錦步障❹，擊毬其中，往往遠適而外人不知。爇❺諸香，晝夜不絕。久而厭之，更爇皁莢❻以亂❼其氣。結繒❽為山，及宮殿樓觀於其上，或為風雨所敗，則更以新者易之。或樂飲繒山，涉旬不下。山前穿渠通禁中，或乘船夜歸，令宮女秉蠟炬千餘居前船，卻立❾照之，水面如晝。或酣飲禁中，鼓吹沸騰，以至達旦。以是為常。

甲辰❿，徙靜勝節度使溫昭圖為匡國節度使，鎮許昌⓫。昭圖素⓬事趙巖，故得名藩⓭。

【章旨】以上為第八段，寫蜀主荒淫不成體統。

【注釋】❶甲午 正月初七日。❷韋妃 唐眉州刺史徐耕孫女，入宮為婕妤，累封至元妃。傳見《十國春秋》卷三十八。❸韋昭度 歷仕僖宗、昭宗兩朝宰相。曾從僖宗幸蜀。昭宗即位，又為行營招討伐蜀陳敬瑄。故徐氏女託言之。傳見《舊唐書》卷一百七十九、《新唐書》卷一百八十五。❹錦步障 用錦緞製成的用以遮蔽風塵或視線的一種屏幕。❺爇 焚燒。❻皁莢 豆科，落葉喬木。其形如豬牙者最良，氣味酷烈。燃皁莢用以調節屏幕內燃香的氣味。❼亂 混合；調節。❽繒 絲織品。❾卻立 退立。即背對前進方向，持千餘蠟燭照路。❿甲辰 正月十七日。⓫許昌 古縣名，縣治在今河南許昌東。⓬素 一向。⓭名藩 即大藩、強藩，此指匡國節度使。溫昭圖原為靜勝節度使，只領華原、美原兩縣，為梁之邊鎮，因諂事趙巖得移鎮匡國節度使，領河南許、陳、汝三州，故為名藩。

【語譯】龍德元年（辛巳 西元九二一年）

春，正月初七日甲午，蜀主回到成都。

當初，蜀主王衍還是太子的時候，高祖王建為他聘娶了兵部尚書高知言的女兒為太子妃，太子妃不受寵愛。等到韋妃入宮後，太子妃尤其被疏遠受到冷遇，到了此時蜀主把她送回娘家。高知言十分驚恐癱倒在地，不吃不喝而亡。韋妃是徐耕的孫女，長得特別漂亮。一次蜀主到徐家去，見到了她而非常喜歡，太后於是把她接到後宮。蜀主不想娶母親家族的人為妻，就假稱她是唐代名臣韋昭度的孫女。她入宮之初做過婕妤，後來逐漸升為元妃。

蜀主經常支起用錦緞製成的屏障，在裡面打毬，往往已經離開到遠處去了，而屏障外邊的人還不知道。又經常燃燒各種香料，晝夜不斷。時間一久他對這種香氣厭煩了，又改燒皁莢來調節原有的氣味。他用繒帛結成山形，其上又結出宮殿樓閣等形狀，有時被風雨所壞，就再用新的換上。有時在繒山上飲酒作樂，十來天都不下來。在繒山的前面挖了一條水渠直通宮中，有時夜晚乘船回宮，命令宮女們手拿著千餘支蠟燭在前面一艘船上，面朝後站著照路，水面如同白天一樣。有時在宮中暢飲，鼓樂喧騰，通宵達旦。這些事情都習以為常。

正月十七日甲辰，梁末帝調靜勝節度使溫昭圖擔任匡國節度使，鎮守許昌。溫昭圖一向侍奉巴結趙巖，所以能得到匡國這個名藩。

蜀主、吳主屢以書勸晉王稱帝。晉王以書示僚佐曰：「昔王太師❶亦嘗遺先王❷書，勸以唐室已亡，宜自帝一方。先王語余云：『昔天子幸石門❸，吾發兵誅賊臣，當是之時，威振天下。吾若挾天子據關中，自作九錫禪文❹，誰能禁我！顧吾家世忠孝，立功帝室，誓死不為耳。汝它日當務以復唐社稷為心，慎勿效此曹❺所為！』言猶在耳，此議非所敢聞也。」因泣。

既而將佐及藩鎮勸進不已，乃令有司市玉造法物❻。黃巢之破長安也，魏州僧傳真❼之師得傳國寶，藏之四十年。至是，傳真以為常玉，將鬻之❽。或識之❾，曰：「傳國寶也。」傳真乃詣行臺❿獻之，將佐皆奉觴稱賀。

張承業在晉陽聞之，詣魏州諫曰：「吾王世世忠於唐室，救其患難，所以老奴三十餘年為王捃拾⓫財賦，召補兵馬，誓滅逆賊，復本朝⓬宗社耳。今河北甫定⓭，朱氏尚存，而王遽⓮即大位，殊非從來⓯征伐之意，天下其誰不解體乎！王何不先滅朱氏，復列聖⓰之深讎，然後求唐後而立之，南取吳，西取蜀，汛掃⓱宇內，合為一家。當是之時，雖使高祖、太宗復生，誰敢居王上者？讓之愈久，則得之愈堅矣。老奴之志無它，但以受先王大恩，欲為王立萬年之基⑱耳。」王曰：「此非余所願，奈羣下意何！」承業知不可止，慟哭曰：「諸侯血戰，本為唐家。今王自取之，誤老奴矣！」即歸晉陽，邑邑⑲成疾[1]，不復起。

【章　旨】以上為第九段，寫晉王李存勗謀稱帝。

【注　釋】❶王太師　指蜀主王建。❷先王　指李克用。❸石門　地名，在今四川巴中市北。❹九錫禪文　九錫，古代帝王賜給有大功或有權勢的諸侯、大臣的九種物品，即車馬、衣服、樂則、朱戶、納陛、虎賁、弓矢、斧鉞、秬鬯。禪文，禪位的文告。❺此曹　他們。指篡逆者。❻法物　指傳國八寶等。❼傳真　魏州開元寺和尚。❽將鬻之　將要賣掉它。❾或識之　有人認識它是傳國寶璽。❿行臺　在都城之外，臨時設置的代表中央政府的機構叫行臺。這裡指晉王為尚書令，置行臺於魏州。⓫捃拾　拾取；搜集。⓬本朝　指唐朝。⓭甫定　剛剛平定。⓮遽　驟然。⓯從來　一貫以來。⓰列聖　指唐王。⓱汛掃　掃除；清除。⓲萬年之基　長久而不可動搖的基業。⓳邑邑　即悒悒，憂悶不暢的樣子。

【校　記】[1]即歸晉陽邑邑成疾　原作「即歸晉王邑成疾」。據章鈺校，十二行本、乙十一行本、孔天胤本「晉王」皆作「晉陽」，並重「邑」字，張瑛《通鑑校勘記》同，今據改。

【語　譯】蜀主、吳主多次寫信勸晉王稱帝。晉王把這些來信向僚屬們出示，並且說道：「從前王太師也曾經給先王寫信，勸先王說唐室已亡，應該佔據一方自己稱帝。先王對我說：『當年天子駕臨石門，我出兵誅殺賊臣，在那個時候，聲威振動天下。我如果挾持天子佔據關中，自己起草九錫和禪讓的詔書，又有誰能阻止我！只是我們家世代忠孝，要為朝廷立功，所以誓死也不幹這種事情。你以後一定要立志恢復唐朝社稷，千萬不要仿效這幫人的做法！』先王的話還在耳邊回響，這類建議不是我敢聽到的。」說著就流下了眼淚。

不久，將領佐吏和各路藩鎮又不停地勸晉王稱帝，於是他下令主管部門購買玉石製作傳國的寶物。黃巢當年攻破長安的時候，魏州和尚傳真的師傅得到了一塊傳國之寶，收藏了四十年。到此時，傳真以為它只是一塊普通的玉石，準備賣掉。有人認出了這塊寶玉，說：「這是傳國之寶啊！」傳真於是到行臺把傳國之寶獻給了晉王，將領佐吏們都舉杯向晉王祝賀。

張承業在晉陽聽到了這件事，前往魏州勸諫晉王說：「大王世世代代忠於唐室，拯救唐室危難，所以老奴我三十多年來為大王搜集財賦，招兵買馬，誓滅逆賊，只是為了恢復唐朝的宗廟社稷罷了。如今河北剛剛平定，朱氏逆賊還在，而大王卻要馬上即位稱帝，這絕不是我們歷來出兵征討的本意，這樣一來天下的人誰能不離散呢！大王何不先消滅朱氏，報了唐朝各位聖王的深仇，然後再訪求唐宗室的後裔擁立為帝，向南攻取吳國，向西攻取蜀國，掃清天下，歸於統一。到那個時候，即使讓高祖、太宗復生，又有誰敢居於大王之上呢？謙讓的時間越久，那麼將來所得到的也就越牢固。老奴我沒有別的意思，只是因為受過先王的大恩，想為大王建立萬年不可動搖的基業而已。」晉王說：「這樣做並不是我所願意的，只是群臣們有這個意願我又能怎麼辦呢！」張承業知道不可能讓這件事中止，痛哭著說：「諸侯血戰，本是為了恢復唐室天下。如今大王自己就攫取了帝位，實在是誤了老奴我啊！」隨即返回晉陽，憂鬱成疾，再也沒有起來。

二月，吳改元順義❶。

趙王既殺李弘規、李藹，委政於其子昭祚。昭祚性驕愎❷，既得大權，鄉時❸附弘規者皆族之。弘規部兵五百人欲逃，聚泣偶語❹，未知所之❺。會諸軍有給賜，趙王忿❻親軍之殺石希蒙，獨不時與❼，眾益懼。王德明❽素蓄異志，因其懼而激之曰：「王命我盡阬爾曹。吾念爾曹無罪併命❾，欲從王命則不忍。不然，又獲罪於王。柰何？」眾皆感泣❿。是夕⓫，親軍有宿於潭城西門者，相與飲酒而謀之。酒酣，其中驍健者曰：「吾曹識⑫王太保⑬意，今夕富貴決矣！」即踰城入。趙王方焚香受籙⑭，二人斷其首而出，因焚府第。軍校張友順帥眾詣德明第，請為留後。德明復姓名曰張文禮，盡滅王氏之族。獨置昭祚之妻普寧公主⑮，以自託於梁⑯。

三月，吳人歸吳越王鏐從弟龍武統軍⑰鎰⑱于錢唐，鏐亦歸吳將李濤于廣陵。徐溫以濤為右雄武統軍⑲，鏐以鎰為鎮海節度副使。

張文禮遣使告亂⑳于晉王，且奉牋勸進，因求節鉞㉑。晉王方置酒作樂，聞之，投盃悲泣，欲討之。僚佐以為：「文禮罪誠大，然吾方與梁爭，不可更立敵於肘腋㉒。宜且從其請以安之。」王不得已，夏，四月，遣節度判官盧質㉓承制授文禮成德留後。

陳州㉔刺史惠王友能㉕反，舉兵趣大梁。詔陝州㉖留後霍彥威、宣義節度使王彥章、控鶴指揮使㉗張漢傑㉘將兵討之。友能至陳留㉙，兵敗，走還陳州㉚。諸軍圍之。

五月丙戌朔㉛，改元㉜。○初，劉鄩與朱友謙為昏。鄩之受詔討友謙也，至陝州，先遣使移書，諭以禍福㉝。待之月餘，友謙不從，然後進兵。尹皓、段凝素忌鄩，因譖[34]之於帝曰：「鄩逗遛養寇，俾俟援兵[35]。」帝信之。鄩既敗歸，以疾請解兵柄，詔聽於西都[36]就醫，密令留守張宗奭酖之[37]。丁亥[38]，卒。

六月乙卯朔[39]，日有食之。

秋，七月，惠王友能降。庚子[40]，詔赦其死，降封房陵侯。

晉王既許藩鎮之請，求唐舊臣，欲以備[41]百官。朱友謙遣前禮部尚書蘇循詣行臺。循至魏州，入牙城，望府廨即拜，謂之拜殿。見王呼萬歲舞蹈，泣而稱臣。翌日，又獻大筆三十枚，謂之「畫日筆[42]」。王大喜，即命循以本官為河東節度副使。張承業深惡之。

張文禮雖受晉命[43]，內不自安[44]，復遣間使因盧文進求援於契丹。又遣間使來告曰：「王氏為亂兵所屠，公主無恙[45]。今臣已北召契丹，乞朝廷發精甲[46]萬人相助，自德、棣[47]度河，則晉人遁逃不暇[48]矣。」帝疑未決。敬翔曰：「陛下不乘此釁[49]以復河北，則晉人不可復破矣。宜徇[50]其請，不可失也！」趙、張輩[51]皆曰：「今彊寇近在河上，盡吾兵力以拒之，猶懼不支，何暇[52]分萬人以救張文禮乎！且文禮坐持兩端[53]，欲以自固，於我何利焉！」帝乃止。

【章　旨】以上為第十段，寫張文禮殺趙王鎔，叛晉附梁，梁末帝不趁機取河北，又忌殺良將劉鄩，再次自毀長城，梁之亡不可救藥。

【注　釋】❶順義　吳楊溥第二個年號。❷驕愎　驕縱而執拗。❸曩時　過去；從前。❹聚泣偶語　聚在一起哭泣，相對私語。❺未知所之　不知道到哪裡去才好。❻忿　惱怒。❼獨不時與　獨獨沒有按時給予賞賜。❽王德明　即張文禮。因其為王鎔義子而改姓名為王德明。❾併命　指一時均處死。❿感泣　內心感激而流下熱淚。⓫是夕　當晚。⓬識　知道；理解。指鼓勵他們作亂。⓭王太保　指王德明。⓮受籙　接受道教的符籙。⓯普寧公主　梁太祖朱溫之女，嫁王昭祚。⓰自託於梁　使自己在梁朝有所依托。⓱龍武統軍　官名，吳越國禁衛軍統領官。⓲鎰　錢鎰，錢鏐堂弟，官鎮海軍節度副使。傳見《十國春秋》卷八十三。⓳右雄武統軍　官名，吳禁衛軍統兵官。⓴告亂　報告親軍作亂的情況。㉑節鉞　符節和斧鉞。節度使權力的標誌。㉒肘腋　胳膊肘與胳肢窩。喻近身處。㉓盧質　（西元八七一－九四二年）字子徵，河南人，官至右僕射。傳見《舊五代史》卷九十三、《新五代史》卷五十六。㉔陳州　州名，治所宛丘，在今河南淮陽。㉕友能　朱友能，朱全昱子。傳見《舊五代史》卷十二、《新五代史》卷十三。㉖陝州　州名，治所陝縣，在今河南三門峽市西舊陝縣。㉗控鶴指揮使　官名，禁衛軍統領官。㉘張漢傑　張歸霸子。傳見《舊五代史》卷十六、《新五代史》卷二十二。㉙陳留　在今河南開封東南陳留城。㉚走還陳州　指朱友能從陳留逃回陳州。走，逃跑。㉛丙戌朔　五月初一日。㉜改元　後梁末帝朱瑱改元龍德，為第三個年號。㉝諭以禍福　將叛亂的利害關係告訴他，希望他歸降。㉞譖　進讒言挑撥離間。尹皓、段凝與劉鄩同攻朱友謙，尹、段二人忌鄩之能，鄩遇晉兵又打了敗仗，於是兩人進讒言。㉟俾俟援兵　使朱友謙有時間等待援兵。援兵，指晉軍。㊱西都　洛陽。㊲酖之　用毒酒藥死他。㊳丁亥　五月初二日。㊴乙卯朔　六月初一日。㊵庚子　七月十七日。㊶備　備位。㊷晝日筆　唐制敕皆天子晝日，其筆稱「晝日筆」。蘇循迎合李存勗稱帝心理，故以此為名。㊸受晉命　接受晉王的任命。㊹內不自安　心裡內疚而惶恐不安。㊺無恙　平安。㊻精甲　精兵。甲，指代兵。㊼德棣　二州名。德州，治所在今山東德州。棣州，治所在今山東惠民東南。㊽不暇　沒有空餘的時間。㊾釁　破綻；間隙。㊿徇　順從。(51)趙張輩　指趙巖、張漢傑等末帝的倖臣。(52)何暇　哪有空餘時間。(53)坐持兩端　腳踏兩條船，持觀望態度。

【語　譯】二月，吳國改年號為順義。

趙王王鎔殺了李弘規、李藹之後，把政務都交給了他的兒子王昭祚。王昭祚生性驕橫剛愎，大權在握之後，以往依附李弘規的人整個家族都被誅殺。原李弘規部下的五百名士兵打算逃走，他們聚在一起邊哭邊相對私語，但不知道逃到哪裡才好。剛好這時各部隊都得到了賞賜，趙王對自己的親兵殺了石希蒙這件事依然十分生氣，因此獨獨沒有把賞賜及時給他們發下來，大家更加感到恐懼了。王德明素來懷有謀叛之心，他利用大家感到恐懼之機而刺激他們說：「大王命令我把你們這些人全都坑殺。我覺得你們並沒有罪卻要丟掉性命，想服從大王的命令卻又不忍心。但不殺你們，我又得罪了大王。這該怎麼辦呢？」大家聽了他的話都心懷感激而流下了眼淚。這天晚上，親兵中有人住在潭城的西門，他們聚在一起喝酒並進行謀劃。酒喝到興頭上，當中有驍勇壯健的人說：「我們都明白王太保的意思，今晚能否富貴可以決定了！」說完他們就翻越城牆進入城內。這時趙王正在府內燒香接受符籙，兩個人進去砍下了他的腦袋後退了出來，接著放火燒了王府。軍校張友順率領大家來到王德明的宅第，請求他擔任節度留後。王德明恢復了他原先的姓名叫張文禮，把王氏家族全都滅了。惟獨留下王昭祚的妻子普寧公主，為的是使自己在梁朝有所依托。

三月，吳國把吳越王錢鏐的堂弟龍武統軍錢鎰送回錢唐，錢鏐也把吳國將領李濤送回廣陵。徐溫任命李濤為右雄武統軍，錢鏐任命錢鎰為鎮海節度副使。

張文禮派使者向晉王報告發生變亂的情況，並且奉表勸晉王稱帝，乘機請求晉王授予他符節和斧鉞。晉王當時正設筵飲酒演奏音樂，聽到這消息後，扔掉酒杯悲痛得哭了起來，準備興兵討伐張文禮。左右僚屬們都認為：「張文禮罪惡確實大，然而我們晉國正與梁朝相對抗，不能在自己的附近再樹立一個敵人，應該暫且答應他的請求以安撫他。」晉王不得已，夏，四月，派節度判官盧質以稟承唐朝天子旨意的名義任命張文禮為成德節度留後。

陳州刺史惠王朱友能反叛，興兵直逼大梁。梁末帝下詔書命令陝州留後霍彥威、宣義節度使王彥章、控鶴指揮使張漢傑率軍前往討伐。朱友能率軍到達陳留後，被打敗，於是逃回陳州。各路討伐大軍隨即包圍了陳州。

五月初一日丙戌，梁末帝改年號為龍德。○當初，劉鄩與朱友謙有姻親關係。後來劉鄩奉詔討伐朱友謙的時候，部隊到達陝州，劉鄩先派使者帶信給朱友謙，向他講明利害禍福。等了一個多月，朱友謙沒有聽從他的勸告，然後劉鄩進兵。尹皓、段凝一向忌恨劉鄩，乘機向梁末帝毀謗他說：「劉鄩逗留不進是在姑息縱容亂臣賊子，讓他們有時間等待援兵的到來。」梁末帝聽信了他們的讒言。劉鄩戰敗回來後，以有病為理由請求解除兵權，梁末帝下詔書准許他到西都洛陽就醫，暗地裡命令西都留守張宗奭用毒酒把他害死。初二日丁亥，劉鄩死去。

六月初一日乙卯，發生日蝕。

秋，七月，惠王朱友能投降。十七日庚子，梁末帝下詔赦免朱友能死罪，把他降為房陵侯。

晉王答應藩鎮要他稱帝的請求之後，就開始訪求唐朝的舊臣，準備將來充任朝廷百官。朱友謙派前禮部尚書蘇循前往晉王的行臺。蘇循到了魏州，進入牙城，看到行臺官府就拜了起來，稱這是拜殿。看到晉王就高呼萬歲手舞足蹈，激動得流下眼淚而自稱臣下。第二天，蘇循又獻上三十管大筆，稱之為「畫日筆」。晉王大喜，當即命蘇循以原禮部尚書的身分擔任河東節度副使。張承業對蘇循非常厭惡。

張文禮雖然接受了晉王的任命，內心卻惶恐不安，於是又派密使通過盧文進向契丹求援。同時派密使來告訴梁朝說：「王氏被亂兵所殺，但普寧公主安然無恙。如今臣下我已經從北面召來了契丹人，在此也懇請朝廷調發一萬名精兵前來相助，從德州、棣州一線渡過黃河，那麼晉軍要逃都來不及了。」梁末帝猶豫不決。敬翔說：「陛下如果不趁此機會收復黃河以北地區，那麼晉人就不可能再被打敗了。最好答應他的請求，機不可失啊！」趙巖、張漢傑等人卻都說：「現在強敵逼近，就在黃河邊上，派出我們全部兵力來抵抗他們，尚且擔心難以支持，哪裡還有閒工夫分出一萬人馬去救張文禮呢！況且張文禮在梁、晉之間態度搖擺觀望，他請求我們出兵是想藉此穩固自己的勢力，對於我們又有什麼好處呢？」梁末帝於是作罷。

晉人屢於塞上及河津獲文禮蠟丸絹書[1]，晉王皆遣使歸之，文禮慚懼[2]。文禮己趙故將，多所誅滅。符習將趙兵萬人從晉王在德勝，文禮請召歸，以它將代之，且以習子蒙為都督府參軍❸，遣人齎錢帛勞行營將士以悅之。習見晉王，泣涕請留。晉王曰：「吾與趙王同盟討賊，義猶骨肉。不意一旦禍生肘腋，吾誠痛之。汝苟不忘舊君，能為之復讎乎？吾以兵糧助汝。」習與部將三十餘人舉身投地❹，慟哭曰：「故使❺授習等劍，使之攘除寇敵。自聞變故以來，冤憤無訴，欲引劍自剄❻，顧❼無益於死者。今大王念故使輔佐之勤❽，許之復冤，習等不敢煩霸府❾之兵，願以所部徑前搏取凶豎❿，以報王氏累世之恩，死不恨矣！」

八月庚申⓫，晉王以習為成德⓬留後，又命天平節度使閻寶、相州刺史史建瑭⓭將兵助之，自邢洺而北。文禮先病腹疽。甲子⓮，晉兵拔趙州⓯，刺史王鋌⓰降，晉王復以為刺史。文禮聞之，驚懼而卒。其子處瑾⓱祕不發喪，與其黨韓正時謀悉力拒晉。九月，晉兵渡滹沱⓲，圍鎮州，決漕渠以灌之，獲其深州刺史張友順。壬辰⓳，史建瑭中流矢卒。

晉王欲自分兵攻鎮州，北面招討使戴思遠⓴聞之，謀悉楊村之眾襲德勝北城。晉王得梁降者，知之。冬，十月己未㉑，晉王命李嗣源伏兵於戚城㉒，李存審屯德勝，先以騎兵誘之，偽示羸怯㉓。梁兵競進，晉王嚴中軍以待之。梁兵至，晉王以鐵騎三千奮擊，梁兵大敗。思遠走趣楊村，士卒為晉兵所殺傷及自相蹈藉、墜河陷冰，失亡二萬餘人。晉王以李嗣源為蕃漢內外馬步副總管、同平章事。

初，義武㉔節度使兼中書令王處直未有子。妖人李應之得小兒劉雲郎於陘邑㉕，以遺處直曰：「是兒有貴相。」使養為子，名之曰都㉖。及壯，便佞多詐㉗，處直愛之，置新軍，使典㉘之。處直有孽子郁㉙，無寵，奔晉。晉王克用以女妻之，累遷至新州㉚團練使。餘子皆幼。處直以都為節度副大使，欲以為嗣。

及晉王存勗討張文禮，處直以平日鎮、定相為脣齒，恐鎮亡而定孤。固諫，以為方禦梁寇，且宜[1]赦文禮。晉王答以文禮弒君，義不可赦，又潛引梁兵，恐於易、定㉛亦不利。處直患之，以新州地鄰契丹，乃潛遣人語郁，使賂契丹，召令犯塞，務以解鎮州之圍。其將佐多諫，不聽。郁素疾都冒繼其宗，乃邀㉜處直求為嗣，處直許之。

軍府㉝之人皆不欲召契丹，都亦慮郁奪其處，乃陰與書吏和昭訓謀劫㉞處直。會處直與張文禮使者[2]宴於城東，暮歸，都以新軍數百伏於府第，大譟劫之，曰：「將士不欲以城召契丹，請令公㉟歸西第。」乃并其妻妾幽之西第㊱，盡殺處直子孫在中山及將佐之為處直腹心者。都自為留後，具以狀白晉王㊲。晉王因以都代處直。

【章旨】以上為第十一段，寫晉王兵伐張文禮，義武節度使王處直招引契丹以援張文禮，為部屬所廢。

【注釋】❶蠟丸絹書　用絹帛書寫、蠟封成丸的密信。❷慚懼　慚愧而害怕。❸都督府參軍　官名，都督府的屬官，佐理府事，參謀軍務。❹舉身投地　起身拜伏於地。投地，跪拜在地上。❺故使　原鎮州武順軍節度使，指王鎔。因其已死，所以稱故使。❻自剄　自殺。❼顧　轉而一想。❽輔佐之勤　指王鎔派兵協助李存勗。❾霸府　指李存勗在魏州的行臺。❿凶豎　兇惡的傢伙，指張文禮。⓫庚申　八月初七日。⓬成德　方鎮名，即張文禮所據恆州武順軍節度。唐代宗寶應元年（西元七六二年）置成德軍節度使，治所恆州。因避朱全忠父朱誠諱而改名武順節度，今復其舊名。⓭史建瑭　（西元八七六—九二一年）字國寶，雁門（今山西代縣）人，以父蔭任軍職，積功至相州刺史。傳見《舊五代史》卷五十五、《新五代史》卷二十五。⓮甲子　八月十一日。⓯趙州　州名，為成德節度巡屬。治所平棘，在今河北趙縣。⓰王鋋　後唐趙州刺史。⓱處瑾　（？—西元九二二年）張文禮長子。傳附《舊五代史》卷六十二〈張文禮傳〉。⓲滹沱　滹沱河，在今河北西部。⓳壬辰　九月初十日。⓴戴思遠　（？—西元九三五年）初事梁朱溫，以武勇知名，累遷天平軍節度使。後降後唐，授洋州節度使。傳見《舊五代史》卷六十四。㉑己未　十月初七日。㉒戚城　地名，在今河南濮陽北。㉓羸怯　瘦弱懦怯。此指膽怯。㉔義武　方鎮名，唐德宗建中三年（西元七八二年）置義武軍，治所定州，在今河北定州。㉕陘邑　西漢苦陘縣，唐改陘邑縣，屬定州，在今河北無極東北。㉖都　王都，本姓劉，小字雲郎。為王處直養子，奪處直位。傳見《舊五代史》卷五十四。㉗便佞多詐　善以言辭取媚於人，奸詐狡猾。㉘典　掌管；統率。㉙郁　王郁，王處直妾所生子。胡三省曰：「王郁雖不能解鎮州之圍，而亦能為契丹鄉導以寇晉。」㉚新州　州名，故治在今河北涿鹿。㉛易定　易州和定州。㉜邀　要挾。㉝軍府　王處直義武軍節度使府。㉞劫　劫持。㉟令公　指稱王處直。㊱幽之西第　因禁在西邊的宅子裡。官府房舍以東為上，西邊則為養閒之地。幽，囚禁。㊲具以狀白晉王　將詳細的情況寫成申狀告訴李存勗。白，告訴。

【校記】①且宜　原作「宜且」。據章鈺校，十二行本、乙十一行本、孔天胤本此二字皆互乙，今據改。②使者　原無此二字。據章鈺校，十二行本、乙十一行本、孔天胤本皆有此二字，張敦仁《通鑑刊本識誤》同，今據補。

【語　譯】晉王的人多次在邊境地區和黃河渡口截獲張文禮寫給契丹和梁朝的用蠟丸密封的絹書，晉王都派使者把這些書信送回給張文禮，張文禮既感到慚愧又十分害怕。張文禮嫉恨趙王原來的將領，被他誅殺的將領很多。符習率領一萬名趙國士兵跟隨晉王駐紮在德勝城，張文禮請求把他召回來，派別的將領代替他，並且任命符習的兒子符蒙為都督府參軍，還派人帶著錢財、絲帛到行營慰勞將士，以博得他們的歡心。符習見到晉王，哭著請求讓自己留下來。晉王對他說：「我與趙王結成同盟共同討伐逆賊，我們的情義如同骨肉。沒想到一下子在身邊出現了禍患，我內心十分哀痛。你如果不忘舊君，能夠替他報仇嗎？我在兵馬糧餉上幫助你。」符習和部將三十多人起身拜伏在地，十分悲慟地哭著說：「故使趙王授給我符習等人寶劍，讓我們驅除敵寇。自從聽到發生變故以來，我們的冤仇和憤怒無處訴說，本想舉劍自刎，又想到這樣做對死去的人並沒有什麼幫助。如今大王念及故使以前的輔佐之功，答應為他報仇，我符習等人不敢勞煩尊軍府的兵馬，願意只率領我們的部屬逕直前去捉拿那個兇惡的小人，以報答王氏歷代對我們的大恩，就是死了也沒有什麼可遺憾的了！」

八月初七日庚申，晉王任命符習為成德節度留後，又命令天平節度使閻寶、相州刺史史建瑭率軍幫助他，自邢州、洺州向北進發。此前張文禮肚子上長了個毒瘡。十一日甲子，晉軍攻克趙州，趙州刺史王鋌投降，晉王仍讓他擔任刺史。張文禮聽到這些消息後，驚怕死了。他的兒子張處瑾隱瞞死訊不發喪，和他的黨羽韓正時謀劃如何全力抵抗晉軍。九月，晉軍渡過滹沱河，包圍鎮州，挖開漕渠用水灌城，俘虜了深州刺史張友順。初十日壬辰，史建瑭被流矢射中身亡。

晉王想分出一部分兵力由自己率領前去攻打鎮州，梁朝北面招討使戴思遠聞訊後，就謀劃出動楊村的全部兵力襲擊德勝北城。晉王得到梁軍中前來投降的人，從他口中知道了這件事。冬，十月初七日己未，晉王命令李嗣源在戚城埋伏下部隊，李存審率軍駐紮在德勝城，先派騎兵去引誘梁軍，裝出虛弱和膽怯的樣子。梁軍見狀都爭著往前衝，晉王率領中軍嚴陣以待。等到梁軍衝到，晉王出動三千名鐵騎奮力擊殺，梁軍大敗。戴思遠逃往楊村，梁軍士兵被晉軍所殺傷的以及自相踐踏或掉進河裡陷入冰中傷亡的，共計損失兩萬多人。

晉王任命李嗣源為蕃漢內外馬步副總管、同平章事。

當初，義武節度使兼中書令王處直沒有兒子。妖人李應之在陘邑得到一個小男孩劉雲郎，把他送給了王處直，說：「這個孩子有貴人之相。」讓王處直收養為義子，起名叫王都。王都長大以後，善於花言巧語諂媚別人，又很奸詐，王處直很喜愛他，設置了一支新軍，讓他來掌管。王處直還有一個庶出的兒子叫王郁，不受王處直寵愛，逃往晉國。晉王李克用把女兒嫁給了他，累升至新州團練使。王處直的其他兒子都還年幼。王處直就任命王都為節度副大使，準備把他當做自己的繼承人。

等到晉王李存勗討伐張文禮，王處直因為平時鎮州、定州脣齒相依，害怕鎮州滅亡之後定州勢孤力單。所以一再勸諫晉王，認為眼下正在抵禦梁朝這個敵人，並且應該赦免張文禮。晉王回答他，張文禮有弒君之罪，依理絕不可赦免，張文禮又暗中勾引梁軍，恐怕對易州、定州也不利。王處直對這件事一直十分擔心，考慮到新州在地域上與契丹相鄰，於是祕密派人去告訴王郁，讓他去賄賂契丹，叫契丹人來侵犯晉國邊境，一定要設法解救鎮州之圍。王處直的部將佐吏很多人都勸諫他不能這麼做，王處直不聽。王郁素來嫉恨王都冒充兒子繼承本宗，於是乘機要挾王處直要把他立為繼承人，王處直答應了。

軍府的人都不希望招引契丹人，王都也顧慮王郁會奪取他的位置，於是暗中與書吏和昭訓密謀劫持王處直。適逢有一天王處直和張文禮的使者在城東飲宴，傍晚才回來，王都把他所統領的幾百名新軍士兵埋伏在王處直的府第，大聲叫嚷著衝出來劫持了王處直，並對他說：「將士們都不希望以城招引契丹人，請令公回西院居住。」於是連同他的妻妾一併幽禁在西院，把王處直在中山的子孫以及將領佐吏中王處直的心腹全部殺了。王都自稱為節度留後，並把這些情況詳細報告了晉王。晉王於是就任命王都代替王處直原有的職位。

吳徐溫勸吳王祀南郊❶。或曰❷：「禮樂未備❸，且唐祀南郊，其費巨萬，今未能辦也。」溫曰：「安有❹王者❺而不事天乎！吾聞事天貴誠❻，多費何為❼！

唐每郊祀，啓南門，灌其樞❽，用脂百斛❾。此乃季世❿奢泰之弊⓫，又安足法乎⓬！」甲子⓭，吳王祀南郊，配以太祖⓮。乙丑⓯，大赦。加徐知誥同平章事，領江州觀察使。尋以江州為奉化軍⓰，以知誥領節度使。

徐溫聞壽州團練使崔太初⓱苛察⓲，失民心，欲徵⓳之。徐知誥曰：「壽州邊隅⓴大鎮，徵之恐為變，不若使其[1]入朝，因留之。」溫怒曰：「一崔太初不能制，如它人何！」徵為右雄武大將軍。

十一月，晉王使李存審、李嗣源守德勝，自將兵攻鎮州。張處瑾遣其弟處琪㉑、幕僚齊儉謝罪請服，晉王不許。盡銳攻之㉒，旬日不克。處瑾使韓正時將千騎突圍出，趣㉓定州，欲求救於王處直。晉兵追至行唐，斬之。

契丹主既許盧文進出兵，王郁又說之曰：「鎮州美女如雲，金帛如山，天皇王速往，則皆己物也。不然，為晉王所有矣。」契丹主以為然，悉發所有之眾而南。述律后諫曰：「吾有西樓㉔羊馬之富，其樂不可勝窮㉕也，何必勞師遠出以乘危徼利㉖乎！吾聞晉王用兵，天下莫敵，脫㉗有危敗，悔之何及！」契丹主不聽。十二月辛未㉘，攻幽州㉙，李紹宏㉚嬰城自守㉛。契丹長驅而南，圍涿州㉜，旬日拔之，擒刺史李嗣弼，進寇[2]定州。王都告急于晉，晉王自鎮州將親軍五千救之，遣神武都指揮使㉝王思同將兵戍狼山㉞之南以拒之。

高季昌遣都指揮使倪可福㉟以卒萬人修江陵外郭。季昌行視，責功程之慢，杖之。季昌女為可福子知進婦，季昌謂其女曰：「歸語汝舅㊱，吾欲威眾㊲辦事耳。」以白金數百兩遺之。

是歲，漢以尚書左丞倪曙㊳[3]同平章事。○辰、溆州[4]蠻㊴侵楚，楚寧遠㊵節度副使姚彥章㊶討平之。

【章　旨】以上為第十二段，寫吳祀南郊，契丹南侵河北。

【注　釋】❶祀南郊　在都城南面郊區行祭天大禮。❷或曰　有人說。❸禮樂未備　祭天的禮器、樂器以及相關人員還沒有準備好。❹安有　哪有；豈有。❺王者　稱王的人。❻事天貴誠　祭天重在至誠，不在於排場。❼多費何為　花費很多幹什麼。❽樞　門臼。❾用脂百斛　用一百斛油脂。用油脂澆門臼，使潤滑易轉，開門無聲。❿季世　末代。⓫奢泰之弊　奢侈浪費的弊病。⓬安足法乎　哪裡值得效法呢。足，足以；值得。⓭甲子　十月十二日。⓮配以太祖　用太祖楊行密配享。配，配享。吳王禮尊其父，因而祭天時祔祭。⓯乙丑　十月十三日。⓰奉化軍　方鎮名，吳升江州為奉化軍，在今江西九江市。以徐知誥為節度使。⓱崔太初　為官以誅求苛察為事。傳見《十國春秋》卷九。⓲苛察　苛刻細察。⓳徵　召。召回王都揚州。⓴邊隅　邊疆。㉑處琪　（?—西元九二二年）張文禮三子。傳附《舊五代史》卷六十二〈張文禮傳〉。㉒盡銳攻之　盡起精銳，全力攻打。㉓趣　通「趨」。奔向。㉔西樓　指契丹上京。契丹以其所居為上京，起樓其間，號西樓。㉕勝窮　窮盡。㉖乘危徼利　冒險求利。㉗脫　倘若；假使。㉘辛未　十二月二十日。㉙幽州　州名，治所薊縣，在今天津西南。㉚李紹宏　宦官，本姓馬，唐莊宗賜姓李，官至後唐樞密使。傳見《舊五代史》卷七十二。㉛嬰城自守　環城固守。㉜涿州　州名，治所范陽，在今河北涿州。㉝神武都指揮使　官名，禁衛軍的統領官。㉞狼山　地名，胡三省注云在定州西北二百里。

㉟倪可福　築寸金堤激水，捍蜀有功，又修江陵外城，官至荊南都指揮使。傳見《十國春秋》卷一百二。㊱汝舅　你的公公。㊲威眾　在群眾中建立威信。㊳倪曙　字孟曦，福建侯官（今福建福州）人，好詩賦。傳見《十國春秋》卷六十二。㊴辰溆州蠻　居住在今湖南辰溪、溆浦等縣的少數民族。㊵寧遠　方鎮名，後梁開平初已有寧遠節度使。南漢升容州為寧遠軍節度，治所容州，在今廣西壯族自治區容縣。㊶姚彥章　汝南（今河南上蔡）人，官至楚左丞相。傳見《十國春秋》卷七十二。

【校記】①其　原作「之」。據章鈺校，十二行本、乙十一行本、孔天胤本皆作「其」，今據改。②進寇　原作「進攻」。據章鈺校，十二行本、乙十一行本、孔天胤本皆作「進寇」，今據改。③倪曙　原作「倪曙」。據章鈺校，十二行本、乙十一行本、孔天胤本皆作「倪曙」，《新五代史·南漢世家》同，今據改。④州　原無此字。據章鈺校，十二行本、乙十一行本、孔天胤本皆有此字，張敦仁《通鑑刊本識誤》同，今據補。

【語　譯】吳國徐溫勸說吳王到南郊去祭天。有人說：「現在禮樂方面還沒有準備好，況且過去唐朝在南郊祭天，耗費巨大，我們現在也沒有能力辦到。」徐溫說：「哪有王者不祭祀上天的！我聽說祭祀上天貴在心誠，花費很多幹什麼！唐朝每次到南郊祭天，打開南門，都要用一百斛油脂灌在門樞裡。這都是末世奢侈的流弊，又哪裡值得效法呢！」十月十二日甲子，吳王在京城南郊祭天，以太祖配享。十三日乙丑，實行大赦。加封徐知誥為同平章事，兼領江州觀察使。不久又把江州改為奉化軍，任命徐知誥兼領節度使。

徐溫聽說壽州團練使崔太初為官過於苛刻細察，失去了民心，準備徵調他。徐知誥說：「壽州是邊境大鎮，徵調他恐怕會引起變故，不如讓他入京朝見，就勢把他留下來。」徐溫十分生氣地說：「一個崔太初都不能控制，對其他人又怎麼辦！」於是徵調崔太初為右雄武大將軍。

十一月，晉王讓李存審、李嗣源鎮守德勝城，自己率軍去攻打鎮州。張處瑾派他的弟弟張處琪、幕僚齊儉向晉王謝罪並請求歸服，晉王不答應。出動全部精銳攻打鎮州，但十來天也沒有攻下來。張處瑾派韓正時率領一千名騎兵突出重圍，奔赴定州，打算向王處直求救。晉兵追逐他們直到行唐，斬殺了韓正時等。

契丹主已經答應盧文進要出兵了，王郁又向他遊說說：「鎮州美女如雲，金銀布帛堆積如山，天皇王如果前去得快，那麼這些就都是你的東西。否則的話，這些可都歸晉王所有了。」契丹主覺得這話有理，於是徵調了所有人馬南下。述律皇后勸他說：「我們擁有西樓盛產羊馬的富饒，已經是其樂無窮了，何必要勞師遠征去冒險求利呢！我聽說晉王用兵，天下無人能敵，我們萬一有什麼危險和失敗，後悔哪裡來得及！」契丹主不聽。十二月二十日辛未，契丹軍進攻幽州，晉將李紹宏據城防守。契丹軍又長驅南下，圍攻涿州，十來天攻了下來，擒獲刺史李嗣弼，進犯定州。王都向晉王告急，晉王從鎮州率領五千名親軍救援王都，派神武都指揮使王思同率軍戍守在狼山南坡以抵禦契丹軍。

高季昌派都指揮使倪可福率領一萬名士卒修築江陵外城。高季昌巡視工地時，責備工程完成得太慢，就打了他一頓棍子。高季昌的女兒是倪可福兒子倪知進的妻子，高季昌對自己的女兒說：「回去告訴你公公，我只是想在部眾中樹立威嚴，讓工程早日完成而已。」並且給了數百兩銀子讓她帶回去。

這一年，漢國任命尚書左丞倪曙為同平章事。〇辰州、溆州的蠻族入侵楚國，楚國寧遠節度副使姚彥章率軍討伐平定了他們。

二年（壬午　西元九二二年）

春，正月壬午朔❶，王都省王處直於西第。處直奮拳毆其胸，曰：「逆賊，我何負於汝！」既無兵刃，將噬❷其鼻，都掣袂❸獲免。未幾，處直憂憤而卒。

甲午❹，晉王至新城❺南。候騎❻白契丹前鋒宿新樂❼，涉沙河❽而南。將士皆失色，士卒有亡去者，主將斬之不能止。諸將皆曰：「虜傾國而來，吾眾寡不敵。又聞梁寇內侵，宜且還師魏州以救根本❾，或請釋鎮州之圍，西入井陘避之。」晉王猶豫未決❿。中門使[1]郭崇韜曰：「契丹為王郁所誘，本利⓫貨財而來，非能救鎮州之急難也。王新破梁兵，威振夷夏⑫。契丹聞王至，心沮氣索⑬。苟挫其前鋒，遁走必矣。」李嗣昭自潞州⑭至，亦曰：「今彊敵在前，吾有進無退，不可輕動以搖人心。」晉王曰：「帝王之興，自有天命，契丹其如我何！吾以數萬之眾平定山東⑮，今遇此小虜而避之，何面目以臨四海！」乃自帥鐵騎五千先進。至新城北，半出桑林。契丹萬餘騎見之，驚走。晉王分軍為二逐之，行數十里，獲契丹主之子。時沙河橋狹冰薄，契丹陷溺死者甚眾。是夕，晉王宿新樂。契丹主車帳⑯在定州城下，敗兵至，契丹舉眾退保望都⑰。晉王至定州，王都迎謁於馬前，宴於府第[2]，請以愛女妻王子繼岌⑱。

戊戌⑲，晉王引兵趣望都，契丹逆戰。晉王以親軍千騎先進，遇奚酋禿餒五千騎，為其所圍。晉王力戰，出入數四，自午至申不解⑳。李嗣昭聞之，引三百騎橫擊㉑之，虜退，王乃得出。因縱兵奮擊㉒，契丹大敗，逐北㉓至易州㉔。會大雪彌旬㉕，平地數尺，契丹人馬無食，死者相屬㉖於道。契丹主舉手指天，謂盧文進曰：「天未令我至此。」乃北歸。晉王引兵躡之㉗，隨其行止，見其野宿之所㉘，布藁於地㉙，回環方正，皆如編翦㉚，雖去，無一枝亂者，歎曰：「虜用法嚴乃能如是，中國所不及也。」晉王至幽州，使二百騎躡契丹之後，曰：「虜出境即還。」騎恃勇追擊之，悉為所擒，惟兩騎自它道走免㉛。契丹主責王郁，縶㉜之以歸。自是不聽其謀。

晉代州㉝刺史李嗣肱㉞將兵定嬀㉟、儒㊱、武㊲等州，授山北㊳都團練使。

晉王之北攻鎮州也，李存審謂李嗣源曰：「梁人聞我在南兵少，不攻德勝，必襲魏州。吾二人聚於此何為㊴！不若分軍備之。」遂分軍屯澶州。戴思遠果悉楊村之眾趣魏州。嗣源引兵先之，軍於狄公祠㊵下，遣人告魏州，使為之備。思遠至魏店，嗣源遣其將石萬全將騎兵挑戰。思遠知有備，乃西度洹水㊶，拔成安㊷，大掠而還。又將兵五萬攻德勝北城，重塹複壘㊸，斷其出入，晝夜急攻之。李存審悉力拒守。晉王聞德勝勢危，二月，自幽州赴之，五日至魏州。思遠聞之，燒營遁還㊹楊村。

【章旨】以上為第十三段，寫晉王大破契丹於鎮州，梁兵乘虛襲魏州敗還。

【注釋】❶壬午朔　正月初一日。❷噬　咬。❸掣袂　扯斷衣袖。❹甲午　正月十三日。❺新城　縣名，縣治無極，在今河北無極。❻候騎　偵察騎兵。❼新樂　縣名，縣治在今河北新樂。❽沙河　在今河北境內。瀦龍河、滏陽河、溫榆河的上游都稱沙河。❾根本　樹木的根幹。喻腹心之地，即根基、根據地。❿猶豫未決　拿不定主意；下不了決心。⓫利　貪。⓬夷夏　夷泛指周邊的少數民族，夏指中原漢族。⓭心沮氣索　心情沮喪，氣勢喪盡。⓮潞州　州名，治所上黨，在今山西長治。⓯山東　古代泛指太行山、常山以東中原地區。此指河北之地。⓰車帳　契丹主乘奚車，用氈帳覆蓋，寢處其中，叫做車帳。

⑰望都　縣名，縣治在今河北望都。⑱繼岌　（？—西元九二五年）李存勗第三子。同光三年（西元九二五年）九月二十三日封魏王。伐蜀回師，至渭南，聞莊宗死，自縊死。傳見《舊五代史》卷五十一、《新五代史》卷十四。⑲戊戌　正月十七日。⑳自午至申不解　從上午十一時戰至下午五時尚未解脫。㉑橫擊　從側面衝擊敵人。㉒縱兵奮擊　放開軍隊奮力攻擊。㉓逐北　追趕敗兵。㉔易州　州名，治所在今河北易縣。㉕彌旬　滿十天。㉖相屬　接連不斷。㉗躡之　緊緊地跟蹤他。㉘野宿之所　在野外宿營的地方。㉙布藁於地　在地上鋪著糧食作物的稈子。藁，禾稈。㉚皆如編翦　都好像編織過、裁剪過那樣整齊。說明契丹軍部伍嚴整。㉛走免　逃脫而免於被俘。㉜縶　拘囚。㉝代州　州名，治所雁門，在今山西代縣。㉞李嗣肱（西元八七九—九二三年）官至後唐山北都團練使。傳見《舊五代史》卷五十、《新五代史》卷十四。㉟媯　州名，治所清夷軍城，在今河北懷來東南。㊱儒　儒州，治所延慶，在今河北延慶。㊲武　武州，治所文德，在今河北宣化。㊳山北　以終南山北而名，故城在今陝西西安東南。㊴何為　幹什麼。㊵狄公祠　唐宰相狄仁傑祠。狄仁傑曾任魏州刺史，有惠政，州人為之立祠。㊶洹水　又名安陽河，在今河南北部。㊷成安　縣名，縣治在今河北成安。㊸重塹複壘　一重重壕溝，一道道堡壘。㊹遁還　逃回。

【校記】1中門使　此三字原無。據章鈺校，十二行本、乙十一行本、孔天胤本皆有此三字，今據補。2宴於府第　此四字原無。據章鈺校，十二行本、乙十一行本、孔天胤本皆有此四字，張敦仁《通鑑刊本識誤》同，今據補。

【語譯】二年（壬午　西元九二二年）

春，正月初一日壬午，王都到西院去看望王處直。王處直揮起拳頭朝王都的胸部打去，說：「逆賊！我有什麼對不起你的！」王處直手中沒有兵器，準備去咬王都的鼻子，王都扯斷衣袖才得以幸免。沒過多久，王處直就憂憤而死。

正月十三日甲午，晉王到達新城之南。擔任偵察的騎兵報告說契丹軍的前鋒在新樂宿營，準備渡過沙河南進。將士們聽到這一消息嚇得臉色都變了，士兵中有人逃走，主將殺了一些逃兵仍然不能阻止。將領們都說：「敵人出動國內全部兵力前來，我們寡不敵眾。又聽說梁軍也入侵了，我們最好把軍隊調回魏州以解救根基，或者請解除對鎮州的包圍，向西進入井陘以避開敵人。」晉王聽了猶豫不決。中門使郭崇韜說：「契丹人被王郁所誘使，本是因貪圖財物而來，並不是真能解救鎮州的急難。大王新近擊敗梁軍，聲威震動夷、夏各國。契丹人一聽說大王來了，心情沮喪、士氣盡喪。如果能挫敗他們的前鋒，他們就一定會逃走的了。」這時李嗣昭從潞州趕來，也說：「如今強敵在前，我們有進無退，不能輕舉妄動而動搖人心。」晉王說：「帝王的興起，自有天命，契丹人能把我怎麼樣！我率數萬之眾平定山東，現在遇到這樣一批小小的敵人就要避開他，將來還有什麼臉面去威臨四海！」於是親自率領五千名鐵騎率先進發。到了新城的北面，一半軍隊剛走出桑林。契丹軍一萬多名騎兵看到了他們，都嚇得逃走了。晉王兵分兩路追擊他們，追了幾十里，擒獲契丹主的兒子。當時沙河上橋很狹窄，河面冰又薄，契丹人馬掉在河裡淹死的很多。這天晚上，晉王在新樂宿營。契丹主的車帳在定州城下，敗兵到來後，契丹軍率全體部眾退守望都。晉王到達定州，王都在馬前迎候謁見，又在府第設宴款待，並請求把自己的愛女嫁給晉王的兒子李繼岌。

正月十七日戊戌，晉王率軍趕往望都，契丹軍迎戰。晉王率一千名親軍騎兵首先推前，遭遇奚族酋長禿餒帶領的五千名騎兵，被他們所包圍。晉王奮戰，出入敵陣好幾次，從午時一直打到申時都沒有解脫。李嗣昭得知情況後，帶領三百名騎兵從側翼攻擊敵軍，禿餒的騎兵撤退，晉王才得以衝出重圍。於是晉軍發動進攻，奮力拼殺，契丹軍大敗，晉軍追趕敗兵到達易州。碰上連續十天大雪，平地積雪深達數尺，契丹軍的人馬得不到糧草，一路上接連不斷有人死去。契丹主舉起手指著天，對盧文進說：「是老天不讓我到這裡來。」於是向北撤回。晉王率軍緊跟其後，契丹人行進晉軍也行進，契丹人宿營晉軍也宿營，晉王看到契丹人野外宿營的地方，在地上鋪了農作物的秸稈，一圈套一圈，擺得方方正正，都像編織過剪裁過的一樣，人雖然離開了，地上鋪的秸稈卻沒有一根亂的，看到這情景晉王感歎道：「契丹人執法嚴格，才能這樣，這是中原地區的軍隊所及不上的。」晉王到達幽州後，派出二百名騎兵尾隨在契丹軍的後面，對他們說：「敵人出了邊境你們就回來。」這些騎兵仗著血氣之勇追上去發動攻擊，結果全都被契丹軍俘虜，只有兩名騎兵從別的道上逃走才沒有被抓著。契丹主怪罪王郁，把他綁起來帶了回去，從此以後再也不聽他的主意了。

晉國代州刺史李嗣肱率軍平定了嬀州、儒州、武州等地，被授予山北都團練使之職。

晉王北上攻打鎮州的時候，李存審對李嗣源說：「梁軍得知我們在南方的兵力減少，如果不攻打德勝，就一定會偷襲魏州。我們兩人聚在這裡能幹什麼！不如把軍隊分開來進行防備。」於是就分出一部分軍隊屯駐在澶州。戴思遠果然出動楊村的全部梁軍趕往魏州。李嗣源率兵趕在梁軍的前面，駐紮在狄公祠下，派人通報魏州，讓他們作好防備。戴思遠率軍到達魏店，李嗣源派部將石萬全率騎兵前去挑戰。戴思遠知道晉軍有了防備。於是率軍西渡洹水，攻下了成安縣，大肆搶劫一番之後就撤了回去。後來戴思遠又率軍五萬攻打德勝北城，在城外挖了一重重壕溝，修築了一道道牆壘，切斷了城內外出入通道，晝夜猛攻。李存審全力堅守。晉王得知德勝形勢危急，二月，從幽州率軍前往，五天時間就到了魏州。戴思遠聽到這一消息，燒掉軍營逃回楊村。

蜀主好為微行❶，酒肆❷、倡家❸，靡所不到。惡人識之❹，乃下令士民皆著大裁帽❺。

晉天平節度使兼侍中閻寶築壘以圍鎮州，決滹沱水環❻之。內外斷絕，城中食盡。丙午❼，遣五百餘人出求食。寶縱其出，欲伏兵取之，其人❽遂攻長圍❾。寶輕之，不為備。俄數千人繼至，諸軍未集，鎮人遂壞長圍而出，縱火攻寶營。寶不能拒，退保趙州。鎮人悉毀晉之營壘，取其芻粟❿，數日不盡。晉王聞之，以昭義節度使兼中書令李嗣昭為北面招討使，以代寶。

夏，四月，蜀軍使⓫王承綱女將嫁，蜀主取之入宮。承綱請之，蜀主怒，流於茂州⑫。女聞父得罪，自殺。

甲戌⑬，張處瑾遣兵千人迎糧於九門。李嗣昭設伏於故營⑭，邀擊之，殺獲殆盡。餘五人匿牆墟間，嗣昭環馬而射之，鎮兵發矢中其腦。嗣昭箙⑮中矢盡，拔矢於腦以射之，一發而殪⑯。會日暮，還營，創流血不止，是夕卒。晉王聞之，不御⑰酒肉者累日。嗣昭遺命悉以澤、潞兵授節度[1]判官任圜⑱，使督諸軍攻鎮州。號令如一，鎮人不知嗣昭之死。圜，三原人也。

晉王以天雄馬步都指揮使⑲、振武節度使李存進為北面招討使。命嗣昭諸子護喪歸葬晉陽。其子繼能不受命，帥父牙兵數千，自行營⑳擁喪歸潞州。晉王遣母弟存渥㉑馳騎追諭之，兄弟俱忿㉒，欲殺存渥，存渥逃歸。嗣昭七子：繼儔、繼韜、繼達、繼忠、繼能、繼襲、繼遠㉓。繼儔為澤州刺史，當襲爵，素懦弱。繼韜凶狡，囚繼儔於別室，詐令士卒劫己㉔為留後，繼韜陽讓㉕，以事白晉王。晉王以用兵方殷㉖，不得已，改昭義軍曰安義㉗，以繼韜為留後。

閻寶慚憤㉘，疽發於背，甲戌㉙，卒。◯漢主巖用術士[2]言，遊梅口鎮㉚避災。其地近閩之西鄙，閩將王延美㉛將兵襲之㉜。未至數十里，偵者㉝告之，巖遁逃僅免。

五月乙酉㉞，晉李存進至鎮州，營于東垣渡㉟，夾滹沱水為壘。

晉衛州刺史李存儒，本姓楊，名婆兒，以俳優㊱得幸於晉王。頗有膂力㊲，晉王賜姓名，以為刺史。專事掊斂㊳，防城卒皆徵月課㊴，縱歸㊵。八月，梁[3]莊宅使㊶段凝與步軍都指揮使張朗㊷引兵夜度河襲之。詰旦，登城，執存儒，遂克衛州。戴思遠又與凝攻陷淇門㊸、共城㊹、新鄉㊺，於是澶州之西、相州之南，皆為梁有。晉人失軍儲㊻三之一，梁軍復振。帝以張朗為衛州刺史。朗，徐州人也。

【章旨】以上為第十四段，寫晉兵攻鎮州，折李嗣昭、閻寶兩將，梁兵克衛州，軍勢復振。

【注釋】❶微行　微服出行。❷酒肆　酒店。❸倡家　妓院；戲院。倡，通「娼」。❹惡人識之　討厭別人認識他。❺大裁帽　有帽沿的帽子。❻環　包圍。❼丙午　三月二十六日。按《舊五代史·莊宗紀》載：「三月丙午，王師敗於鎮州城下，閻寶退保趙州。」❽其人　指城中外出就食的五百餘人。❾長圍　閻寶所築包圍鎮州的堡壘。❿芻粟　馬草和糧食。⓫軍使　官名，騎兵都一級統兵官。⓬茂州　州名，治所汶山，在今四川阿壩藏族羌族自治州茂縣。⓭甲戌　四月二十四日。⓮故營　指過去閻寶的兵營。⓯箙　用竹木或獸皮做成的盛箭器。⓰殪　死。⓱御　進。⓲任圜　（？—西元九二七年）京兆三原（今陝西三原）人，官至同平章事、判三司，為安重誨誣害，賜死。傳見《舊五代史》卷六十七、《新五代史》卷二十八。⓳馬步都指揮使　官名，藩鎮親軍高級統領官。⓴行營　指鎮州軍營。㉑存渥　莊宗第四弟，同光三年封申王。傳見《舊五代史》卷五十一、《新五代史》卷十四。㉒兄弟俱忿　李嗣昭有大功於晉，身死前線，晉王無褒死恤存之命，故其子忿憤。㉓繼儔繼韜繼達繼忠繼能繼襲繼遠　均見《舊五代史》卷五十二、《新五代史》卷三十六〈李嗣昭傳〉。㉔劫己　劫持自己。㉕陽讓　假意推讓。陽，通「佯」。㉖殷　盛。㉗安義　方鎮名，西元九二三年，李存勗改昭義軍為安義軍，避李嗣昭諱。㉘慚憤　慚愧而憤懣。因攻鎮州時大意致敗。㉙甲戌　四月二十四日。㉚梅口鎮　地名，在當時梅州程鄉縣，今地為廣東梅縣。㉛王

延美　官泉州刺史。傳見《十國春秋》卷九十四。㉜襲之　襲擊劉巖。㉝偵者　偵察敵情的人。㉞乙酉　五月初六日。㉟東垣渡　渡口名，在今河北正定滹沱河邊。㊱俳優　古代以樂舞諧戲為業的藝人。㊲膂力　體力。㊳掊斂　聚斂；搜刮。㊴月課　按月繳納代役錢而免其勞役。㊵縱歸　放回家去。㊶莊宅使　官名，管理官府掌握的莊田、磨坊、店鋪、菜園、車坊等產業，為宮廷官員。㊷張朗　（西元八七〇－九四三年）徐州蕭縣（今安徽蕭縣）人，善射，膂力過人，官至後晉慶州刺史。傳見《舊五代史》卷九十。㊸淇門　鎮名，在今河南滑縣東南淇門。㊹共城　縣名，縣治在今河南輝縣。㊺新鄉　縣名，縣治在今河南新鄉。㊻軍儲　軍隊的軍需儲備。

【校　記】①節度　原無此二字。據章鈺校，十二行本、乙十一行本、孔天胤本皆有此二字，張敦仁《通鑑刊本識誤》同，今據補。②術士　原作「術者」。據章鈺校，十二行本、乙十一行本、孔天胤本皆作「術士」，今據改。③梁　原無此字。張瑛《通鑑校勘記》認為「『月』下脫『梁』字」，當是，今據補。

【語　譯】蜀主喜好微服出行，酒肆、妓院沒有他不到的地方。又討厭別人認出他來，於是下令讓士民們外出時都戴上有帽沿的帽子。

晉國的天平節度使兼侍中閻寶修築牆壘包圍鎮州，引流滹沱河水環繞其城。鎮州內外聯繫斷絕，城中的糧盡。三月二十六日丙午，城中派了五百多人出城尋找食物。閻寶故意放他們出來，準備埋伏士兵活捉他們，這些人出來後乘勢進攻圍城的營壘。閻寶很輕視他們，並沒有加以防備。不一會兒城中又有數千人相繼趕到。當時閻寶的各支人馬還沒有集結起來，鎮州的人群於是毀壞了圍城的營壘衝了出來，放火攻擊閻寶的軍營。閻寶抵擋不住，退守趙州。鎮州人把晉軍的營壘全部毀掉，繳獲了晉軍的糧草，好幾天都沒有運完。晉王知道這件事後，任命昭義節度使兼中書令李嗣昭為北面招討使，代替閻寶。

夏，四月，蜀國的軍使王承綱的女兒將要出嫁，蜀主卻把她強奪到宮裡。王承綱委婉地向蜀主要人，蜀主大怒，把王承綱流放到茂州。王承綱的女兒聽說父親被治罪，就自殺了。

四月二十四日甲戌，張處瑾派遣一千名士兵到九門迎接所繳獲的晉軍糧草。李嗣昭在閻寶的舊營中設下埋伏，截擊鎮州運糧的士兵，把他們幾乎全都殺死或俘獲。剩下五個人躲藏在牆壘的廢墟中，李嗣昭盤桓著戰馬用箭射他們，鎮州的士兵發箭射來，正中李嗣昭的腦袋。這時候李嗣昭箭袋裡的箭已經用完，他從自己腦袋上拔出那根箭來射了回去，一箭就把對方射死了。適逢天色已晚，李嗣昭返回軍營，腦袋上的傷口流血不止，當天晚上去世了。晉王得知這一消息，接連好幾天不進食酒肉。李嗣昭的遺囑說把澤州、潞州的兵權全部交給節度判官任圜，讓他統領各路兵馬繼續攻打鎮州。由於前後的號令完全一樣，因此鎮州人不知道李嗣昭已經死去。任圜，是三原人。

晉王任命天雄馬步都指揮使、振武節度使李存進為北面招討使。又下令讓李嗣昭的幾個兒子護送李嗣昭的靈柩回晉陽安葬。李嗣昭的兒子李繼能不接受命令，率領父親的幾千名牙兵，從行營保護著靈柩要回潞州。晉王派自己的同母弟弟李存渥騎快馬追上去勸說他們，李繼能的兄弟們都十分氣憤，想殺了李存渥，李存渥急忙逃了回去。李嗣昭共有七個兒子：李繼儔、李繼韜、李繼達、李繼忠、李繼能、李繼襲、李繼遠。李繼儔任澤州刺史，應當繼承父親的爵位，但他的個性素來懦弱。李繼韜兇狠狡猾，他把李繼儔囚禁在另外一個房間裡，然後假裝讓士卒們劫持他要他擔任留後，他則假意謙讓，並把這件事情報告了晉王。晉王考慮到當時正頻頻用兵，實在不得已，於是把昭義軍改稱為安義軍，任命李繼韜為節度留後。

閻寶戰敗後深感慚愧又十分憤懣，背上長了個毒瘡，於四月二十四日甲戌去世。〇漢主劉巖聽信方術之士的話，到梅口鎮去巡遊以躲避災禍。這個地方鄰近閩國的西部邊境，閩國將領王延美率軍要襲擊他。閩軍離梅口鎮還有幾十里的時候，擔任偵察的人趕回來向漢主報告，劉巖趕緊逃跑，這才得以脫身。

五月初六日乙酉，晉國的李存進到達鎮州，在東垣渡紮營，並在滹沱河兩岸修築營壘。

晉國的衛州刺史李存儒，本來姓楊，名叫婆兒，因為會樂舞諧戲而得晉王的寵愛。他的力氣很大，晉王賜給他姓名，讓他擔任刺史。他專門搜刮民財，對守城的士兵他按月徵收錢財，然後放他們回家。八月，梁朝的莊宅使段凝和步兵都指揮使張朗率軍乘著黑夜渡過黃河偷襲衛州。清晨，登上衛州城，活捉了李存儒，攻下了衛州。戴思遠又和段凝一道攻下了淇門、共城、新鄉，於是澶州以西、相州以南的地區，都歸梁朝所有了。晉軍失去了三分之一的軍用儲備，梁軍的聲勢重又振作起來。梁末帝任命張朗為衛州刺史。張朗，是徐州人。

九月戊寅朔❶，張處瑾使其弟處球❷乘李存進無備，將兵七千人奄至❸東垣渡。時晉之騎兵亦向鎮州城下[1]，兩不相遇。鎮兵及❹存進營門，存進狼狽引十餘人鬭于橋上。鎮兵退，晉騎兵斷其後，夾擊之，鎮兵殆盡❺，存進亦戰沒。晉王以蕃漢馬步總管李存審為北面招討使。

鎮州食竭力盡，處瑾遣使詣行臺請降，未報❻，存審兵至城下。丙午❼夜，城中將李再豐為內應，密投縋❽以納晉兵。比明❾，畢登❿，執處瑾兄弟家人及其黨高濛、李翥、齊儉送行臺，趙人皆請而食之。磔⓫張文禮尸於市。趙王故侍者⓬得趙王遺骸⓭於灰燼中，晉王命祭而葬之。以趙將符習為成德節度使，烏震⓮為趙州刺史，趙仁貞為深州⓯刺史，李再豐為冀州刺史。震，信都人也。

符習不敢當成德，辭曰：「故使⓰無後而未葬，習當斬衰⓱以葬之，俟禮畢聽命⓲。」既葬，即詣行臺。趙人請晉王兼領成德節度使，從之。晉王割相、衛二州[2]置義寧軍，以習為節度使。習辭曰：「魏博霸府，不可分也。願得河南一鎮，習自取之。」乃以為天平節度使、東南面招討使。加李存審兼侍中。

十一月戊寅⑲，晉特進、河東⑳監軍使張承業卒，曹太夫人㉑詣其第，為之行服㉒，如子姪之禮。晉王聞其喪，不食者累日。命河東留守判官㉓何瓚代知河東軍府事。

十二月，晉王以魏博觀察判官㉔晉陽張憲兼鎮、冀觀察判官，權鎮州軍府事。魏州稅多逋負㉕，晉王以讓㉖司錄㉗濟陰趙季良㉘，季良曰：「殿下何時當平河南㉙？」王怒曰：「汝職在督稅，職之不修㉚，何敢預㉛我軍事！」季良對曰：「殿下方謀攻取而不愛百姓，一旦百姓離心，恐河北亦非殿下之有，況河南乎！」王悅，謝之。自是重之㉜，每預謀議。

是歲，契丹改元天贊㉝。◯大封王躬乂㉞，性殘忍，海軍統帥王建㉟殺之，自立。復稱高麗王，以開州為東京，平壤為西京。建儉約寬厚㊱，國人安之。

【章旨】以上為第十五段，寫晉兵克鎮州。

【注釋】❶戊寅朔　九月初一日。❷處球　（？—西元九二二年）張文禮第二子。傳附《舊五代史》卷六十二〈張文禮傳〉。❸奄至　突然到達。❹及　到達。❺殆盡　幾乎全被消滅。❻未報　沒有答覆。以示拒絕投降。❼丙午　九月二十九日。❽縋　繩索。把繩子放下城去，以便拉晉兵登城。❾比明　剛剛天亮。❿畢登　全部登城。⓫磔　古代的一種酷刑，即用刀刮割以碎其屍。⓬故侍者　過去服侍王鎔的人。⓭遺骸　遺留殘骨。⓮烏震　（？—西元九二七年）冀州信都（今河北冀州）人，少好學，通《左氏春秋》，喜作詩，善書。官至河北道副招討使。傳見《舊五代史》卷五十九、《新五代史》卷二十六。⓯深

州　州名，治所在今河北深州北。⑯故使　指趙王鎔。⑰斬衰　舊時喪服名，五服中最重的一種。其服用最粗的麻布做成，不緝邊，使斷處外露，以示無飾。⑱聽命　聽從任命。⑲戊寅　十一月初二日。⑳河東　方鎮名，唐玄宗開元十八年（西元七三〇年）更太原府以北諸軍州節度為河東節度。治所太原，在今山西太原。㉑曹太夫人　李存勗生母。㉒行服　戴孝。㉓留守判官　留守府屬官，分管案件審理等。㉔觀察判官　官名，節度使屬官，掌案件審理等。㉕逋負　拖欠稅款。㉖讓　責備。㉗司錄　官名，州府屬官，全稱司錄參軍，掌州衙庶務。㉘趙季良　（？—西元九四六年）字德彰，濟陰（今山東菏澤）人，為後唐太僕卿，後奉使四川，為孟知祥所留，為後蜀宰相。傳見《十國春秋》卷五十一。㉙河南　指後梁。㉚職之不修　本職工作沒有幹好。㉛預　干預。㉜自是重之　從此以後非常尊重他。㉝天贊　遼耶律阿保機年號。㉞躬乂　高麗石窟寺眇僧。天祐初，躬乂聚眾佔據開城府稱王。㉟王建　高麗國王。西元九二二年殺躬乂自立。後唐長興二年（西元九三一年）自稱權知國事，遣使向明宗朝貢，明宗以王建為玄菟州都督，充大義軍使，封高麗國王。㊱儉約寬厚　勤儉節約，寬大敦厚。

【校　記】①下　原無此字。據章鈺校，十二行本、乙十一行本、孔天胤本皆有此字，張敦仁《通鑑刊本識誤》同，今據補。②二州　原作「一州」。據章鈺校，十二行本、乙十一行本、孔天胤本皆作「二州」，今據改。

【語　譯】九月初一日戊寅，張處瑾派他的弟弟張處球乘李存進沒有防備，率領七千名士兵突然來到東垣渡。當時晉軍的騎兵也向鎮州城進發，兩方的人馬沒有相遇。鎮州的軍隊到了李存進的營門，李存進狼狽地率領著十幾個人在橋上抵抗。鎮州軍隊撤退，晉軍的騎兵切斷了他們的退路，前後夾攻，鎮州的軍隊幾乎被消滅光了，李存進也在戰鬥中陣亡。晉王任命蕃漢馬步總管李存審為北面招討使。

鎮州城裡糧食吃光了，再也沒有力氣抵抗了，張處瑾派使者到行臺向晉王請求投降，晉王沒有答覆，這時李存審的軍隊已經到達鎮州城下。九月二十九日丙午夜間，鎮州城內的將領李再豐當內應，祕密地放下繩索把晉軍拉上城牆。等到天亮，晉軍全部登上了城，抓獲張處瑾的兄弟、家人，以及他們的同黨高濛、李翥、齊儉等人，押送到行臺，趙國的人們都來請求要殺了吃他們的肉。又把張文禮的屍體在街市上肢解示眾。過去服侍趙王的侍者在灰燼中找到了趙王的遺骸，晉王命令舉行祭祀然後安葬趙王。晉王任命趙將符習為成德節度使，烏震為趙州刺史，趙仁貞為深州刺史，李再豐為冀州刺史。烏震，是信都人。

符習不敢接受成德節度使的任命，推辭說：「趙王沒有後代，還沒有安葬，我符習應當身服斬衰來安葬他，等喪禮辦完後我再來聽候大王的命令。」把趙王安葬了以後，他立即前往行臺。趙國的人請求晉王兼領成德節度使，晉王答應了。於是晉王割出相州、衛州兩州設置了義寧軍，任命符習為節度使。符習又辭讓說：「魏博是雄踞一方的軍府，不可分割。我只希望能得到黃河以南的一個鎮，我符習自己去攻取。」於是晉王任命符習為天平節度使、東南面招討使。另外加封李存審兼侍中。

十一月初二日戊寅，晉國的特進、河東監軍使張承業去世，曹太夫人前往他的宅第，為他戴孝，像自己的子姪輩去世一樣行喪禮。晉王得悉張承業的死訊，幾天吃不下飯。晉王命令河東留守判官何瓚代理掌管河東軍府的事務。

十二月，晉王任命魏博觀察判官晉陽人張憲兼任鎮州、冀州觀察判官，暫時代理鎮州軍府的事務。

魏州的賦稅拖欠得很多，晉王就這件事責備司錄濟陰人趙季良，趙季良說：「殿下什麼時候能平定黃河以南？」晉王十分生氣地說：「你的職責在於督促稅收，自己的本職都沒幹好，怎麼敢干預我軍事方面的事情！」趙季良回答說：「殿下正在謀劃攻城略地，卻不愛護百姓，一旦百姓離心，恐怕連黃河以北也不歸殿下所有了，更何況黃河以南呢！」晉王聽了這話非常高興，向他表示了歉意。從此以後非常器重他，他往往能參與大事的謀劃商議。

這一年，契丹改年號為天贊。〇大封王躬乂，性情殘忍，海軍統帥王建把他殺了，自己即位。重又稱高麗王，並以開州為東京，以平壤為西京。王建生活節儉，待人寬厚，國內的百姓十分安定。

【研　析】本卷研析楊廷式辦案、梁將劉鄩之死、後唐創業功臣張承業三件史事。

楊廷式辦案。吳國張崇駐節廬州，貪暴不法。廬江民眾控告縣令貪贓。吳執政者派侍御史知雜事楊廷式去核查辦案，指令楊廷式懲治縣令，震懾張崇。楊廷式提出，他去辦案，一定追查到底，揪出張崇，把他逮捕，押上囚車，送給都統處置。都統即徐知誥之父徐溫。徐知誥說：「我要求你只是懲辦縣令，何必牽扯這麼多人呢！」楊廷式說：「小小縣令，哪敢明目張膽敲剝百姓，是張崇指使縣令搜刮民財轉而獻給都統，怎麼可以不打老虎而拍蒼蠅呢！」徐知誥趕緊向楊廷式致歉，說：「這樣的小事哪能勞動你的大駕呢！」楊廷式敢摸老虎屁股，是一個明大義有大勇的好法官，還贏得了知音的賞識是幸運的。但在專制政體下，人情大於法制，在盤根錯節的複雜關係中，執政者即使想要認真辦事，也十分困難。後臺強大，若大於執政者，案情就無法追究，也就不了了之。楊廷式辦案，發人深思。

梁將劉鄩之死。劉鄩善用兵，多智略，十步九計，名重當時。晉王李存勗親自統軍與後梁爭河北，劉鄩統率梁軍主力，是捍衛梁朝的一座長城。由於功高震主，劉鄩遭忌疑，梁帝每每遙控掣肘，使劉鄩不能隨心施展規劃的方略，是以久持無建樹。一向持重的劉鄩，欲建奇功，孤軍奔襲晉陽，碰巧天公不作美，連日陰雨，阻滯行軍，晉王派騎兵回救晉陽，先期劉鄩到達。劉鄩回軍遭晉軍圍追阻截，大敗而歸。由是喪膽，連戰不勝。劉鄩智竭計窮，稱疾辭職，請解兵權以自保。梁末帝准其辭，命劉鄩到西京洛陽就醫，而西京留守張宗奭早已領受密旨，用毒酒等待劉鄩到來，一代名將就這樣悲劇結局。可惜，劉鄩善軍謀，不善保身，在軍閥混戰的紛亂之世，請解兵權以自保，無異於自殺。梁末帝自毀長城，不久覆國敗家，亦以悲劇終。

後唐創業功臣張承業。張承業，字繼元，本姓康，同州（今陝西大荔）人。張承業為唐末內常侍張泰養子，故改姓張。張承業為河東節度使沙陀人李克用監軍，張、李二人交誼深厚。當崔胤、朱全忠大殺宦官，李克用抗詔保護張承業。朱全忠篡唐，李克用承用唐年號，公開恢復張承業為河東監軍，張承業於是竭誠效忠李克用及其子唐莊宗李存勗，為後唐創業功臣。

晉王李克用死，託孤李存勗於張承業等大臣。李克用幼弟李克寧總攝軍政大權，最初尊奉李存勗嗣位晉王，經不住左右親信播弄是非，欲取晉王而代之，李存勗依靠張承業的支持與謀議，平息了內亂，誅殺了李克寧，穩固了政局，李存勗感恩承業，「兄事之」。張承業勸李存勗奉唐年號與後梁朱溫爭河北，晉王之師堂堂正正，在政治上佔了主動。晉王天祐七年、後梁開平四年（西元九一〇年），晉梁柏鄉之戰，這是一場雙方的主力決戰，李存勗輕佻好勝，要與優勢的梁軍硬拼，周德威等宿將之言，一概不聽。在這危急關頭，張承業夜闖軍帳，陳說利害，李存勗當夜轉移部隊，贏得柏鄉之戰的大勝，奠定了奪取河北的基礎。滅劉守光，張承業參與謀議，多有貢獻，李存勗奪取魏博之後，與後梁夾河攻戰，「太原軍國政事，一委承業」，張承業是唐莊宗的蕭何。薛史《張承業傳》，以及司馬光《資治通鑑》都給張承業以肯定的評價，稱其為閹寺中忠義之士。李存勗稱帝，張承業勸阻，自稱「臣唐家一老奴」，未免迂腐。唐代宦官作惡多端，張承業只不過是在時局變遷之中獲得了新生。梁均王龍德二年（西元九二二年）十一月初二日戊寅，張承業卒，晉王母曹太夫人詣其第，為之行服，執子姪之禮；晉王亦為之不食者數日。

卷第二百七十二

後唐紀一

昭陽協洽（癸未 西元九二三年），一年[1]。

【題解】本卷記西元九二三年一年史事，當後唐莊宗同光元年。此一年歷史發生大變化，後唐代後梁。晉王與梁末帝大戰數年，互有勝敗，總形勢仍勢均力敵。梁末帝昏庸，聽信趙巖、張漢傑兄弟等群小，用唐王室弊政宦官監軍，掣肘良將用兵，是以梁兵常敗，晉兵常勝。晉王剛愎自用，多有失計，前有張文禮之變，後有李繼韜之叛，延遲了滅梁的時間。西元九二三年二月，晉王即帝位於魏州，國號大唐，史稱後唐，是為莊宗。李嗣源奇計下鄆州，後梁危急，梁將王彥章亦出奇兵大敗晉兵，圍楊劉，形勢逆轉。在這生死存亡之秋，梁末帝聽信群小，臨陣換將，罷王彥章而任用庸才段凝為主帥，繼而王彥章敗沒，形勢急轉，唐莊宗奮勇進軍大梁，梁末帝未見唐兵而自殺，梁亡。莊宗入大梁，遷都洛陽，梁全境歸服，楚王馬殷、荊南高季昌稽首。莊宗即位伊始，嬖幸伶官，寵愛劉夫人，遊獵無度，斂財拒諫，已出現敗亡之兆，吳、荊南離心。蜀主荒淫，聞梁亡，祈福求神保佑，不思進取，亡無日矣。

莊宗光聖神閔孝皇帝上

同光元年❶（癸未 西元九二三年）

春，二月，晉王下教❷置百官，於四鎮❸判官中選前朝❹士族，欲以為相。河東節度判官盧質為之首。質固辭，請以義武節度判官豆盧革❺、河東觀察判官盧程❻為之。王即召革、程，拜行臺左、右丞相，以質為禮部尚書。

梁主遣兵部侍郎❼崔協❽等冊命吳越王鏐為吳越國王。丁卯❾，鏐始建國，儀衛❿名稱多如天子之制：謂所居曰宮殿，府署曰朝廷，教令下統內曰制敕，將吏皆稱臣。惟不改元，表疏首[2]稱吳越國而不言軍。以清海節度使兼侍中傳瓘為鎮海、鎮東⓫留後，總軍府事。置百官，有丞相、侍郎、郎中⓬、員外郎⓭、客省等使⓮。

李繼韜雖受晉王命為安義留後，終不自安⓯。幕僚魏琢、牙將申蒙復從而間⓰之曰：「晉朝無人，終為梁所併耳。」會晉王置百官，三月，召監軍張居翰⓱、節度判官任圜⓲赴魏州。琢、蒙復說繼韜曰：「王急召二人，情可知矣。」繼韜弟繼遠亦勸繼韜自託⓳於梁，繼韜乃使繼遠詣大梁，請以澤潞⓴為梁臣。梁主大喜，更命安義軍曰匡義，以繼韜為節度使、同平章事。繼韜以二子為質㉑。

安義舊將㉒裴約㉓戍澤州，泣諭其眾曰：「余事故使㉔踰二紀㉕，見其分財享士㉖，志滅仇讎。不幸捐館㉗，柩㉘猶未葬，而郎君㉙遽背君親，吾寧死不能從也！」

遂據州自守。梁主以其驍將董璋㉚為澤州刺史，將兵攻之。繼韜散財募士，堯山人郭威㉛往應募。威使氣殺人㉜，繫獄，繼韜惜其才勇而逸之。

契丹寇幽州，晉王問帥㉝於郭崇韜，崇韜薦橫海節度使李存審。時存審臥病，己卯㉞，徙存審為盧龍節度使，輿疾赴鎮。以蕃漢馬步副總管㉟李嗣源領橫海節度使。

晉王築壇於魏州牙城之南。夏，四月己巳㊱，升壇，祭告上帝，遂即皇帝位，國號大唐。大赦，改元㊲。尊母晉國太夫人曹氏㊳為皇太后，嫡母秦國夫人劉氏㊴為皇太妃。以豆盧革為門下侍郎㊵，盧程為中書侍郎㊶，並同平章事；郭崇韜、張居翰為樞密使㊷，盧質、馮道㊸為翰林學士，張憲㊹為工部侍郎、租庸使。又以義武掌書記李德休㊺為御史中丞。德休，絳之孫也。

詔盧程詣晉陽冊太后、太妃。初，太妃無子，性賢，不妬忌。太后為武皇㊻侍姬，太妃常勸武皇善待之，太后亦自謙退，由是相得甚歡。及受冊，太妃詣太后宮賀，有喜色，太后忸怩㊼不自安。太妃曰：「願吾兒享國久長，吾輩獲沒于地㊽，園陵有主㊾，餘何足言！」因相向歔欷㊿。

豆盧革、盧程皆輕淺(51)無它能，上恃[3]以其衣冠之緒(52)、霸府元僚(53)，故用之。

【章旨】以上為第一段，寫晉王即皇帝位於魏州，是為莊宗，國號大唐，史稱後唐。後梁末帝冊封錢鏐為吳越國王。

【注釋】❶同光元年　後唐莊宗於是年四月始即位改元。❷教　文體的一種。古時太子及王、侯的命令稱教。❸四鎮　指河東、魏博、易定、鎮冀四大鎮。❹前朝　指唐朝。❺豆盧革　（？—西元九二七年）官至後唐同中書門下平章事，後貶陵州賜死。傳見《舊五代史》卷六十七、《新五代史》卷二十八。❻盧程　（？—西元九二三年）唐世族。盧程在唐昭宗天復末登進士，入後唐官至宰輔。傳見《舊五代史》卷六十七、《新五代史》卷二十八。❼兵部侍郎　兵部尚書之副，協助尚書掌兵政。❽崔協　（？—西元九二六年）唐清河大姓，曾祖、祖、父累代仕唐高官。崔協入後唐官至宰輔。傳見《舊五代史》卷五十八。❾丁卯　二月二十二日。❿儀衛　儀仗和警衛。⓫鎮東　方鎮名，唐昭宗初年以越州為威勝軍。乾寧三年（西元八九六年）改威勝軍為鎮東軍節度，治所越州，在今浙江紹興。⓬郎中　官名，尚書省及所屬各部高級官員，位次於尚書丞及各部侍郎，分掌本司事務。⓭員外郎　官名，尚書省及所屬各部次於郎中的官員，掌本司事務。⓮客省等使　客省使，官名，客省的主管官員，掌外國使節進奉、朝覲等事。⓯終不自安　內心終究不安寧。⓰間　挑撥離間。⓱張居翰　（西元八五八—九二八年）字德卿，宦官。莊宗同光四年（西元九二六年）蜀王衍投降，莊宗下詔「王衍一行，並從殺戮」。張居翰改「行」為「家」。只殺王衍一家，從行千餘人免遭枉殺。傳見《舊五代史》卷七十二、《新五代史》卷三十八。⓲任圜　京兆三原（今陝西三原）人，娶李克用甥女，官至代、憲二郡刺史。傳見《舊五代史》卷六十七、《新五代史》卷二十八。⓳自託　依附。⓴澤潞　澤州和潞州，為安義軍轄區。原為梁昭義軍，後唐改為安義軍，以繼韜為留後，繼韜降梁，梁又改名為匡義軍。㉑質　人質。㉒舊將　原來的將領。㉓裴約　（？—西元九二三年）初事李嗣昭為親信，同光二年（西元九二三年）守澤州，城破被董璋殺死。傳見《舊五代史》卷五十二、《新五代史》卷三十二。㉔故使　指李嗣昭。㉕二紀　十二年為一紀，二紀為二十四年。㉖分財享士　分財物給士卒共享。㉗捐館　死的同義詞。言拋棄館舍而去。㉘柩　靈柩；盛有死屍的棺材。㉙郎君　指李嗣昭之子李繼韜等。㉚董璋　（？—西元九二三年）官至劍南、東川節度使，為孟知祥所殺。傳見《舊五代史》卷六十二、《新五代史》卷五十一。㉛郭威　（西元九〇四—九五四年）五代後周王朝的建立者。邢州堯山（今河北隆堯）人，後漢時為鄴都留守。後漢乾祐四年（西元九五一年），代後漢稱帝。西元九五一—九五四年在位。傳見《舊五代史》卷一百十、《新五代史》卷十一。㉜使氣殺人　仗著一時勇氣殺人。郭威在街上遊玩，街上有一屠夫，以勇力使街上人懾伏。郭威酒醉，叫屠夫割些肉進來，割得不規範，郭威叱罵他。屠夫扯開衣服指著肚皮說：「你是勇士，能殺我嗎？」郭威即拔刀將他刺死。市民皆驚，郭威若無其事，為吏所拘留，李繼韜放他逃走。㉝問帥　詢問誰可任元帥。㉞己卯　三月初五日。㉟蕃漢馬步副總管　官名，全軍副統帥。㊱己巳　四月二十五日。㊲改元　改唐天祐年號為同光。李存勗即位前沿用唐朝年號。㊳曹氏（？—西元九二五年）李存勗生母，初封晉國夫人。莊宗即位，上皇太后尊號。同光三年（西元九二五年）謚貞簡皇太后。傳見《舊五代史》卷四十九。㊴劉氏　李克用正室，初封秦國夫人。參與軍機，多所弘益。同光元年（西元九二三年）冊為皇太妃。傳見《舊五代史》卷四十九。㊵門下侍郎　職掌左丞相。㊶中書侍郎　職掌右丞相。㊷樞密使　樞密院長官，掌軍國樞務。唐樞密使用宦官，後唐時參用士人。㊸馮道　（西元八八二—九五四年）字可道，瀛州景城（今河北滄州西景城）人，自號長樂老。歷仕後唐、後晉、後漢、後周四朝五姓，三入中書，為相二十餘年，雖然臣節有虧，而廉潔持重，有政聲。馮道主持刻印《九經》，世稱「五代監本」。官府大規模刻書自此始。傳見《舊五代史》卷一百二十六、《新五代史》卷五十四。㊹張憲　（？—西元九二六年）字允中，晉陽（今山西太原）人，學識優深，善精吏道。傳見《舊五代史》卷六十九、《新五代史》卷二十八。㊺李德休　字表逸，唐憲宗朝宰相李絳之孫，官至後唐禮部尚書。傳見《舊五代史》卷六十。㊻武皇　即李克用。㊼忸怩　羞慚的樣子。㊽獲沒于地　死在九泉之下。㊾園陵有主　墳墓有人祭掃。㊿歔欷　歎息；抽咽。(51)輕淺　輕薄、淺率。(52)衣冠之緒　唐望族的後代，即出身於名門士族。(53)霸府元僚　晉王節度使府舊僚屬。元，通「原」。

【校　記】[1]年　「年」下原有「晉王李克用始封於晉存勗嗣封及即大位自以繼唐有天下國遂號曰唐通鑑曰後唐以別長安之唐」四十字。據章鈺校，十二行本、乙十一行本皆無此四十字，今據刪。[2]首　原無此字。據章鈺校，十二行本、乙十一行本、孔天胤本皆有此字，張敦仁《通鑑刊本識誤》同，今據補。[3]恃　此字原無。據章鈺校，十二行本、乙十一行本皆有此字，今據補。

【語　譯】莊宗光聖神閔孝皇帝上

同光元年（癸未　西元九二三年）

春，二月，晉王下教令設置百官，還在四鎮的判官中挑選前朝的士族，準備任命為丞相。河東節度判官盧質成為首選。但盧質堅決辭讓，請求讓義武節度判官豆盧革、河東觀察判官盧程來擔任。晉王於是徵召豆盧革和盧程二人，分別拜為行臺左、右丞相，任命盧質為禮部尚書。

梁主派兵部侍郎崔協等人去冊封吳越王錢鏐為吳越國王。二月二十二日丁卯，錢鏐開始建國，儀仗和侍衛的名稱大多如同天子制度：稱他所住的地方叫宮殿，府署叫朝廷，給所統轄地區下的教令叫制敕，將吏對他都自稱臣下。只是不更改年號，向梁朝上表疏時起首自稱吳越國而不稱鎮海、鎮東軍。任命清海節度使兼侍中錢傳瓘為鎮海、鎮東留後，總管軍府事務。設置百官，有丞相、侍郎、郎中、員外郎、客省使等職位。

李繼韜雖然接受了晉王的任命為安義留後，可是內心終究不得安定。他的幕僚魏琢、牙將申蒙又從中挑撥說：「晉國朝廷沒有什麼人才，最終會被梁國吞併的。」適逢晉王正在設置百官，三月，徵召監軍張居翰、節度判官任圜趕赴魏州。魏琢、申蒙又向李繼韜遊說道：「晉王急著徵召這兩個人，其實情可想而知了。」李繼韜的弟弟李繼遠也勸李繼韜要依附梁朝，李繼韜於是派李繼遠前往大梁，請求以澤州、潞州向梁朝歸附稱臣。梁主大喜，下令把安義軍改名為匡義軍，任命李繼韜為匡義節度使、同平章事。李繼韜把自己的兩個兒子送到梁朝做人質。

安義軍的舊將裴約戍守澤州，哭著告訴他的部眾說：「我侍奉故使超過二十四年，看到他把財物分給士卒共享，立志消滅仇敵。不幸去世，他的靈柩還沒有安葬，而他的兒子就背叛了君主和親人，我寧死也不能從命！」於是佔據州城堅守。梁主任命他驍勇的將領董璋為澤州刺史，率兵攻打裴約。李繼韜散發財物招募士卒，堯山人郭威前往應募。郭威曾因意氣用事殺了人，被逮捕下獄，李繼韜愛惜他的才幹和勇氣，把他放了。

契丹侵犯幽州，晉王就主帥人選徵詢郭崇韜，郭崇韜推薦了橫海節度使李存審。當時李存審臥病在床，三月初五日己卯，晉王改任李存審為盧龍節度使，用車子載著他帶病上任。又任命蕃漢馬步副總管李嗣源兼領橫海節度使。

晉王在魏州牙城的南面修築了祭壇。夏，四月二十五日己巳，晉王登上祭壇，祭告上帝，於是即位稱皇帝，國號為大唐。大赦天下，改年號為同光。尊奉生母晉國太夫人曹氏為皇太后，嫡母秦國夫人劉氏為皇太妃。任命豆盧革為門下侍郎，盧程為中書侍郎，兩人都為同平章事；任命郭崇韜、張居翰為樞密使，盧質、馮道為翰林學士，張憲為工部侍郎、租庸使。又任命義武節度掌書記李德休為御史中丞。李德休，是李絳的孫子。

下詔命令盧程前往晉陽冊封太后、太妃。當初，太妃沒有兒子，性情賢惠，不妒忌別人。太后原來是武皇李克用的侍姬，太妃常常勸說武皇要善待太后，太后自己也很謙虛退讓，因此兩人彼此投合，相處十分歡洽。到了接受冊封時，太妃到太后的宮裡致賀，面有喜色，太后反而有些羞慚，內心感到不安。太妃說：「希望我們的兒子能夠長久做皇帝，我們將來死了埋在地下，墓園陵寢有人照顧，其他的還有什麼值得說的！」於是兩人相對抽泣。

豆盧革、盧程都輕浮淺薄，沒有什麼才能，唐莊宗因為他們是衣冠大族的後代、霸府的原有幕僚，所以才重用他們。

初，李紹宏為中門使，郭崇韜副之。至是❶，自幽州召還，崇韜惡❷其舊人❸位在己上，乃薦張居翰為樞密使，以紹宏為宣徽使❹，紹宏由是❺恨之。居翰和謹畏事❻，軍國機政皆崇韜掌之。支度務使❼孔謙自謂才能勤效，應為租庸使❽。眾議以謙人微地寒❾，不當遽❿總重任。故崇韜薦張憲，以謙副之，謙亦不悅。

以魏州為興唐府⓫，建東京。又於太原府建西京。又以鎮州為真定府，建北都。以魏博節度判官王正言為禮部尚書、行興唐尹，太原馬步都虞候孟知祥為太原尹、充西京副留守，潞州觀察判官任圜為工部尚書兼真定尹、充北都[1]副留守，皇子繼岌為北都留守、興聖宮⑫使、判六軍⑬諸衛事。時唐國所有凡十三節度⑭、五十州⑮。

閏月⑯，追尊皇曾祖執宜⑰曰懿祖昭烈皇帝，祖國昌⑱曰獻祖文皇帝，考晉王⑲曰太祖武皇帝，立宗廟於晉陽，以高祖、太宗、懿宗、昭宗洎⑳懿祖以下為七室㉑。

甲午㉒，契丹寇幽州，至易定而還。

時契丹屢入寇，鈔掠饋運㉓，幽州食不支半年。衛州為梁所取，潞州內叛。人情岌岌㉔，以為梁未可取，帝患㉕之。會㉖鄆州將盧順密㉗來奔。先是，梁天平節度使戴思遠屯楊村，留順密與巡檢使㉘劉遂嚴、都指揮使燕顒守鄆州。順密言於帝曰：「鄆州守兵不滿千人，遂嚴、顒皆失眾心，可襲㉙取也。」郭崇韜等皆以為懸軍遠襲㉚，萬一不利，虛棄㉛數千人，順密不可從。帝密召李嗣源於帳中謀之曰：「梁人志在吞澤潞，不備東方，若得東平㉜，則潰其心腹。東平果可取乎？」嗣源自胡柳有度河之慚，常欲立奇功以補過，對曰：「今用兵歲久，生民疲弊，苟非出奇取勝，大功何由可成！臣願獨當此役，必有以報㉝。」帝悅。壬寅㉞，遣嗣源將所部精兵五千自德勝趣鄆州。比及㉟楊劉，日已暮，陰雨道黑，將士皆不欲進。高行周㊱曰：「此天贊我也，彼必無備。」夜度河至城下，鄆人不知。李從珂㊲先登，殺守卒，啓關納外兵，進攻牙城，城中大擾。癸卯㊳旦，嗣源兵盡入，遂拔牙城，劉遂嚴、燕顒奔大梁。嗣源禁焚掠，撫吏民，執知州事節度副使崔簹㊴、判官趙鳳㊵送興唐。帝大喜曰：「總管真奇才，吾事集㊶矣。」即以嗣源為天平節度使。

【章　旨】以上為第二段，寫晉將李嗣源奇計下鄆州。

【注　釋】❶至是　到這時候。❷惡　厭恨。❸舊人　指李紹宏。❹宣徽使　官名，唐時以宦官充任，掌總領內諸司及三班內侍之籍。五代改用士人，掌諸司名籍、遷補、朝會、檢視內外進奉名物等。常用以授罷政的勳舊大臣。❺由是　由於這件事。因宣徽使在樞密使之下，權又不及樞密使大。❻和謹畏事　謙和小心，怕惹禍事。❼支度務使　官名，掌財務。❽租庸使　領錢穀等事，專事聚斂。❾人微地寒　出身的門第和郡望都很低微。❿遽　突然。指驟然得高官。⓫興唐府　晉王李存勗即位，升魏州為東京興唐府。⓬興聖宮　後唐洛陽有西宮興聖宮。此興聖宮應是以魏州府舍仿擬洛陽之名。⓭判六軍　總管禁衛軍。六軍，原指唐禁軍左右羽林軍、左右龍武軍、左右神武軍。這裡即以六軍代指莊宗禁衛軍。⓮十三節度　即天雄、成德、義武、橫海、盧龍、大同、振武、雁門、河東、護國、晉絳、安國、昭義等。⓯五十州　即魏、博、貝、澶、相、鄆、洺、磁、鎮、冀、深、趙、易、祁、定、滄、景、德、瀛、莫、幽、涿、檀、薊、順、營、平、蔚、朔、雲、應、新、嬀、儒、武、忻、代、嵐、石、憲、麟、府、并、汾、慈、隰、澤、潞、沁、遼，凡五十州。⓰閏月　閏四月。⓱執宜　朱邪氏，仕唐官至代北行營招撫使。莊宗即位追謚為昭烈皇帝，廟號懿祖。事見《舊五代史》卷二十五〈武皇紀上〉、《新五代史》卷四〈唐本紀〉。⓲國昌　本名赤心，賜姓李，李克用之父，仕唐官至振武節度使。莊宗即位，追謚文皇帝，廟號獻祖。傳附《舊五代史》卷二十五〈武皇本紀上〉。⓳晉王　即李克用（西元八五六—九〇八年），仕唐為河東節度使，進封為晉王。莊宗即位，追謚為武皇帝，廟號太祖。事見《新唐書》卷二百十八、《舊五代史》卷二十五、《新五代史》卷四。⓴洎　及；到。㉑七室　即天子七廟。莊宗以唐氏繼任，故以唐高祖、唐太宗、唐懿宗、唐昭宗，以及所追封的三祖合為七廟。㉒甲午　閏四月二十日。㉓鈔掠饋運　掠奪後唐向幽州運送的軍糧。㉔岌岌　危險的樣子。㉕患　擔心。㉖會　剛好；適逢。㉗盧順密　汶陽（今山東泰安）人，初事梁將戴思遠為步校，後歸莊宗。性篤厚，臨諸軍，撫百姓，皆有仁愛之譽。官至後晉涇州留後。傳見《舊五代史》卷九十五。㉘巡檢使　巡檢使與下文都指揮使，皆武官名。巡檢使多設於邊鎮，統駐防軍，都指揮使則為統兵長官。㉙襲　乘人不備而攻擊。㉚懸軍遠襲　孤軍深入敵後偷襲敵人。㉛虛棄　白白地丟棄、損失。㉜東平　即鄆州。鄆州本為東平郡。㉝必有以報　一定有好消息向你報告。㉞壬寅　閏四月二十八日。㉟比及　及至；等到。㊱高行周　（西元八八五—九五二年）字尚質，幽州（今北京市）人，隸明宗帳下，英勇善戰。心甚謹厚，屢立戰功。仕後唐潞州節度使。後晉歸德軍節度使。後漢天平節度使，封齊王。後周加守尚書令，卒諡武懿，追封秦王。傳見《舊五代史》卷一百二十三、《新五代史》卷四十八。㊲李從珂　（西元八八五—九三六年）本姓王，明宗養子，以力戰知名。為後唐第四任皇帝，西元九三四—九三六年在位。自焚死，諡末帝。事見《舊五代史》卷四十六、《新五代史》卷七。㊳癸卯　閏四月二十九日。㊴崔筥　梁鄆州知州事節度副使。㊵趙鳳　（？—西元九三五年）傳見《舊五代史》卷六十七、《新五代史》卷二十八。幽州（治所在今北京城區西南）人，早年曾為鄆州節度判官。㊶集　成功。

【校　記】①北都　原作「北京」。胡三省注云：「『京』當作『都』。」嚴衍《通鑑補》改作「北都」，下文亦稱「北都留守」，當是，今從改。

【語　譯】當初，李紹宏擔任中門使，郭崇韜擔任中門副使。到這時候，李紹宏從幽州被徵召回朝，郭崇韜厭恨原來的同事地位在自己之上，於是推薦張居翰擔任樞密使，任命李紹宏為宣徽使，李紹宏由於這件事對郭崇韜懷恨在心。張居翰謙和謹慎，怕惹事，軍國的機要政務都由郭崇韜掌控。支度務使孔謙自認為有才能，而且勤敏有勞績，應當擔任租庸使；可是大家的意見認為孔謙出身的門第和郡望低微而貧寒，不適宜一下子就總攬重任。所以郭崇韜就推薦張憲擔任租庸使，而任命孔謙為副使，孔謙心裡也很不高興。

把魏州改為興唐府，建為東京。又把太原府建為西京。同時把鎮州改為真定府，建為北都。任命魏博節度判官王正言為禮部尚書、兼任興唐尹，任命太原馬步都虞候孟知祥為太原尹、充任西京副留守，任命潞州觀察判官任圜為工部尚書、兼任真定尹、充任北都副留守，任命皇子李繼岌為北都留守、興聖宮使、兼管六軍諸衛的事務。這時唐所擁有的地區共有十三個節度鎮、五十個州。

閏四月，唐莊宗追尊曾祖父李執宜為懿祖昭烈皇帝，祖父李國昌為獻祖文皇帝，父親晉王為太祖武皇帝。在晉陽建立宗廟，從先朝高祖、太宗、懿宗、昭宗至本朝懿祖以下三代，共立了七個廟堂。

閏四月二十日甲午，契丹入侵幽州，攻到易定之後又退了回去。

當時契丹屢次入侵，搶掠運輸的糧餉，幽州的存糧不夠半年之用。而衛州已被梁軍攻取，潞州又反叛。眾人內心都感受到了危急，認為梁朝未必可以攻取，唐莊宗對此很憂慮。這時剛好梁朝的鄆州將領盧順密前來歸順。此前，梁天平節度使戴思遠屯駐在楊村，留下盧順密和巡檢使劉遂嚴、都指揮使燕顒駐守鄆州。盧順密對唐莊宗說：「鄆州的守軍不足千人，劉遂嚴、燕顒都已失去民心，可以偷襲而把他攻取下來。」郭崇韜等都認為孤軍深入遠道襲擊，萬一作戰失利，會白白地損失幾千人，盧順密的話不可聽從。唐莊宗把李嗣源祕密召到他的軍帳中謀劃說：「梁人的目的在於吞併澤州、潞州，不會防備東邊，如果能夠攻取東平，就是擊潰了它的腹心之地。你看東平真的可以攻取嗎？」李嗣源自從在胡柳戰役中因渡河北撤而一直感到很慚愧，時常想建立奇功以彌補以往的過錯，於是回答說：「如今我們用兵多年，百姓非常疲憊，如果不是出奇制勝，大的功業靠什麼來成就！臣願意獨力擔當這次任務，一定會有好消息向陛下報告。」唐莊宗聽了很高興。閏四月二十八日壬寅，派李嗣源率領他所屬部隊的五千名精兵從德勝城趕往鄆州。等到達楊劉，天色已晚，陰雨道黑，將士們都不想前進。高行周說：「這是上天幫助我們啊，敵人一定沒有防備。」部隊趁夜渡過黃河到達鄆州城下，鄆州的人不知情。李從珂率先登城，殺死守城的士卒，打開城門讓城外的人馬進來，進攻牙城，城中大亂。二十九日癸卯清晨，李嗣源的人馬全部進入城內，隨即攻下了牙城，劉遂嚴、燕顒逃回大梁。李嗣源嚴禁士卒放火搶劫，安撫當地的官吏百姓，抓獲了知州事節度副使崔簹、判官趙鳳，並把他們押送到興唐府。唐莊宗十分高興地說：「總管真是個奇才，我的大事成了。」當即任命李嗣源為天平節度使。

梁主聞鄆州失守，大懼，斬劉遂嚴、燕顒於市，罷戴思遠招討使，降授宣化❶留後，遣使詰讓❷北面諸將段凝、王彥章等，趣❸令進戰。敬翔知梁室已危，以繩內❹靴中，入見梁主曰：「先帝❺取天下，不以臣為不肖❻，所謀無不用。今敵勢益彊，而陛下棄忽❼臣言，臣身無用，不如死。」引繩❽將自經❾。梁主止之，問所欲言，翔曰：「事急矣，非用王彥章為大將，不可救也。」梁主從之，以彥章代思遠為北面招討使，仍以段凝為副。

帝聞之，自將親軍屯澶州，命蕃漢馬步都虞候朱守殷❿守德勝，戒之曰：「王鐵槍勇決⓫，乘憤激之氣，必來唐突⓬，宜謹備之！」守殷，王幼時所役蒼頭⓭也。

又遣使遺吳王書，告以已克鄆州，請同舉兵⓮擊梁。五月，使者至吳，徐溫欲持兩端⓯，將舟師循海而北，助其勝者。嚴可求曰：「若梁人邀我登陸為援，何以拒之？」溫乃止。

梁主召問王彥章以破敵之期，彥章對曰：「三日。」左右皆失笑。彥章出，兩日，馳至滑州。辛酉⓰，置酒大會，陰遣人具舟⓱於楊村。夜，命甲士六百，皆持巨斧、載冶者⓲、具韛炭⓳，乘流而下。會飲尚未散，彥章陽起更衣⓴，引精兵數千循㉑河南岸趨德勝。天微雨，朱守殷不為備，舟中兵舉鎖燒斷之，因以巨斧斬浮橋，而彥章引兵急擊南城。浮橋斷，南城遂破，斬首數千級[1]。時受命適㉒三日矣。守殷以小舟載甲士濟河㉓救之，不及。彥章進攻潘張、麻家口、景店㉔諸寨，皆拔之，聲勢大振。

帝遣宦者焦彥賓㉕急趣楊劉㉖，與鎮使㉗李周㉘固守。命守殷棄德勝北城，撤屋材㉙[2]為栰，載兵械浮河東下，助楊劉守備，徙其芻糧薪炭於澶州，所耗失殆半。王彥章亦撤南城屋材，浮河而下。各行一岸，每遇灣曲㉚，輒㉛於中流交鬬，飛矢雨集，或全舟覆沒，一日百戰，互有勝負。比及楊劉，殆㉜亡士卒之半。己巳㉝，王彥章、段凝以十萬之眾攻楊劉。百道俱進㉞，晝夜不息。連巨艦九艘，橫亙河津以絕援兵。城垂陷㉟者數四，賴李周悉力㊱拒之，與士卒同甘苦，彥章不能克，退屯城南，為連營以守之。

【章旨】以上為第三段，寫梁將王彥章大敗晉兵於德勝，兵圍楊劉。

【注釋】❶宣化　方鎮名，唐肅宗至德二載（西元七五七年），升襄陽防禦使為山南東道節度使。梁破趙匡凝，分鄧州置宣化軍。治所鄧州，在今河南鄧州。❷詰讓　詰問、責備。❸趣　催促。❹內　通「納」。藏。❺先帝　指朱溫。❻不肖　不賢。❼棄忽　摒棄、輕視。❽引繩　拿出繩子。❾自經　自縊。❿朱守殷　（？—西元九二七年）小字會兒，為莊宗童僕，漸成心腹，為明宗所殺。傳見《舊五代史》卷七十四、《新五代史》卷五十一。⓫勇決　勇敢而果斷。⓬唐突　冒犯。⓭蒼頭　奴僕。⓮舉兵　起兵；發兵。⓯持兩端　首鼠兩端，俗稱腳踩兩條船。⓰辛酉　五月十八日。⓱具舟　準備船隻。⓲治

者　熔煉金屬的工人。⑲具鞴炭　準備鼓風吹火器具和木炭。鞴，通「韝」。吹火使旺熾的皮囊。⑳陽起更衣　假裝上廁所。㉑循　沿著。㉒適　剛好。㉓濟河　渡過黃河。㉔潘張麻家口景店　地名，均為沿河要津，晉人立寨守衛。村中有潘、張兩姓，因以名村。麻、景亦當是村民姓氏。㉕焦彥賓　字英服，滄州清弛（今河北滄縣東南）人，少聰敏，多智略。傳見《九國志》。㉖楊劉　鎮名，控扼黃河下游的軍事重鎮，在今山東東阿東北古黃河南岸。㉗鎮使　鎮守楊劉的鎮將。㉘李周（西元八七一－九四四年）官至後晉開封尹。傳見《舊五代史》卷九十一、《新五代史》卷四十七。㉙屋材　房屋的木材。用來做木筏。㉚灣曲　河道彎曲的地方。㉛輒　常。㉜殆　大概。㉝己巳　五月二十六日。㉞百道俱進　全線一起進軍；多路進攻。㉟垂陷　瀕臨陷落。㊱悉力　全力。

【校　記】①斬首數千級　原無此五字。據章鈺校，十二行本、乙十一行本、孔天胤本皆有此五字，張敦仁《通鑑刊本識誤》同，今據補。②材　原無此字。據章鈺校，十二行本、乙十一行本、孔天胤本皆有此字，張敦仁《通鑑刊本識誤》同，今據補。

【語　譯】梁主聽到鄆州失守，十分恐懼，下令把劉遂嚴、燕顒押到街市上斬首，罷免了戴思遠的招討使職務，降職授予宣化留後，又派使者詰問責備北面招討的各位將領段凝、王彥章等，催促他們進軍交戰。敬翔知道朱梁王室已經岌岌可危，於是把繩子裝進靴子裡，入宮晉見梁主說：「先帝奪取天下的時候，不認為臣沒有才能，臣的謀略建議無不採納。如今敵人的勢力更加強大，而陛下卻不聽取、不重視臣的建議，臣已是個無用之人，還不如死了罷。」說著拿出繩子準備自殺。梁主阻止了他，問他究竟想說什麼，敬翔說道：「事情已經很危急了，如果不起用王彥章為大將，就不可挽救了。」梁主聽從了他的建議，任命王彥章代替戴思遠擔任北面招討使，仍舊讓段凝擔任副招討使。

唐莊宗聽到這一消息，親自率領親軍屯駐在澶州，命令蕃漢馬步都虞候朱守殷鎮守德勝城，並告誡他說：「王鐵槍勇敢果決，乘著士卒這股憤怒激動的氣勢，一定會來冒犯，你應該謹慎防備！」朱守殷，是唐莊宗小時候使喚的奴才。

唐莊宗又派使者給吳王送去書信，告訴吳王自己已經攻克鄆州，請他共同起兵攻打梁朝。五月，使者到達吳國，徐溫想腳踏兩條船，準備率領水師沿著海岸北上，看哪邊打勝了就幫助哪邊。嚴可求說：「如果梁軍請求我們登陸去援助他們，我們用什麼理由拒絕他們呢？」徐溫於是作罷。

梁主召見王彥章問他破敵的時間，王彥章回答說：「三天。」左右大臣們聽了都不由得發笑。王彥章出京，用了兩天時間，急速趕到滑州。五月十八日辛酉，王彥章設置酒宴會聚了大量賓客，暗中卻派人在楊村準備好船隻。當天夜裡，命令六百名甲士，都拿著大斧，船上載運了一些煉鐵的匠人，準備了鼓風的皮囊和火炭，順流而下。這時酒會還沒有結束，王彥章假裝起身上廁所，實際上率領幾千名精兵沿黃河南岸直奔德勝城。當時天下著小雨，朱守殷並沒作防備，船上王彥章的士卒把連接浮橋的鎖用火燒斷，接著用大斧砍斷浮橋，而王彥章則率領人馬猛攻德勝南城。浮橋被砍斷了，德勝南城隨即被攻了下來，斬殺數千人。這時距王彥章接受命令剛好三天。朱守殷用小船載著甲士渡過黃河來援救南城，但已經來不及了。王彥章又進攻潘張、麻家口、景店等唐軍營寨，都攻了下來，聲威大震。

唐莊宗派宦官焦彥賓火速趕往楊劉，與楊劉鎮使李周一道固守。命令朱守殷放棄德勝北城，拆掉房屋做成木筏，載著士兵和武器從河上東下，以協助楊劉進行守備，又把德勝北城的糧草柴火都轉移到澶州，轉移中所損失的將近有一半。王彥章也拆下德勝南城的房屋木料，做成木筏從河上東下。王彥章和朱守殷兩軍各靠一側岸邊行船，每遇黃河河道彎曲之處，就要在中流交戰一番，射出的箭像雨一樣密集，有時候甚至全船覆沒，一日交戰上百次，雙方互有勝負。等到達楊劉時，差不多都損失了將近一半的士卒。五月二十六日己巳，王彥章、段凝率領十萬大軍進攻楊劉。多路並進，晝夜不停。又把九艘大船連起來，橫攔在黃河的渡口上以阻斷唐軍的援兵。楊劉城好幾次都瀕臨陷落，多虧李周全力抵禦，和士卒同甘共苦，最終王彥章還是沒能攻下，於是退兵屯駐城南，設立相連的營寨堅守。

楊劉告急於帝，請日行百里以赴之❶。帝引兵救之，曰：「李周在內，何憂！」

日行六十里，不廢畋獵[2]。六月乙亥[3]，至楊劉。梁兵塹壘重複[4]，嚴不可入。帝患[5]之，問計於郭崇韜，對曰：「今彥章據守津要，意謂可以坐取東平。苟大軍不南，則東平不守矣。臣請築壘於博州[6]東岸以固河津，既得以應接東平，又可以分賊兵勢。但慮彥章詗知[7]，徑來薄我[8]，城不能就。願陛下募敢死之士，日令挑戰以綴[9]之，苟彥章旬日不東，則城成矣。」時李嗣源守鄆州，河北聲問不通[10]，人心漸離，不保朝夕[11]。會梁右先鋒指揮使康延孝[12]密請降於嗣源，延孝者，太原胡人，有罪，亡奔梁，時隸段凝麾下。嗣源遣押牙臨漳范延光[13]送延孝蠟書詣帝，延光因言於帝曰：「楊劉控扼[14]已固，梁人必不能取，請築壘馬家口[15]以通鄆州之路。」帝從之，遣崇韜將[16]萬人夜發，倍道趣博州，至馬家口度河，築城晝夜不息。帝在楊劉，與梁人晝夜苦戰。崇韜築新城凡六日，王彥章聞之，將兵數萬人馳至。戊子[17]，急攻新城，連巨艦十餘艘於中流以絕援路。時板築[18]僅畢，城猶卑下，沙土疏惡，未有樓櫓[19]及守備。崇韜慰諭[1]士卒，以身先之，四面拒戰，遣間使告急於帝。帝自楊劉引大軍救之，陳於新城西岸。城中望之增氣，大呼叱[20]梁軍，梁人斷紲斂艦[21]。帝艤舟[22]將度，彥章解圍，退保鄒家口[23]。鄆州奏報始通。李嗣源密表請正[24]朱守殷覆軍之罪，帝不從。

秋，七月丁未㉕，帝引兵循河而南，彥章等棄鄒家口，復趨楊劉。甲寅㉖，遊弈將㉗李紹興敗梁遊兵㉘於清丘驛㉙南。段凝以為唐兵已自上流渡，驚駭失色㉚，面數㉛彥章，尤㉜其深入。○乙卯㉝，蜀侍中魏王宗侃卒。

戊午㉞，帝遣騎將李紹榮直抵梁營，擒其斥候㉟，梁人益恐。又以火栰㊱焚其連艦。王彥章等聞帝引兵已至鄒家口，己未㊲，解楊劉圍，走保楊村㊳。唐兵追擊之，復屯德勝。梁兵前後急攻諸城，士卒遭矢石、溺水、暍死㊴者且㊵萬人，委棄㊶資糧、鎧仗、鍋幕，動以千計㊷。楊劉比至圍解，城中無食已三日矣。

王彥章疾趙、張㊸亂政，及為招討使，謂所親曰：「待我成功還，當盡誅姦臣以謝㊹天下！」趙、張聞之，私相謂曰：「我輩寧死於沙陀㊺，不可為彥章所殺。」相與協力傾之㊻。段凝素疾彥章之能而諂附㊼趙、張，在軍中與彥章動相違戾㊽，百方沮橈㊾之，惟恐其有功，潛伺㊿彥章過失以聞於梁主。每捷奏至，趙、張悉歸功於凝，由是彥章功竟無成。及歸楊村，梁主信讒(51)，猶[2]恐彥章旦夕成功難制，徵(52)還大梁。使將兵會董璋攻澤州(53)。

甲子(54)，帝至楊劉，勞李周曰：「微(55)卿善守，吾事敗矣。」

【章　旨】以上為第四段，寫梁末帝任將不專，王彥章既受制於內，又不協於外，不能號令全軍，功敗垂成，被解軍權。

【注　釋】❶赴之　趕赴楊劉。❷不廢畋獵　不停止打獵。❸乙亥　六月初二日。❹塹壘重複　壕塹和堡壘重重疊疊。❺患　擔心；憂慮。❻博州　州名，治所聊城，在今山東聊城東北。❼詗知　偵察知道。❽薄我　靠近我。這裡指直接來攻打我。❾綴　牽制。❿聲問不通　信息不通。⓫不保朝夕　指形勢危險，早晚都有陷城的可能。⓬康延孝　（?—西元九二六年）後唐平蜀時戰功第一，據四川為亂，自稱西川節度、三川制置等使。兵敗被擒殺。傳見《舊五代史》卷七十四、《新五代史》卷四十四。⓭范延光　（?—西元九四〇年）字子環，鄴郡臨漳（今河北臨漳）人，官至後唐同平章事。後晉封臨清王，為楊光遠推墮河死。傳見《舊五代史》卷九十七、《新五代史》卷五十一。⓮控扼　控制、扼守。⓯馬家口　地名，當在通往鄆州的路上。⓰將　率領。⓱戊子　六月十五日。⓲板築　築城。用板為範，實泥築城，故稱板築。⓳樓櫓　古時軍中用以偵察、防禦或攻城的活動高臺。⓴叱　大聲叱罵。㉑斷紲斂艦　砍斷纜繩，收縮兵艦。㉒艤舟　乘坐大船靠向岸邊。艤，船攏岸。㉓鄒家口　地名，在黃河岸邊。以所居村民之姓為地名。㉔正　肅正。㉕丁未　七月初五日。㉖甲寅　七月十二日。㉗遊弈將　武將名，機動巡遊將領。㉘遊兵　遊動士兵。㉙清丘驛　地名，在今山東濮陽東南。㉚失色　驚慌變色。㉛面數　當面數落、指責。㉜尤　責怪；歸咎。㉝乙卯　七月十三日。㉞戊午　七月十六日。㉟斥候　偵察兵。㊱火栰　載火焚燒的木筏。㊲己未　七月十七日。㊳楊村　地名，在楊劉南。㊴暍死　中暑而死。㊵且　將近。㊶委棄　丟棄；拋棄。㊷動以千計　此謂委棄的物資數量常常以千來計算。喻極多。㊸疾趙張　疾，怨恨。趙，指趙巖。張，指張漢傑、張漢倫、張漢融等。㊹謝　謝罪。㊺沙陀　指李存勗。㊻傾之　傾軋排擠王彥章。㊼諂附　諂媚攀附。㊽動相違戾　動不動就互相抵觸，意見分歧。㊾沮橈　阻止或暗中破壞，使不能成功。沮，通「阻」。㊿潛伺　暗中窺測。(51)信讒　聽信讒言。(52)徵　徵召。(53)澤州　州名，治所晉城，在今山西晉城。(54)甲子　七月二十二日。(55)微　無；沒有。

【校　記】[1]慰諭　原作「慰勞」。據章鈺校，十二行本、乙十一行本皆作「慰諭」，張敦仁《通鑑刊本識誤》同，今據改。[2]猶　嚴衍《通鑑補》改作「反」。

【語　譯】楊劉城向唐莊宗告急，請求軍隊日行百里趕赴楊劉救援。唐莊宗率軍前往救援，說：「有李周在城裡，有什麼可擔心的！」於是每天只行軍六十里，一路上還不曾停止過打獵。六月初二日乙亥，援軍到達楊劉。梁軍的塹壕營壘層層疊疊，布防嚴密，根本就不可能進去。唐莊宗很憂慮，便問郭崇韜有什麼好辦法，郭崇韜回答說：「現在王彥章據守著水陸衝要之地，認為這樣就可以坐取東平。如果我們的大軍不向南開進，那麼東平就守不住了。臣請求在博州東岸修築營壘以鞏固河上的渡口，這樣既可以接應東平，又可以分散敵人的兵力。只是擔心王彥章偵察到這一情況，直接逼近我們，那麼城就築不起來了。希望陛下招募敢死的士卒，讓他們每天都向梁軍挑戰以牽制梁軍，如果王彥章十天不向東進軍，那麼城就可以築成了。」當時李嗣源正堅守鄆州，與黃河以北地區消息不通，人心逐漸離散，城池早晚可能陷落。這時剛好梁軍右先鋒指揮使康延孝祕密向李嗣源請求投降，康延孝是太原的胡人，因為犯了罪，逃亡投奔了梁，當時屬於段凝的部下。李嗣源派押牙臨漳人范延光把康延孝請降的蠟書送到唐莊宗那裡，范延光於是向唐莊宗進言說：「對楊劉的控制扼守已很穩固，梁軍肯定攻不下來，請求在馬家口修建營壘以打通前往鄆州的道路。」唐莊宗聽從了他的建議，派郭崇韜率領一萬人連夜出發，兼程趕往博州，到達馬家口渡過黃河，在那裡日夜不停地築城。唐莊宗在楊劉，與梁軍日夜苦戰。郭崇韜建造新城已有六天，王彥章得到了消息，立即率領數萬大軍急速趕到那裡。十五日戊子，梁軍猛攻新城，並且把十餘艘大型戰船連起來擋在黃河中流，以斷絕援救郭崇韜的路。當時城牆板築剛完成，高度還不夠，土石疏鬆，還沒有供瞭望和守備的樓櫓及其他設施。郭崇韜慰勞士卒，並且親自帶頭，四面抵禦交戰，同時派出密使向唐莊宗告急。唐莊宗從楊劉親率大軍趕來救援，在新城的西岸布陣。城裡的人望見援兵後士氣大振，大聲斥罵梁軍，梁軍砍斷了河中連接戰船的繩索，收攏戰船。唐莊宗的船停在岸邊即將渡河，王彥章解除包圍，退守鄒家口。鄆州向朝廷的奏報通暢了。李嗣源祕密上表請求依法查辦朱守殷軍隊覆沒的罪責，唐莊宗沒有接受。

秋，七月初五日丁未，唐莊宗率軍沿黃河向南進發，王彥章等放棄鄒家口，又奔赴楊劉。十二日甲寅，遊弈將李紹興在清丘驛的南面擊敗了梁軍的流動部隊。段凝以為唐軍已經從上游渡過了黃河，大驚失色，當面指責王彥章，怪罪他深入鄆州之境。〇十三日乙卯，蜀國的侍中魏王王宗侃去世。

七月十六日戊午，唐莊宗派騎將李紹榮逕直攻到梁軍營寨前，活捉了梁軍的偵察兵，梁軍更加驚恐了。唐軍又用點著火的木筏去焚燒梁軍連在一起的戰船。王彥章等聽說唐莊宗已經率軍到達鄒家口，十七日己未，就解除了對楊劉的包圍，退到楊村防守。唐軍追擊，重又屯駐到了德勝城。梁軍士兵前後猛攻各城，遭到箭石攻擊、淹死、中暑而死的將近有一萬人，丟棄的物資糧食、鎧甲兵器、軍鍋幕帳等，常常數以千計。楊劉到解圍的時候，城中斷糧已有三天了。

王彥章憎恨趙巖、張漢傑等人攪亂國政，等到他當了招討使，對自己的親信說：「等我取得成功回去，一定要把奸臣全部殺光，以報謝天下！」趙巖、張漢傑等人聽到這些話之後，就私下裡商量說：「我們寧可死在沙陀人手裡，也不能被王彥章所殺。」於是他們相互協力傾軋排擠王彥章。段凝平素就妒忌王彥章的才能而諂媚攀附趙巖、張漢傑等人，在軍中動輒與王彥章作對，千方百計地加以阻撓，惟恐王彥章立功，還暗中偵伺王彥章的過失向梁末帝奏報。每次軍中的捷報送到朝廷，趙巖、張漢傑等人都把功勞全都歸於段凝，因此王彥章最終未能取得成功。等到梁軍退回楊村時，梁主聽信讒言，又還擔心王彥章一旦大功告成會難以控制，便徵召他回大梁，讓他率兵會合董璋進攻澤州。

七月二十二日甲子，唐莊宗到達楊劉，慰勞李周說：「如果不是你善於防守，我的大事就毀了。」

中書侍郎、同平章事❶盧程以私事干❷興唐府，府吏不能應❸，鞭吏背。光祿卿❹兼興唐少尹❺任圜，圜之弟，帝之從姊壻也，詣程訴之。程罵曰：「公何等蟲豸❻，欲倚婦力邪！」圜訴於帝。帝怒曰：「朕誤相❼此癡物❽，乃敢辱吾九卿❾！」欲賜自盡。盧質力救之，乃貶右庶子❿。

裴約遣間使⑪告急⑫於帝，帝曰：「吾兄不幸，乃生[1]梟獍⑬，裴約獨能知逆順。」顧謂北京內牙馬步軍都指揮使⑭李紹斌曰：「澤州彈丸之地⑮，朕無所用，卿為我取裴約以來。」八月壬申⑯，紹斌將甲士⑰五千救之。未至，城已陷，約死，帝深惜之。◯甲戌⑱，帝自楊劉還興唐。

梁主命於滑州決河⑲，東注曹、濮及鄆，以限唐兵。

初，梁主遣段凝監大軍於河上，敬翔、李振屢請罷之。梁主曰：「凝未有過。」振曰：「俟其有過，則社稷危矣。」至是，凝厚賂趙、張，求為招討使⑳。翔、振力爭以為不可，趙、張主之㉑，竟代王彥章為北面招討使。於是宿將憤怒，士卒亦不服。天下兵馬副元帥張宗奭言於梁主曰：「臣為副元帥，雖衰朽㉒，猶足為陛下扞禦㉓北方。段凝晚進，功名未能服人，眾議訩訩㉔，恐貽㉕國家深憂。」敬翔曰：「將帥繫國安危，今國勢已爾㉖，陛下豈可尚不留意邪！」梁主皆不聽。戊子㉗，凝將全軍五萬營於王村㉘，自高陵津㉙濟河，剽掠澶州諸縣，至于頓丘㉚。梁主又[2]命王彥章將保鑾騎士㉛及他兵合萬人，屯兗、鄆之境，謀復鄆州，以張漢傑監其軍。

庚寅㉜，帝引兵屯朝城㉝。戊戌㉞，康延孝帥百餘騎來奔㉟。帝解所御㊱錦袍玉帶賜之，以為南面招討都指揮使，領博州刺史。帝屏人㊲問延孝以梁事，對曰：「梁朝地不為狹，兵不為少，然迹㊳其行事，終必敗亡。何則？主既暗懦㊴，趙、張兄弟擅權，內結宮掖㊵，外納貨賂，官之高下唯視賂之多少，不擇才德，不校㊶勳勞。段凝智勇俱無，一旦居王彥章、霍彥威之右㊷，自將兵以來，專率斂行伍，以奉權貴㊸。梁主[3]每㊹出一軍，不能專任將帥，常以近臣監之，進止可否動㊺為所制。近又聞欲數道出兵，令董璋引陝虢、澤潞之兵自石會關㊻趣太原，霍彥威以汝、洛之兵自相衛、邢洺寇鎮定，王彥章、張漢傑以禁軍攻鄆州，段凝、杜晏球㊼以大軍當陛下，決以十月大舉㊽。臣竊觀梁兵聚則不少，分則不多。願陛下養勇蓄力以待其分兵，帥精騎五千自鄆州直抵大梁，擒其偽主㊾。旬月之間，天下定矣。」帝大悅㊿。

【章　旨】以上為第五段，寫梁末帝臨陣換將，任用平庸貪婪的段凝為主帥，大勢去矣。

【注　釋】❶中書侍郎同平章事　右宰相。❷干　求取。❸應　滿足；辦到。❹光祿卿　光祿寺長官，掌皇室膳食。❺少尹　興唐府尹的副職。❻蟲豸　泛指禽獸以外的小動物。這裡比喻下賤者。斥罵之辭。❼誤相　誤用盧程為宰相。❽癡物　傻瓜。❾九卿　這裡指任圜。因光祿寺卿為九卿之一。❿右庶子　太子官屬。⓫間使　密使。⓬告急　報告緊急情況。指澤州被圍困的情況。⓭梟獍　也作「梟境」。比喻忘恩負義的惡人。梟，是食母的惡鳥。獍，一名破鏡，是食父的惡獸。⓮北京內牙馬步軍都指揮使　即真定府留守禁衛軍統領官。⓯彈丸之地　小地方。⓰壬申　八月初一日。⓱甲士　帶甲的士兵。⓲甲戌八月初三日。⑲決河　挖開黃河堤岸。⑳招討使　官名，為臨時軍事長官，掌招撫討伐事務，兵罷即廢。㉑主之　主張任用段凝。㉒衰朽　自言年老衰弱。謙詞。㉓扞禦　捍衛、抵禦。㉔訩訩　同「洶洶」。形容人聲喧擾，氣憤不平。㉕貽　留；遺留。㉖已爾　已經如此。指國家形勢已到危亡關頭。㉗戊子　八月十七日。㉘王村　地名，在今河南清豐。㉙高陵津　渡口名，在今河南清豐。㉚頓丘　縣名，在今河南浚縣西。㉛保鑾騎士　皇帝的禁衛親軍。㉜庚寅　八月十九日。㉝朝城　縣名，在今山東莘縣西南朝城鎮。㉞戊戌　八月二十七日。㉟來奔　來投降。㊱御　此處為對皇帝穿著、佩飾的尊稱。㊲屏人　屏退旁人。㊳迹　考校；觀察。㊴暗懦　昏庸、懦弱。㊵宮掖　宮廷后妃、內官。㊶校　校核。㊷之右　之上。㊸率斂行伍二句　搜刮士兵給養，用以奉獻權貴。㊹每　常常。㊺動　動輒。㊻石會關　關名，在今山西榆社。㊼杜晏球　（西元八七三—九三二年）字瑩之，洛陽人，本姓王，為杜氏義子，冒姓杜。官至後唐天平節度使。傳見《舊五代史》卷六十四。㊽大舉　大規模地開始行動。㊾偽主　指後梁末帝。㊿大悅　大為高興。

【校　記】[1]乃生　原作「生此」。據章鈺校，十二行本、乙十一行本、孔天胤本皆作「乃生」，今據改。[2]又　原無此字。據章鈺校，十二行本、乙十一行本皆有此字，今據補。[3]梁主　原無此二字。據章鈺校，十二行本、乙十一行本、孔天胤本皆有此二字，張敦仁《通鑑刊本識誤》同，今據補。

【語　譯】中書侍郎、同平章事盧程以私人事情請託於興唐府，府中官吏不能滿足他的要求，他就用鞭子抽打府吏的背。光祿卿兼興唐府少尹任團，是任圜的弟弟，也是唐莊宗堂姐的夫婿，到盧程那裡去論理。盧程罵他說：「你是什麼下賤東西，想倚仗老婆的力量嗎！」任團跑去向唐莊宗陳訴。唐莊宗聽後非常生氣地說：「朕錯用了這個傻瓜為丞相，他竟敢侮辱我的九卿！」準備賜盧程自盡。盧質傾力解救，於是將盧程貶為右庶子。

裴約派密使向唐莊宗告急，唐莊宗說：「我哥哥不幸，竟生下這個忘恩負義的畜生，只有裴約知道忠奸順逆。」回頭對北京內牙馬步軍都指揮使李紹斌說：「澤州是個彈丸之地，於我沒有什麼用處，你去替我把裴約迎取回來。」八月初一日壬申，李紹斌率五千名披甲的士卒前去援救。援兵還沒到達，澤州城已陷落，裴約戰死，唐莊宗得知後深為惋惜。○初三日甲戌，唐莊宗從楊劉返回興唐府。

梁主命令在滑州決開黃河河堤，讓河水向東漫到曹州、濮州和鄆州一帶，用來阻止唐軍。

當初，梁主派段凝到黃河一線監督大軍，敬翔、李振多次請求罷免他。梁主說：「段凝沒有什麼過錯。」李振說：「等到他有了過錯，國家就危險了。」這時，段凝用厚禮賄賂趙巖、張漢傑二人，請求擔任招討使，敬翔、李振傾力爭辯，認為不能這樣做，而趙巖、張漢傑主張任用段凝，最終段凝代替王彥章擔任了北面招討使。於是軍中那些久經沙場的將領都很憤怒，士卒也不服氣。天下兵馬副元帥張宗奭對梁主說：「臣身為副元帥，雖然已經老朽了，但還足以替陛下抵禦北方的敵人。段凝是個晚輩，他的功績名聲還不能使人信服，大家對他議論紛紛，這樣下去恐怕會給皇上留下深深的憂患。」敬翔說：「將帥關係到國家的安危，如今國家的形勢已經這樣了，陛下怎麼可以還不注意呢！」梁主對這些話都不願去聽。

八月十七日戊子，段凝率領全軍五萬人馬在王村紮營，之後從高陵津渡過黃河，在澶州下屬各縣大肆搶掠，一直到頓丘。梁主又命令王彥章率領保鑾騎士和其他部隊共一萬人，屯駐在兗州、鄆州境內，準備收復鄆州，並派張漢傑擔任他的監軍。

八月十九日庚寅，唐莊宗率兵屯駐在朝城。二十七日戊戌，康延孝率一百多名騎兵前來投奔。唐莊宗解下自己身上的錦袍、玉帶賜給了他，任命他為南面招討都指揮使，兼領博州刺史。唐莊宗屏退身邊的人，向康延孝詢問梁朝的情況，康延孝回答說：「梁朝的地域不算狹小，兵力也不算少，但是考察它所做的事情，就可知道它最終是一定要失敗滅亡的。為什麼呢？梁主本已昏庸懦弱，趙巖、張漢傑兄弟又在朝廷專權，對內勾結後宮之人，對外收受賄賂，任官職位的高低只看賄賂送的多少，根本不看人的才能品德，也不考察這個人過去的功勳勞績。段凝智謀和勇氣都不具備，忽然間位居王彥章、霍彥威之上，自從他領兵以來，專門搜刮士卒給養用以奉獻權貴。梁主每派出一支軍隊，都不能一心信任將帥，常常派近臣去監軍，軍隊的行動決定動輒受監軍的鉗制。近來又聽說梁主準備多路出兵，命令董璋率領陝州、虢州、澤州、潞州的軍隊從石會關直奔太原，霍彥威率領汝州、洛州的軍隊從相州、衛州、邢州、洺州一線進犯鎮州、定州，王彥章、張漢傑率領禁軍進攻鄆州，段凝、杜晏球率領大軍抵擋陛下，決定在十月大規模開始行動。臣私下觀察，梁軍集中在一起確實不少，分散開來就不多了。希望陛下養精蓄銳等待他們分兵，然後率領五千名精銳騎兵從鄆州直抵大梁，活捉偽梁主。不過十天到一個月時間，天下就可以平定了。」唐莊宗聽後大為高興。

蜀主以文思殿❶大學士韓昭、內皇城使潘在迎❷、武勇軍使❸顧在珣❹為狎客❺，陪侍遊宴，與宮女雜坐❻。或為豔歌❼相唱和，或詼[1]嘲謔浪❽，鄙俚❾褻慢，無所不至，蜀主樂之。在珣，彥朗之子也。

時樞密使宋光嗣等專斷國事，恣為威虐❿，務徇⓫蜀主之欲以盜其權。宰相王鍇⓬、庾傳素等各保寵祿，無敢規正。潘在迎每勸蜀主誅諫者，無使謗國⓭。嘉州司馬劉贊⓮獻陳後主三閣⓯圖，并作歌以諷。賢良方正⓰蒲禹卿⓱對策語極切直。蜀主雖不罪，亦不能用也。

九月庚戌⓲，蜀主以重陽宴近臣於宣華苑⓳。酒酣，嘉王宗壽乘間⓴極言社稷將危，流涕不已。韓昭、潘在迎曰：「嘉王好酒悲㉑。」因諧笑㉒而罷。

【章旨】以上為第六段，寫蜀主王衍遊宴無度，不聽忠言。

【注釋】❶文思殿　唐末遷都洛陽，改保寧殿為文思殿。蜀襲用唐室殿名。❷潘在迎　蜀主王衍幸臣，常以柔順侍王衍遊宴，勸殺鯁直諫臣。傳見《十國春秋》卷四十六。❸武勇軍使　官名，禁衛軍軍官。❹顧在珣　唐昭宗時東川節度使顧彥朗之子，為蜀主嬖幸。❺狎客　指親暱接近常共嬉遊飲宴之人。❻雜坐　混雜地坐在一起。❼豔歌　柔靡的情愛歌曲。❽詼嘲

謔浪　談笑、嘲諷、戲謔、放浪。❾鄙俚　鄙陋低俗。❿恣為威虐　恣意作威作福，虐害百姓。⓫徇　曲從。⓬王鍇　字鱣祥，官至前蜀宰相，勸蜀主興文教，集四部書於新宮。家藏異書數千本，多手自丹黃。又親寫釋藏經若干卷，書法絕工。傳見《十國春秋》卷四十一。⓭謗國　誹謗朝政。⓮劉贊　官至前蜀嘉州（今四川樂山縣）司馬。著有《玉堂集》，纂《蜀國文英》等書。傳見《十國春秋》卷四十三。⓯陳後主三閣　陳後主在宮中建臨春閣、結綺閣、望仙閣，日與嬪妃嬉遊而亡國。見本書卷一百七十六長城公至德二年。⓰賢良方正　察舉科目之名。⓱蒲禹卿　四川成都人。傳見《十國春秋》卷四十三。⓲庚戌　九月初九日。⓳宣華苑　王衍於乾德元年（西元九一九年）改龍躍池為宣華苑。⓴乘間　乘機。㉑酒悲　人醉後而涕泣。㉒諧笑　詼諧嬉笑。

【校　記】①詼　原作「談」。據章鈺校，十二行本作「詼」，今據改。

【語　譯】蜀主把文思殿大學士韓昭、內皇城使潘在迎、武勇軍使顧在珣當做狎戲之客，讓他們陪伴侍候自己遊樂宴飲，與宮女混雜坐在一起。他們有時作一些豔歌相唱和，有時談笑嘲諷，戲謔放蕩，鄙陋粗俗，無所不為，而蜀主卻很高興。顧在珣，是顧彥朗的兒子。

當時樞密使宋光嗣等獨自決斷國家政事，恣意作威作福，殘害百姓，一味地曲從蜀主的欲望以竊取他的權力。宰相王鍇、庾傳素等人各自只顧保全自己所受的恩寵和俸祿，不敢對蜀主有所規勸匡正。潘在迎常常勸蜀主誅殺那些進諫的人，說是不要讓他們誹謗國政。嘉州司馬劉贊獻上陳後主三閣圖，並作歌諷勸蜀主。賢良方正蒲禹卿在對策中的話也說得極為懇切率直。蜀主雖然沒有降罪於他們，但也沒有採納他們的意見。

九月初九日庚戌，蜀主因為當天是重陽節，在宣華苑宴請親近的大臣。酒正喝得盡興的時候，嘉王王宗壽乘機極力陳說國家即將陷於危亡，說著不停地流淚。韓昭、潘在迎卻說：「嘉王喜歡喝了酒之後哭哭啼啼的。」於是眾人嘻笑一番，散了宴席。

帝在朝城，梁段凝進至臨河❶之南，澶西❷、相南❸，日有寇掠❹。自德勝失利以來，喪芻糧數百萬。租庸副使孔謙暴斂以供軍，民多流亡，租稅益少，倉廩之積不支半歲。澤潞未下，盧文進、王郁引契丹屢過瀛❺、涿之南，傳聞俟草枯冰合❻，深入為寇。又聞梁人欲大舉數道入寇。帝深以為憂，召諸將會議。宣徽使李紹宏等皆以為鄆州城門之外皆為寇境，孤遠難守❼，有之不如無之。請以易[1]衛州及黎陽於梁，與之約和，以河為境❽，休兵息民。俟財力稍集，更圖[2]後舉❾。帝不悅，曰：「如此吾無葬地矣。」乃罷諸將，獨召郭崇韜問之。對曰：「陛下不櫛沐❿，不解甲，十五餘年，其志欲以雪家國之讎恥也。今已正尊號，河北士庶⓫，日望升平⓬。始得鄆州尺寸之地，不能守而棄之，安能盡有中原乎！臣恐將士解體⓭，將來食盡眾散，雖畫河為境，誰為陛下守之！臣嘗細詢康延孝以河南⓮之事，度己料彼⓯，日夜思之，成敗之機⓰決在今歲。梁今悉以精兵授段凝，據我南鄙⓱，又決河自固⓲，謂我猝⓳不能渡，恃此不復為備。使王彥章侵逼鄆州，其意冀⓴有姦人㉑動搖，變生於內耳。段凝本非將材[3]，不能臨機決策㉒，無足可畏。降者皆言大梁㉓無兵，陛下若留兵守魏，固保楊劉，自以精兵與鄆州合勢，長驅入汴，彼城中既空虛，必望風自潰㉔。苟偽主㉕授首，則諸將自降矣。不然，今秋穀不登㉖，軍糧將盡，若非陛下決志，大功何由可成！諺曰：『當道築室，三年不成㉗。』帝王應運，必有天命，在陛下勿疑耳。」帝曰：「此正合朕志。丈夫得則為王，失則為虜，吾行決矣！」司天㉘奏：「今歲天道不利，深入必無功。」帝不聽。

王彥章引兵踰㉙汶水㉚，將攻鄆州。李嗣源遣李從珂將騎兵逆戰，敗其前鋒於遞坊鎮㉛，獲將士三百人，斬首二百級。彥章退保中都㉜。戊辰㉝，捷奏至朝城，帝大喜，謂郭崇韜曰：「鄆州告捷，足壯吾氣㉞。」己巳㉟，命將士悉遣其家[4]歸興唐㊱。

冬，十月辛未朔㊲，日有食之。◯帝遣㊳魏國夫人劉氏、皇子繼岌歸興唐，與之訣㊴曰：「事之成敗，在此一決！若其不濟㊵，當聚吾家於魏宮而焚之！」仍命豆盧革、李紹宏、張憲、王正言同守東京㊶。

【章旨】以上為第七段，寫梁將王彥章兵敗鄆州，唐莊宗進兵大梁。

【注釋】❶臨河　縣名，縣治在今河南浚縣東北。❷澶西　澶州之西。❸相南　相州之南。❹寇掠　侵擾和掠奪。❺瀛　瀛州，治所軍城，在今河北保定。❻草枯冰合　指隆冬季節，青草乾枯，河水結冰。❼孤遠難守　孤立而遙遠，難以固守。❽境　疆界。❾更圖後舉　再考慮後面的行動。❿櫛沐　梳洗。⓫士庶　士大夫和老百姓。⓬升平　太平。⓭解體　離心；喪失鬥志。⓮河南　指代後梁。⓯度己料彼　忖度自己的力量，估計敵人的情況。⓰成敗之機　成功和失敗的關鍵。⓱南鄙　南面的邊疆。⓲決河自固　段凝自酸棗決河堤灌鄆州，用來阻擋後唐兵，藉以固守陣地，號稱護駕水。⓳猝　突然；倉猝之間。⑳冀　希望。㉑姦人　這裡指叛徒。㉒臨機決策　隨機應變，決定策略。㉓大梁　指梁都汴京。㉔自潰　自己崩潰。㉕偽主　指後梁末帝。㉖不登　不豐收；收成不好。㉗當道築室二句　在大路上造房子，必然要被行人損毀，多年不能成功。這裡藉此諺語勸說唐莊宗下定決心。如果不下決心，就如大路上造房子，多年不會成功。㉘司天　司天監。掌管觀察天象的官員。㉙踰　越過。㉚汶水　即大汶河。源出山東萊蕪北，注入黃河。㉛遞坊鎮　地名，在今山東鄆城。㉜中都　縣名，在今山東汶上西。㉝戊辰　九月二十七日。㉞足壯吾氣　足以壯大我軍的士氣。㉟己巳　九月二十八日。㊱興唐　興唐府，即魏州。㊲辛未朔　十月初一日。㊳遣　送。㊴訣　訣別。㊵不濟　不成功。㊶東京　即魏州興唐府。

【校　記】[1]昜　原作「易」。據章鈺校，乙十一行本、孔天胤本皆作「昜」，今據改。[2]更圖　兩字間原有空格。據章鈺校，十二行本、乙十一行本、孔天胤本皆無空格，今據刪。[3]將材　原作「將才」。據章鈺校，十二行本、乙十一行本、孔天胤本皆作「將材」，今據改。[4]家　原作「家屬」。據章鈺校，十二行本、乙十一行本皆無「屬」字，今據刪。

【語　譯】唐莊宗駐紮在朝城，梁朝的段凝進軍到達臨河縣以南，在澶州以西、相州以南地區，天天都有敵人侵擾搶掠。唐自從在德勝城失利以來，損失糧草數百萬。租庸副使孔謙橫徵暴斂以供軍需，很多百姓都被迫流亡在外，由此租稅的收入就更少了，倉庫裡的積蓄支持不了半年。澤州、潞州還沒有攻下來，盧文進、王郁帶著契丹兵多次侵入瀛州、涿州以南地區，傳言說等到青草乾枯、河面全部冰凍時，就會深入唐朝境內侵擾。又聽說梁軍準備分兵數路大規模入侵。唐莊宗對此深感憂慮，於是召集眾將一起商議對策。宣徽使李紹宏等人都認為鄆州城門之外都是敵人的佔領區，形勢孤立，路途遙遠，難以堅守，有它不如沒它。建議用鄆州向梁朝交換衛州和黎陽，與梁朝訂約講和，以黃河為界，停止戰事，讓百姓休養生息。等到財力逐漸有所積蓄時，再考慮後面的行動。唐莊宗聽了很不高興，說：「像這樣的話我就死無葬身之地了。」於是讓眾將都退下，單獨召見郭崇韜來徵詢意見。郭崇韜回答說：「陛下不梳洗，不解甲，已經十五年有餘，您的志向是要洗雪國仇家恥。現在已經名正言順地有了尊號，黃河以北的士人和百姓，天天都在盼望太平。現在剛剛取得鄆州尺寸之地，不能守住而要放棄它，日後又怎麼能夠盡有中原呢！臣擔心將士離心，將來糧食一吃完大家也就要散夥了，即使劃河為界，又有誰來替陛下防守呢！臣曾經詳細詢問過康延孝黃河以南的情況，權衡了我方與對方的形勢，日夜思考，認為成敗的關鍵必定是在今年。梁朝如今把全部精銳部隊都交給了段凝，佔據著我南部邊境地區，又決開黃河河堤用來確保自身安全，認為我們倉猝之間不可能渡過黃河，他們依仗著這些便不再認真防備。梁主派王彥章率軍侵逼鄆州，目的是希望有奸人不忠於朝廷，讓我們內部發生變亂。段凝本來就不是作將帥的材料，不能臨陣應變，作出決策，這個人沒有什麼值得畏懼的。投降過來的人都說大梁沒有什麼兵力，陛下如果留下部分兵力鎮守魏州，固守楊劉，再親自率領精銳部隊與鄆州的兵力會合，長驅直入，攻取汴梁，他們城中本已力量空虛，所以一定會望風潰逃。如果偽主被殺，那麼他部下的眾將自然就會投降了。如果不這樣做的話，今年秋季穀物收成不好，軍糧快沒有了，如果不是陛下來下決心，大功如何能夠告成！俗諺說：『當道築室，三年不成。』帝王順應運數，必定有天意安排，關鍵在於陛下不要再遲疑了。」唐莊宗說：「你說的這些正合朕的心意。大丈夫得到了就為王，失去了就是寇虜，我下一步的行動已經決定了！」這時司天監的官員上奏說：「今年的天道不吉利，深入敵境一定不會成功。」唐莊宗不聽信這些。

王彥章率軍渡過汶水，準備進攻鄆州。李嗣源派李從珂率騎兵迎戰，在遞坊鎮打敗了梁軍的前鋒，俘虜了三百名將士，斬殺了二百人。王彥章退守中都。九月二十七日戊辰，捷報上奏到朝城，唐莊宗大喜，對郭崇韜說：「鄆州告捷，足以使我們的氣勢更加壯盛。」二十八日己巳，命令將士們把家屬全部送回興唐府。冬，十月初一日辛未，發生日蝕。〇唐莊宗送魏國夫人劉氏、皇子李繼岌回興唐府，和他們訣別說：「事情的成敗，就在此次的決策！如果不能成功，就把我們全家聚集在魏宮舉火自焚！」依然任命豆盧革、李紹宏、張憲、王正言一道防守東京。

壬申❶，帝以大軍自楊劉濟河。癸酉❷，至鄆州。中夜❸，進軍踰汶❹，以李嗣源為前鋒。甲戌❺旦，遇梁兵，一戰敗之，追至中都，圍其城。城無守備，少頃❻，梁兵潰圍❼出，追擊，破之。王彥章以數十騎走❽，龍武大將軍❾李紹奇❿單騎追之，識其聲⓫，曰：「王鐵槍⓬也！」拔矟⓭刺之，彥章重傷，馬躓⓮，遂擒之。并擒都監⓯張漢傑，曹州⓰刺史李知節，裨將趙廷隱、劉嗣彬⓱等二百餘人，斬首數千級。廷隱，開封人。嗣彬，知俊之族子也。

彥章嘗謂人曰：「李亞子⓲鬭雞小兒⓳，何足畏！」至是，帝謂彥章曰：「爾常謂我小兒，今日服未？」又問：「爾名善將，何不守兗州？中都無壁壘，何以自固？」彥章對曰：「天命已去，無足言者⓴。」帝惜彥章之材，欲用之，賜藥傅其創，屢遣人誘諭㉑之。彥章曰：「余本匹夫㉒，蒙梁恩，位至上將。與皇帝交戰十五年，今兵敗力窮㉓，死自其分㉔。縱皇帝憐而生我，我何面目見天下之人乎！豈有朝為梁將，暮為唐臣！此我所不為也。」帝復遣李嗣源自往諭之，彥章臥謂嗣源曰：「汝非邈佶烈㉕乎？」彥章素輕嗣源，故以小名呼之。

於是諸將稱賀，帝舉酒屬㉖嗣源曰：「今日之功，公與崇韜之力也。鄉㉗從紹宏輩語，大事去矣。」帝又謂諸將曰：「鄉所患惟王彥章，今已就擒，是天意滅梁也。段凝猶㉘在河上，進退之計，宜何向㉙而可？」諸將以為：「傳者㉚雖云大梁無備，未知虛實。今東方諸鎮兵皆在段凝麾下㉛，所餘空城耳。以陛下天威臨之，無不下者。若先廣地，東傅于海㉜，然後觀釁㉝而動，可以萬全。」康延孝固請㉞亟取大梁。李嗣源曰：「兵貴神速㉟。今彥章就擒，段凝必未之知。就使有人走告之[1]，疑信之間㊱，尚須三日。設若知吾所向，即發救兵，直路則阻決河㊲，須自白馬㊳南渡。數萬之眾，舟楫亦難猝辦。此去大梁至近，前無山險，方陳橫行㊴，晝夜兼程，信宿㊵可至。段凝未離河上，友貞已為吾擒矣。延孝之言是也，請陛下以大軍徐進，臣願以千騎前驅。」帝從之。令下，諸軍皆踴躍願行。

是夕，嗣源帥前軍倍道㊶趣㊷大梁。乙亥㊸，帝發中都，舁㊹王彥章自隨㊺，遣中使㊻問彥章曰：「吾此行克乎？」對曰：「段凝有精兵六萬，雖主將非材，亦未肯遽爾㊼倒戈㊽，殆難克也。」帝知其終不為用，遂斬之。丁丑㊾，至曹州，梁守將降。

【章旨】以上為第八段，寫唐莊宗誅王彥章，兵破曹州。

【注釋】❶壬申　十月初二日。❷癸酉　十月初三日。❸中夜　半夜；深夜。❹踰汶　越過汶水。❺甲戌　十月初四日。❻少頃　沒多久。❼潰圍　突圍；衝破包圍圈。❽走　逃亡。❾龍武大將軍　禁衛軍統帥。❿李紹奇　即夏魯奇。李紹奇為莊宗所賜姓名。⓫識其聲　據《新五代史》卷三十二〈王彥章傳〉，李紹奇素與王彥章善，故識其語音。⓬王鐵槍　王彥章的綽號。王彥章驍勇有力，戰時持一鐵槍，馳突如飛，人莫能禦，軍中號王鐵槍。⓭矟　長矛。即「槊」。⓮馬躓　馬被絆倒。

⓯都監　這裡指監軍。⓰曹州　州名，治所左城，在今山東曹縣西北。⓱劉嗣彬　（？—西元九二三年）劉知俊族子，仕梁為王彥章部屬，兵敗為唐莊宗所誅。傳附《舊五代史》卷十三〈劉知俊傳〉。⓲李亞子　即李存勗。唐昭宗說：「此子可亞其父。」因而時人稱之為「亞子」。⓳鬭雞小兒　蔑視的稱呼。⓴無足言者　沒有什麼值得說的。㉑誘諭　引誘、曉諭。㉒匹夫　古時指平民中的男子。㉓力窮　力盡。㉔死自其分　死自然是分內的事。㉕邈佶烈　李嗣源小名。㉖屬　對。㉗曏　過去；從前。㉘猶　還。㉙何向　哪個方向。㉚傳者　傳言的人。㉛麾下　部下。麾，古代用以指揮軍隊的旗幟。㉜東傅于海　向東達到海濱。傅，通「附」。達到。㉝釁　間隙；機會。㉞固請　堅決請求。㉟兵貴神速　用兵貴在行動特別迅速。㊱疑信之間　懷疑和相信的之間。㊲決河　指段凝所決護駕水。㊳白馬　地名，在今河南滑縣東北。㊴方陳橫行　喻平原廣野，部隊可以縱橫馳騁，迅速推進。方陳，即方陣，古代步兵的一種戰鬥隊形。橫行，遍行。部隊列成戰鬥隊形，隨便可走。㊵信宿　兩夜。㊶倍道　兼程；用加倍的速度前進。㊷趣　通「趨」。㊸乙亥　十月初五日。㊹舁　抬。㊺自隨　跟著自己。㊻中使　皇帝從宮中派出的宦官使者。㊼遽爾　立即；迅速。㊽倒戈　投降。㊾丁丑　十月初七日。

【校　記】①之　原無此字。據章鈺校，十二行本、乙十一行本皆有此字，張敦仁《通鑑刊本識誤》同，今據補。

【語　譯】十月初二日壬申，唐莊宗率領大軍從楊劉渡過黃河。初三日癸酉，到達鄆州。半夜時分，繼續進軍渡過汶水，任命李嗣源為前鋒。初四日甲戌清晨，與梁兵遭遇，一戰擊敗對方，一直追到中都，包圍了中都城。城中沒有守備，不久，梁軍衝出包圍，唐軍追擊，又大敗梁軍。王彥章帶著幾十名騎兵逃走，龍武大將軍李紹奇單槍匹馬追了上去，他聽出王彥章的聲音，說：「是王鐵槍！」便拔出長矟刺殺王彥章。王彥章受了重傷，馬被絆倒，於是活捉了王彥章。還一起抓獲了梁軍都監張漢傑，曹州刺史李知節，裨將趙廷隱、劉嗣彬等二百餘人，斬殺了好幾千人。趙廷隱，是開封人。劉嗣彬，是劉知俊的族子。

王彥章曾經對人說過：「李亞子不過是個鬥雞小兒，有什麼值得害怕的！」到這時候，唐莊宗問他說：「你常說我是小兒，今天服氣不服氣？」又問他：「你號稱是一名好將領，為什麼不堅守兗州？中都城連壁壘都沒有，你靠什麼來固守？」王彥章回答說：「天命已去，沒有什麼值得說的了。」唐莊宗愛惜王彥章的才幹，想要任用他，賜藥治療他的創傷，多次派人去勸誘開導他。王彥章說：「我原本是一介平民，蒙受梁朝的恩澤，職位到了上將。與你們皇帝交戰了十五年，如今兵敗力盡，死自然是分內的事。即使皇帝憐憫我讓我活著，我又有什麼臉面去見天下的人呢！哪裡有早晨還是梁朝的將領，到晚上就是唐朝的臣子的道理！這種事是我所不做的。」唐莊宗又派李嗣源親自去開導他，王彥章躺著問李嗣源道：「你不是邈佶烈嗎？」王彥章一向瞧不起李嗣源，所以用小名叫他。

這時眾將都向唐莊宗道賀，唐莊宗舉著酒對李嗣源說：「今日的成功，都是你和郭崇韜的功勞。當初我如果聽從了李紹宏等人的話，我的大事就不行了。」唐莊宗又對眾將說：「以往我所擔心的只有王彥章，如今他已就擒，這是天意要滅掉梁朝。段凝還在黃河邊上，我們下一步的行動，應該指向哪裡比較好？」各位將領都認為：「傳言雖然說大梁沒有什麼守備，但不知道是虛是實。如今梁朝東方各鎮的軍隊都集中在段凝的旗下，所留下的只是些空城罷了。以陛下的天威去攻打這些城池，沒有不被攻下的。如果先擴大我們的領土，往東直達海濱，然後看準機會再採取行動，就可以萬無一失。」康延孝則堅決請求趕快攻取大梁。李嗣源說：「兵貴神速。如今王彥章被擒，段凝肯定尚未知曉。即使有人逃去向他報告，他將信將疑，最終確定下來也需要三天時間。假使他知道了我軍的行動方向，即刻派出救兵，要走直路就會被決開的黃河水所阻擋，必須從白馬向南渡過黃河。幾萬名軍隊，渡河的船隻也難以立刻準備齊全。而我們這裡離大梁很近，前面又沒有高山險阻，可以排著方陣隨意行進，如果晝夜兼程，兩三天就能到達。段凝還沒有離開黃河邊，朱友貞就已經被我們活捉了。康延孝的話是對的，請陛下率領大軍徐徐推進，臣願率領一千名騎兵打前鋒。」唐莊宗聽從了他的建議。命令下達後，各路軍隊都十分踴躍地願意進軍。

當天晚上，李嗣源率領前鋒部隊兼程奔赴大梁。十月初五日乙亥，唐莊宗從中都出發，讓人抬著王彥章跟隨自己，並派中使問王彥章說：「我此行能夠攻下大梁嗎？」王彥章回答說：「段凝有精兵六萬，雖然主將沒有什麼才幹，但也未必肯馬上倒戈投降，大概難以攻下。」唐莊宗知道他最終也不會為自己所用，於是斬殺了他。初七日丁丑，唐軍到達曹州，梁軍的守將投降了。

王彥章敗卒有先至大梁，告梁主以「彥章就擒，唐軍長驅且至」者。梁主聚族哭曰：「運祚❶盡矣！」召羣臣問策，皆莫能對。梁主謂敬翔曰：「朕居常❷忽❸卿所言，以至於此。今事急矣，卿勿以為懟❹，將若之何？」翔泣曰：「臣受先帝厚恩，殆將三紀❺。名為宰相，其實朱氏老奴，事陛下如郎君❻。臣前後獻言，莫匪盡忠❼。陛下初用段凝，臣極言不可，小人朋比❽，致有今日。今唐兵且至，段凝限於水北，不能赴救。臣欲請陛下出居[1]避狄，陛下必不聽從。欲[2]請陛下出奇合戰❾，陛下必不果決。雖使良、平❿更生，誰能為陛下計者⓫！臣願先賜死，不忍見宗廟之亡也。」因與梁主相向慟哭。

梁主遣張漢倫馳騎追段凝軍。漢倫至滑州，墜馬傷足，復限水，不能進。時城中尚有控鶴軍⓬數千，朱珪請帥⓭之出戰。梁主不從，命開封尹王瓚驅市人乘城⓮為備。

初，梁陝州節度使邵王友誨⓯，全昱之子也，性穎悟，人心多向之。或言其誘致禁軍欲為亂，梁主召還，與其兄友諒⓰、友能並幽⓱于別第。及唐師將至，梁主疑諸兄弟乘危謀亂，并皇弟賀王友雍、建王友徽⓲盡殺之⓳。

梁主登建國樓⓴，面擇親信厚賜之，使衣野服㉑、齎蠟詔㉒，促段凝軍。既辭，皆亡匿㉓。或請幸洛陽，收集諸軍以拒唐，唐雖得都城，勢不能久留。或請幸段凝軍，控鶴都指揮使皇甫麟曰：「凝本非將才，官由幸進㉔，今危窘㉕之際，望其臨機制勝㉖，轉敗為功，難矣。且凝聞彥章軍[3]敗，其膽已破，安知㉗能終為陛下盡節乎！」趙巖曰：「事勢如此，一下此樓，誰心可保！」梁主乃止。復召宰相謀之，鄭珏㉘請自懷傳國寶詐降以紓㉙國難。梁主曰：「今日固不敢愛寶，但如卿此策，竟可了否？」珏俛首久之，曰：「但恐未了。」左右皆縮頸而笑㉚。梁主日夜涕泣，不知所為。置傳國寶於臥內，忽失之，已為左右竊之迎唐軍矣。

戊寅㉛，或告唐軍已過曹州，塵埃漲天。趙巖謂從者曰：「吾待溫許州厚㉜，必不負我。」遂奔許州。

梁主謂皇甫麟曰：「李氏吾世讎，理難降首㉝，不可俟彼刀鋸。吾不能自裁㉞，卿可斷吾首。」麟泣曰：「臣為陛下揮劍死唐軍則可矣，不敢奉此詔。」梁主曰：「卿欲賣我邪？」麟欲自剄㉟，梁主持之曰：「與卿俱死。」麟遂弒梁主，因自殺。梁主為人溫恭儉[4]約，無荒淫之失。但寵信趙、張，使擅威福，疏棄敬、李㊱舊臣，不用其言，以至於亡㊲。

【章　旨】以上為第九段，寫梁末帝聞王彥章兵敗，見大勢已去，自殺，國亡。

【注　釋】❶運祚　國家的命運。祚，繼統；國統。❷居常　平常。❸忽　忽視。❹懟　怨恨。❺殆將三紀　幾乎將近三十六年。一紀為十二年。梁太祖朱晃為宣武節度使時，敬翔即為麾下，故云受恩殆將三紀。❻郎君　指末帝。古代門生故吏以至僮奴，叫主人之子為郎君。❼莫匪盡忠　無一不是盡忠之言。匪，通「非」。❽小人朋比　指張漢傑、趙巖等朋比為黨，互相勾結。❾出奇合戰　出奇兵與後唐軍決戰。❿良平　張良和陳平。均為漢高祖時謀臣。⓫誰能為陛下計者　意謂誰能為陛下想出計策。⓬控鶴軍　後梁禁衛軍。⓭帥　率領。⓮乘城　登城。⓯友誨　（？—西元九二三年）朱全昱子，封邵王，坐朱友能反廢。傳見《舊五代史》卷十二、《新五代史》卷十三。⓰友諒　（？—西元九二三年）友誨之兄。傳見《舊五代史》卷十二、《新五代史》卷十三。⓱幽　囚禁。⓲賀王友雍建王友徽　傳均見《舊五代史》卷十二。⓳盡殺之　《資治通鑑》認為友誨、友諒、友能、友雍、友徽均為末帝所殺。據《通鑑考異》引《舊五代史》云：「友諒、友能、友誨，莊宗入汴，同日遇害。」《新五代史》從《舊五代史》，王禹偁《五代史闕文》云：「莊宗即位，盡誅朱氏。」估計當時形勢，末帝自中都告敗，救死不遑，未必誅殺兄弟。據此，《舊五代史》得其實，《資治通鑑》未足據。⓴建國樓　後梁宮城南門叫建國門，其樓叫建國樓。㉑野服　老百姓衣服。㉒齎蠟詔　帶著用蠟固封的詔書。㉓亡匿　逃走或躲藏。㉔幸進　得到帝王寵愛而進官。㉕危窘　危險窘迫。㉖臨機制勝　臨機應變，出奇制勝。㉗安知　怎麼知道。㉘鄭珏　（？—西元九三二年）小字十九郎，官至後梁同平章事。傳見《舊五代史》卷五十八、《新五代史》卷五十四。㉙紓　寬紓；解除。㉚縮頸而笑　縮著脖子偷笑，笑鄭珏之迂。㉛戊寅　十月初八日。㉜吾待溫許州厚　後梁龍德元年（西元九二一年），靜勝節度使溫昭圖（即溫韜）得助於趙巖，徙為匡國節度使，鎮許昌。匡國領許、陳、汝三州，為名藩大鎮。所以趙巖有「吾待溫許州厚」之語。溫昭圖轄許州，故稱「溫許州」。㉝理難降首　從道理上說難以低頭投降。㉞自裁　自殺。㉟自剄　自己用刀劍割喉頸。㊱敬李　敬翔、李振。㊲以至於亡　因而至於滅亡。唐天祐四年（西元九〇七年），後梁朱溫篡唐，傳三代，十七年而亡。

【校　記】①居　原無此字。據章鈺校，十二行本、乙十一行本皆有此字，張敦仁《通鑑刊本識誤》同，今據補。②欲　原無此字。據章鈺校，十二行本、乙十一行本、孔天胤本皆有此字，張敦仁《通鑑刊本識誤》同，今據補。③軍　原無此字。據章鈺校，十二行本、乙十一行本皆有此字，張敦仁《通鑑刊本識誤》同，今據補。④儉　原無此字。據章鈺校，十二行本、乙十一行本、孔天胤本皆有此字，張敦仁《通鑑刊本識誤》同，今據補。

【語譯】王彥章部隊的敗兵有人先逃回大梁，告訴梁主說「王彥章被擒，唐軍長驅直入，即將到達」。梁主聚集族人哭著說：「國運福祚看來是到頭了！」於是召集群臣詢問對策，大家都說不出什麼辦法。梁主對敬翔說：「朕平時忽視你的建議，才到了這一地步。現在事情已經很急迫了，你不要再有怨氣，該怎麼辦呢？」敬翔流著淚說：「臣蒙受先帝厚恩，差不多有三十六年了。名義上是宰相，其實是朱家的老奴，侍奉陛下就像侍奉少主人一般。臣前後的種種進言，無一不是盡我的忠心。陛下當初起用段凝，臣竭力陳說，認為不可，但朝中小人相互勾結，以致有今天這種局面。如今唐兵即將到達，段凝的大軍又被阻隔在黃河以北，不能趕來救援。臣想請求陛下暫時出居以避夷狄，陛下一定不肯聽從。想請求陛下出奇兵與敵軍決一死戰，陛下一定不會果斷決定。即使讓漢代的張良、陳平再生，誰能為陛下想出計策來！臣願意先請陛下賜我一死，我不忍心看到宗廟的覆亡。」說罷，與梁主相向痛哭。

梁主派張漢倫快馬去追段凝的軍隊。張漢倫到達滑州時，從馬上掉下來摔傷了腳，又被河水阻隔，無法再向前進。當時大梁城中還有幾千名控鶴軍，朱珪請求率領這些軍隊出戰。梁主不答應，反而命令開封尹王瓚驅趕市民登城守備。

當初，梁陝州節度使邵王朱友誨，是朱全昱的兒子，生性聰明，人心多歸向他。有人說他引誘勾結禁軍，想要作亂，梁主把他召回大梁，把他和他的哥哥朱友諒、朱友能一起都幽禁在別第。到了唐軍將要到來的時候，梁主懷疑這些兄弟們會乘危難作亂，於是把他們和皇弟賀王朱友雍、建王朱友徽一起全都殺掉了。

梁主登上建國樓，當面挑選親信並給予優厚的賞賜，讓他們穿上百姓的衣服、帶著蠟封的詔書，去催促段凝的軍隊。可是這些人告辭之後，就都各自逃走或躲了起來。有人請求梁主到洛陽去，搜集各路人馬抵禦唐軍，唐軍即使得到了都城大梁，但形勢也使他們不能久留。又有人請求梁主到段凝的軍中去，控鶴都指揮使皇甫麟說：「段凝本就不是將才，他的官職是因為得到陛下的寵幸才升任的，如今危急窘迫之際，指望他能臨機應變出奇制勝，轉變敗局建立功勳，實在太難了。況且段凝聽到王彥章的軍隊被擊敗，膽子早已嚇破了，誰知道他能不能最終為陛下盡心竭力保持節操呢！」趙巖說：「局勢如此，一下此樓，誰的心能夠保證！」

梁主只好作罷。又召宰相來商議，鄭珏請求由他親自帶著傳國寶向唐軍詐降，以緩解國難。梁主說：「現在我固然不會再捨不得這寶物了，只是照你這個辦法，真的能夠解決問題嗎？」鄭珏低頭沉思了很久，說道：「只怕解決不了。」周圍的人聽了，都縮著脖子偷偷笑了起來。梁主一天到晚哭哭啼啼，不知怎麼辦才好。他把傳國寶放在臥房內，忽然不見了，原來是被身邊的人偷走去迎接唐軍了。

十月初八日戊寅，有人報告說唐軍已經過了曹州，浩浩蕩蕩，帶起的塵埃布滿天空。趙巖對侍從們說：「我過去對溫許州不薄，他一定不會對不起我。」於是就投奔許州去了。

梁主對皇甫麟說：「李氏是我們朱家的世仇，從道理上說，難以投降，不能等他們來殺我。我不能自殺，你可以把我的頭砍下來。」皇甫麟哭著說：「臣為陛下揮劍上陣死於唐軍之手可以，但不敢遵奉陛下這一詔命。」梁主說：「你想出賣我嗎？」皇甫麟正要自刎，梁主拉住他說：「朕和你一起死。」於是皇甫麟就殺了梁主，接著自殺了。梁主為人溫和恭敬而節儉，沒有荒淫的過失。只是寵信趙巖、張漢傑，讓他們作威作福，疏遠了敬翔、李振一班舊臣，不採納他們的建議，最終導致了滅亡。

己卯❶旦，李嗣源軍至大梁，攻封丘門❷。王瓚開門出降，嗣源入城，撫安軍民。是日，帝入自梁門❸，百官迎謁於馬首❹，拜伏請罪。帝慰勞之，使各復其位。李嗣源迎賀，帝喜不自勝❺，手引❻嗣源衣，以頭觸之❼曰：「吾有天下，卿父子之功也，天下與爾共之。」帝命訪求梁主，頃之，或❽以其首獻。

李振謂敬翔曰：「有詔洗滌❾吾輩，相與朝新君乎？」翔曰：「吾二人為梁宰相，君昏不能諫，國亡不能救，新君若問，將何辭以對！」是夕未曙❿，或報翔曰：「崇政李太保⑪已入朝矣。」翔歎曰：「李振謬為丈夫⑫！朱氏與新君世為仇讎，今國亡君死，縱新君不誅，何面目入建國門⑬乎！」乃縊而死。

庚辰⑭，梁百官復待罪⑮於朝堂，帝宣敕赦之。○趙巖至許州⑯，溫昭圖迎謁歸第⑰，斬首來獻，盡沒巖所齎⑱之貨⑲。昭圖復名韜。○辛巳⑳，詔王瓚收朱友貞尸，殯於佛寺。漆其首㉑，函之，藏於太社㉒。

段凝自滑州濟河入援，以諸軍排陳使㉓杜晏球為前鋒。至封丘㉔，遇李從珂，晏球先降。壬午㉕，凝將其眾五萬至封丘，亦解甲請降。凝帥諸大將先詣闕㉖待罪，帝勞賜之，慰諭士卒，使各復其所。凝出入公卿間，揚揚自得無愧色。梁之舊臣見者，皆欲齕㉗其面，抉㉘其心。

丙戌㉙，詔貶梁中書侍郎、同平章事鄭珏為萊州司戶，蕭頃為登州司戶。翰林學士劉岳㉚為均州司馬，任贊為房州司馬，姚顗㉛為復州司馬，封翹㉜為唐州司馬，李懌㉝為懷州司馬，竇夢徵為沂州司馬。崇政學士劉光素為密州司戶，陸崇為安州司戶。御史中丞王權㉞為隨州司戶。以其世受唐恩而仕梁貴顯故也。岳，崇龜之從子。顗，萬年人。翹，敖之孫。懌，京兆人。權，龜之孫也。

段凝、杜晏球上言：「偽梁要人趙巖、趙鵠、張希逸、張漢倫、張漢傑、張漢融、朱珪等，竊弄威福，殘蠹羣生㉟，不可不誅。」詔：「敬翔、李振首佐朱溫，共傾唐祚㊱。契丹撒剌阿撥叛兄棄母，負恩背國，宜與巖等並族誅於市。自餘文武將吏，一切不問。」又詔追廢朱溫、朱友貞為庶人㊲，毀其宗廟神主。

帝之與梁戰於河上也，梁拱宸左廂都指揮使㊳陸思鐸㊴善射，常於笴㊵上自鏤㊶姓名，射帝，中馬鞍，帝拔箭藏之。至是，思鐸從眾俱降，帝出箭示之，思鐸伏地待罪，帝慰而釋之，尋授龍武右廂都指揮使。

以豆盧革尚在魏，命樞密使郭崇韜權行㊷中書事。

【章　旨】以上為第十段，寫唐莊宗入大梁誅梁奸佞，梁將相降唐。

【注　釋】❶己卯　十月初九日。❷封丘門　開封北面靠西的城門。大梁城北面有二門，封丘門在西，酸棗門在東。梁開平元年改封丘門為含曜門，時人仍以舊名稱之。晉天福三年（西元九三八年）又改稱乾明門。❸梁門　開封城西面北來第一門。梁開平元年（西元九〇七年）改為乾象門。❹馬首　馬前。❺喜不自勝　高興得自己不能控制自己。❻引　拉著。❼以頭觸之　用頭撞著李嗣源。李存勗喜而失態。❽或　有人。❾洗滌　洗刷罪惡。這裡指赦免罪行。❿未曙　天尚未明。⓫崇政李太保　指李振。梁以李振為崇政使。⓬謬為丈夫　枉為大丈夫。⓭建國門　後梁宮城南門。⓮庚辰　十月初十日。⓯待罪　有罪而等待處理。⓰許州　州名，治所長社，在今河南許昌。⓱迎謁歸第　迎接拜謁，回到府第。⓲齎　攜帶。⓳貨　財物。⓴辛巳　十月十一日。㉑漆其首　將梁末帝的頭用漆塗刷。㉒太社　古代祭土神和穀神的地方。㉓諸軍排陳使　武官名，指揮排列軍陣。㉔封丘　縣名，即今河南封丘。㉕壬午　十月十二日。㉖詣闕　到朝廷。㉗齕　咬。㉘抉　挖。㉙丙戌　十月十六日。㉚劉岳　字昭輔，洛陽人，官至後唐吏部侍郎。百官賜告身，自劉岳建議開始實行。傳見《舊五代史》卷六十八、《新五代史》卷五十五。㉛姚顗　（西元八六六—九四〇年）字伯真，京兆萬年（今陝西西安）人，官至後晉戶部尚書。傳見《舊五代史》卷九十二、《新五代史》卷五十五。㉜封翹　封舜卿姪子，仕後梁官至翰林學士、給事中。傳附《舊五代史》卷六十八〈封舜卿傳〉。㉝李懌　京兆（今陝西西安）人，仕後晉官至禮、刑二部尚書。傳見《舊五代史》卷九十二、《新五代史》卷五十五。㉞王權　（西元八六四—九四一年）字秀山，太原（今山西太原）人，官至後晉兵部尚書。仕後梁、後唐兩朝官至馬軍都指揮使、刺史。傳見《舊五代史》卷九十二、《新五代史》卷五十六。㉟殘蠹羣生　侵蝕、損害老百姓。㊱祚　皇位；國統。㊲庶人　平民。㊳拱宸左廂都指揮使　禁衛軍統領官。㊴陸思鐸　（西元八九〇—九四三年）澶州臨黃（今山東陽穀）人，善射。仕後梁、後唐兩朝，官至馬軍都指揮使、刺史。傳見《舊五代史》卷九十、《新五代史》卷四十五。㊵笴　箭桿。㊶鏤　刻。㊷權行　暫時代理。

【語　譯】 十月初九日己卯早晨，李嗣源的大軍到了大梁，攻打封丘門。王瓚打開城門出來投降，李嗣源進入城內，安撫軍民。這一天，唐莊宗從梁門入城，梁朝百官都到馬前來迎候謁見，並跪拜伏地請罪。唐莊宗慰勞了他們，讓他們各自回到原先的職位上去。李嗣源出來迎駕並道賀，唐莊宗抑制不住內心的喜悅，用手拉著李嗣源的衣服，用頭碰了一下說：「我能擁有天下，是你們父子的功勞，我要和你們共享天下。」唐莊宗下令訪求梁主的下落，不一會兒，就有人拿著梁主的頭顱來獻上。

李振對敬翔說：「如果皇帝有詔赦免我們的罪過，我們一起去朝見新的國君嗎？」敬翔說：「我們二人身為梁朝的宰相，國君昏庸不能諫諍，國家滅亡了又無力挽救，新國君如果問到我們，我們將如何回答呢！」這夜天還沒亮，有人來告訴敬翔說：「崇政使李太保已經入宮朝見了。」敬翔歎息說：「李振枉為大丈夫！朱氏和新國君世代為仇敵，現在我們國家亡了，國君死了，縱使新的國君不誅殺我們，我們有什麼面目進入建國門呢！」於是自縊而死。

十月初十日庚辰，梁朝百官又到朝堂上請罪等待處分，唐莊宗下令赦免了他們。○趙巖到了許州，溫昭圖迎接他回府第，砍下他的頭呈獻給唐莊宗，並把趙巖所攜帶的財物全部吞沒了。溫昭圖重又恢復原來的名字叫溫韜。○十一日辛巳，唐莊宗下詔命令王瓚為朱友貞收屍，停放在佛寺裡。把他的頭顱塗上漆，用盒子裝起來，藏在太社中。

段凝從滑州渡過黃河趕來救援，命令諸軍排陳使杜晏球為前鋒。前鋒部隊到達封丘，遭遇唐軍李從珂部，杜晏球率先投降。十月十二日壬午，段凝率領他的五萬大軍到達封丘，也解除武裝請求投降。段凝帶領各位大將先到朝廷請罪等待處分，唐莊宗慰勞並賞賜了他們，並安撫曉諭士卒，讓他們都各自回到自己的住處去。段凝出入於唐的公卿之間，洋洋得意，毫無愧色。梁朝的舊臣們看到這一情景，都恨不得咬他的臉，挖他的心。

十月十六日丙戌，唐莊宗下詔貶梁中書侍郎、同平章事鄭珏為萊州司戶，蕭頃為登州司戶。翰林學士劉岳為均州司馬，任贊為房州司馬，姚顗為復州司馬，封翹為唐州司馬，李懌為懷州司馬，竇夢徵為沂州司馬。崇政學士劉光素為密州司戶，陸崇為安州司戶。御史中丞王權為隨州司戶。這是由於這些人世世代代蒙受唐朝的恩澤，卻又在梁朝任職而地位貴顯的緣故。劉岳，是劉崇龜的姪兒。姚顗，是萬年人。封翹，是封敖的孫子。李懌，是京兆人。王權，是王龜的孫子。

段凝、杜晏球上書說：「偽梁的重要人物趙巖、趙鵠、張希逸、張漢倫、張漢傑、張漢融、朱珪等人，作威作福，殘害百姓，不可不殺。」唐莊宗下詔說：「敬翔、李振帶頭輔佐朱溫，共同顛覆唐朝國統。契丹人撒刺阿撥背叛兄長拋棄母親，辜負大恩背叛國家，應該和趙巖等人一道在街市上誅滅全族。其餘的文武將吏，一概不予追究。」又下詔追廢朱溫、朱友貞為平民，毀掉他們的宗廟神主。

唐莊宗當初與梁軍在黃河邊交戰時，梁軍的拱宸左廂都指揮使陸思鐸擅長射箭，常在箭桿上刻上自己的姓名，他射唐莊宗時，射中了馬鞍，唐莊宗把箭拔下收藏了起來。到了這時候，陸思鐸跟隨大家一起投降，唐莊宗把收藏的箭拿出來給他看，陸思鐸伏地請罪等待處分，唐莊宗安慰一番並赦免了他，不久又任命他為龍武右廂都指揮使。

因為豆盧革還在魏州，唐莊宗就讓樞密使郭崇韜暫時代理中書事務。

梁諸藩鎮稍稍入朝，或上表待罪，帝皆慰釋之。宋州節度使袁象先❶首來入朝，陝州留後霍彥威次之。象先輦❷珍貨數十萬，偏賂劉夫人及權貴、伶官❸、宦者。旬日，中外爭譽之，恩寵隆異❹。己丑❺，詔偽庭節度、觀察、防禦、團練使、刺史及諸將校，並不議改更，將校官吏先奔偽庭者一切不問。

庚寅❻，豆盧革至自魏。甲午❼，加崇韜守侍中，領成德節度使。崇韜權兼內外，謀猷規益❽，竭忠無隱，頗亦薦引人物。豆盧革受成❾而已，無所裁正❿。

丙申⓫，賜滑州留後段凝姓名曰李紹欽，耀州刺史杜晏球曰李紹虔。○乙酉⓬，梁西都留守河南尹張宗奭⓭來朝，復名全義，獻幣馬千計。帝命皇子繼岌、皇弟存紀等兄事之。帝欲發梁太祖墓，斲棺⓮焚其尸，全義上言：「朱溫雖國之深讎，然其人已死，刑無可加⓯，屠滅其家，足以為報，乞免焚斲以存聖恩。」帝從之，但鏟其闕室⓰，削封樹⓱而已。

戊戌⓲，加天平節度使李嗣源兼中書令，以北京留守繼岌為東京⓳留守、同平章事。○帝遣使宣諭諸道⓴，梁所除㉑節度使五十餘人皆上表入貢。

楚王殷遣其子牙內馬步都指揮使希範㉒入見，納洪、鄂行營都統印，上本道將吏籍㉓。○荊南節度使高季昌聞帝滅梁，避唐廟諱，更名季興㉔，欲自入朝。

梁震㉕曰：「唐有吞天下之志，嚴兵守險，猶恐不自保，況數千里入朝乎！且公朱氏舊將，安知彼不以仇敵相遇乎！」季興不從。

【章　旨】以上為第十一段，寫梁全境降唐，楚王馬殷、荊南節度使高季興歸服。

【注　釋】❶袁象先　（西元八六四—九二四年）朱溫之甥，後梁時官至宋州節度使。傳見《舊五代史》卷五十九、《新五代史》卷四十五。❷輦　王室用的車子。❸伶官　古代樂官。❹隆異　優厚而不同尋常。❺己丑　十月十九日。❻庚寅　十月二十日。❼甲午　十月二十四日。❽謀猷規益　出謀劃策，規勸補益。❾受成　接受成命。❿裁正　裁斷糾正。⓫丙申　十月二十六日。⓬乙酉　按行文推斷，前為「丙申」，後為「戊戌」，二者間僅有「丁酉」，故此「乙酉」當為「丁酉」之誤。丁酉，十月二十七日。⓭張宗奭　（西元八五二—九二六年）又名居言、全義，字國維，濮州臨濮（今山東臨濮）人，官至後梁洛京留守、天下兵馬副元帥，後唐尚書令。傳見《舊五代史》卷六十三、《新五代史》卷四十五。⓮斲棺　砍棺。⓯刑無可加　對已死亡的人無刑可加。⓰闕室　宗廟。⓱封樹　墳墓。堆土為墳，叫做「封」。種樹做標記，叫做「樹」。⓲戊戌　十月二十八日。⓳東京　當時後唐以魏州為東京。⓴諸道　指各方鎮。㉑除　任命。㉒希範　即楚文昭王（西元八九九—九四七年），字寶規，馬殷第四子，繼其兄希聲為楚王，西元九三二—九四七年在位。傳見《舊五代史》卷一百三十三、《新五代史》卷六十六、《十國春秋》卷六十八。㉓納洪鄂行營都統印二句　後梁任命馬殷為洪、鄂行營都統，現今納印、上將吏名冊，表示歸附新朝。㉔避唐廟諱二句　後唐李克用之父名國昌，高季昌避昌字諱，改名季興。㉕梁震　邛州依政（今四川邛崍東南）人，初名靄，不受楚官，但以賓客名義輔政。傳見《十國春秋》卷一百二。

【語　譯】梁朝的各藩鎮都逐漸入京朝見，有的上表請罪等待處分，唐莊宗都撫慰並赦免了他們。宋州節度使袁象先第一個前來入京朝見，陝州留後霍彥威稍晚於他。袁象先用車裝了價值數十萬的珍寶財貨，在京城廣泛賄賂劉夫人及權貴，乃至伶官、宦官等。十來天時間，宮廷內外的人都爭相說他的好話，唐莊宗對他的恩寵於是也十分優厚而不同尋常。十月十九日己丑，唐莊宗下詔表示，偽梁的節度使、觀察使、防禦使、團練使、刺史以及各將校官員，一律不考慮更換，先前投奔到偽梁的將校、官吏們一律不予追究。

十月二十日庚寅，豆盧革從魏州來到大梁。二十四日甲午，加封郭崇韜守侍中，兼領成德節度使。郭崇韜的權力兼及朝廷內外，他對皇帝出謀劃策，規勸補益，都能竭盡忠心，無所保留，也很能向唐莊宗推薦一些人才。豆盧革只是接受成命而已，沒有什麼裁斷訂正的事可做。

十月二十六日丙申，唐莊宗賜滑州留後段凝姓名叫李紹欽，賜耀州刺史杜晏球姓名叫李紹虔。〇乙酉日，梁西都留守河南尹張宗奭前來朝見，恢復原名全義，向唐莊宗獻上作為禮物的馬匹數以千計。唐莊宗命令皇子李繼岌、皇弟李存紀等人把他當做兄長來對待。唐莊宗打算掘開梁太祖朱溫的墳墓，劈棺焚屍，張全義上書說：「朱溫雖然是國家的深仇大敵，但這個人已經死了，無法再給他施加什麼刑罰，誅滅了他的全家，已經足以報仇了，臣請求不要劈棺焚屍，以體現陛下的聖恩。」唐莊宗聽從了他的建議，只是剷除了朱溫墓的宗廟，削除了墳土及墓樹而已。

十月二十八日戊戌，加封天平節度使李嗣源兼中書令，任命北京留守李繼岌為東京留守、同平章事。〇唐莊宗派遣宣諭使去宣揚政令曉諭各地藩鎮，以往梁朝任命的五十多名節度使都向唐莊宗上表進貢。

楚王馬殷派他的兒子牙內馬步都指揮使馬希範入京朝見，交上洪州、鄂州行營都統的印符，獻上本道將領官吏的名冊。〇荊南節度使高季昌聽說唐莊宗滅了梁朝，為避唐廟諱，就改名叫高季興，準備親自入京朝見。梁震說：「唐有吞併天下之心，我們部署軍隊，據險防守，尚且擔心不能保全自己，更何況跋涉數千里去入朝呢！再說你是朱氏的舊將，怎麼知道他們不會把你當做仇敵來對待呢！」高季興沒有聽從他的勸告。

帝遣使以滅梁告吳、蜀，二國皆懼。徐溫尤❶嚴可求曰：「公前沮❷吾計，今將柰何？」可求笑曰：「聞唐主始得中原，志氣驕滿，御下無法❸，不出數年，將有內變。吾但當[1]卑辭厚禮，保境安民以待之耳。」唐使稱詔，吳人不受。帝易其書，用敵國之禮❹，曰「大唐皇帝致書于吳國主」，吳人復書稱「大吳國主上大唐皇帝」，辭禮如牋表❺。

吳人有告壽州❻團練使鍾泰章❼侵❽市官馬者，徐知誥以吳王之命，遣滁州❾刺史王稔❿巡霍丘，因代為壽州團練使，以泰章為饒州⓫刺史。徐溫召至金陵，使陳彥謙詰⓬之者三，皆不對。或問泰章：「何以不自辨⓭？」泰章曰：「吾在揚州，十萬軍中號稱壯士。壽州去淮數里，步騎不下五千，苟有它志，豈王稔單騎能代之乎！我義不負國，雖黜⓮為縣令亦行，況刺史乎！何為自辨以彰朝廷之失！」徐知誥欲以法繩⓯諸將，請收⓰泰章治罪。徐溫曰：「吾非泰章，已死於張顥⓱之手，今日富貴，安可負之！」命知誥為子景通娶其女以解⓲之。

彗星⓳見輿鬼⓴，長丈餘，蜀司天監言國有大災。蜀主詔於玉局化㉑設道場。右補闕㉒張雲㉓上疏，以為百姓怨氣上徹於天，故彗星見。此乃亡國之徵，非祈禳㉔可弭㉕。蜀主怒，流雲黎州，卒於道。

郭崇韜上言：「河南㉖節度使、刺史上表者但稱姓名，未除新官，恐負㉗憂疑。」十一月，始降制以新官命之。

【章　旨】以上為第十二段，寫吳國抗禮後唐，蜀主惶恐祈禳求神靈佑國。

【注　釋】❶尤　責怪。❷沮　通「阻」。阻止。❸御下無法　駕御臣下沒有法度。❹敵國之禮　對等國家的禮節。❺牋表　文體的名稱。上奏皇帝的文書。❻壽州　州名，治所壽春，在今安徽壽縣。❼鍾泰章　安徽合肥人，勇敢有膽略，官至饒州刺史。傳見《十國春秋》卷十。❽侵　侵佔。❾滁州　州名，治所新昌，在今安徽滁州。❿王稔　安徽廬州人。傳見《十國春秋》卷九。⓫饒州　州名，治所鄱陽，在今江西鄱陽。⓬詰　盤問。⓭自辨　為自己辯護。⓮黜　貶斥。⓯縄　縄治；約束。⓰收　逮捕。⓱張顥　河南汝南人，吳大將，謀殺楊渥的禍首。傳見《十國春秋》卷十三。⓲解　消解。⓳彗星　星名，形如掃帚。古人又稱之為「妖星」、「欃槍」和「掃帚星」，認為它的出現是災禍的預兆。⓴輿鬼　屬二十八宿中的鬼宿。輿鬼五星，古代認為是天的眼睛，主觀察奸謀，去極六十八度，相應於秦州、雍州地分。彗星犯輿鬼，兵起，國不安。㉑玉局化　地名，在成都。相傳李老君為張道陵在此說《南北斗經》，有局腳玉床自地而出，老君升座，既去，座隱入地下，形成洞穴，以「玉局」名之。㉒右補闕　諫官，屬中書省。㉓張雲　（？—西元九二三年）唐安（今四川崇州）人。傳見《十國春秋》卷四十三。㉔祈禳　向神求禱，消災得福。㉕弭　消除。㉖河南　泛指梁朝。㉗負　指心裡承擔著。

【校　記】1但當　原無此二字。據章鈺校，十二行本、乙十一行本、孔天胤本皆有此二字，張敦仁《通鑑刊本識誤》同，今據補。

【語　譯】唐莊宗派遣使者把滅梁之事告訴吳、蜀兩國，兩國都感到害怕。徐溫責怪嚴可求說：「你以前阻止我的計策，現在準備怎麼辦？」嚴可求笑著回答說：「聽說唐主剛剛得到中原地區，志高氣揚，驕傲自滿，統御臣下不講法度，不出數年，他們內部將會發生變亂。我們只要用謙卑的言辭、厚重的禮物敷衍他，保護好我們境內，安定好百姓，來等待他們這種變化就可以了。」唐使帶來的文書稱為詔書，吳國人不肯接受。唐莊宗換了份文書，用對等國家的禮儀，稱「大唐皇帝致書于吳國主」，吳國人回書稱「大吳國主上大唐皇帝」，文辭和禮儀都比照上給皇帝的箋表。

吳國有人控告壽州團練使鍾泰章侵佔盜賣公家馬匹，徐知誥以吳王之命，派滁州刺史王稔去巡視霍丘，並就此讓他代替鍾泰章擔任壽州團練使，任命鍾泰章為饒州刺史。徐溫把鍾泰章召到金陵，讓陳彥謙再三盤問他，他都不作回答。有人問鍾泰章：「你為什麼不為自己辯護？」鍾泰章說：「我在揚州時，在十萬大軍中號稱壯士。壽州離淮水幾里，我所統領的步兵騎兵不下五千人，如果我有別的想法，難道王稔單槍匹馬就能代替我嗎！我恪守道義不會對不起國家，即使被貶為縣令也願意去上任，何況還是個刺史呢！為什麼要自我辯護來彰顯朝廷的過失呢！」徐知誥正要用法令來約束眾將，請求逮捕鍾泰章治罪。徐溫說：「我如果不是鍾泰章的話，已經死在張顥的手裡了，如今富貴了，怎麼可以對不起他呢！」於是命令徐知誥為兒子徐景通娶了鍾泰章的女兒，以此來消解兩人之間的嫌隙。

彗星出現在輿鬼五星範圍內，有一丈多長，蜀國的司天監報告說國家將會有大災。蜀主下詔在玉局化設置道場。右補闕張雲上疏，認為百姓怨氣上達於天，所以彗星才會出現。這是亡國的徵兆，不是祈禱以求福除災就能消除的。蜀主聽後大怒，把張雲流放到黎州，張雲後來死在流放的路上。

郭崇韜上書說：「原梁朝那些上表的節度使、刺史都只自稱姓名，如果不任命新的官職，恐怕他們心裡還是會有憂慮和猜疑。」十一月，開始頒布詔令，以新的官職任命這些人。

滑州留後李紹欽❶因伶人景進❷納貨於宮掖，除泰寧節度使。

帝幼善音律❸，故伶人多有寵，常侍左右。帝或時自傅粉墨❹，與優人共戲於庭，以悅劉夫人，優名謂之「李天下」。嘗因為優，自呼曰「李天下，李天下」，優人敬新磨❺遽前批其頰❻。帝失色，羣優亦駭愕❼。新磨徐曰：「理❽天下者只有一人，尚誰呼邪！」帝悅，厚賜之。帝嘗畋於中牟❾，踐民稼，中牟令當❿馬前諫曰：「陛下為民父母，柰何毀其所食，使轉死溝壑⓫乎！」帝怒，叱去，將殺之。敬新磨追擒至馬前，責之曰：「汝為縣令，獨不知吾天子好獵邪？柰何縱民耕種，以妨吾天子之馳騁乎！汝罪當死！」因請行刑，帝笑而釋之。

諸伶出入宮掖，侮弄縉紳⑫，羣臣憤嫉，莫敢出氣⑬。亦有反[1]相附託以希⑭恩澤者，四方藩鎮爭以貨賂結⑮之。其尤蠹政⑯害人者，景進為之首。進好采閭閻⑰鄙細事聞於上，上亦欲知外間事，遂委進以耳目。進每奏事，常[2]屏左右⑱問之，由是進得施其讒慝⑲，干預政事。自將相大臣皆憚⑳之，孔巖㉑常以兄事之。

壬寅㉒，岐王㉓遣使致書，賀帝滅梁，以季父㉔自居，辭禮甚倨㉕。○癸卯㉖，河中節度使朱友謙入朝，帝與之宴，寵錫㉗無算。○張全義請帝遷都洛陽，從之。○乙巳㉘，賜朱友謙姓名曰李繼麟，命繼岌兄事之。○以康延孝為鄭州㉙防禦使，賜姓名曰李紹琛。○廢北都㉚，復為成德軍。○賜宣武節度使袁象先姓名曰李紹安。

匡國節度使溫韜入朝，賜姓名曰李紹沖。紹沖多齎金帛賂劉夫人及權貴伶宦，旬日，復遣還鎮。郭崇韜曰：「國家為唐雪恥，溫韜發唐山陵殆徧㉛，其罪與朱溫相埒㉜耳，何得復居方鎮！天下義士其謂我何！」上曰：「入汴之初，已赦其罪。」竟遣之。

戊申㉝，中書奏以國用未充㉞，請量留三省、寺、監官，餘並停㉟。俟見任㊱者滿二十五月，以次代之。其西班㊲上將軍以下，令樞密院準此。從之，人頗咨怨。

【章　旨】以上為第十三段，寫唐莊宗滅梁伊始，嬖伶官，寵劉夫人，後梁降官善阿諛者貴幸，天下失望。

【注　釋】❶李紹欽　即段凝。❷景進　後唐伶官，得寵於莊宗，參決軍國大政，官至光祿大夫，爵上柱國。傳見《新五代史》卷三十七。❸音律　樂律。音樂和曲譜。❹自傅粉墨　自己在臉上塗著油彩扮成戲角。❺敬新磨　伶人，最善俳諧。傳見《新五代史》卷三十七。❻批其頰　打了他一耳光。批，擊；打。頰，面頰。❼駭愕　駭怕而驚愕。❽理　治。❾中牟　縣名，在今河南中牟。❿當　通「擋」。阻擋在馬前。⓫轉死溝壑　轉死，死而棄屍。溝壑，溪谷，引申為野死之處。⓬縉紳　指代官宦。⓭莫敢出氣　敢怒而不敢言。⓮希　僥倖獲得。⓯結　結交。⓰蠹政　損害政治。⓱閭閻　里巷的門。借指平民。⓲屏左右　讓左右的人迴避。屏，屏避。⓳讒慝　說別人壞話，中傷別人。慝，邪惡。⓴憚　畏忌；害怕。㉑孔巖　胡三省注認為當作「孔謙」。㉒壬寅　十一月初二日。㉓岐王　即李茂貞。㉔季父　叔父。㉕倨　傲慢。㉖癸卯　十一月初三日。㉗寵錫　寵幸和賞賜。錫，通「賜」。㉘乙巳　十一月初五日。㉙鄭州　州名，治所管城，在今河南鄭州。㉚北都　後唐於西元九二三年四月以鎮州為北都，至是時廢除，復稱成德軍。㉛溫韜發唐山陵殆徧　溫韜幾乎盜掘了唐朝諸帝在其轄境內的全部墳墓，世稱「盜陵賊」。㉜相埒　相等。㉝戊申　十一月初八日。㉞未充　不充裕。㉟餘並停　其他冗官、機構，一律裁撤。㊱見任　現任官員。見，通「現」。㊲西班　朝會序位，武官列於西邊，故稱西班。

【校　記】[1]有反　原作「反有」。據章鈺校，十二行本、乙十一行本、孔天胤本此兩字皆互乙，張敦仁《通鑑刊本識誤》同，今據改。[2]常　原作「嘗」。據章鈺校，十二行本、乙十一行本、孔天胤本皆作「常」，今據改。

【語　譯】滑州留後李紹欽通過伶人景進向皇帝後宮行賄，被任命為泰寧節度使。

唐莊宗從小就擅長音律，所以伶人們大多受到寵愛，常常侍奉左右。唐莊宗有時自己也塗彩抹粉，與優伶們一起在院子裡演戲，以讓劉夫人高興，藝名叫做「李天下」。他曾經因為一次當優人演戲，自己喊自己「李天下，李天下」，一名叫敬新磨的優人突然走上前打了他一個耳光。唐莊宗臉色大變，眾優人也大為驚駭。敬新磨卻不急不忙地說：「治理天下的只有一個人，你還喊誰呢！」唐莊宗聽了很高興，重重地賞賜了他。唐莊宗曾經在中牟打獵，踐踏了百姓的莊稼，中牟縣令擋在馬前進諫說：「陛下是百姓的父母，為什麼毀掉他們的食糧，讓他們流離失所而棄屍於溝壑之中呢！」唐莊宗大怒，厲聲把他斥退下去，準備殺死他。敬新磨追上去把中牟縣令抓到馬前，責備他說：「你身為縣令，難道不知道我們天子喜歡打獵嗎？為什麼放縱百姓耕種，而妨礙我們天子縱馬馳騁呢！你罪當處死！」隨即請求對縣令行刑，唐莊宗笑了，釋放了中牟縣令。

優伶們在宮禁中進進出出，侮辱戲弄士大夫，大臣們非常憤慨，卻又不敢吭聲。但也反而有人依附巴結他們希望能因此而得到皇帝的恩澤的，四方的藩鎮爭相以財貨賄賂結交他們。優伶中敗壞朝政、殘害好人尤為嚴重的，首先是景進。景進喜歡搜集一些民間瑣碎小事向唐莊宗報告，唐莊宗也很想瞭解外面的事情，於是就讓景進當自己的耳目。景進每次向皇帝奏報事情，唐莊宗常常屏退左右近臣而問他，因此景進得以施展其讒毀奸邪的伎倆，干預政事。從將相大臣以下的官員都怕他，孔巖常把他當做兄長來對待。

十一月初二日壬寅，岐王李茂貞派使者送上書信，祝賀唐莊宗滅了梁朝，但在信中岐王以叔父自居，措辭和禮儀方面表現得都很傲慢。〇初三日癸卯，河中節度使朱友謙進京朝見，唐莊宗設宴款待了他，賞賜給他的財物不計其數。〇張全義請唐莊宗把都城遷到洛陽去，唐莊宗聽從了他的意見。〇初五日乙巳，唐莊宗賜給朱友謙姓名叫李繼麟，讓皇子李繼岌把他當做兄長來對待。〇任命康延孝為鄭州防禦使，賜給他姓名叫李紹琛。〇廢除北都，又改稱原名成德軍。〇賜給宣武節度使袁象先姓名叫李紹安。

匡國節度使溫韜進京朝見，唐莊宗賜給他姓名叫李紹沖。李紹沖帶了很多金銀、絲帛賄賂劉夫人以及權貴、伶人、宦官，十來天，唐莊宗重又派他返回鎮所。郭崇韜說：「聖上為唐朝洗雪恥辱，溫韜當初把唐朝天子的陵墓幾乎都挖遍了，他的罪過和朱溫相同，怎麼能再鎮守藩鎮呢！天下的義士們會怎樣評說我們！」

唐莊宗說：「我們初入汴梁時，已經赦免了他的罪行。」最終還是把他派了回去。

十一月初八日戊申，中書上奏認為國家的財用不充裕，請求酌量保留三省、寺、監等的官員，其餘機構一律撤銷。等到現任官員任滿二十五個月之後，再依次替補。西班武官從上將軍以下的，也請命令樞密院照此辦理。唐莊宗同意了，對此人們頗多怨恨之聲。

初，梁均王將祀南郊❶於洛陽，聞楊劉陷而止，其儀物❷具在。張全義請上亟幸洛陽，謁廟❸畢，即祀南郊。從之。○丙辰❹，復以梁東京開封府為宣武軍❺汴州。梁以宋州為宣武軍，詔更名歸德軍❻。○詔文武官先詣❼洛陽。

議者以郭崇韜勳臣❽為宰相，不能知朝廷典故，當用前朝名家以佐之。或薦禮部尚書薛廷珪❾、太子少保李琪，嘗為太祖冊禮使❿，皆耆宿⓫有文，宜為相。崇韜奏廷珪浮華⓬無相業，琪傾險⓭無士風。尚書左丞趙光胤⓮廉潔方正，自梁未亡，北人皆稱其有宰相器。豆盧革薦禮部侍郎韋說⓯諳練⓰朝章。丁巳⓱，以光胤為中書侍郎，與說並同平章事。光胤，光逢之弟。說，岫之子。廷珪，逢之子也。光胤性輕率，喜自矜⓲，說謹重守常⓳而已。趙光逢自梁朝罷相，杜門⓴不交賓客。光胤時往見之，語及政事。它日，光逢署其戶曰：「請不言中書事㉑。」

租庸副使孔謙畏張憲公正，欲專使務㉒，言於郭崇韜曰：「東京重地，須大臣鎮之，非張公㉓不可。」崇韜即奏以憲為東京副留守，知留守事㉔。戊午㉕，以豆盧革判㉖租庸，兼諸道鹽鐵轉運使。謙彌㉗失望。

己未㉘，加張全義守尚書令，高季興守中書令。時季興入朝，上待之甚厚，從容㉙問曰：「朕欲用兵於吳、蜀，二國何先？」季興以蜀道險難取，乃對曰：「吳地薄民貧，克之無益，不如先伐蜀。蜀土富饒，又主荒民怨㉚，伐之必克。克蜀之後，順流而下，取吳如反掌㉛耳。」上曰：「善！」〇辛酉㉜，復以永平軍大安府為西京京兆府㉝。

甲子㉞，帝發大梁。十二月庚午㉟，至洛陽。〇吳越王鏐以行軍司馬㊱杜建徽㊲為左丞相。〇壬申㊳，詔以汴州宮苑為行宮㊴。

以耀州為順義軍㊵，延州為彰武軍㊶，鄧州為威勝軍㊷，晉州為建雄軍㊸，安州為安遠軍㊹。自餘藩鎮，皆復唐舊名。

【章　旨】以上為第十四段，寫唐莊宗遷都洛陽。

【注　釋】❶祀南郊　南郊祭天。為古代行祭天之禮。❷儀物　用於禮儀的器物。❸謁廟　拜謁唐在洛陽的太廟。❹丙辰　十一月十六日。❺宣武軍　方鎮名，後唐莊宗同光元年（西元九二三年），改梁東京開封府為宣武軍，治所汴州。❻歸德軍　方鎮名，後唐莊宗同光元年（西元九二三年），改梁宣武軍為歸德軍，治所宋州，在今河南商丘南。❼詣　往；到。❽勳臣　有大功勞的大臣。❾薛廷珪（？—西元九二五年）官至後梁禮部尚書。著有《鳳閣詞書》十卷、《克家志》五卷。傳見《舊唐書》卷一百九十下、《新唐書》卷二百三、《舊五代史》卷六十八。❿冊禮使　官名，行立后妃、封親王、皇子、大長公主、拜三師、三公、三省長官冊封禮的使者。薛廷珪、李琪，當李克用為晉王時，曾為冊禮使至太原。⓫耆宿　年高而有道德學問的人。⓬浮華　華而不實。⓭傾險　邪僻險惡。⓮趙光胤　（？—西元九二五年）以詞藝知名，官至後唐同平章事。傳見《舊唐書》卷一百七十八、《舊五代史》卷五十八。⓯韋說　（？—西元九二七年）官至後唐同平章事。傳見《舊五代史》卷六十七、《新五代史》卷二十八。⓰諳練　熟練。⓱丁巳　十一月十七日。⓲自矜　自我誇耀。⓳謹重守常　謹慎穩重，循規蹈矩。⓴杜門　閉門。㉑中書事　即國家政事。㉒欲專使務　要想獨專租庸使的事務。㉓張公　對張憲的敬稱。㉔知留守事　權知魏州留守的事務。㉕戊午　十一月十八日。㉖判　以高位任低職叫判，如兼任叫兼判或判。㉗彌　大大地；深深地。㉘己未　十一月十九日。㉙從容　猶今言閒暇。㉚主荒民怨　國主荒淫，人民怨恨。㉛反掌　比喻像反轉手掌那樣容易。㉜辛酉　十一月二十一日。㉝西京京兆府　梁改長安為永平軍，改京兆府為大安府，現改為西京京兆府。㉞甲子　十一月二十四日。㉟庚午　十二月初一日。㊱行軍司馬　節度使屬官，佐節度使掌軍務，權位頗重。㊲杜建徽　（西元八六三—九五〇年）字延光，幼強勇，隨錢鏐征伐，所至立功，軍中謂之「虎子」。官至吳越國丞相。傳見《十國春秋》卷八十四。㊳壬申　十二月初三日。㊴行宮　古代京城以外供帝王出行時居住的宮室。㊵順義軍　方鎮名，治所耀州。梁改耀州為崇州，義勝軍為靜勝軍。後唐改靜勝軍為順義軍，改崇州仍為耀州。㊶彰武軍　方鎮名，治所延州。唐僖宗中和二年（西元八八二年），以延州置保塞軍節度。後梁改為忠義軍。後唐改為彰武軍。㊷威勝軍　方鎮名，治所鄧州。後梁置宣化軍。後唐改為威勝軍。㊸建雄軍　方鎮名，治所晉州。唐屬護國軍節度。後梁開平四年（西元九一〇年）置定昌軍，貞明三年（西元九一七年）改為建寧軍。後唐改為建雄軍。㊹安遠軍　方鎮名，治所安州。後梁置宣威軍。後唐改為安遠軍。

【語　譯】當初，梁均王朱友貞準備到洛陽在南郊祭天，因聽說楊劉失陷而作罷，他所準備的用於禮儀的器物都還在。張全義敦請唐莊宗趕快臨幸洛陽，拜謁過唐朝的太廟後，就到南郊去祭天。唐莊宗答應了。〇十一月十六日丙辰，重又把梁朝的東京開封府改為宣武軍汴州。梁朝把宋州命名為宣武軍，唐莊宗下詔改名為歸德軍。〇唐莊宗下詔命令文武官員們先到洛陽。

朝議認為郭崇韜是大功臣而擔任宰相，不瞭解朝廷的典章制度和成例，應當選用一個前朝的名家來協助他。有人推薦禮部尚書薛廷珪、太子少保李琪，這兩個人曾經是冊封太祖時的冊禮使，都年齡大而德高望重，又有文采，應該擔任宰相。郭崇韜上奏說薛廷珪為人華而不實，沒有做宰相的本事，李琪用心邪僻險惡，沒有士君子的風度。而尚書左丞趙光胤為人廉潔正直，在梁朝還沒有滅亡的時候，北方人就都稱說他有做宰相的才略。豆盧革也推薦禮部侍郎韋說十分熟悉朝廷的典章。十一月十七日丁巳，唐莊宗任命趙光胤為中書侍郎，與韋說並為同平章事。趙光胤，是趙光逢的弟弟。韋說，是韋岫的兒子。薛廷珪，是薛逢的兒子。趙光胤性格輕率，喜歡自我誇耀，韋說則是謹慎穩重，循規蹈矩而已。趙光逢自從在梁朝被罷免宰相之職以後，便閉門不與外界賓客交往。趙光胤時常去看望他，談話中往往涉及政事。有一天，趙光逢在自己的門上寫上：「請不要談論中書省政事。」

租庸副使孔謙畏懼張憲處事公正，他想獨自掌管租庸使的事務，於是對郭崇韜說：「東京是個重要地方，必須由一位大臣去鎮守，這個人非張公不可。」郭崇韜立即奏請任命張憲為東京副留守，掌管留守事務。十一月十八日戊午，唐莊宗任命豆盧革兼任租庸使，同時還兼任諸道鹽鐵轉運使。孔謙大失所望。

十一月十九日己未，加封張全義為守尚書令，高季興為守中書令。當時高季興進京朝見，唐莊宗待他很好，一次閒暇時問他說：「朕想對吳、蜀用兵，這兩個國家先打哪個呢？」高季興認為蜀國道路艱險，難以攻取，嘴上卻回答說：「吳國土地瘠薄，百姓貧窮，攻取它沒有什麼益處，不如先攻打蜀國。蜀國土地富饒，再加上蜀主荒淫，百姓們都怨恨他，攻打蜀國必定取勝。攻下蜀國之後，再順流東下，攻取吳國就易如反掌了。」唐莊宗說：「很好！」〇二十一日辛酉，又把梁朝的永平軍大安府改為西京京兆府。

十一月二十四日甲子，唐莊宗從大梁出發。十二月初一日庚午，到達洛陽。〇吳越王錢鏐任命行軍司馬杜建徽為左丞相。〇初三日壬申，唐莊宗下詔把汴州的宮苑作為行宮。

唐莊宗下詔把耀州改為順義軍，延州改為彰武軍，鄧州改為威勝軍，晉州改為建雄軍，安州改為安遠軍；其餘的藩鎮，都恢復唐朝時的舊名稱。

庚辰❶，御史臺奏：「朱溫篡逆，刪改本朝律令格式❷，悉收舊本焚之。今臺司❸及刑部、大理寺所用皆偽廷[1]之法。聞定州敕庫❹獨有本朝❺律令格式具在，乞下本道錄進❻。」從之。

李繼韜聞上滅梁，憂懼❼，不知所為❽。欲北走契丹，會有詔徵❾詣闕❿。繼韜將行，其弟繼遠曰：「兄以反為名，何地自容⓫！往與不往等耳，不若深溝高壘，坐食積粟，猶可延歲月。入朝，立死⓬矣。」或謂繼韜曰：「先令公⓭有大功於國，主上於公，季父⓮也，往必無虞⓯。」繼韜母楊氏，善蓄財，家貲⓰百萬，乃與楊氏偕行，齎銀四十萬兩，它貨稱是⓱，大布賂遺⓲。伶人宦官爭為之言⓳曰：「繼韜初無邪謀，為姦人⓴所惑耳。嗣昭親賢㉑，不可無後。」楊氏復入宮見帝，泣請其死㉒，以其先人為言。又求哀於劉夫人，劉夫人亦為之言。及繼韜入見待罪，上釋之㉓。留月餘，屢從遊畋㉔，寵待如故㉕。皇弟義成㉖節度使、同平章事存渥深詆訶㉗之，繼韜心不自安，復賂左右求還鎮，上不許。繼韜潛遣人遺㉘繼遠書，教軍士縱火，冀天子復遣己撫安之。事泄，辛巳㉙，貶登州長史，尋㉚斬於天津橋㉛南，并其二子。遣使斬李繼遠於上黨㉜，以李繼達充軍城巡檢㉝。

召權知軍州事李繼儔詣闕，繼儔據有繼韜之室，料簡㉞妓妾，搜校貨財，不時即路㉟。繼達怒曰：「吾家兄弟父子同時誅死者四人，大兄曾無骨肉之情，貪淫如此。吾誠㊱羞之，無面視人，生不如死！」甲申㊲，繼達衰服㊳，帥麾下㊴百騎坐戟門㊵呼曰：「誰與吾反者？」因攻牙宅㊶，斬繼儔。節度副使李繼珂聞亂，募市人㊷，得千餘，攻子城㊸。繼達知事不濟，開東門，歸私第，盡殺其妻子，將奔契丹。出城數里，從騎皆散，乃自剄。

【章　旨】以上為第十五段，寫李繼韜兄弟六人，次第被誅滅。

【注　釋】❶庚辰　十二月十一日。❷律令格式　四種法典名稱。律，正刑定罪的刑律法典。令，關於國家體制和基本制度的法規。格，國家機關日常辦事的行政法規。式，國家機關的公文程式。編製成冊，供各地參考執行。後梁改定《律令格式》，見本書卷二百六十七梁太祖開平四年。❸臺司　御史臺。❹敕庫　藏敕令的地方。❺本朝　指唐朝。❻錄進　抄錄進呈。❼憂懼　擔憂和懼怕。❽不知所為　不知道怎麼辦好。❾徵　徵召。❿詣闕　到朝廷去。⓫何地自容　哪有地方能容納自己。⓬立死　立即處死。⓭先令公　指李嗣昭。⓮季父　叔父。⓯無虞　沒有問題。⓰家貲　家產。⓱它貨稱是　其他財物也略值銀四十萬兩。稱是，與此相當。⓲大布賂遺　大肆賄賂饋贈。⓳爭為之言　爭著替他說好話。⓴姦人　壞人。㉑親賢　皇帝的近親和賢人。㉒泣請其死　哭著請求免去繼韜死罪。㉓上釋之　莊宗寬恕了他。㉔遊畋　打獵。㉕寵待如故　寵幸待遇像過去一樣。㉖義成　方鎮名，唐置，治所滑州。後梁改為宣義軍，後唐仍改為義成軍。㉗詆訶　辱罵、呵斥。繼韜兄弟奉父喪歸潞州，李存渥奉晉王令追止之，幾被繼韜兄弟斬殺，故詆訶之。事見上卷梁均王龍德二年。㉘遺　送；給。㉙辛巳　十二月十二日。㉚尋　不久。㉛天津橋　在今河南洛陽舊城西南，建於隋唐皇城正南方的洛水之上。㉜上黨　郡名，治所壺關，在今山西長治。㉝軍城巡檢　武官名，節度使府屬官，掌城防等。㉞料簡　檢點選擇。㉟不時即路　不按時上路。㊱誠　確實。㊲甲申　十二月十五日。㊳衰服　穿著孝服。㊴麾下　部下。㊵戟門　宮門，因宮門列戟，故稱戟門。這裡指節度使府門。㊶牙宅　節度使府衙。㊷市人　住在城裡的平民。㊸子城　內城；月城。

【校　記】①偽廷　原作「偽庭」。十二行本、乙十一行本、孔天胤本皆作「偽廷」，今據改。

【語　譯】十二月十一日庚辰，御史臺上奏說：「朱溫篡位謀逆，刪改了本朝的《律令格式》，把這些《律令格式》的舊本全部收繳焚毀了。現在御史臺以及刑部、大理寺所使用的都是偽朝的法律條文。聽說只有定州的敕庫裡還保存了本朝的《律令格式》，請下令讓該道抄錄進呈。」唐莊宗批准了。

李繼韜聽說唐莊宗滅了梁朝，又擔憂又害怕，不知怎麼辦才好。準備向北逃到契丹人那裡去，正在這時唐莊宗下詔徵召他到朝廷去；李繼韜準備啟程，他的弟弟李繼遠對他說：「哥哥已經有了反叛的名聲，哪有地方能容納自己！你去與不去是一樣的，不如深挖濠溝高築壁壘，坐吃存積的糧食，還可以拖延一段時間。一旦入朝，立刻就會被處死。」有人卻勸李繼韜說：「你故去的父親對國家有大功，皇上對你來說，是你的叔父，你去朝廷一定不會出什麼事。」李繼韜的母親楊氏，善於積攢錢財，家產百萬，李繼韜就和他的母親一同前往，攜帶了四十萬兩銀子，其他財物的價值也與此相當，到了京城大肆行賄、饋贈。伶人、宦官都爭相替他說好話，說：「李繼韜原本並沒有什麼邪惡的陰謀，只是被奸人所迷惑而已。李嗣昭是至親，又很賢能，不能沒有後嗣。」楊氏又入宮朝見唐莊宗，哭著請求赦免李繼韜的死罪，又抬出故去的先人來說情。她還向劉夫人哀求，以致劉夫人也為她說好話。等到李繼韜入宮朝見請罪，等候處理時，唐莊宗寬恕了他。留他住了一個多月，多次讓他跟著出遊打獵，像過去一樣寵信善待他。皇弟義成節度使、同平章事李存渥痛斥李繼韜，李繼韜心裡覺得不安，就又賄賂唐莊宗的左右近臣，請求讓他回到原來的藩鎮去，唐莊宗沒有答應。李繼韜便暗中派人給李繼遠送信，叫他安排士卒放火作亂，希望天子能再派自己前去安撫士卒。事情洩露，十二月十二日辛巳，被貶為登州長史，不久又被斬殺於天津橋南，他的兩個兒子一起被殺。唐莊宗又派使者到上黨斬殺了李繼遠，任命李繼達充任軍城巡檢。

唐莊宗召權知軍州事李繼儔到朝廷來，當時李繼儔霸佔了李繼韜的家室，正在檢點挑選家伎姬妾，搜刮整理金錢財物，沒有按時起程。李繼達非常憤怒地說：「我們家兄弟父子同時被斬殺的有四個人，大哥不念骨肉之情，竟然如此貪婪荒淫。我實在覺得羞恥，無臉見人，真是生不如死！」十二月十五日甲申，李繼達穿著喪服，率領部下一百名騎兵坐在節度使府門前大聲呼喊：「誰和我一起造反？」接著就攻打節度使府衙，殺了李繼儔。節度副使李繼珂聽到發生變亂，就招募市民，得到一千多人，率領他們進攻內城。李繼達知道大勢已去，就打開東門，回到家中，把妻子兒子全部殺掉，準備投奔契丹。出城數里，隨從的騎兵們全部逃散，李繼達便自刎了。

甲申❶，吳王復遣司農卿❷洛陽盧蘋❸來奉使。嚴可求豫料帝所問，教蘋應對，既至，皆如可求所料。蘋還，言唐主荒于游畋，嗇財拒諫，內外皆怨。

高季興在洛陽，帝左右伶官[1]求貨無厭❹，季興忿之❺。帝欲留季興，郭崇韜諫曰：「陛下新得天下，諸侯不過遣子弟將佐入貢，惟高季興身自入朝❻，當褒賞以勸❼來者。乃羈留不遣❽，棄信虧義，沮❾四海之心，非計也。」乃遣之。季興倍道❿而去，至許州，謂左右曰：「此行有二失⓫：來朝一失，縱⓬我去一失。」過襄州⓭，節度使孔勍留宴，中夜⓮，斬關⓯而去。丁酉⓰，至江陵⓱，握梁震手曰：「不用君言，幾⓲不免虎口。」又謂將佐曰：「新朝⓳百戰方得河南⓴，乃對功臣舉手云『吾於十指上得天下㉑。』矜伐㉒如此，則他人皆無功矣，其誰不解體㉓！又荒于禽色㉔，何能久長！吾無憂矣。」乃繕城㉕積粟，招納梁舊兵，為戰守之備。

【章旨】以上為第十六段，寫唐莊宗沉湎遊獵，斂財拒諫，吳、荊南離心，無憂唐矣。

【注釋】❶甲申 十二月十五日。❷司農卿 司農寺長官，掌糧食積儲、倉廩管理及京朝祿米供應等事務。❸盧蘋 洛陽（今河南洛陽）人，博學，善應對。傳見《十國春秋》卷九。❹求貨無厭 索取財貨不知滿足。❺忿之 憤恨他們。❻身自入朝 親自前來朝賀。❼勸 鼓勵。❽羈留不遣 指扣留高季興，不讓他回荊南。❾沮 敗壞。❿倍道 兼程；用加倍的速度趕路。⓫失 失策。⓬縱 放。⓭襄州 州名，治所襄陽，在今湖北襄樊。⓮中夜 半夜。⓯斬關 斬開鳳林關門。⓰丁酉 十二月二十八日。⓱江陵 府名，治所在今湖北江陵。⓲幾 幾乎。⓳新朝 指後唐。⓴河南 指後梁疆土。㉑吾於十指上得天下 李存勗自誇天下是自己用雙手得來，抹煞他人功勞。㉒矜伐 驕矜。㉓解體 離心。㉔禽色 畋獵與女色。㉕繕城 修繕城牆。

【校記】1伶宦 原作「伶官」。據章鈺校，十二行本、乙十一行本皆作「伶宦」，熊羅宿《胡刻資治通鑑校字記》同，今據改。

【語譯】十二月十五日甲申，吳王又派司農卿洛陽人盧蘋出使唐。嚴可求預料到了唐莊宗會問哪些事，便教盧蘋怎樣應對。盧蘋到了唐以後，果然都和嚴可求所預料的一樣。盧蘋回吳後，報告說唐主沉溺於出遊打獵，又吝嗇錢財，拒絕勸諫，朝廷內外都有怨言。

高季興在洛陽期間，唐莊宗身邊的伶人、宦官向他索要財物簡直沒有滿足的時候，高季興非常惱火。唐莊宗想把高季興留下來，郭崇韜勸諫說：「陛下新近得到天下，各地諸侯都不過是派子弟或將領佐吏前來朝貢，只有高季興親自前來朝見，應當對他褒揚獎賞，以鼓勵那些後來的人。如果反而把他扣留下來不讓他回去，背棄誠信，也有虧道義，毀掉了天下人心，不是好計策。」於是唐莊宗放高季興回去。高季興兼程往回趕路，到達許州，對身邊人說：「此行有兩個失誤：來京朝見是一個失誤，他放我回去又是一個失誤。」路過襄州，節度使孔勍把他們留下來加以宴請，半夜時分，高季興一行擅自打開城門離開了襄州。十二月二十八日丁酉，到了江陵，高季興握著梁震的手說：「沒聽你的話，幾乎不能從虎口脫身。」高季興又對將領佐吏們說：「新朝經過百戰才取得黃河以南地區，皇帝卻舉起手來對功臣們說『我靠十個指頭得到天下。』如此居功自負和誇耀，那麼別人都毫無功勞了，這樣一來誰不離心離德！他又沉溺於打獵和女色，這樣的朝廷怎麼能夠長久呢！我沒有什麼好擔憂的了。」高季興便修繕城池，積蓄糧食，招納梁朝往日的士卒，做好戰爭準備。

【研　析】本卷研析晉王置相、後梁之滅、後梁忠臣王彥章、高季興入朝四件史事。

晉王置相。西元九二三年春二月，晉王李存勗在魏州頒下命令，設置百官，在河東、魏博、易定、鎮冀四鎮判官中選出二人為相，義武（即易定）節度判官豆盧革、河東觀察判官盧程兩人被選，晉王任命為行臺左、右丞相。一切就緒，晉王於四月二十五日己巳即帝位於魏州，國號大唐，史稱後唐。節度判官有兩職，一是掌錢糧兵馬事務的武職判官，一是掌表奏書檄的文職判官。晉王置相，豆、盧兩人應是文職判官，不過是方鎮屬下的刀筆吏，於諸將中沒有威望。李存勗只知崇尚武力，不重文治，置相只是作一個擺設，軍國大事不與之謀議，其相之輕也如鴻毛。王夫之曰：「天下可無相也，則亦可無君也。相輕於鴻毛，則君不能重於泰山也。」（《讀通鑑論》卷二十八）其言極是。漢高祖打天下，倚重蕭何，使其坐鎮後方，足食足兵，及至論功，漢高祖以蕭何功第一，諸將不服，漢高祖以人功狗功之說叱斥諸將，諸將不得不服。豆盧革、盧程只是一方鎮幕僚，諸將視之如鴻毛，是以天子孤立無輔，唐祚之不久，於此可見端倪。

後梁之滅。西元九二三年十月初八日戊寅，大梁城破，梁末帝朱友貞與陪侍大臣控鶴都指揮使皇甫麟俱死梁殿，梁亡。唐天祐三年（西元九〇七年）朱溫篡唐，傳三代，至是而亡，享祚十七年。梁末帝不昏不暴，是一個仁弱的中庸之主，若得賢良輔佐，可以守天下，可以治天下。朱友貞是在後梁政治腐敗內訌中僥倖上臺的，忌疑心太重，不信用舊臣，親近讒佞小人，趙巖、張漢傑等人用事，邪枉熾結，賄賂公行，朝綱敗壞，後梁政治急劇惡化，上下離心，土崩瓦解而不可救藥。段凝非大將才，且懷貳心，因賄賂趙、張奸邪，後梁主信之不疑，違眾用為大將，劉鄩遭誅殺，王彥章被貶為偏將，自毀長城，於是國事不可收拾。晉王李存勗英勇善戰，決策正確，梁末帝非其敵手，但總體力量對比，梁朝在中原，地廣人眾，優勢在梁朝。即便是李存勗長驅入汴，犯孤軍深入之忌，後梁雖然後防空虛，君臣合力對付一支孤軍仍然有所可為。敬翔建言，出走避敵，或出奇決戰，也是死中求活的一條路，梁末帝均不聽從，只是哭天叫地，坐以待斃，徒喚奈何，如此不亡，天理難容。史稱梁末帝「為人溫恭儉約，無荒淫之失。但寵信趙、張，使擅威福，疏棄敬、李舊臣，不用其言，以至於亡。」此言梁之亡，不是晉王李存勗滅梁，而是梁末帝自己滅亡了自己，此論極為中肯。觀五代之嬗遞，非只梁朝自亡，後唐、後晉、後漢皆是自取滅亡，具有共同性。自唐末以來，群雄割據，軍閥混戰，有力者稱雄，君臣之義，父子之親，全都淡薄。以詐力得為君，則不信於臣，平庸之主，無識人的慧眼，忠奸不辨，於是小人進，賢人隱，一代又一代，形成惡性循環，沒有一個君主有治國的遠圖，驟興驟亡，也就是必然的了。

後梁忠臣王彥章。王彥章，字賢明，鄆州壽張縣人。年少從軍，隸梁太祖朱溫帳下為軍校，慣使一柄鐵槍衝鋒陷陣，所向披靡，人稱王鐵槍。王彥章積功任澶州刺史。後梁開平五年三月，王彥章奉命率精騎屯鄴城，晉人乘虛攻陷澶州，擄掠了彥章一家，晉王遷其家於晉陽，遣使誘降王彥章，王彥章斬其使以絕晉人之望，晉王誅滅彥章全家。龍德三年，後梁滅亡前夕，梁相敬翔泣諫末帝起用王彥章為大將，代戴思遠為北面招討使，授命之日，促裝前行，與晉王大戰楊劉，凡百餘戰，晝夜不息，晉王親臨前線，方解危困。梁末帝信人不專，竟聽趙巖、張漢傑群小之言，以庸將段凝代王彥章為招討使。王彥章被罷兵權無怨言。晉王迂迴突入鄆州偷襲大梁，梁末帝不得已再用王彥章率偏師應敵，復又以張漢傑為監軍。王彥章寡不敵眾，兵敗被擒，晉王惜其才，以百計誘降，王彥章誓死不從，為晉人所殺，死年六十一歲。王彥章五月代戴思遠為大將，七月被解兵，十月梁亡。梁末帝面臨亡國，還忌疑功臣，自毀長城，梁之亡不足惜，而王鐵槍盡忠死國，深為可惜。後晉賣國兒皇帝石敬瑭，嘉歎王彥章之忠誠，詔贈太師，尋訪子孫錄用。

高季興入朝。高季興，字貽孫，陝州硤石人。本名季昌，入唐避莊宗廟諱李國昌而改名季興。季興隨梁太祖朱溫征戰，擢為荊南兵馬留後，梁末帝封為渤海王。高季興割據荊南，地狹民寡，依違於吳、蜀之間，梁不能制。唐莊宗定天下，高季興入朝，幕僚梁震阻其行，高季興不聽。莊宗左右勸莊宗留季興於洛陽，加兼中書令。樞密使郭崇韜方用事，勸莊宗以信義收天下，放季興歸藩，季興得間，日夜兼程返荊南，謂左右曰：「此行有二失：來朝一失，縱我去一失。」唐莊宗宣言於眾曰：「吾於十指上得天下。」此為驕矜妄語，功勞都是自己的，部屬諸將還有什麼功勞呢。唐莊宗的一句失言，季興已洞察出唐莊宗的氣量褊狹，加之荒於聲色，推度唐朝不得久長。高季興不再憂唐室，藐視莊宗之為人，加緊了割據步伐。高季興與唐莊宗各有一失，莊宗之失放虎歸山，季興之失冒入虎穴。而季興最終脫出虎口，探得虛實，是贏家，唐莊宗卻是輸家。

卷第二百七十三

後唐紀二

起閼逢涒灘（甲申 西元九二四年），盡旃蒙作噩（乙酉 西元九二五年）十月，凡一年有奇。

【題解】本卷記事起於西元九二四年，迄於西元九二五年十月，凡一年又十個月。當莊宗同光二年至同光三年十月。唐莊宗為開國英主，同時又是亡國昏君，雙重人格備於一身，可謂經典。大唐之亡，宦官亂政是一重要原因。莊宗初建國，不僅寵幸伶官濫封高官，而且寵信宦官，宮中宦官超員至萬人，各藩鎮重置監軍，唐亡之弊政一一恢復。莊宗幸魏州，竟然毀棄即位祭壇改為臨時毬場，背本忘天。莊宗行獵，踐踏民田禾稼。莊宗大建宮室選美，又拜妖僧祈雨，無人君莊嚴之度。莊宗聽信伶官、宦官讒言，借故笞殺鯁正大臣河南令。莊宗嫡母太妃、生母太后相繼亡故，哀喪盡孝，為人子稱善，而為人君荒怠政事，為社稷稱不忠。莊宗驕淫敗政，遭偏遠南漢之主蔑視，認為中原之唐主不足畏。蜀主王衍荒淫敗政比於唐莊宗又過之，乃至任用宦官為節鎮，淫亂臣屬妻女無羞恥。莊宗遣使蜀中探虛實，蜀主迷於兩國和好而裁撤戒備。唐大軍伐蜀，王衍竟逆行遊幸。唐軍勢如破竹，蜀主兼程西逃。

莊宗光聖神閔孝皇帝中

同光二年（甲申　西元九二四年）

春，正月甲辰❶，幽州奏契丹入寇，至瓦橋❷。以天平軍節度使李嗣源為北面行營都招討使，陝州留後霍彥威副之，宣徽使李紹宏❸為監軍，將兵救幽州。

孔謙復言於郭崇韜曰：「首座相公❹萬機事繁，居第且遠，租庸簿書多留滯❺，宜更圖之。」豆盧革嘗以手書便省庫錢❻數十萬，謙以手書示崇韜，崇韜微以諷革❼。革懼，奏請崇韜專判租庸，崇韜固辭。上曰：「然則誰可者？」崇韜曰：「孔謙雖久典金穀❽，若遽委大任，恐不叶物望❾，請復用張憲。」帝即命召之。謙彌失望。

岐王聞帝入洛，內不自安❿，遣其子行軍司馬彰義⓫節度使兼侍中繼曮⓬入貢，始上表稱臣。帝以其前朝耆舊⓭，與太祖比肩⓮，特加優禮，每賜詔但稱岐王而不名。庚戌⓯，加繼曮兼[1]中書令，遣還。

敕內官不應居外⓰，應前朝內官及諸道監軍并私家先所畜者，不以貴賤，並遣詣闕。時在上左右者已五百人，至是殆及⓱千人，皆給贍⓲優厚，委之事任⓳，以為腹心。內諸司使⓴，自天祐以來以士人代之，至是復用宦者，浸干㉑政事。既而復置諸道監軍，節度使出征或留闕下，軍府之政皆監軍決之，陵忽主帥㉒，怙勢㉓爭權。由是藩鎮皆憤怒。

【章旨】以上為第一段，寫唐莊宗信用宦官，對各藩鎮重置監軍，導致唐朝滅亡的弊政一一恢復。

【注釋】❶甲辰　正月初五日。❷瓦橋　瓦橋關，在河北雄縣易水南。❸李紹宏　宦者，本姓馬，賜姓李，為莊宗所信用。貪貨賂，專威福，誣殺大臣，挑動明宗反叛。傳見《舊五代史》卷七十二。《新五代史》卷三十八亦略載其事。❹首座相公　指豆盧革。時為首相，故稱之。❺留滯　積久不辦。指豆盧革兼判租庸使，事多留滯。❻便省庫錢　借中央金庫的錢。便錢，借錢的俗稱。❼微以諷革　略微暗示豆盧革。❽久典金穀　長久掌管錢穀。❾不叶物望　不符合士大夫輿論願望。❿內不自安　岐王李茂貞聽說唐莊宗從大梁進入洛陽，害怕莊宗移兵西伐，所以心裡感到不安。⓫彰義　方鎮名，唐昭宗乾寧元年（西元八九四年）涇原節度使賜號彰義軍節度。治所涇州，在今甘肅涇川縣北。岐仍稱彰義軍。⓬繼曮　即李從曮（西元八九八—九四六年），李茂貞長子，後晉時繼封岐王、秦王。傳見《舊五代史》卷一百三十二。⓭耆舊　年高而久負聲望的人。⓮比肩　並肩；地位相等。⓯庚戌　正月十一日。⓰內官不應居外　內官，指宦官。昭宗天復三年朱溫大誅宦官，有的散投藩鎮及為私養者，至此均召回宮中。⓱殆及　將達到。⓲給贍　供給贍養。⓳事任　事務職任。⓴內諸司使　皇宮內奉侍皇室的機關，如客省司、莊宅司、司膳司、左藏庫司等，主管均稱「使」，由宦官職掌。唐後期宦官擅權，擴大內諸司職能，又有掌外權的司使，如監軍使、館驛使、市舶使等。朱溫誅宦官，內諸司使改用士人，後唐又復用宦官，如唐之舊。㉑浸干　逐漸干預。㉒陵忽主帥　欺慢上司。㉓怙勢　憑恃權勢。

【校記】①兼　原無此字。據章鈺校，十二行本、乙十一行本皆有此字，今據補。

【語譯】莊宗光聖神閔孝皇帝中

同光二年（甲申　西元九二四年）

春，正月初五日甲辰，幽州奏報契丹入侵，已到瓦橋。莊宗任命天平軍節度使李嗣源擔任北面行營都招討使，陝州留後霍彥威做他的副帥，宣徽使李紹宏為監軍，率軍救援幽州。

孔謙又對郭崇韜說：「首座豆盧革相公日理萬機，事務繁雜，住所又遠，租庸的簿冊積壓很多，最好另外想個辦法解決。」豆盧革曾經寫過借條向省庫借錢數十萬，孔謙把這個借條拿給郭崇韜看，郭崇韜把這事略微向豆盧革暗示了一下。豆盧革害怕了，於是上奏請求讓郭崇韜一個人代理租庸的事務，郭崇韜堅決推辭。唐莊宗問道：「那麼誰可以擔任這個職務呢？」郭崇韜回答說：「孔謙雖然長期掌管金錢糧穀，但如果倉促間就委以大任，恐怕難孚眾望，請求仍再任用張憲。」唐莊宗當即下令召張憲來。孔謙更加失望。

岐王李茂貞聽說唐莊宗進入洛陽，內心深感不安，於是派他的兒子行軍司馬彰義節度使兼侍中李繼曮入京朝貢，開始上表稱臣。唐莊宗念他是前朝的年高而有聲望的老臣，又和太祖在當年地位相當，所以對他特加禮遇，每次下詔書時都只稱岐王而不直呼他的名字。正月十一日庚戌，加封李繼曮兼中書令，並派他回國。

唐莊宗下敕令，宦官不應在外居住，凡是前朝宦官以及各道監軍和私家所蓄養的人，不論貴賤，都一律遣送回朝廷。當時在唐莊宗身邊的宦官已經有五百人，到這時幾乎達到一千人，唐莊宗對他們供給優厚，並且委以職事重任，把他們當做心腹。宮內各司使，自前朝天祐年間以來都由士人替代宦官擔任，現在又恢復使用宦官，宦官又逐漸干預起政事來。不久又重新設置各道監軍，節度使出征或者留在京城時，軍府的政事都由監軍決斷，這些監軍欺陵輕慢主帥，仗勢爭權。因此各藩鎮對他們都很憤怒。

契丹出塞❶。召李嗣源旋師，命泰寧節度使李紹欽、澤州刺史董璋戍瓦橋。

李繼曮見唐甲兵之盛，歸，語岐王，岐王益懼。癸丑❷，表請正藩臣之禮，優詔❸不許。

孔謙惡張憲之來，言於豆盧革曰：「錢穀細事，一健吏❹可辦耳。魏都根本之地，顧不重乎！興唐尹王正言操守有餘❺，智力不足。必不得已，使之居朝廷❻，眾人輔之，猶愈於專委方面也。」革為之言於崇韜，崇韜乃奏留張憲於東京。甲寅⑦，以正言為租庸使。正言昏懦，謙利其易制故也。◯李存審奏契丹去，復得新州⑧。◯戊午⑨，敕鹽鐵、度支、戶部三司並隸租庸使⑩。

上遣皇弟存渥、皇子繼岌，迎太后、太妃於晉陽。太妃曰：「陵廟在此⑪，若相與俱行，歲時何人奉祀！」遂留不來。太后至，庚申⑫，上出迎於河陽⑬。辛酉⑭，從太后入洛陽。

二月己巳朔⑮，上祀南郊，大赦。孔謙欲聚斂⑯以求媚，凡赦文所蠲⑰者，謙復徵之。自是每有詔令，人皆不信，百姓愁怨。

郭崇韜初至汴、洛，頗受藩鎮饋遺⑱。所親⑲或諫之，崇韜曰：「吾位兼將相⑳，祿賜巨萬，豈藉外財[1]！但以偽梁之季㉑，賄賂成風。今河南藩鎮，皆梁之舊臣，主上之仇讎也。若拒，其意能無懼乎！吾特為國家藏之私室耳。」及將祀南郊，崇韜首獻勞軍錢十萬緡。先是，宦官勸帝分天下財賦為內外府。州縣上供者入外府，充經費，方鎮貢獻者入內府，充宴遊及給賜左右。於是外府常虛竭㉒無餘，而內府山積㉓。及有司㉔辦郊祀，乏勞軍錢。崇韜言於上曰：「臣已傾家所有以助大禮，願陛下亦出內府之財以賜[2]有司。」上默然久之，曰：「吾晉陽自有儲積，可令租庸輦取[25]以相助。」於是取李繼韜私第金帛數十萬以益之，軍士皆不滿望，始怨恨，有離心矣。

河中節度使李繼麟[26]請榷[27]安邑、解縣鹽，每季輸省課[28]。己卯[29]，以繼麟充制置兩池榷鹽使[30]。○辛巳[31]，進岐王爵為秦王[32]，仍不名、不拜[33]。

郭崇韜知李紹宏怏怏[34]，乃置內句使[35]，掌句三司財賦，以紹宏為之，冀弭其意。而紹宏終不悅，徒使州縣增移報之煩。

崇韜位兼將相，復領節旄，以天下為己任，權侔人主[36]，旦夕車馬填門[37]。性剛急，遇事輒發[38]，嬖倖僥求[39]，多所摧抑[40]。宦官疾[41]之，朝夕短[42]之於上。崇韜扼腕[43]，欲制之不能。豆盧革、韋說嘗問之曰：「汾陽王[44]本太原人，徙[45]華陰[46]，公世家鴈門[47]，豈其枝派邪？」崇韜因曰：「遭亂，亡失譜諜[48]，嘗聞先人言，上距汾陽四世耳。」革曰：「然則固從祖[49]也。」崇韜由是以膏粱自處[50]，多甄別流品[51]，引拔浮華[52]，鄙棄勳舊。有求官者，崇韜曰：「深知公功能，然門地寒素[53]，不敢相用，恐為名流所嗤[54]。」由是嬖倖疾之於內，勳舊[55]怨之於外。崇韜屢請以樞密使讓李紹宏，上不許。又請分樞密院事歸內諸司以輕其權，而宦官謗之不已[56]。崇韜鬱鬱不得志，與所親謀赴本鎮[57]以避之。其人曰：「不可。蛟龍失水，螻蟻足以制之。」

【章旨】以上為第二段，寫郭崇韜位兼將相，權勢炙手可熱，成眾矢之的。

【注釋】❶出塞　回到邊塞以外。❷癸丑　正月十四日。❸優詔　褒美嘉勉的詔書。❹健吏　得力的下級官員。❺操守有餘　道德品質良好。❻居朝廷　調到中央政府來任租庸使。❼甲寅　正月十五日。❽新州　州名，故治在今河北涿鹿。❾戊午　正月十九日。❿三司並隸租庸使　意在加重租庸使權力。隸，隸屬。⓫陵廟在此　懿祖永興陵、獻祖長寧陵、太祖建極陵均在代州雁門縣。親廟在晉陽。⓬庚申　正月二十一日。⓭河陽　古縣名，縣治在今河南孟州南。⓮辛酉　正月二十二日。⓯己巳朔　二月初一日。⓰聚斂　搜刮。⓱蠲　免除。⓲饋遺　贈送。⓳所親　親人或親信。⓴位兼將相　郭崇韜為樞密使，加侍中，領成德節度使，故言位兼將相。㉑季　末年。㉒虛竭　空虛、不足用。㉓山積　財富充足。㉔有司　有關主管部門。㉕輦取　用車子裝取。㉖李繼麟　即朱友謙。㉗榷　專賣。㉘每季輸省課　每三月一次送鹽稅於中央。㉙己卯　二月十一日。㉚制置兩池榷鹽使　官名，管理安邑、解縣兩鹽池工作。㉛辛巳　二月十三日。㉜進岐王爵為秦王　指改封李茂貞為秦王。㉝不名不拜　皇帝對老臣的優禮。群臣上朝時，不呼名，不參拜。㉞怏怏　鬱鬱不樂的樣子。㉟內句使　官名，內句司長官，掌三司錢穀簿書的審核工作。㊱權侔人主　權力與皇帝相等。侔，齊等。㊲填門　塞門；滿門。形容極多。㊳輒發　便發作。㊴嬖倖僥求　皇帝寵愛的人希望得到意外的名利。㊵摧抑　抑止；不予滿足欲望。㊶疾　怨恨。㊷短　說人短處。㊸扼腕　用手握腕。表示情緒的激動、憤怒。㊹汾陽王　指郭子儀。㊺徙　遷移。㊻華陰　縣名，即今陝西華陰。㊼鴈門　郡名，治所陽館，在今山西代縣。㊽譜諜　古代記述氏族世系的書籍。㊾從祖　堂祖。㊿以膏粱自處　以富貴人家出身自居。膏粱，指代富貴之家。(51)甄別流品　審察區分門第的高下。(52)浮華　浮誇；華而不實。(53)門地寒素　門第和地望低微。(54)嗤　嗤笑。(55)勳舊　有功於朝廷的舊人。(56)請分樞密院事二句　指郭崇韜領樞密院使，他主動請求將自己的權力分一部分給內朝諸司，讓給宦官，用以減輕自己的權力，然而宦官仍然毀謗不止。輕其權，削減自己的權力。(57)赴本鎮　外出到所領成德鎮為節度使。

【校記】[1]外財　原作「外材」。據章鈺校，十二行本、乙十一行本、孔天胤本皆作「外財」，張瑛《通鑑校勘記》、熊羅宿《胡刻資治通鑑校字記》同，今據改。[2]賜　原作「助」。據章鈺校，十二行本、乙十一行本皆作「賜」，張敦仁《通鑑刊本識誤》同，今據改。

【語譯】契丹人退出到塞外。唐莊宗召李嗣源班師回朝，命令泰寧節度使李紹欽、澤州刺史董璋戍守瓦橋關。

李繼曮見到唐軍十分強大，回去後把這一情況告訴了岐王，岐王心裡更加害怕了。正月十四日癸丑，上表請求行使藩臣的禮節，唐莊宗下了褒揚的詔書，沒有答應他的請求。

孔謙不願意看到張憲的到來，就對豆盧革說：「金錢糧穀這種小事，一個精幹的官吏就能辦理了。魏都是國家根本之地，難道不更重要嗎！與唐府尹王正言道德品質有餘，才智與能力不足。如果實在不得已，可以把王正言調到中央政府來，大家一起幫助他，這比委任他獨當一面還是要好一些。」豆盧革就替孔謙把這個意思告訴郭崇韜，郭崇韜於是奏請唐莊宗把張憲留在東京。正月十五日甲寅，任命王正言為租庸使。王正言糊塗懦弱，孔謙是貪圖他好控制，所以才說這番話的。〇李存審上奏說契丹人已經離去，又重新得到了新州。〇十九日戊午，唐莊宗下令鹽鐵、度支、戶部三司都隸屬於租庸使。

唐莊宗派皇弟李存渥、皇子李繼岌，到晉陽迎接太后、太妃。太妃說：「祖宗的陵墓、宗廟在這裡，如果我們一起都走了，到了該祭祀的時候誰來奉祀呢！」於是她就留在晉陽不來了。太后到達洛陽，正月二十一日庚申，唐莊宗出城到河陽迎接。二十二日辛酉，跟隨太后一起進入洛陽城。

二月初一日己巳，唐莊宗到南郊祭天，大赦天下。孔謙想多搜刮些財物來討好皇上，凡是大赦詔書所免除的租稅，孔謙重又去徵收，從此每次頒發詔令，人們都不再相信，百姓心中愁苦怨恨。

郭崇韜剛到汴梁、洛陽的時候，接受很多藩鎮給他的饋贈。他所親近的人中有人規勸他，郭崇韜說：「我的職位兼領將相，俸祿和所得賞賜巨萬，難道還需要依靠這些外財嗎！只是因為偽梁的末世，賄賂成風。如今黃河以南的藩鎮，都是過去梁朝的舊臣，主上的仇敵。如果拒絕他們的饋贈，他們的心裡能不恐懼嗎！我只是替主上把這些錢財藏在家裡罷了。」到了唐莊宗將要到南郊祭天時，郭崇韜帶頭捐獻了十萬緡勞軍錢。在此之前，宦官們勸皇上把天下的財富分為內、外二府，州縣上繳的歸入外府，充當國家的經費，方鎮所貢獻的歸入內府，充當皇上宴會、遊獵和賞賜左右近臣的費用。這樣，外府時常空虛無節餘，而內府的錢財卻堆積如山。等到有關部門籌辦郊祀時，缺乏勞軍錢。郭崇韜對唐莊宗說：「臣已經把家裡所有的錢全都拿出來資助郊祀大禮了，希望陛下也能拿出內府的錢財來賜給有司。」唐莊宗沉默了好久，說道：「我在晉陽自有積蓄，可以讓租庸使用車取來資助有司。」於是從李繼韜家中取了數十萬金銀、絲帛來添補勞軍錢。儘管如此，軍士們仍感到沒有滿足自己的期望，開始怨恨起來，有了離心的傾向。

河中節度使李繼麟奏請將安邑和解縣的鹽專賣，每三個月一次把鹽稅送繳到中央。二月十一日己卯，任命李繼麟充任制置兩池榷鹽使。○十三日辛巳，進封岐王李茂貞的爵位為秦王，依舊對他不直呼名字，允許他朝見不下拜。

郭崇韜知道李紹宏心裡怏怏不樂，於是設置了內句使，掌管考核三司的財賦，讓李紹宏擔任這個職務，希望以此來消除他的不快。但是李紹宏終究還是不高興，只是徒然增加了州縣移報的麻煩。

郭崇韜的職位兼任將相，又領有藩鎮的旌節，他以天下為己任，權力幾乎與人主相等，從早到晚車馬盈門。他生性剛烈急躁，遇到事情就會發作，皇帝寵臣們那些非分的貪求，大多被他所拒絕抑制。於是宦官們憎恨他，一天到晚在唐莊宗面前說他的壞話。郭崇韜非常憤慨，卻又無法制止。豆盧革、韋說曾經問郭崇韜說：「汾陽王郭子儀本是太原人，後來遷居到華陰，您世代居住在雁門，是否是郭子儀的支脈呢？」郭崇韜順著話頭說：「因為遭遇變亂，家裡的族譜已經丟失，曾經聽先人們講過，我上距汾陽王不過四世而已。」豆盧革說：「如此說來，汾陽王原來是您的從祖。」郭崇韜從此就以富貴人家出身自居，經常審察區分別人門第的高下，提拔了一些華而不實的人，而鄙視和疏遠建立過功勳的舊臣。有人來求官，郭崇韜說：「我很瞭解你的功績才能，但是你出身寒門，我不敢起用你，怕被名流們嗤笑。」從此，宮內有皇帝寵臣們中傷他，宮外有功勳舊臣們怨恨他。郭崇韜多次請求把樞密使一職讓給李紹宏，唐莊宗都不准許。他又請求把樞密院的事務分出一部分歸宮內各司管轄，好減輕一些自己的權力，然而宦官們仍然對他誹謗不止。郭崇韜鬱鬱不得志，便同他所親近的人商量準備去本鎮迴避一下。那個人說：「千萬使不得。蛟龍如果離了水，小小的螻蛄和螞蟻都能制服牠。」

先是，上欲以劉夫人為皇后，而有正妃韓夫人❶在。太后素惡❷劉夫人，崇韜亦屢諫，上以是不果❸。於是所親說❹崇韜曰：「公若請立劉夫人為皇后，上必喜。內有皇后之助，則伶宦輩不能為患矣。」崇韜從之，與宰相帥百官共奏劉夫人宜正位中宮❺。癸未❻，立魏國夫人劉氏為皇后。皇后生於寒微，既貴，專務蓄財。其在魏州，至於[1]薪蘇果茹❼皆販鬻之。及為后，四方貢獻皆分為二，一上天子，一上中宮。以是寶貨山積，惟用寫佛經、施尼師❽而已。是時皇太后誥、皇后教，與制敕交行❾於藩鎮，奉之如一❿。

詔蔡州⓫刺史朱勍浚索水⓬，通漕運。

三月己亥朔⓭，蜀主宴近臣於怡神亭。酒酣⓮，君臣及宮人皆脫冠露髻，喧譁自恣⓯。知制誥⓰京兆李龜禎⓱諫曰：「君臣沈湎⓲，不憂國政，臣恐啟北敵⓳之謀。」不聽。

乙巳⓴，鎮州言契丹將犯塞。詔橫海節度使李紹斌㉑、北京左廂馬軍指揮使李從珂帥騎兵分道備之，天平節度使李嗣源屯邢州。紹斌本姓趙，名行實，幽州人也。○丙午㉒，加高季興兼尚書令，進封南平王。

李存審自以身為諸將之首㉓，不得預克汴之功㉔，感憤㉕，疾益甚。累[2]表求入覲㉖，郭崇韜抑而不許㉗。存審疾亟㉘，表乞生覲龍顏㉙，乃許之。初，帝嘗與右武衛上將軍李存賢㉚手搏㉛，存賢不盡其技，帝曰：「汝能勝我，當授藩鎮。」存賢乃奉詔，僅仆帝而止。及許存審入覲，帝以存賢為盧龍行軍司馬，旬日除節度使，曰：「手搏之約，吾不食言矣。」

庚戌㉜，幽州奏契丹寇新城㉝。○勳臣畏伶官[3]之讒㉞，皆不自安。蕃漢內外馬步副總管李嗣源求解兵柄，帝不許。

自唐末喪亂，搢紳之家㉟或以告赤㊱鬻於族姻，遂亂昭穆㊲。至有舅、叔拜甥、姪者，選人㊳偽濫者眾。郭崇韜欲革其弊㊴，請令銓司㊵精加考覈。時南郊行事官㊶千二百人，注官㊷者纔數十人，塗毀告身㊸者十之九。選人或號哭道路，或餒死逆旅㊹。

【章旨】以上為第三段，寫郭崇韜為求自保，率百官上奏唐莊宗立劉夫人為皇后，勳臣宿將皆畏伶官之讒，心不自安。

【注釋】❶韓夫人　莊宗正室，同光二年（西元九二四年）十二月冊封為淑妃。❷惡　厭恨。❸不果　沒有成功。❹說勸說；遊說。❺正位中宮　指立為皇后。❻癸未　二月十五日。❼薪蘇果茹　柴草果菜。❽尼師　尼姑。❾交行　交錯頒行。❿奉之如一　太后誥、皇后教、皇帝制敕，一樣執行。⓫蔡州　州名，治所上蔡，在今河南汝南縣。⓬浚索水　疏通索水。索水，即古旃然水，源出滎陽南萬山。北流與須水會合，稱須索河。⓭己亥朔　三月初一日。⓮酒酣　飲酒至興奮時。⓯恣恣意；放肆。⓰知制誥　官名，翰林學士加知制誥官銜，掌起草機要詔令。⓱李龜禎　為人切直，不畏權貴。傳見《十國春秋》卷四十三。⓲沈湎　沉溺。此指嗜酒無度。⓳北敵　指後唐。⓴乙巳　三月初七日。㉑李紹斌　本姓趙，名行實。李紹斌為賜名。㉒丙午　三月初八日。㉓諸將之首　李存審被任命為蕃漢馬步軍都總管，居所有將軍之上。㉔克汴之功　攻破梁首都的戰役。㉕感憤　憤慨。㉖入覲　從在外州郡來京朝見皇帝。㉗抑而不許　抑止而不允許。㉘疾亟　病情很嚴重。㉙生覩龍顏　活著見到皇帝。龍顏，指代皇帝。㉚李存賢　（西元八六〇－九二四年）字子良，本姓王名賢，李克用賜今名，令為義兒軍副兵馬使，積功至幽州盧龍節度使。傳見《舊五代史》卷五十三、《新五代史》卷三十六。㉛手搏　掰手掌，比腕力。按，〈李存賢傳〉稱角抵，則類似摔跤。㉜庚戌　三月十二日。㉝新城　縣名，縣治在今河北新城。㉞讒　讒言；背後說壞話。㉟搢紳之家　指代官宦人家。㊱告赤　告身和敕命。胡三省注：「赤，當作『敕』。」㊲昭穆　宗廟的輩次排列，始祖居中，二世、四世、六世位於始祖之左，謂之昭；三世、五世、七世位於始祖之右，謂之穆。㊳選人　唐代以後稱候補、候選的官員。㊴弊　弊端；弊政。㊵銓司　吏部。㊶南郊行事官　參與郊祀事務的官員。㊷注官　經吏部注擬任命官職。㊸告身　古代授官的憑信，類似後世的任命狀。㊹餒死逆旅　餓死在旅館裡。

【校　記】①至於　原無此二字。據章鈺校，十二行本、乙十一行本皆有此二字，張敦仁《通鑑刊本識誤》同，今據補。②累　原作「屢」。據章鈺校，十二行本、乙十一行本皆作「累」，今據改。③伶宦　原作「伶官」。前卷及本卷他處皆作「伶宦」，此處當亦然，今據改。

【語　譯】此前，唐莊宗想把劉夫人立為皇后，但是正妃韓夫人在。太后又一向很討厭劉夫人，郭崇韜也多次勸諫阻止，因此一直沒有成功。這時郭崇韜所親近的人勸他說：「您如果奏請冊立劉夫人為皇后，皇上一定很高興。這樣，宮內有皇后幫助您，那麼伶人、宦官們就不能對您造成威脅了。」郭崇韜聽從了這個建議，就和宰相一道率領百官向唐莊宗啟奏，認為劉夫人應該立為中宮皇后。二月十五日癸未，唐莊宗正式冊立魏國夫人劉氏為皇后。皇后出身寒微，自己顯貴之後，一心致力於蓄積錢財。她在魏州的時候，甚至連那些柴草、瓜果、蔬菜都要進行販賣。等到立為皇后之後，四方進貢呈獻來的物品都要分為兩份，一份呈送給天子，一份呈送給中宮。因此中宮裡寶貨堆積如山，皇后也只是用來抄寫佛經、施捨尼姑而已。這一時期皇太后的誥命、皇后的教令，和皇帝的制敕交錯頒行於藩鎮，大家都同樣遵照執行。

唐莊宗下詔命令蔡州刺史朱勍疏浚索水，以開通漕運。

三月初一日己亥，蜀主在怡神亭宴請近臣。喝得盡興時，君臣和宮女們都脫下帽子露出髮髻，喧譁吵鬧恣意而為。知制誥京兆人李龜禎進諫說：「君臣沉湎於酒，不憂勞國事，臣擔心會誘使北方的敵人算計我們。」蜀主不聽規勸。

三月初七日乙巳，鎮州報告說契丹人將要侵犯邊塞。唐莊宗下詔命令橫海節度使李紹斌、北京左廂馬軍指揮使李從珂率騎兵分路前往防備，命令天平節度使李嗣源屯駐邢州。李紹斌本姓趙，名行實，是幽州人。〇初八日丙午，加封高季興兼任尚書令，進封為南平王。

李存審自己覺得身為諸將之首，卻未能參與攻克汴梁建立功勞，心中十分憤慨，由此病情加重。他多次上表請求入京朝見皇帝，都被郭崇韜壓了下來沒有獲得允許。李存審病情危急，上表乞求在活著的時候再見皇帝一面，這樣才被允許。當初，唐莊宗曾經與右武衛上將軍李存賢比腕力，李存賢沒有把本事全使出來，唐莊宗說：「你如能勝我，我就會授你藩鎮節度使之職。」李存賢於是奉命，但僅把皇帝摔倒在地就住了手。等到允許李存審入京朝見時，唐莊宗任命李存賢擔任盧龍行軍司馬，十來天任命為節度使，唐莊宗說：「上回角力時的約定，我沒有食言。」

三月十二日庚戌，幽州上奏說契丹人侵犯新城。〇功勳大臣們害怕伶人、宦官的進讒誹謗，心裡都感到不安。蕃漢內外馬步副總管李嗣源請求解除自己的兵權，唐莊宗沒有答應。

自從唐朝末年政局動亂以來，官宦之家有的把任官的告身和敕令賣給族人或姻親，於是亂了上下長幼的順序。甚至有舅舅、叔叔要拜外甥、姪兒的，候選、候補的官員假冒頂替的很多。郭崇韜想革除這一弊端，請求唐莊宗下令吏部嚴加考核。當時參與南郊祭天事務的官員一千二百人，其中經吏部注擬任命的只有數十人，而途改委任官職文憑的人佔十分之九。候選、候補官職的人有的在道路上哭天喊地，有的甚至餓死在旅店裡。

唐室諸陵先為溫韜所發。庚申❶，以工部郎中❷李途為長安按視諸陵使。○皇子繼岌代張全義判六軍諸衛事❸。

夏，四月己巳朔❹，羣臣上尊號❺曰昭文睿武至德光孝皇帝。

帝遣客省使李嚴使于蜀，嚴盛稱帝威德，有混一❻天下之志。且言朱氏篡竊，諸侯曾無勤王之舉。王宗儔以其語侵蜀❼，請斬之，蜀主不從。宣徽北院使宋光葆上言：「晉王有憑陵❽我國家之志，宜選將練兵，屯戍邊鄙，積糗糧，治戰艦以待之。」蜀主乃以光葆為梓州觀察使，充武德❾節度留後。

乙亥❿，加楚王殷兼尚書令。○庚辰⓫，賜前保義⓬留後霍彥威姓名李紹真。○秦忠敬王李茂貞卒，遺奏以其子繼曮權知鳳翔⓭軍府事。

初，安義⓮牙將楊立⓯有寵於李繼韜，繼韜誅，常邑邑⓰思亂。會發安義兵三千戍涿州，立謂其眾曰：「前此潞兵未嘗戍邊，今朝廷驅我輩投之絕塞⓱，蓋不欲置之潞州耳。與其暴骨沙場⓲，不若據城自守。事成富貴，不成為羣盜耳。」

因聚譟攻子城東門，焚掠市肆。節度副使李繼珂、監軍張弘祚棄城走，立自稱留後，遣將士表求旌節[1]。詔以天平節度使李嗣源為招討使，武寧節度使李紹榮為部署⑲，帳前都指揮使張廷蘊⑳為馬步都指揮使，以討之。

【章旨】以上為第四段，寫唐莊宗遣使蜀國偵察虛實，安義軍牙將楊立逐帥自稱留後，莊宗發兵征討。

【注釋】❶庚申　三月二十二日。❷工部郎中　工部高級屬官，掌製作、營繕、計置、採伐材物等。❸判六軍諸衛事　任禁衛軍總指揮。❹己巳朔　四月初一日。❺尊號　帝王的稱號。生為尊號，死為諡號。❻混一　統一。❼侵蜀　侵犯蜀國。❽憑陵　侵擾。❾武德　蜀所置方鎮，治所梓州。❿乙亥　四月初七日。⓫庚辰　四月十二日。⓬保義　方鎮名，唐昭宗龍紀元年（西元八八九年），賜陝虢節度為保義軍節度。後梁改名為鎮國軍，治所陝州。後唐仍改為保義軍。⓭鳳翔　方鎮名，唐肅宗上元元年（西元七六〇年）置節鎮。治所鳳翔，在今陝西鳳翔。為岐王李茂貞所佔領。⓮安義　方鎮名，即昭義軍，治所潞州。李繼韜求世襲，改昭義軍為安義軍。⓯楊立　（？—西元九二四年）潞州下層軍吏，聚眾反叛。傳見《舊五代史》卷七十四。⓰邑邑　通「悒悒」。鬱鬱不樂的樣子。⓱絕塞　極遠的邊疆。⓲沙場　唐人征突厥常戰於沙漠之地，故後以沙場指代戰場。⓳部署　武官名，本在招討使之下，後來有都部署，為主帥之職。⓴張廷蘊　（西元八七九—九四七年）字德樞，開封襄邑（今河南睢縣）人，官至絳州防禦使，為官清廉，家無餘積，年老耄期，死於牖下。傳見《舊五代史》卷九十四。

【校記】[1]旌節　原作「旍節」。據章鈺校，十二行本、乙十一行本皆作「旌節」，今據改。

【語譯】唐室各陵墓早先被溫韜所挖掘。三月二十二日庚申，任命工部郎中李途為長安按視諸陵使。〇皇子李繼岌代替張全義兼管六軍諸衛事務。

夏，四月初一日己巳，群臣給皇帝上尊號叫昭文睿武至德光孝皇帝。

唐莊宗派客省使李嚴出使蜀國，李嚴在蜀國盛讚唐莊宗的威德，有統一天下的志向。而且還說到朱氏篡位竊國，其他的諸侯都沒有一點勤王的舉動。王宗儔認為他的話冒犯了蜀國，請求把他斬首，蜀主沒有答應。宣徽北院使宋光葆向蜀主上奏說：「晉王有侵犯我們國家的心思，我們應該選任將領，訓練士卒，加強邊境屯兵戍守，積蓄糧穀，整修戰艦以防他們來犯。」蜀主於是任命宋光葆為梓州觀察使，並充任武德節度留後。

四月初七日乙亥，加封楚王馬殷兼任尚書令。〇十二日庚辰，賜給原保義留後霍彥威姓名叫李紹真。〇秦忠敬王李茂貞去世，在他臨終遺留下的上奏文書中，希望讓他的兒子李繼曮代理鳳翔軍府的事務。

當初，安義軍牙將楊立很受李繼韜寵愛，李繼韜被誅殺之後，楊立常悶悶不樂，想要作亂。適逢此時朝廷調派三千名安義士兵去戍守涿州，楊立就對那些被調派的士兵們說：「此前我們潞州的士兵從來沒有去戍過邊，現在朝廷把我們驅趕到很遠的邊塞去，就是不想讓我們待在潞州罷了。我們與其暴屍在沙場，不如佔據城池守住自己的地盤。事情成功了大家富貴，不成功就當強盜罷了。」於是他們聚眾鼓噪，進攻子城的東門，在街市上放火搶劫。節度副使李繼珂、監軍張弘祚棄城逃走，楊立自稱節度留後，派將士向唐莊宗上表請求旄節、印信。唐莊宗下詔任命天平節度使李嗣源為招討使，武寧節度使李紹榮為部署，帳前都指揮使張廷蘊為馬步都指揮使，率軍討伐楊立。

孔謙貸民錢，使以賤估償絲❶，屢檄❷州縣督之。翰林學士承旨、權知汴州盧質上言：「梁趙巖為租庸使，舉貸誅斂❸，結怨于人。今[1]陛下革故鼎新❹，為人除害，而有司未改其所為，是趙巖復生❺也。今春霜害桑[2]，繭絲甚薄，但輸正稅❻，猶懼流移❼，況益以稱貸❽，人何以堪❾！臣惟事天子，不事租庸，敕旨未頒，省牒❿頻下，願早降明命⓫！」帝不報⓬。

漢主引兵侵閩，屯於汀、漳⓭境上。閩人擊之，漢主敗走。

初，胡柳之役，伶人周匝為梁所得，帝每思之。入汴之日，匝謁見於馬前，帝甚喜。匝涕泣言曰：「臣[3]所以得生全者，皆梁教坊使⓮陳俊、內園栽接使⓯儲德源之力也，願就陛下乞二州以報之。」帝許之。郭崇韜諫曰：「陛下所與共取天下者，皆英豪忠勇之士。今大功始就，封賞未及一人，而先以伶人為刺史，恐失天下心。」以是不行。踰年⓰，伶人屢以為言，帝謂崇韜曰：「吾已許周匝矣，使吾慚見此三人。公言雖正，然[4]當為我屈意行之⓱。」五月壬寅⓲，以俊為景州⓳刺史，德源為憲州⓴刺史。時親軍有從帝百戰未得刺史者，莫不憤歎。

【章旨】以上為第五段，寫孔謙百計搜刮民財，唐莊宗濫封伶人高官。

【注釋】❶貸民錢二句　把錢借給農民，用賤價收購蠶絲，用以還貸款。估，價。❷檄　文書。❸舉貸誅斂　拿貸款來剝削、搜刮老百姓。❹革故鼎新　破除舊的，建立新的。❺復生　再生。❻但輸正稅　只繳正當的國家規定的稅款。❼流移　逃亡。❽稱貸　稱，舉。貸，借。❾人何以堪　人們怎麼承受得了。❿省牒　指租庸使所下文書。⓫明命　皇帝的敕令。⓬不報　沒有答覆。⓭汀漳　皆州名。汀州治所長汀，在今福建長汀。漳州治所漳浦，在今福建漳浦。⓮教坊使　官名，掌宮廷樂舞、演出等事。⓯內園栽接使　官名，掌宮廷花木栽培等事。猶唐朝內園使。⓰踰年　過了一年。⓱屈意行之　違背自己的意志而做不願做的事。⓲壬寅　五月初五日。⓳景州　州名，唐改觀州為景州，故治在今河北景縣東北。⓴憲州　州名，治所樓煩，今山西靜樂南。

【校記】[1]今　原無此字。據章鈺校，十二行本、乙十一行本皆有此字，張敦仁《通鑑刊本識誤》同，今據補。[2]桑　原作「稼」。據章鈺校，十二行本、乙十一行本皆作「桑」，張敦仁《通鑑刊本識誤》同，今據改。③臣　原作「臣之」。據章鈺校，十二行本、乙十一行本皆無「之」字，今據刪。④然　原無此字。據章鈺校，十二行本、乙十一行本皆有此字，今據補。

【語譯】孔謙把錢借貸給百姓，然後讓百姓用被壓成低價的絲來償還貸款，還多次向州縣下發文書要求督促實行。翰林學士承旨、代理掌管汴州事務的盧質向唐莊宗上奏說：「梁朝的趙巖曾經擔任租庸使，利用借貸搜刮聚斂百姓的財物，與百姓結下怨仇。現今陛下破舊立新，為民除害，但是有關部門卻沒有改變過去的做法，簡直就是趙巖又復活了一樣。今年春季霜凍危害作物，繭絲的收成很差，只繳納正式規定的賦稅，尚且害怕老百姓會要逃亡，更何況還要加上借貸的錢，百姓們怎麼能承受得了！臣只侍奉天子，不侍奉租庸使，現在皇上敕旨並未頒布，租庸使的公文卻頻頻下發，希望皇上能夠盡早降下聖明的裁示！」唐莊宗沒有答覆他。

南漢國主率兵入侵閩國，軍隊屯駐在閩國汀州、漳州的邊境上。閩人反擊，南漢國主戰敗逃走。

當初，在胡柳戰役中，伶人周匝被梁軍俘獲，唐莊宗經常想念他。在唐軍進入汴梁的那一天，周匝到唐莊宗的馬前來參謁拜見，唐莊宗很高興。周匝哭著說：「臣之所以能夠保全性命，完全是靠梁朝教坊使陳俊、內園栽接使儲德源的幫助，希望能向陛下乞求兩個州回報他們。」唐莊宗答應了他。郭崇韜進諫說：「與陛下一起攻取天下的，都是英豪忠勇之士。如今大功剛剛告成，還沒有對任何一個人加以封賞，卻先要任命伶人擔任刺史，恐怕會失去天下的人心。」因此這件事就沒有進行下去。過了一年，這個伶人又多次說到這件事，唐莊宗只好對郭崇韜說：「我已經答應過周匝了，這樣一來讓我不好意思再見到這三個人。你所說的道理雖然正確，就算為我委屈通融一下，把這件事給辦了吧。」於是在五月初五日壬寅，任命陳俊為景州刺史，儲德源為憲州刺史。當時親軍中有跟隨唐莊宗身經百戰而沒有獲得刺史的人，無不憤慨歎氣。

乙巳❶，右諫議大夫❷薛昭文上疏，以為今①諸道僭竊❸者尚多，征伐之謀❹，未可遽息。又，士卒久從征伐，賞給未豐，貧乏者多，宜以四方貢獻及南郊羨餘❺，更加頒賚❻。又，河南諸軍皆梁之精銳，恐僭竊之國潛❼以厚利誘之，宜加收撫。又，戶口流亡者，宜寬傜薄賦❽以安集之。又，土木❾不急之役，宜加裁省。又請擇隙地牧馬，勿使踐京畿民田。皆不從。

戊申❿，蜀主遣李嚴還。初，帝因嚴入蜀，令以馬市⓫宮中珍玩。而蜀法禁錦綺珍奇不得入中國⓬，其粗惡者乃聽入中國，謂之「入草物」。嚴還，以聞，帝怒曰：「王衍寧免⓭為入草之人乎！」嚴因言於帝曰：「衍童騃⓮荒縱，不親政務，斥遠故老⓯，昵比小人⓰。其用事之臣王宗弼、宋光嗣等，諂諛專恣，黷貨⓱無厭。賢愚易位，刑賞紊亂，君臣上下專以奢淫相尚⓲。以臣觀之，大兵一臨，瓦解土崩，可翹足⓳而待也。」帝深以為然。

【章　旨】以上為第六段，寫唐莊宗不恤士民，蜀主王衍刑賞紊亂，君臣奢靡。

【注　釋】❶乙巳　五月初八日。❷右諫議大夫　官名，掌諫諍，屬中書省。❸僭竊　指僭用帝王稱號的諸道節度使。❹征伐之謀　指削平割據政權的戰略決策。❺羨餘　多餘財物。❻頒賚　賞賜。❼潛　暗暗地。❽寬傜薄賦　減輕傜役和賦稅。❾土木　指興建宮室等。❿戊申　五月十一日。⓫市　易；貿易。⓬中國　指中原王朝。⓭寧免　難道可以避免；難道不是。⓮童騃　愚昧無知。騃，傻呆。⓯斥遠故老　罷斥疏遠過去的老臣。⓰昵比小人　親近朋比為奸的小人。⓱黷貨　貪汙錢財。⓲以奢淫相尚　以奢侈淫靡比高低。⓳翹足　舉足；抬起腳來。形容時間很短。

【校　記】①今　原無此字。據章鈺校，十二行本、乙十一行本皆有此字，今據補。

【語　譯】五月初八日乙巳，右諫議大夫薛昭文上疏，認為現今諸道藩鎮中僭竊名號的還很多，征討的計畫不可匆忙停止。此外，士卒們長期跟隨征戰，得到的賞賜並不算多，很多人還很貧困，應該把四方的貢獻和南郊祭祀的剩餘財物，再頒賞他們一些。再者，黃河以南的各路軍隊都是從前梁朝的精銳，恐怕僭竊名號的各國會暗中用厚利引誘他們，應該對他們加以安撫。還有，對那些流亡在外的人，應該寬省徭役、減輕賦稅，以此來安定他們，把他們聚集回來。再者，對那些不是急需的土木工程，應當加以裁減。還有，請求選擇一些空地去放馬，不要讓馬踐踏京畿地區的民田。唐莊宗對這些建議一概未予採納。

五月十一日戊申，蜀主讓李嚴回國。當初，唐莊宗利用李嚴到蜀國出使的機會，讓他用馬匹去換回宮中用的珍寶和玩賞之物。但是蜀國的法令禁止上好的絲織品和珍奇之物流入中原，只有那些粗糙低劣的物品才聽憑流入中原，被稱為「入草物」。李嚴回國後，把這些情況報告了朝廷，唐莊宗非常生氣地說：「王衍難道可以避免成為一個入草之人嗎！」李嚴於是向皇帝報告說：「王衍愚昧無知，荒淫放縱，不理政事，排斥疏遠過去的老臣，親近小人。那些掌權的大臣如王宗弼、宋光嗣等人，只知道巴結奉承討好主上，專橫放肆，對於財貨貪得無厭。朝廷上賢能之士得不到重用而愚昧之人竊居高位，刑賞混亂，君臣上下只知道以奢侈荒淫來相互攀比。依臣看來，只要大軍一到，他們就會土崩瓦解，這是很快就可以等到的事情。」唐莊宗認為他的話很有道理。

帝以潞州叛故，庚戌❶，詔天下州鎮無得修城濬隍❷，悉毀防城之具。

壬子❸，新宣武節度使兼中書令、蕃漢馬步總管李存審卒于幽州。存審出於寒微，常戒諸子曰：「爾父少提一劍去鄉里❹，四十年間，位極將相❺，其間出萬死獲一生者非一[6]，破骨出鏃[7]者凡百餘。」因授以所出鏃，命藏之，曰：「爾曹[8]生於膏粱[9]，當知爾父起家如此也。」

幽州言契丹將入寇。甲寅[10]，以橫海節度使李紹斌充東北面行營招討使，將大軍度河而北。契丹屯幽州東南城門之外，虜騎充斥，饋運[11]多為所掠。○壬戌[12]，以李繼曮為鳳翔節度使。○乙丑[13]，以權知[14]歸義[15]留後曹義金為節度使。時瓜、沙[16]與吐蕃[17]雜居，義金遣使間道[18]入貢，故命之。

李嗣源大軍前鋒至潞州，日已暝[19]。泊軍[20]方定，張廷蘊帥麾下壯士百餘輩踰塹坎城[21]而上，守者不能禦，即斬關延諸軍入。比明[22]，嗣源及李紹榮至，城已下矣，嗣源等不悅[23]。丙寅[24]，嗣源奏潞州平。六月丙子[25]，磔[26]楊立及其黨於鎮國橋[27]。潞州城池高深，帝命夷[28]之。

丙戌[29]，以武寧節度使李紹榮為歸德[30]節度使、同平章事，留宿衛[31]，寵遇甚厚。帝或時與太后、皇后同至其家。帝有幸姬[32]，色美，嘗生子矣，劉后妒[33]之。會紹榮喪妻，一日，侍禁中[34]，帝問紹榮：「汝復娶乎？為汝求昏[35]。」后因指幸姬曰：「大家[36]憐[37]紹榮，何不以此賜之？」帝難言不可，微許之。后趣[38]紹榮拜謝，比起[39]，顧幸姬，已肩輿[40]出宮矣。帝為之託疾不食者累日[41]。

壬辰㊷，以天平節度使李嗣源為宣武㊸節度使，代李存審為蕃漢內外馬步總管。

【章旨】以上為第七段，寫唐莊宗平定潞州之叛。

【注釋】❶庚戌　五月十三日。❷無得修城濬隍　不許修築城牆，疏浚護城河。唐莊宗此舉意在防備將卒據城反叛。❸壬子　五月十五日。❹去鄉里　離開家鄉。❺位極將相　官位達到節度使、全國統兵官、同平章事。❻非一　不是一次。❼鏃　箭頭。❽爾曹　你們。❾膏粱　指富貴人家。❿甲寅　五月十七日。⓫饋運　軍糧、器械的運輸。⓬壬戌　五月二十五日。⓭乙丑　五月二十八日。⓮權知　暫時擔任某職，即代理。⓯歸義　方鎮名，唐睿宗景雲元年（西元七一〇年）置河西節度使，後為吐蕃攻陷。唐宣宗大中中，張義潮收復河西。唐懿宗咸通八年（西元八六七年），張義潮歸唐，改名歸義節度使授之，治所沙州，在今甘肅敦煌。⓰瓜沙　瓜州、沙州。瓜州治所在今甘肅安西縣東。⓱吐蕃　我國古代藏族政權名，西元七—九世紀時在青藏高原建立，與唐連姻，關係密切。⓲間道　小路。⓳暝　暮。⓴泊軍　駐軍；紮營。㉑踰塹坎城　越過護城河，順著城牆登城。㉒比明　剛剛天亮。㉓不悅　不高興。因張廷蘊不等他們到來先攻拔城池。㉔丙寅　五月二十九日。㉕丙子　六月初九日。㉖磔　古代一種酷刑，即把犯罪之人斬成肉塊。㉗鎮國橋　地名，在潞州。㉘夷　平。㉙丙戌　六月十九日。㉚歸德　方鎮名，後唐滅後梁，復以汴州為宣武軍，以宋州為歸德軍。治所睢陽，在今河南商丘南。㉛留宿衛　留在皇宮值班。㉜幸姬　寵幸的姬妾。㉝妬　嫉妒。㉞禁中　宮中。㉟求昏　此處指作媒。昏，同「婚」。㊱大家　后妃對皇帝的稱呼。㊲憐　愛。㊳趣　通「促」。催促。㊴比起　等到拜畢起來。㊵肩輿　用轎抬。㊶累日　好幾天。㊷壬辰　六月二十五日。㊸宣武　方鎮名，後唐移宣武軍於汴州。治所開封，在今河南開封。

【語譯】唐莊宗因為潞州反叛的緣故，五月十三日庚戌，下詔命令全國各州鎮不准再修築城牆、疏浚護城的壕溝，並且毀掉所有防城器具。

五月十五日壬子，新任的宣武節度使兼中書令、蕃漢馬步總管李存審在幽州去世。李存審出身貧寒低微，他經常告誡他的幾個兒子說：「你們的父親小時候手提一劍離開家鄉，四十年間，地位直達將相，這期間出生入死不止一次，從骨頭中挖出的箭頭總共有一百多枚。」說著，把這些挖出的箭頭交給了他們，讓他們收藏好，並說：「你們生活在富貴人家，應當知道你們的父親當年就是這樣起家的。」

幽州報告說契丹將要入侵。五月十七日甲寅，任命橫海節度使李紹斌充任東北面行營招討使，率領大軍渡過黃河向北進發。契丹軍隊屯駐在幽州東南城門之外，那一帶到處都是敵人的騎兵，唐軍的糧草軍需品在運輸中很多都被他們搶走了。〇二十五日壬戌，任命李繼曮為鳳翔節度使。〇二十八日乙丑，任命代理歸義留後的曹義金為歸義節度使。當時瓜州、沙州的人和吐蕃人雜居，曹義金派使者走小路入貢，所以皇帝特意任命他為節度使。

李嗣源大軍的前鋒到達潞州，天色已晚。軍隊剛剛駐紮安頓下來，張廷蘊就率領部下百餘名壯士越過壕溝，順著城牆登了上去，守城士兵抵擋不住，張廷蘊他們就打開城門把軍隊引了進去。到了天快亮的時候，李嗣源和李紹榮率領大軍到達，這時潞州城已經被攻下來了，李嗣源等人很不高興。五月二十九日丙寅，李嗣源奏報潞州已經平定。六月初九日丙子，在鎮國橋磔殺了楊立及其同黨。潞州城的城牆高、壕溝深，唐莊宗下令把它夷為平地。

六月十九日丙戌，任命武寧節度使李紹榮為歸德節度使、同平章事，把他留在宮中值宿警衛，唐莊宗待他非常好。唐莊宗有時還和太后、皇后一起到他家串門子。唐莊宗有個寵愛的姬妾，長得很漂亮，曾經生過一位皇子，劉皇后很嫉妒她。這時適逢李紹榮的妻子剛去世，一天，李紹榮在宮中侍奉皇帝，唐莊宗問他：「你還要再娶妻子嗎？我來為你作媒。」劉皇后乘機指著那位寵姬說：「皇上疼愛李紹榮，何不把她賜給他呢？」唐莊宗很難說不行，就含含糊糊答應了。皇后催促李紹榮向唐莊宗拜謝，等到李紹榮拜完起身，回頭再看那位寵姬，已經被轎子抬出宮去了。唐莊宗為了這件事假稱生病，好幾天不吃飯。

六月二十五日壬辰，任命天平節度使李嗣源為宣武節度使，並接替李存審擔任蕃漢內外馬步總管。

秋，七月壬寅❶，蜀以禮部尚書許寂為中書侍郎、同平章事。

孔謙復短王正言於郭崇韜，又厚賂伶宦[1]，求租庸使，終不獲❷，意怏怏❸。癸卯❹，表求解職❺。帝怒，以為避事❻，將置於法❼，景進救之，得免。

梁所決河連年為曹、濮患❽。甲辰❾，命右監門上將軍婁繼英督汴、滑兵塞之。未幾，復壞。○庚申❿，置威塞軍⓫於新州。

契丹恃其彊盛，遣使就⓬帝求幽州以處⓭盧文進。時東北諸夷皆役屬⓮契丹，惟勃海⓯未服。契丹主謀入寇，恐勃海掎⓰其後，乃先舉兵擊勃海之遼東⓱，遣其將禿餒及盧文進據營、平等州以擾燕地。

八月戊辰⓲，蜀主以右定遠軍使王宗鍔⓳為招討馬步使，帥二十一軍屯洋州⓴。乙亥㉑，以長直馬軍使林思鍔為昭武㉒節度使，戍利州以備唐。

租庸使王正言病風㉓，恍惚㉔不能治事，景進屢以為言。癸酉㉕，以副使、衛尉卿㉖孔謙為租庸使，右威衛大將軍孔循㉗為副使。循即趙殷衡也，梁亡，復其姓名。謙自是得行其志，重斂急徵以充帝欲，民不聊生。癸未㉘，賜謙號豐財贍國功臣。

【章　旨】以上為第八段，寫唐莊宗任用孔謙為租庸使，大肆搜刮民財，民怨沸騰，孔謙竟然得封為豐財贍國功臣。

【注　釋】❶壬寅　七月初五日。❷終不獲　終於沒有得到。❸怏怏　鬱鬱不樂的樣子。❹癸卯　七月初六日。❺表求解職　上表請求解除職務。❻避事　躲避事務，消極怠工。❼將置於法　將繩之以法。❽患　造成災難。❾甲辰　七月初七日。❿庚申　七月二十三日。⓫威塞軍　方鎮名，後唐莊宗同光二年（西元九二四年）置，治所在今河北涿鹿。⓬就　到中國。⓭處　安置。⓮役屬　歸附。⓯勃海　即渤海國。唐代以靺鞨粟末部為主體，結合其他靺鞨部和高句麗所建的政權。受唐王朝冊封，與唐朝關係密切，文化發達，有「君子國」之稱。其首都上京龍泉府遺址在今黑龍江寧安東京城鎮。⓰掎　拖住；牽引。⓱遼東　地區名，泛指遼河以東地區。⓲戊辰　八月初二日。⓳王宗鍔　王建義子。傳見《十國春秋》卷三十九。⓴洋州　州名，治所興道，在今陝西洋縣。㉑乙亥　八月初九日。㉒昭武　方鎮名，前蜀王建置，治所利州，在今四川廣元。㉓病風　中風得病。㉔恍惚　神思不定。㉕癸酉　八月初七日。㉖衛尉卿　衛尉寺長官，掌儀衛兵械、甲冑等事。㉗孔循　即趙殷衡，為朱溫養子李讓的養子。事後唐，復本名。㉘癸未　八月十七日。

【校　記】①伶宦　原作「伶官」。據章鈺校，十二行本、乙十一行本皆作「伶宦」，今據改。

【語　譯】秋，七月初五日壬寅，蜀國任命禮部尚書許寂為中書侍郎、同平章事。

孔謙又向郭崇韜說王正言的壞話，還用厚禮賄賂那些伶人、宦官，想求得租庸使一職，但最終還是沒有得到，心裡鬱鬱不樂。七月初六日癸卯，他上表請求解除自己的職務。唐莊宗很生氣，認為他是在逃避公務，準備把他繩之於法。景進解救他，才得以幸免。

當初梁朝所決開的黃河連年為患曹州、濮州。七月初七日甲辰，唐莊宗命令右監門上將軍婁繼英督率汴州、滑州的軍隊把決口堵起來。沒過多久，堵起的決口又被沖壞了。〇二十三日庚申，在新州設置威塞軍。

契丹依仗自己兵勢強盛，派使者前來向唐莊宗要求用幽州安置盧文進。當時東北地區各夷族都已經歸附契丹受其差遣，只有勃海國還沒有臣服。契丹國主圖謀入侵中原，又擔心勃海國從後方牽制，於是就先發兵攻打勃海國的遼東地區，並且派遣他的將領禿餒和盧文進佔據營州、平州等地，以侵擾唐的燕地。

八月初二日戊辰，蜀主任命右定遠軍使王宗鍔為招討馬步使，率領二十一軍屯駐洋州。初九日乙亥，任命長直馬軍使林思鍔為昭武節度使，戍守利州，用以防備唐軍。

租庸使王正言得了中風病，精神恍惚，不能處理公務，景進多次向唐莊宗反映這一情況。八月初七日癸酉，唐莊宗任命租庸副使、衛尉卿孔謙為租庸使，右威衛大將軍孔循為租庸副使。孔循就是趙殷衡，梁朝滅亡後才恢復了過去的姓名。孔謙從此得以按自己的心思行事，他橫徵暴斂來滿足唐莊宗的欲望，弄得民不聊生。十七日癸未，唐莊宗賜給孔謙一個封號叫豐財贍國功臣。

帝復遣使者李彥稠入蜀。九月己亥❶，至成都。

癸卯❷，帝獵于近郊。時帝屢出游獵，從騎❸傷民禾稼。洛陽令何澤❹伏於叢薄❺，俟帝至，遮馬❻諫曰：「陛下賦斂既急，今稼穡將成，復蹂踐之，使吏何以為理❼，民何以為生！臣願先賜死。」帝慰而遣之❽。澤，廣州人也。

契丹攻渤海，無功而還。

蜀前山南❾節度使兼中書令王宗儔以蜀主失德，與王宗弼謀廢立，宗弼猶豫未決。庚戌❿，宗儔憂憤而卒。宗弼謂樞密使宋光嗣、景潤澄等曰：「宗儔教我殺爾曹，今日無患矣。」光嗣輩俯伏泣謝。宗弼子承班聞之，謂人曰：「吾家難乎免矣⓫。」

乙卯⑫，蜀主以前鎮江軍⑬節度使張武為峽路應援招討使。○丁巳⑭，幽州言契丹入寇。

冬，十月辛未⑮，天平節度使李存霸⑯、平盧節度使符習言：「屬州多稱直奉⑰租庸使帖指揮公事，使司⑱殊不知，有紊規程。」租庸使奏，近例皆直下⑲。敕：「朝廷故事⑳，制敕不下支郡㉑，牧守不專奏陳㉒。今兩道所奏，乃本朝舊規。租庸所陳，是偽廷㉓近事。自今支郡自非進奉，皆須本道騰奏㉔，租庸徵催亦須牒觀察使㉕。」雖有此敕，竟不行。

【章旨】以上為第九段，寫唐莊宗行獵，踐踏民禾稼，租庸使徵稅公文越級直下州縣。

【注釋】❶己亥　九月初三日。❷癸卯　九月初七日。❸從騎　跟隨的騎士。❹何澤　廣州人，外雖直言，內實邪佞，官至太僕少卿。傳見《新五代史》卷五十六。❺叢薄　草木叢中。草聚生叫叢，草木交錯叫薄。❻遮馬　攔住馬頭。❼理　治理。這裡指徵收莊稼。❽慰而遣之　慰勉而遣送回去。❾山南　方鎮名，唐代宗廣德元年，升山南西道防禦守捉使為節度使，治所梁州，在今陝西漢中。❿庚戌　九月十四日。⓫吾家難乎免矣　我家的災難難以避免了。⓬乙卯　九月十九日。⓭鎮江軍　方鎮名，蜀王建置鎮江軍，治所夔州，在今重慶市奉節。⓮丁巳　九月二十一日。⓯辛未　十月初六日。⓰李存霸　（？—西元九二六年）後唐莊宗二弟。傳見《舊五代史》卷五十一、《新五代史》卷十四。⓱直奉　直接奉行。⓲使司　節度使府。⓳直下　時租庸使帖下諸州調發，不關照節度使、觀察使，稱之為「直下」。⓴故事　舊例；舊規。㉑支郡　節度使所屬各州。㉒牧守不專奏陳　州牧、太守不能直接向皇帝上奏章，必須通過節度使司。㉓偽廷　指後梁。㉔騰奏　傳奏；轉奏。㉕牒觀察使　照會觀察使。唐制，節度使掌兵事，觀察使掌民事，故租庸徵催須照會觀察使。

【語　譯】唐莊宗又派使者李彥稠前往蜀國。九月初三日己亥，李彥稠到達成都。

九月初七日癸卯，唐莊宗在京城近郊打獵。當時唐莊宗屢屢外出遊玩打獵，隨從的騎兵們踏壞了百姓的莊稼。洛陽縣令何澤趴在草木叢生的地方，等唐莊宗到來後，他攔住馬進諫說：「陛下徵收賦稅一向很急迫，如今莊稼快要長成了，又去踐踏它，這讓我們小吏怎麼去徵收呢，百姓又怎麼活命呢！臣希望陛下先賜我一死。」唐莊宗加以慰勉，讓他回去了。何澤，是廣州人。

契丹攻打渤海國，無功而回。

蜀國前山南節度使兼中書令王宗儔認為蜀主喪失了為主的品德，就與王宗弼商量廢舊君立新君之事，王宗弼猶豫不決。九月十四日庚戌，王宗儔憂憤而死。王宗弼對樞密使宋光嗣、景潤澄等人說：「王宗儔曾叫我把你們殺掉，現在不用擔心了。」宋光嗣等人俯伏在地流著淚向他表示感謝。王宗弼的兒子王承班聽說了此事，對人說：「我家的災難難以避免了。」

九月十九日乙卯，蜀主任命前鎮江軍節度使張武為峽路應援招討使。〇二十一日丁巳，幽州報告說契丹入侵。

冬，十月初六日辛未，天平節度使李存霸、平盧節度使符習上奏說：「所屬州縣多聲稱他們直接按照租庸使所下公文處理公務，而節度使府的有關部門竟然毫不知情，這樣做把原有的規程都搞亂了。」租庸使上奏說，近年來的慣例，租庸使的公文都是直接下發到州縣的。唐莊宗裁斷後頒布敕令說：「朝廷的慣例，中央的公文不直接下發到節度使屬下的州郡，州郡的長官也不能直接上奏。現在天平、平盧兩道所上奏的，屬於本朝舊有的規定。而租庸使所陳述的，是偽梁近來的做法。從今往後，節度使屬下的州郡如果不是進獻物品，一律都要經過本道轉呈，租庸使催辦徵收賦稅也必須書寫牒文通報觀察使。」雖然下達了這道敕令，最終卻並沒有執行。

易、定❶言契丹入寇。

蜀宣徽北院使❷王承休❸請擇諸軍驍勇者萬二千人，置駕下左、右龍武步騎四十軍，兵械給賜皆優異於它軍。以承休為龍武軍馬步都指揮使，以裨將安重霸❹副之，舊將無不憤恥。重霸，雲州人，以狡佞賄賂事承休，故承休悅之。

吳越王鏐復修本朝職貢❺，壬午❻，帝因梁官爵而命之❼。鏐厚貢獻，并賂權要，求金印、玉冊、賜詔不名❽、稱國王。有司言故事惟天子用玉冊，王公皆用竹冊❾。又，非四夷❿無封國王者。帝皆曲從⓫鏐意。

吳王如⓬白沙⓭觀樓船，更命白沙曰迎鑾鎮⓮。徐溫自金陵來朝。先是，溫以親吏翟虔為閤門⓯、宮城、武備等使，使察王起居⓰，虔防制王甚急。至是，王對溫名雨為水⓱，溫請其故。王曰：「翟虔父名，吾諱⓲之熟矣。」因謂溫曰：「公之忠誠，我所知也，然翟虔無禮，宮中及宗室所須多不獲⓳。」溫頓首謝罪，請斬之。王曰：「斬則太過⓴，遠徙可也。」乃徙撫州。

十一月，蜀主遣其翰林學士歐陽彬㉑來聘㉒。彬，衡山人也。又遣李彥稠東還。○癸卯㉓，帝帥親軍獵于伊闕㉔，命從官㉕拜梁太祖墓。涉歷山險，連日不止，或夜合圍㉖，士卒墜崖谷死及折傷者甚眾。丙午㉗，還宮。○蜀以唐修好，罷威武㉘城戍，召關宏業等二十四軍還成都。戊申㉙，又罷武定、武興㉚招討劉潛等三十七軍。○丁巳㉛，賜護國節度使李繼麟鐵券㉜，以其子令德、令錫皆為節度使，諸子勝衣㉝者即拜官，寵冠列藩。○庚申㉞，蔚州㉟言契丹入寇。○辛酉㊱，蜀主罷天雄軍㊲招討，命王承騫等二十九軍還成都。

十二月乙丑朔㊳，蜀主以右僕射張格兼中書侍郎、同平章事。初，格之得罪，中書吏㊴王魯柔乘危窘㊵之。及再為相用事，杖殺之。許寂謂人曰：「張公才高而識淺，戮一魯柔，它人誰敢自保！此取禍之端也。」○蜀主罷金州屯戍，命王承勳等七軍還成都。

己巳㊶，命宣武節度使李嗣源將宿衛兵㊷三萬七千人赴汴州，遂如幽州禦契丹。

【章　旨】以上為第十段，寫吳越王錢鏐歸服後唐。蜀主王衍裁除戒備。契丹南侵。

【注　釋】❶易定　易州和定州。❷宣徽北院使　官名，蜀分宣徽院為南院、北院，總領宮內諸司及朝會、郊祀、宴享等事。❸王承休　（？—西元九二五年）官至蜀天雄軍節度使。宦官任節度使，自王承休始。傳見《十國春秋》卷四十六。❹安重霸　狡譎多智，善事人，官至雲州節度使。傳見《舊五代史》卷六十一、《新五代史》卷四十六。❺復修本朝職貢　向後唐納貢稱臣。❻壬午　十月十七日。❼因梁官爵而命之　仍用後梁賜吳越王官爵名稱賜錢鏐。❽賜詔不名　賜詔書時稱吳越國王而不稱名字。❾竹冊　用竹製成的冊書，封王、公勳爵時用。❿四夷　指周邊少數民族。⓫曲從　委曲聽從。⓬如　到。⓭白

沙　地名，在今江西鄱陽。⑭迎鑾鎮　即白沙。吳太學博士王谷上書改白沙為迎鑾鎮。⑮閤門　即閤門使，官名，掌朝會宴幸、供奉贊相禮儀等事。⑯察王起居　監視吳王的活動。⑰王對溫名雨為水　吳王對徐溫說話時稱雨為水。⑱諱　避諱。⑲所須多不獲　所想要的東西大多得不到。⑳太過　太過分。㉑歐陽彬　（？—西元九五〇年）官至後蜀江寧軍節度使。傳見《十國春秋》卷五十三。㉒聘　聘問。㉓癸卯　十一月初九日。㉔伊闕　古縣名，境內有龍門山，又名伊闕山，傳說大禹所鑿。縣治在今河南伊川縣西南，離洛陽二百餘里。㉕從官　侍從出獵的官員。㉖或夜合圍　有時夜裡包圍野獸。㉗丙午　十一月十二日。㉘威武　軍鎮名，在鳳州境內。㉙戊申　十一月十四日。㉚武定武興　方鎮名，蜀置。武定軍，治所洋州，在今陝西洋縣。武興軍，治所鳳州，在今陝西鳳縣東北。㉛丁巳　十一月二十三日。㉜鐵券　古代頒給有功之臣的證書，形如瓦。外刻履歷、功績，中刻免罪減祿之數。分左右，左頒功臣，右藏內府，有事合券。㉝勝衣　兒童稍長能穿戴成人的衣冠。㉞庚申　十一月二十六日。㉟蔚州　州名，治所安邊，在今河北蔚縣。㊱辛酉　十一月二十七日。㊲天雄軍　方鎮名，蜀置，治所秦州上邽縣，在今甘肅天水市。㊳乙丑朔　十二月初一日。㊴中書吏　中書省低級官員。㊵窘　窘迫。㊶己巳　十二月初五日。㊷宿衛兵　守衛京師的禁衛兵。

【語譯】易、定二州報告說契丹入侵。

蜀國的宣徽北院使王承休請求從各部隊中挑選一萬二千名驍勇善戰的士卒，設置由蜀主直接管轄的左、右龍武步騎四十軍，裝備和供給與其他部隊相比都特別優待。於是蜀主任命王承休為龍武軍馬步都指揮使，任命副將安重霸為副使，舊將們對此無不感到憤怒恥辱。安重霸是雲州人，他靠狡詐、花言巧語和賄賂巴結王承休，所以王承休很喜歡他。

吳越王錢鏐又向唐進貢物品，十月十七日壬午，唐莊宗按照原來梁朝給他的官爵重新任命了他。錢鏐的貢禮很豐厚，還賄賂朝中的權要人物，向唐莊宗求取金印、玉冊、頒賜詔書時不直呼其名、可以讓他稱國王等。有關部門啟奏說，按慣例只有天子使用玉冊，王公們都用竹冊；此外，如果不是四方的夷族，也沒有被封為國王的。不料唐莊宗卻委曲順從了錢鏐的願望。

吳王前往白沙觀看樓船，下令把白沙改名為迎鑾鎮。徐溫從金陵前來朝見吳王。在此之前，徐溫讓他的親信官吏翟虔擔任閤門、宮城、武備等使，讓他監視吳王的起居活動，翟虔對吳王的防範限制十分嚴格。到這時，吳王對徐溫說「雨」字時都要改說成「水」字，徐溫請教這樣做的緣故。吳王說：「雨是翟虔父親的名字，我對避諱這個字已經很熟悉了。」接著又對徐溫說：「您對我的忠誠，是我所知道的，但是翟虔卻十分無禮，宮中和宗室所需要的東西很多都得不到。」徐溫聽後趕忙磕頭謝罪，並請求把翟虔斬了。吳王說：「殺他太過分了，把他流放到遠方去就可以了。」於是把翟虔流放到撫州。

十一月，蜀主派他的翰林學士歐陽彬前來聘問通好。歐陽彬，是衡山人。同時又讓李彥稠東行返唐。○初九日癸卯，唐莊宗率領親軍在伊闕打獵，命令隨從的官員參拜在那裡的梁太祖朱溫的墳墓。唐莊宗一行翻越險峻的山嶺，連日不歇，有時在夜間合圍野獸，隨從士卒栽下崖谷摔死和摔斷胳膊、腿受傷的人很多。十二日丙午，回到宮中。○蜀國認為已經和唐建立了友好關係，就撤除了威武的城防，把關宏業等二十四軍召回成都。十四日戊申，又撤除武定、武興招討劉潛等三十七軍。○二十三日丁巳，唐莊宗賜給護國節度使李繼麟鐵券，把他的兒子李令德、李令錫都任命為節度使，其他的兒子只要稍大一點能穿起成人衣服的也都封了官，所受恩寵居各藩鎮之首。○二十六日庚申，蔚州報告說契丹入侵。○二十七日辛酉，蜀主撤銷天雄軍招討使，命令王承騫等二十九軍回成都。

十二月初一日乙丑，蜀主任命右僕射張格兼任中書侍郎、同平章事。當初，張格獲罪時，中書吏王魯柔曾乘他有危難而讓他十分尷尬窘迫。等到張格又當了宰相掌握了權力，就用木杖把王魯柔活活打死了。許寂對人說：「張公才能高超但見識短淺，殺了一個王魯柔，其他人誰還敢說能保全自己！這是他自取禍害的開始。」○蜀主撤銷在金州駐兵戍守，命令王承勳等七軍回成都。

十二月初五日己巳，唐莊宗命令宣武節度使李嗣源率領宿衛兵三萬七千人趕赴汴州，隨即又前往幽州抵禦契丹。

庚午❶，帝及皇后如張全義第，全義大陳貢獻❷。酒酣，皇后奏稱：「妾幼失父母，見老者輒思之，請父事❸全義。」帝許之。全義惶恐❹固辭，再三彊之，竟受皇后拜，復貢獻❺謝恩。明日，后命翰林學士趙鳳草書謝全義。鳳密奏：「自古無天下之母拜人臣為父者。」帝嘉其直❻，然卒❼行之。自是后與全義日遣使往來，問遺❽不絕。

初，唐僖、昭❾之世，宦官雖盛，未嘗有建節❿者。蜀安重霸勸王承休求秦州節度使，承休言於蜀主曰：「秦州多美婦人，請為陛下采擇以獻。」蜀主許之。庚午⓫，以承休為天雄節度使，封魯國公，以龍武軍為承休牙兵⓬。○乙亥⓭，蜀主以前武德節度使兼中書令徐延瓊⓮為京城內外馬步都指揮使。延瓊以外戚代王宗弼居舊將之右⓯，眾皆不平。

壬午⓰，北京⓱言契丹寇嵐州。○辛卯⓲，蜀主改明年元曰咸康⓳。○盧龍⓴節度使李存賢卒。

是歲，蜀主徙普王宗仁㉑為衛王，雅王宗輅㉒為豳王，褒王宗紀㉓為趙王，榮王宗智㉔為韓王，興王宗澤㉕為宋王，彭王宗鼎㉖為魯王，忠王宗平㉗為薛王，資王宗特㉘為莒王。宗輅、宗智、宗平皆罷軍使㉙[1]。

【章 旨】以上為第十一段，寫莊宗劉皇后拜大臣齊王張全義為義父，蜀主王衍任命宦官為節度使。

【注 釋】❶庚午 十二月初六日。❷大陳貢獻 大量陳列貢獻的財物。❸父事 以父親之禮奉事。即拜之為義父。❹惶恐 惶恐懼而不安。❺復貢獻 再次貢獻財物。❻嘉其直 稱讚他的直率。❼卒 結果；終於。❽問遺 問候和贈送禮物。❾僖昭 唐僖宗李儇、唐昭宗李曄。❿建節 封節度使。⓫庚午 十二月初六日。⓬牙兵 衙兵，節度使衙親軍。⓭乙亥 十二月十一日。⓮徐延瓊 字敬明。傳見《十國春秋》卷四十六。⓯之右 之上。⓰壬午 十二月十八日。⓱北京 唐莊宗同光初以鎮州為北都，太原為西京。不久廢北都復為鎮州，以太原為北京。⓲辛卯 十二月二十七日。⓳咸康 蜀後主王衍第二個年號。⓴盧龍 方鎮名，唐置盧龍軍，治所平州，在今河北盧龍北。後唐置盧龍節度使，治所幽州，在今北京市。㉑宗仁 王建長子。幼以疾廢。㉒宗輅 王建第三子。㉓宗紀 王建第四子。㉔宗智 王建第五子。㉕宗澤 王建第六子。㉖宗鼎 王建第七子。㉗宗平 王建第九子。㉘宗特 王建第十子。以上王建諸子傳均見《十國春秋》卷三十八。㉙軍使 蜀主王建以諸王為軍使，見本書卷二百七十梁均王貞明四年。

【校 記】①軍使 原作「軍役」。據章鈺校，十二行本、乙十一行本皆作「軍使」，張瑛《通鑑校勘記》同，今據改。

【語 譯】十二月初六日庚午，唐莊宗和皇后到張全義家，張全義向唐莊宗陳列了許許多多貢獻物品。酒喝到興頭上，皇后向唐莊宗啟奏說：「妾從小就失去父母，一見到老年人就想起他們，請求皇上允許我把張全義當做父親來對待。」唐莊宗答應了她的請求。張全義誠惶誠恐，一再推辭，但皇后再三堅持，非要如此不可，最後張全義還是接受了皇后的參拜，並再次貢獻物品以感謝唐莊宗皇后的恩寵。第二天，皇后命令翰林學士趙鳳寫信向張全義致謝。趙鳳私下向唐莊宗啟奏說：「自古以來都沒有作為天下之母的皇后拜大臣做父親的。」皇帝嘉許他的直率，但事情最後還是按皇后的意思辦了。從此皇后和張全義每天都派使者往來問候，饋贈東西，從未間斷。

當初，在唐代僖宗、昭宗在位時，宦官勢力雖大，但從沒有擔任節度使的。蜀國的安重霸勸王承休求取秦州節度使，王承休於是對蜀主說：「秦州的漂亮女人很多，請讓我為陛下挑選一些獻上來。」蜀主答應了他的請求，十二月初六日庚午，任命王承休為天雄節度使，進封為魯國公，把龍武軍作為王承休節度使衙的衛隊。○十一日乙亥，蜀主任命先前的武德節度使兼中書令徐延瓊為京城內外馬步都指揮使。徐延瓊以外戚的身分替代王宗弼而位居諸位舊將之上，大家都憤憤不平。

十二月十八日壬午，北京報告說契丹侵犯嵐州。○二十七日辛卯，蜀主把明年的年號改稱咸康。○盧龍節度使李存賢去世。

這一年，蜀主把普王王宗仁改封為衛王，雅王王宗輅改封為豳王，褒王王宗紀改封為趙王，榮王王宗智改封為韓王，興王王宗澤改封為宋王，彭王王宗鼎改封為魯王，忠王王宗平改封為薛王，資王王宗特改封為莒王。王宗輅、王宗智、王宗平都免除了軍使的職位。

三年（乙酉　西元九二五年）

春，正月甲午朔❶，蜀大赦。○丙申❷，敕有司改葬昭宗及少帝❸，竟以用度不足❹而止。○契丹寇幽州。○庚子❺，帝發洛陽。庚戌❻，至興唐❼。○詔平盧節度使符習治酸棗❽遙隄，以禦決河。

初，李嗣源北征，過興唐。東京庫有供御細鎧❾，嗣源牒副留守張憲取五百領，憲以軍興❿，不暇⓫奏而給之。帝怒曰：「憲不奉詔⓬，擅以吾鎧給嗣源，何意也！」罰憲俸一月，令自往軍中取之⓭。

帝以義武⓮節度使王都將入朝，欲闢毬場⓯。憲曰：「比以行宮闕廷為毬場，前年陛下即位於此，其壇⓰不可毀，請闢毬場於宮西。」數日，未成，帝命毀即位壇。憲謂郭崇韜曰：「此壇，主上所以禮上帝，始受命之地也，若之何⑰毀之！」崇韜從容言於帝，帝立命兩虞候⑱毀之。憲私於崇韜曰：「忘天背本，不祥⑲莫大焉⑳。」

二月甲戌㉑，以橫海節度使李紹斌㉒為盧龍節度使。○丙子㉓，李嗣源奏敗契丹於涿州。

上以契丹為憂，與郭崇韜謀，以威名宿將零落殆盡㉔，李紹斌位望素輕，欲徙李嗣源鎮真定㉕，為紹斌聲援，崇韜深以為便㉖。時崇韜領真定，上欲徙崇韜鎮汴州，崇韜辭曰：「臣內典樞機㉗，外預大政，富貴極矣，何必更領藩方㉘？且羣臣或從陛下歲久，身經百戰，所得不過一州。臣無汗馬之勞，徒以侍從左右，時贊聖謨㉙，致位至此，常不自安。今因委任勳賢㉚，使臣得解旄節，乃大願也。且汴州關東㉛衝要，地富人繁，臣既不至治所，徒令它人攝職㉜，何異空城！非所以固國基也。」上曰：「深知卿忠蓋[1]，然卿為朕畫策，襲取汶陽㉝，保固河津㉞，既而自此路乘虛[2]直趨大梁，成朕帝業，豈百戰之功可比乎！今朕貴為天子，豈可使卿曾無尺寸之地乎！」崇韜固辭不已，上乃許之。庚辰㉟，徙李嗣源為成德節度使。

【章　旨】以上為第十二段，寫唐莊宗忘天背本，毀魏州即位祭壇為毬場。郭崇韜辭解節度使之職。

【注　釋】❶甲午朔　正月初一日。❷丙申　正月初三日。❸昭宗及少帝　唐昭宗李曄、少帝李柷。二人遭朱溫之弒，葬禮多缺，後唐承唐，故擬改葬。❹用度不足　經費不夠。❺庚子　正月初七日。❻庚戌　正月十七日。❼興唐　興唐府，即魏州。❽酸棗　古縣名，縣治在今河南延津西南。❾供御細鎧　供給皇帝用的細軟鐵甲。❿軍興　興兵打仗。⓫不暇　沒空閒；抽不出時間。⓬不奉詔　不遵照詔書行事。⓭令自往軍中取之　命令張憲親自到李嗣源軍中取回細鎧。⓮義武　方鎮名，唐德宗建中三年（西元七八二年）置。後唐仍之，治所定州，在今河北定州。⓯毬場　打毬的場所。唐代開始有足毬運動。以皮為毬，中實以毛，立二竹竿，加上網絡，以為球門，分兩隊比賽，以爭勝負。⓰壇　舉行祭天即帝位之壇，在魏州牙城之南。⓱若之何　如之何；為什麼。⓲兩虞候　馬軍虞候和步兵虞候。禁衛軍中下級軍官。⓳不祥　不吉利。⓴莫大焉　沒有比這個更大的了。㉑甲戌　二月十一日。㉒李紹斌　即趙德鈞（?—西元九三七年），本名行實，幽州（今北京市）人，官至後唐盧龍節度使，鎮守幽州十餘年，頗有政績，後降契丹。傳見《舊五代史》卷九十八。㉓丙子　二月十三日。㉔零落殆盡　死亡將盡。㉕真定　方鎮名，即成德軍節度使，治所鎮州，在今河北正定。㉖便　方便；有利。㉗樞機　朝廷機要；中樞機要。㉘藩方　藩鎮。㉙時贊聖謨　不時贊助皇帝制定聖明的方略。㉚勳賢　有功勞的賢臣。㉛關東　指成皋關之東。南通淮、泗，北接滑、魏，為衝要之地。㉜攝職　代行職務。㉝襲取汶陽　指取鄆州。㉞保固河津　指築壘馬家口。㉟庚辰　二月十七日。

【校　記】①忠蓋　原作「忠盡」，不通。張瑛《通鑑校勘記》作「忠蓋」，《舊唐書》有「大臣忠蓋」、「人臣之節，本於忠蓋」，與莊宗語相合，今據改。②乘虛　原無此二字。據章鈺校，十二行本、乙十一行本皆有此二字，今據補。

【語　譯】三年（乙酉　西元九二五年）

春，正月初一日甲午，蜀國實行大赦。〇初三日丙申，唐莊宗下令有關部門改葬唐昭宗和唐少帝，最後因經費不足而作罷。〇契丹入侵幽州。〇初七日庚子，唐莊宗從洛陽出發。十七日庚戌，到達興唐府。〇唐莊宗下詔命令平盧節度使符習修築酸棗的遙堤，以防備黃河決口。

當初，李嗣源北征契丹時，路過興唐府。東京府庫中有專供皇帝御用的細鎧甲，李嗣源行文給副留守張憲，請求調撥五百領，張憲因當時正在用兵征戰之際，來不及上奏唐莊宗就先撥給了李嗣源。唐莊宗知道後大怒，說：「張憲沒有得到我的詔命，擅自把我的細鎧甲給了李嗣源，這是什麼意思！」於是罰了張憲一個月的俸祿，命令他親自去軍中把鎧甲取回來。

唐莊宗因為義武節度使王都即將前來朝見，想要開闢一塊毬場。張憲說：「過去都在行宮的庭中設立毬場，前年陛下在這裡即帝位，這個祭壇不能毀掉，請求在行宮的西邊開闢毬場。」過了幾天，新毬場沒有建成，唐莊宗就下令毀掉即位用的祭壇。張憲對郭崇韜說：「這祭壇，是皇上用來向上帝行祭禮的，是最初接受天命的地方，怎麼能毀掉呢！」郭崇韜閒談時向唐莊宗言及，唐莊宗反而立即下令讓馬軍和步軍的兩個虞候把壇毀掉。張憲私下裡對郭崇韜說：「忘天背本，沒有比這更不祥的事了。」

二月十一日甲戌，任命橫海節度使李紹斌為盧龍節度使。〇十三日丙子，李嗣源上奏說他在涿州打敗了契丹軍隊。

唐莊宗對契丹的入侵深感憂慮，就與郭崇韜商議，認為有威望的老將幾乎都不在了，李紹斌的地位威望一向不高，打算調李嗣源去鎮守真定，對李紹斌遙作支援，郭崇韜覺得這個辦法很好。當時郭崇韜兼領真定，唐莊宗想把郭崇韜調去兼管汴州，郭崇韜推辭說：「臣在朝內掌管中樞機要，對外又參與軍國大事，富貴已到極點，何必再兼領方鎮呢？況且群臣中有的跟隨陛下多年，身經百戰，所得到的官職不過掌管一個州。臣並無征戰功勞，只是因為隨侍皇上身邊，不時贊助皇上制定聖明的方略，以致得到這樣的地位，我心裡常常感到不安。如今乘委任有功勳的賢臣的機會，使臣得以解除節度使的職務，這是臣最大的願望。再說汴州是關東軍事和交通要地，土地肥沃，人口眾多，臣既然不到治所去，只是讓他人代理職務，那樣何異於是座空城！這恐怕不是鞏固國家根基的做法。」唐莊宗說：「朕深知你一片忠心，但是你替朕出謀劃策，攻取了汶陽，保住了黃河的渡口，接著又從這條路趁機直奔大梁，成就了朕的帝業，這哪裡是身經百戰的功勞所能相比的呢！如今朕貴為天子了，怎麼能讓你竟沒有半點自己的地盤呢！」郭崇韜依然不停地堅決推辭，唐莊宗這才答應了他的請求。二月十七日庚辰，調任李嗣源為成德節度使。

漢主❶聞帝滅梁而懼，遣宮苑使❷何詞入貢❸，且覘❹中國彊弱。甲申❺，詞至魏。及還，言帝驕淫無政，不足畏也。漢主大悅，自是不復通中國。

帝性剛好勝，不欲權在臣下。入洛之後，信伶宦之讒，頗疏忌宿將。李嗣源家在太原，三月丁酉❻，表❼衛州刺史李從珂為北京內牙馬步都指揮使，以便其家。帝怒曰：「嗣源握兵權，居大鎮，軍政在吾，安得為其子奏請！」乃黜從珂為突騎指揮使，帥數百人戍石門鎮❽。嗣源憂恐，上章申理❾，久之方解。辛丑❿，嗣源乞至東京朝覲⓫，不許。郭崇韜以嗣源功高位重，亦忌之，私謂人曰：「總管令公⓬非久為人下者，皇家子弟皆不及也。」密勸帝召之宿衛⓭，罷其兵權，又勸帝除之，帝皆不從。

己酉⓮，帝發興唐，自德勝濟河，歷楊村、戚城⓯，觀昔時戰處，指示⓰羣臣以為樂。

洛陽宮殿宏邃⓱，宦者欲上增廣嬪御⓲，詐言宮中夜見鬼物。上欲使符呪者禳⓳之，宦者曰：「臣昔逮⓴事咸通㉑、乾符㉒天子，當是時，六宮㉓貴賤不減萬人。今掖庭㉔太半㉕空虛，故鬼物游之耳。」上乃命宦者王允平、伶人景進采擇民間女子，遠至太原、幽、鎮，以充後庭㉖。不啻㉗三千人，不問所從來。上還自興唐，載以牛車，纍纍㉘盈路。張憲奏：「諸營婦女亡逸者千餘人，慮扈從㉙諸軍挾匿㉚以行。」其實皆入宮矣。

庚辰㉛，帝至洛陽。辛酉㉜，詔復以洛陽為東都，興唐府為鄴都㉝。

夏，四月癸亥朔㉞，日有食之㉟。

初，五臺僧誠惠以妖妄惑人㊱，自言能降伏天龍，命風召雨。帝尊信之，親帥后妃及皇弟、皇子拜之，誠惠安坐㊲不起，羣臣莫敢不拜，獨郭崇韜不拜[1]。時大旱，帝自鄴都迎誠惠至洛陽，使祈雨㊳，士民朝夕瞻仰㊴。數旬不雨，或謂誠惠：「官㊵以師㊶祈雨無驗，將焚之。」誠惠逃去，慚懼㊷而卒。

【章旨】以上為第十三段，寫唐莊宗為宦者蠱惑，大肆選美，又拜妖僧，無有人君體統，遺偏遠南漢主蔑視之，認為唐不足畏。

【注釋】❶漢主　指割據嶺南的南漢主劉龑。❷宮苑使　官名，掌宮廷諸司事務。❸何詞入貢　何詞入貢的目的在於探聽唐莊宗政權虛實，入貢僅為藉口，所以《新五代史・南漢世家》只言劉龑「遣宮苑使何詞入詢中國虛實」，不言入貢事。何詞傳見《十國春秋》卷六十三。❹覘　窺看。❺甲申　二月二十一日。❻丁酉　三月初五日。❼表　表薦。❽石門鎮　地名，即唐之橫水柵，在今河北遵化西。❾申理　申述自辯。❿辛丑　三月初九日。⓫朝覲　由在外州府來京拜見皇帝。⓬總管令公　李嗣源官稱。李嗣源任蕃漢內外馬步軍都總管、中書令。⓭宿衛　在宮禁中值宿警衛。這裡指調到首都，便於就近控制。⓮己酉　三月十七日。⓯戚城　地名，在今河南濮陽。⓰指示　指點。⓱宏邃　宏大深廣。⓲嬪御　宮女。⓳攘　排除；消災。⓴逮　及。㉑咸通　唐懿宗李漼年號（西元八六〇—八七四年），共十五年。㉒乾符　唐僖宗李儇年號（西元八七四—

八七九年），共六年。㉓六宮　指皇后妃嬪或其住處。㉔掖庭　皇宮中的房舍，宮嬪所居的地方。㉕太半　大半；三分之二。㉖後庭　後房；後宮。指姬妾或妃嬪的住處。㉗不啻　不止。㉘纍纍　很多的樣子。㉙扈從　皇帝出巡時的護駕侍從人員。㉚挾匿　隱蔽地攜帶。㉛庚辰　三月癸巳朔，無庚辰。疑為庚申，三月二十八日。㉜辛酉　三月二十九日。㉝鄴都　魏州。㉞癸亥朔　四月初一日。㉟日有食之　日蝕。㊱惑人　蠱惑人心。㊲安坐　安然坐著。㊳祈雨　求雨。㊴瞻仰　懷著崇敬的心情觀望。㊵官　指莊宗。㊶師　指誠惠。㊷慚懼　慚愧而懼怕。

【校　記】①獨郭崇韜不拜　原無此六字。據章鈺校，十二行本、乙十一行本皆有此六字，今據補。

【語　譯】漢主聽說唐莊宗滅了梁朝，心存恐懼，派宮苑使何詞前來朝見納貢，同時窺探中原的強弱。二月二十一日甲申，何詞到達魏州。他回去後向漢主報告說，唐皇帝驕奢淫逸，治政無方，不值得畏懼。漢主聽後十分高興，從此不再與中原來往。

唐莊宗生性剛愎好勝，不願意讓權力落在臣下手裡。進入洛陽以後，聽信伶人、宦官的讒言，疏遠猜忌那些久經戰陣的將領。李嗣源家在太原，三月初五日丁酉，他上表請求調衛州刺史李從珂為北京內牙馬步都指揮使，以便照顧他家裡。唐莊宗看了奏表後大怒說：「李嗣源手握兵權，位居大鎮，但是軍職任免的權力歸我所有，他怎麼能為他的兒子上奏求職呢！」於是貶李從珂為突騎指揮使，讓他率領數百人戍守石門鎮。李嗣源對此深感憂慮恐懼，於是上表章申述表白，過了很長時間這件事才算平息下來。初九日辛丑，李嗣源懇求到東京來朝見皇帝，沒有得到允許。郭崇韜因為李嗣源功勞高，地位重要，也很嫉妒他，私下裡對人說：「總管令公李嗣源不是長久居於他人之下的人，皇家子弟都比不上他。」他祕密地勸唐莊宗把李嗣源召來擔任宿衛，以解除他的兵權，後來又勸唐莊宗把他除掉，唐莊宗對他這些建議都沒採納。

三月十七日己酉，唐莊宗從興唐府出發，從德勝渡過黃河，經過楊村、戚城，重遊昔日交戰的處所，指點著給群臣們看，以此為樂。

洛陽的宮殿宏偉深邃，宦官們想讓唐莊宗增加宮女的人數，就謊稱宮中夜間出現了鬼物。唐莊宗想讓會畫符念咒的人來驅鬼，宦官們說：「臣過去趕上侍奉唐朝咸通、乾符年間的天子，在那個時候，六宮的人數不論貴賤總共不下萬人。如今妃嬪們住的地方大半是空的，所以那裡才有鬼物遊蕩。」唐莊宗於是命令宦官王允平、伶人景進去挑選民間女子，遠的地方到了太原、幽州、鎮州，以充實後宮。所選來的不下三千人，也不問來歷。唐莊宗從興唐府回來的時候，把這些女子裝在牛拉的車裡，人數眾多，擠滿了道路。張憲上奏說：「各營的婦女亡失的有一千多人，估計是那些扈從的軍士們偷偷地把她們藏起來帶走了。」其實這些婦女都被送進宮裡去了。

庚辰日，唐莊宗到達洛陽。三月二十九日辛酉，下詔又把洛陽改為東都，興唐府改為鄴都。

夏，四月初一日癸亥，發生日蝕。

當初，五臺山的僧人誠惠用虛妄的妖術蠱惑人，自稱能降服天龍，呼風喚雨。唐莊宗很尊敬相信他，親自率領皇后、妃子以及皇弟、皇子參拜他，誠惠也安然地坐著受禮不起身，群臣也沒有一人敢不拜的，唯獨郭崇韜一人不拜。當時正逢大旱，唐莊宗從鄴都把誠惠迎接到洛陽，讓他祈雨，士民們懷著崇敬的心情從早到晚前來觀望。不料幾十天過去了還是沒下雨，有人對誠惠說：「皇上認為大師祈雨無效，準備把你燒死。」誠惠嚇得逃跑了，在羞愧恐懼中死去。

庚寅❶，中書侍郎、同平章事趙光胤卒。

太后自與太妃別，常忽忽不樂❷，雖娛玩盈❸前，未嘗解顏❹。太妃既別太后，亦邑邑❺成疾。太后遣中使❻醫藥相繼於道，聞疾稍加，輒不食。又謂帝曰：「吾與太妃恩如兄弟，欲自往省❼之。」帝以天暑道遠，苦諫，久之乃止，但遣皇弟存渥等往迎侍。五月丁酉❽，北都❾奏太妃薨。太后悲哀不食者累日，帝寬譬❿不離左右。太后自是得疾，又欲自往會太妃葬，帝力諫而止。

閩王審知寢疾，命其子節度副使延翰⑪權知軍府事。

自春夏大旱，六月壬申⑫，始雨。

帝苦溽暑⑬，於禁中擇高涼之所，皆不稱旨⑭。宦者因言：「臣見長安全盛時，大明、興慶宮⑮樓觀以百數。今日宅家曾無避暑之所，宮殿之盛曾不及當時公卿第舍耳。」帝乃命宮苑使王允平別建一樓以清暑⑯。宦者曰：「郭崇韜常不伸眉⑰，為孔謙論用度不足，恐陛下雖欲營繕，終不可得。」上曰：「吾自用內府錢⑱，無關經費⑲。」然猶慮崇韜諫，遣中使語之曰：「今歲盛暑異常，朕昔在河上，與梁人相拒，行營卑濕，被甲乘馬，親當矢石，猶無此暑。今居深宮之中而暑不可度，柰何？」對曰：「陛下昔在河上，勍敵⑳未滅，深念讎恥，雖有盛暑，不介聖懷㉑。今外患已除，海內賓服，故雖珍臺閒館猶覺鬱蒸㉒也。陛下儻不忘艱難之時，則暑氣自消矣。」帝默然㉓。宦者曰：「崇韜之第，無異皇居㉔，宜其不知至尊㉕之熱也。」帝卒命允平營樓㉖，日役萬人，所費巨萬。崇韜諫曰：「今兩河㉗水旱，軍食不充，願且息役，以俟豐年。」帝不聽。

帝將伐蜀，辛卯㉘，詔天下括市戰馬㉙。

吳鎮海節度判官、楚州㉚團練使陳彥謙有疾，徐知誥恐其遺言及繼嗣事㉛，遺㉜之醫藥金帛，相屬㉝於道。彥謙臨終，密留書遺徐溫，請以所生子為嗣。

太后疾甚㉞。秋，七月甲午㉟，成德節度使李嗣源以邊事稍弭㊱，表求入朝省太后，帝不許。壬寅㊲，太后殂。帝哀毀過甚㊳，五日方食。

八月癸未㊴，杖殺河南令羅貫㊵。初，貫為禮部員外郎，性彊直，為郭崇韜所知，用為河南令。為政不避權豪，伶官請託，書積几案，一不報，皆以示崇韜。崇韜奏之，由是伶官切齒㊶。河南尹張全義亦以貫高伉㊷，惡之，遣婢訴於皇后。后與伶官共毀之㊸，帝含怒未發。會帝自往壽安㊹視坤陵役者，道路泥濘，橋多壞。帝問主者㊺為誰，宦官對屬河南。帝怒，下貫獄。獄吏榜掠㊻，體無完膚。明日，傳詔殺之。崇韜諫曰：「貫坐㊼橋道不修，法不至死。」帝怒曰：「太后靈駕將發，天子朝夕往來，橋道不修，卿言無罪，是黨㊽也！」崇韜曰：「陛下以萬乘之尊，怒一縣令，使天下謂陛下用法不平，臣之罪也。」帝曰：「既公所愛，任公裁之㊾。」拂衣起入宮，崇韜隨之，論奏不已。帝自闔殿門，崇韜不得入。貫竟死，暴尸府門，遠近冤之。

丁亥㊿，遣吏部侍郎李德休等賜吳越國王玉冊、金印、紅袍御衣。

九月，蜀主與太后、太妃遊青城山(51)，歷丈人觀(52)、上清宮(53)，遂至彭州(54)陽平化、漢州(55)三學山(56)而還。

【章旨】以上為第十四段，寫唐莊宗大修宮室，冤殺鯁正大臣河南令羅貫，及莊宗之嫡母太妃、生母太后之死，莊宗為人子稱孝，為人君荒怠政事，於社稷為不忠。

【注釋】❶庚寅　四月二十八日。❷忽忽不樂　心中空虛失意而不快樂。❸盈　滿。❹解顏　開笑臉。❺邑邑　憂鬱的樣子。邑，通「悒」。❻中使　由宦官擔任的宮中使者，奉帝命或太后之命出外辦事。❼省　探視。❽丁酉　五月初六日。❾北都　晉陽。❿寬譬　慰勉勸解。⓫延翰　（？—西元九二六年）字子逸，王審知長子。審知死，襲爵。自稱大閩國王，驕淫奢侈，為其弟延稟所殺。傳見《新五代史》卷六十八、《十國春秋》卷九十一。⓬壬申　六月十一日。⓭溽暑　盛夏氣候又溼又熱。⓮不稱旨　不中意。⓯大明興慶宮　大明宮是唐太宗營建的宮殿，因位於太極宮東北，故稱「東內」。興慶宮是唐玄宗營建的宮殿，位於大明宮南，故稱「南內」。⓰清暑　避暑。⓱伸眉　揚眉，得意的樣子。⓲內府錢　皇帝的私產。⓳經費　指國家經常調度的經費，仰給於租庸使收入。⓴勍敵　強勁的敵人。(21)不介聖懷　聖上心裡一點也不介意。(22)鬱蒸　鬱悶蒸熱。(23)默然　沉默不語。(24)無異皇居　同皇帝居住的地方沒有差別。(25)至尊　指皇帝。(26)營樓　建造樓臺。(27)兩河　指河南、河北。(28)辛卯　六月三十日。(29)括市戰馬　徵收購買作戰的馬匹。(30)楚州　州名，治所在今江蘇淮安。(31)繼嗣事　指徐溫的繼承人問題。(32)遺　送。(33)相屬　相連。(34)疾甚　病勢沉重。(35)甲午　七月初三日。(36)弭　停止。(37)壬寅　七月十一日。(38)哀毀過甚　居喪時因過度哀痛而損害健康。(39)癸未　八月二十三日。(40)羅貫　（？—西元九二五年）為人強直，正身奉法，不避權豪，官至河南令。莊宗送母葬時，途經河南縣，因道路泥濘，橋樑損壞被殺。傳見《舊五代史》卷七十一。(41)切齒　咬牙痛恨的樣子。(42)高伉　清高亢直。(43)共毀之　共同詆毀他。(44)壽安　縣名，縣治在今河南宜陽。(45)主者　主管的人。(46)榜掠　拷打。(47)坐　犯。(48)黨　偏私。(49)任公裁之　聽憑你去處理。(50)丁亥　八月二十七日。(51)青城山　在今四川都江堰市城西南，北接岷山，連峰不絕，以青城山為第一峰。(52)丈人觀　在青城北二十里。(53)上清宮　高臺山丈人祠之側，有天池，晉朝建天宮於上，名上清宮。(54)彭州　州名，在今四川彭州。(55)漢州　州名，在今四川廣漢。(56)三學山　在今四川金堂東。

【語 譯】四月二十八日庚寅，中書侍郎、同平章事趙光胤去世。

太后自從與太妃分別以來，經常感到失意而悶悶不樂，雖然娛樂珍玩充滿眼前，卻依然從未開心過。太妃與太后分別後，也因憂愁鬱悶而病倒了。太后派宮中的使者送醫送藥，在路上一批接著一批，聽說太妃的病情加重，太后就難受得吃不下飯。又對唐莊宗說：「我和太妃情同姐妹，我想親自探望她。」唐莊宗因天熱路遠，苦苦勸阻，勸了很久太后才作罷，只派遣皇弟李存渥等人前去侍奉。五月初六日丁酉，北都奏報太妃去世了。太后悲傷得一連幾天都吃不下飯，唐莊宗寬解勸慰，不離太后左右。太后從此也得了病，又想親自去參加太妃的葬禮，經唐莊宗竭力勸阻才沒有去。

閩王王審知生病臥床，命令他的兒子節度副使王延翰代管軍府事務。

從春天到夏天一直大旱，六月十一日壬申，才開始下雨。

唐莊宗受不了盛夏的溼熱，想在宮中挑選一處高敞涼爽的所在，結果都不合意。宦官乘機對唐莊宗說：「臣見當年長安全盛時期，大明宮、興慶宮的樓觀數以百計。如今皇上竟然沒有一處避暑的所在，宮殿的規模甚至比不上當時公卿的宅第。」唐莊宗於是命令宮苑使王允平另外修建一座高樓以便避暑。宦官又說：「郭崇韜經常愁眉不展，是因為孔謙說國家經費不足，恐怕陛下就是想建造，最後還是建不成。」唐莊宗說：「我自己用內庫裡的錢，和國家經費無關。」但是唐莊宗還是擔心郭崇韜出來勸阻這件事，於是派宮中的使者向郭崇韜轉達自己的話說：「今年盛夏特別熱，朕從前在黃河邊，與梁軍相對抗，行營低溼，朕穿著甲冑騎著馬，親自迎著飛箭石塊衝殺，都沒感到有這麼熱。如今住在深宮之中卻熱不可擋，這怎麼辦呢？」郭崇韜回答說：「陛下從前在黃河邊時，因為強敵還沒有消滅，心中念念不忘要報仇雪恥，雖然也有酷暑，但聖上心裡並不介意。如今外患已除，四海之內都歸順臣服，所以雖然有華美的高臺和空閒的館所，仍然覺得很悶熱。陛下如果能不忘記過去的艱難時刻，那麼暑熱自然就會消滅了。」唐莊宗聽後無言沉默。宦官又說：「郭崇韜的宅第，同皇上居住的地方沒什麼兩樣，難怪他不知道皇上的暑熱。」唐莊宗最終還是命令王允平修築樓閣，每天役使萬名工人，所耗費的錢財十分巨大。郭崇韜勸諫說：「今年河南、河北一帶不是水災就是旱災，軍糧也不充裕，希望能暫且停止這項工程，等豐年時再說。」唐莊宗沒聽他的規勸。

唐莊宗準備征伐蜀國，六月三十日辛卯，下詔天下，徵收購買戰馬。

吳國的鎮海節度判官、楚州團練使陳彥謙有病，徐知誥擔心他留下遺言涉及到繼嗣的事情，於是派人給他送醫送藥，送去金銀、絲帛，使者在路上接連不斷。陳彥謙臨終的時候，祕密地留下一封信給徐溫，請求他任命自己親生的兒子為後嗣。

太后病情加重。秋，七月初三日甲午，成德節度使李嗣源以邊境戰事稍有停息為理由，上表請求入京看望太后，唐莊宗沒有允許。十一日壬寅，太后去世。唐莊宗由於過分悲痛，五天以後才開始吃飯。

八月二十三日癸未，用木杖把河南縣令羅貫打死。當初，羅貫任禮部員外郎，性情剛強正直，深得郭崇韜賞識，被任用為河南縣令。羅貫處理政務不怕得罪權貴豪門，伶人、宦官向他請託事情，書信堆滿了桌子，他一概不予答覆，把這些書信都拿給郭崇韜看。郭崇韜就把這些事情向皇帝奏報，由此那些伶人、宦官對羅貫恨得咬牙切齒。河南府尹張全義也因為羅貫清高剛正，對他非常不滿，派奴婢去向皇后說他壞話。於是皇后和伶人、宦官一起在皇帝面前詆毀羅貫，唐莊宗聽了很生氣，但一直忍著沒有發作。適逢唐莊宗要親自前往壽安去察看坤陵的工程，一路上道路泥濘，橋樑大部分也已損壞。唐莊宗查問這裡的主管官員是誰，宦官回答說這裡屬於河南縣。唐莊宗十分生氣，下令把羅貫抓入監獄。獄吏們拷打他，把他打得體無完膚。第二天，傳下詔命把羅貫殺死。郭崇韜進諫說：「羅貫因橋樑道路沒有修整而被治罪，依照法律還不至於處死。」唐莊宗十分生氣地說：「太后的靈駕就要出發，天子早晚會在這條路上往來，橋樑道路卻沒有修整，你說他無罪，簡直就是在偏袒他！」郭崇韜說：「陛下身為萬乘之尊，對一個小縣令如此動怒，會讓天下的人認為陛下用法不平允，這是臣的罪過。」唐莊宗說：「既然你喜歡他，就任憑你去裁斷好了。」說完，拂袖而起，回宮去了，郭崇韜緊跟其後，一再地申辯奏請。唐莊宗乾脆自己把殿門關上，郭崇韜無法進入。羅貫最終還是被活活打死，屍體暴露在府門之外，遠近的人們都認為他死得冤枉。

八月二十七日丁亥，唐莊宗派吏部侍郎李德休等人前去向吳越國王頒賜玉冊、金印、紅袍御衣。

九月，蜀主和太后、太妃去遊青城山，經過丈人觀、上清宮，又到了彭州陽平化、漢州三學山，然後才回去。

乙未❶，立皇子繼岌為魏王。丁酉❷，帝與宰相議伐蜀。威勝❸節度使李紹欽❹素諂事宣徽使李紹宏，紹宏薦紹欽有蓋世奇才，雖孫、吳❺不如，可以大任。郭崇韜曰：「段凝亡國之將，姦諂絕倫❻，不可信也。」眾舉李嗣源，崇韜曰：「契丹方熾❼，總管不可離河朔。魏王地當儲副❽，未立殊功，請依故事❾，以為伐蜀都統❿，成其威名。」帝曰：「兒幼，豈能獨往，當求其副。」既而曰：「無以易卿⓫。」

庚子⓬，以魏王繼岌充西川四面行營都統，崇韜充東北面行營都招討、制置等使，軍事悉以委之⓭。又以荊南節度使高季興充東南面行營都招討使，鳳翔節度使李繼曮充都供軍、轉運、應接等使⓮，同州節度使李令德⓯充行營副招討使，陝州節度使李紹琛⓰充蕃漢馬步軍都排陳斬斫使兼馬步軍都指揮使，西京留守張筠充西川管內安撫應接使，華州節度使毛璋充左廂馬步都虞候，邠州節度使董璋充右廂馬步都虞候，客省使李嚴充西川管內招撫使，將兵六萬伐蜀。仍詔季興自取夔、忠、萬三州為巡屬⑰。都統置中軍⑱，以供奉官⑲李從襲充中軍馬步都指揮監押⑳，高品㉑李廷安、呂知柔充魏王牙[1]通謁㉒。辛丑㉓，以工部尚書任圜、翰林學士李愚㉔並參預都統軍機。

自六月甲午㉕雨，罕見日星，江河百川皆溢，凡七十五日乃霽㉖。

郭崇韜以北都留守孟知祥有薦引舊恩，將行，言於上曰：「孟知祥信厚有謀，若得西川而求帥，無踰㉗此人者。」又薦鄴都副留守張憲謹重有識，可為相。戊申㉘，大軍西行。

蜀安重霸勸王承休請蜀主東遊秦州。承休到官，即毀府署，作行宮，大興力役。強取民間女子教歌舞，圖形㉙遺韓昭，使言於蜀主。又獻花木圖，盛稱秦州山川土風之美。蜀主將如秦州，羣臣諫者甚眾，皆不聽。王宗弼上表諫，蜀主投其表於地。太后涕泣不食，止之，亦不能得。前秦州節度判官蒲禹卿㉚上表幾二千言，其略曰：先帝艱難創業，欲傳之萬世。陛下少長富貴，荒色惑酒。秦州人雜羌、胡㉛，地多瘴癘㉜，萬眾困於奔馳，郡縣罷㉝於供億㉞。鳳翔久為仇讎，必生釁隙㉟。唐國方通歡好，恐懷疑貳㊱。先皇未嘗無故盤遊，陛下率意㊲頻離宮闕。秦皇東狩，鑾駕㊳不還，煬帝南巡，龍舟㊴不返。蜀都彊盛，雄視鄰邦，邊亭[2]無烽火之虞，境內有腹心之疾，百姓失業，盜賊公行。昔李勢㊵屈於桓溫㊶，劉禪㊷降於鄧艾㊸，山河險固，不足憑恃㊹。」韓昭謂禹卿曰：「吾收汝表，俟主上西歸，當使獄吏字字問汝！」王承休妻嚴氏美，蜀主私㊺焉，故銳意㊻欲行。

【章旨】以上為第十五段，寫唐莊宗大舉伐蜀，而蜀主大張旗鼓遊幸秦州。

【注釋】❶乙未　九月初五日。❷丁酉　九月初七日。❸威勝　方鎮名，後唐改後梁宣化軍為威勝軍，治所鄧州，在今河南鄧州。❹李紹欽　即後梁降將段凝，賜名李紹欽。❺孫吳　孫武、吳起。❻姦諂絕倫　奸詐諂媚無人能比。❼方熾　氣焰正囂張。熾，火勢旺盛。❽地當儲副　地位相當於儲君，為國君的繼承人。❾故事　指安史之亂，唐玄宗分任諸子為諸道都統。❿都統　總指揮。⓫無以易卿　沒有人可以更換你。即你是最合適的人選。⓬庚子　九月初十日。⓭悉以委之　全部委託給他。⓮都供軍轉運應接等使　官名，負責全軍的後勤事務。⓯李令德　即朱令德（？—西元九二五年），朱友謙之子，降後唐賜姓李。傳附《舊五代史》卷六十三〈朱友謙傳〉。⓰李紹琛　即康延孝。降後唐賜名李紹琛。⓱巡屬　所巡視管轄的屬地。⓲中軍　古代行軍以中軍為發號施令之所，由主帥自領。⓳供奉官　內侍官階名，侍奉禁中，內廷服役，以宦官為之。⓴監押　監軍。㉑高品　內侍官階名，低於供奉官，高於高班。㉒通謁　官名，掌傳達。㉓辛丑　九月十一日。㉔李愚　（？—西元九三五年）字子晦，渤海無棣（今山東無棣）人，官至後唐宰相，為政清廉，不治第宅，四壁蕭然。傳見《舊五代史》卷六十七、《新五代史》卷五十四。㉕甲午　六月壬戌朔，無甲午。據上文，疑為壬申，六月十一日。㉖霽　放晴。㉗踰　超過。㉘戊申　九月十八日。㉙圖形　畫成圖像。㉚蒲禹卿　四川成都人，慷慨好直言，不肯低頭事人。官至右補闕、秦州節度判官。蜀後主被誅，慟哭後，題詩於驛門而逃，不知所終。傳見《十國春秋》卷四十三。㉛羌胡　指西南地區少數民族。㉜瘴癘　指瘴氣。南方山林間溼熱蒸鬱而使人致病。㉝罷　疲。㉞供億　供應。㉟釁隙　矛盾；事端。㊱疑貳　猜疑有二心。㊲率意　任意。㊳鑾駕　皇帝的儀仗隊，這裡借指秦始皇。㊴龍舟　借指隋煬帝。㊵李勢　四川成漢國君主。㊶桓溫　東晉大將。㊷劉禪　三國時蜀國君主。㊸鄧艾　三國魏大將。㊹憑恃　依靠。㊺私　私通。㊻銳意　意志很堅決。

【校記】①牙　原作「府」。據章鈺校，十二行本、乙十一行本皆作「牙」，今據改。②亭　原作「庭」。據章鈺校，十二行本、乙十一行本皆作「亭」，今據改。

【語　譯】九月初五日乙未，冊立皇子李繼岌為魏王。初七日丁酉，唐莊宗與宰相商議征伐蜀國的事。威勝節度使李紹欽一貫奉承巴結宣徽使李紹宏，李紹宏於是就推薦李紹欽有蓋世奇才，即使是孫子、吳起也比不上他，他可以擔當大任。郭崇韜說：「段凝是已亡之國的將領，奸詐諂媚無人能比，不可信賴。」大家都推薦李嗣源，郭崇韜說：「契丹的氣焰正囂張，總管不能離開河朔。魏王身為君位的繼承人，還沒有建立過什麼特殊的功勳，請按照先例，任命他為征伐蜀國的都統，好成就他的威名。」唐莊宗說：「兒子還小，怎麼能讓他單獨前去，應該再替他找個副手。」不久又說：「沒有人可以更換你來擔任這個副手了。」

九月初十日庚子，任命魏王李繼岌充任西川四面行營都統，任命郭崇韜充任東北面行營都招討、制置等使，把軍事方面的事務全都委託給他處理。又任命荊南節度使高季興充任東南面行營都招討使，鳳翔節度使李繼曮充任都供軍、轉運、應接等使，同州節度使李令德充任行營副招討使，陝州節度使李紹琛充任蕃漢馬步軍都排陳斬斫使兼馬步軍都指揮使，西京留守張筠充任西川管內安撫應接使，華州節度使毛璋充任左廂馬步都虞候，邠州節度使董璋充任右廂馬步都虞候，客省使李嚴充任西川管內招撫使，率軍六萬征伐蜀國。又下詔命令高季興自行攻取蜀國的夔州、忠州、萬州，把這三州作為荊南巡視管轄的地區。都統設置中軍，任命供奉官李從襲充任中軍馬步都指揮監押，任命高品李廷安、呂知柔充任魏王府門通謁。十一日辛丑，任命工部尚書任圜、翰林學士李愚一道參與都統的軍機事務。

從六月甲午日下雨以來，很少能見到太陽和星辰，江河百川的水都溢了出來，總共過了七十五天才開始放晴。

郭崇韜因為北都留守孟知祥曾有引薦他的舊恩，臨出發時，對唐莊宗說：「孟知祥這個人誠實敦厚，又有謀略，如果得到西川之後要尋找主帥的話，沒有比這個人更合適的了。」他又推薦鄴都副留守張憲謹慎穩重有見識，可以當宰相。九月十八日戊申，伐蜀的大軍向西行進。

蜀國的安重霸勸王承休請蜀主到東邊的秦州去遊玩。王承休到任後，馬上就拆掉了府署，修建行宮，徵用民力大興土木。還強奪民間女子，教她們學唱歌跳舞，然後畫成圖像送給韓昭，讓韓昭向蜀主稟報。又進獻當地的花木圖像，盛誇秦州山川風俗的美妙。於是蜀主準備前往秦州，大臣中出來勸阻的很多，蜀主一概不聽。王宗弼上表勸諫，蜀主把他的奏表丟在地上。太后流著淚哭泣不吃飯，想勸阻他，也沒成功。前秦州節度判官蒲禹卿奏上表文將近有二千字，大意是說：先帝艱難創業，希望能傳之於萬世。陛下從小生長在富貴的環境裡，沉溺於酒色之中。秦州有羌人、胡人雜居，當地多有瘴癘之氣，陛下此行，隨行的近萬人困頓於來往奔波，沿途郡縣要供應所需，也將疲憊不堪。而鳳翔長久以來都是我們的仇敵，必定又會乘此機會挑起事端。唐國剛與我們建立友好關係，恐怕對陛下此次出動也會心存懷疑。先皇從來沒有無故出遊過，陛下卻經常隨意離開皇宮。當年秦始皇到東方巡狩，鑾駕就再也沒能回來，隋煬帝南巡，龍舟也再沒有北返。我們蜀國國力強盛，稱雄於鄰邦，邊境上沒有烽火戰亂的憂慮，但國內卻有心腹之患，百姓們失去謀生的職業，盜賊橫行。從前李勢屈服於桓溫，劉禪投降於鄧艾，這一切都說明，山河的形勢雖然險要堅固，還是不足依靠的。韓昭對蒲禹卿說：「我收下你的奏表，等主上從秦州回來，會讓獄吏一個字一個字地來問你！」王承休的妻子嚴氏貌美，蜀主曾經和她私通過，所以蜀主這次堅定地要到秦州去。

冬，十月，排陳斬斫使李紹琛與李嚴將驍騎三千、步兵萬人為前鋒。招討判官陳乂❶至寶雞，稱疾乞留。李愚厲聲曰：「陳乂見利則進，懼難則止。今大軍涉險❷，人心易搖，宜斬以徇❸！」由是軍中無敢顧望❹者。乂，薊州人也。

癸亥❺，蜀主引兵數萬發成都。甲子❻，至漢州。武興節度使王承捷告唐兵西上，蜀主以為群臣同謀沮己⑦，猶不信，大言曰：「吾方欲耀武⑧！」遂東行。在道與群臣賦詩，殊⑨不為意。

丁丑⑩，李紹琛攻蜀威武城，蜀指揮使唐景思將兵出降。城使周彥禋等知不能守，亦降。景思，秦州人也。得城中糧二十萬斛。紹琛縱其敗兵萬餘人逸去，因倍道趣鳳州。李嚴飛書⑪以諭王承捷。李繼曮竭鳳翔蓄積以饋軍，不能充⑫，人情憂恐。郭崇韜入散關，指其山曰：「吾輩進無成功，不復得[1]還此矣。當盡力一決。今饋運⑬將竭，宜先取鳳州，因⑭其糧。」諸將皆言蜀地險固，未可長驅，宜按兵觀釁⑮。崇韜以問李愚，愚曰：「蜀人苦其主荒淫，莫為之用⑯。宜乘其人心崩離，風驅霆擊⑰，彼皆破膽，雖有險阻，誰與守之！兵勢不可緩也。」是日李紹琛告捷，崇韜喜，謂愚[2]曰：「公料敵⑱如此，吾復何憂！」乃倍道而進。戊寅⑲，王承捷以鳳、興、文、扶⑳四州印節㉑迎降，得兵八千，糧四十萬斛。崇韜曰：「平蜀必矣。」即以都統牒命承捷攝㉒武興節度使。

己卯㉓，蜀主至利州㉔。威武敗卒奔還，始信唐兵之來。王宗弼、宋光嗣言於蜀主曰：「東川、山南㉕兵力尚完㉖，陛下但以大軍扼㉗利州，唐人安敢懸兵㉘深入！」從之。庚辰㉙，以隨駕清道指揮使王宗勳㉚、王宗儼，兼侍中王宗昱為三招討，將兵三萬逆戰。從駕兵自綿[31]、漢至深渡[32]，千里相屬，皆怨憤，曰：「龍武軍糧賜倍於它軍，它軍安能禦敵！」

李紹琛等過長舉[33]，興州都指揮使程奉璉將所部兵五百來降，且請先治橋棧[34]以俟唐軍。由是軍行無險阻之虞。辛巳[35]，興州刺史王承鑒棄城走，紹琛等克興州，郭崇韜以唐景思攝興州刺史。乙酉[36]，成州刺史王承朴棄城走。李紹琛等與蜀三招討戰于三泉[37]，蜀兵大敗，斬首五千級，餘眾潰走。又得糧十五萬斛於三泉，由是軍食優足[38]。

戊子[39]，葬貞簡太后[40]于坤陵。

蜀主聞王宗勳等敗，自利州倍道西走，斷桔柏津浮梁[41]。命中書令、判六軍諸衛事王宗弼將大軍守利州，且令斬王宗勳等三招討。

李紹琛晝夜兼行趣利州。蜀武德留後宋光葆遺郭崇韜書，請唐兵不入境，當舉巡屬內附[42]。苟不如約[43]，則背城決戰[44]以報本朝。崇韜復書撫納之。己丑[45][3]，魏王繼岌至興州，光葆以梓、綿、劍[46]、龍[47]、普[48]五州，武定節度使王承肇以洋、蓬、壁[49]三州，山南[50]節度使兼侍中[4]王宗威[51]以梁、開、通、渠、麟[52][5]五州，階州刺史王承岳以階州，皆降。承肇，宗侃之子也。自餘城鎮皆望風款附[53]。

天雄節度使王承休與副使安重霸謀掩擊(54)唐軍，重霸曰：「擊之不勝，則大事去矣。蜀中精兵十萬，天下險固，唐兵雖勇，安能直度劍門邪！然公受國恩，聞難不可不赴(55)，願與公俱西(56)。」承休素親信之，以為然。重霸請賂羌人買文、扶州路(57)以歸。承休從之，使重霸將龍武軍及所募兵萬二千人以從。將行，州人餞(58)於城外。承休上道，重霸拜於馬前曰：「國家竭力以得秦、隴(59)，若從開府(60)還朝，誰當守之！開府行矣，重霸請為公留守。」承休業已上道，無如之何，遂與招討副使王宗汭(61)自文、扶[6]而南。其地皆不毛，羌人抄之，且戰且行，士卒凍餒，比至茂州(62)，餘眾二千而已。重霸遂以秦、隴來降。

高季興常欲取三峽(63)，畏蜀峽路招討使張武威名，不敢進。至是，乘唐兵勢，使其子行軍司馬從誨(64)權軍府事，自將水軍上峽取施州(65)。張武以鐵鎖斷江路，季興遣勇士乘舟斫之。會風大起，舟絓(66)於鎖，不能進退，矢石交下，壞其戰艦，季興輕舟遁去。既而聞北路陷敗，以夔、忠、萬三州遣使詣魏王降。

郭崇韜遺王宗弼等書，為陳利害(67)。李紹琛未至利州，宗弼棄城引兵西歸。王宗勳等三招討追及宗弼於白芀(68)，宗弼懷中探詔書示之曰：「宋光嗣令我殺爾曹(69)。」因相持而泣，遂合謀送款(70)於唐。

【章　旨】以上為第十六段，寫唐軍伐蜀，勢如破竹。

【注　釋】❶陳乂　仕後梁任太子舍人，入後唐官至中書舍人。傳見《舊五代史》卷六十八。❷涉險　指自寶雞進散關，將涉棧閣之險。❸徇　示眾。❹顧望　回顧、觀望。指態度不堅決。❺癸亥　十月初四日。❻甲子　十月初五日。❼沮己　阻止自己去秦州。❽耀武　炫耀武力。❾殊　很；甚。❿丁丑　十月十八日。⓫飛書　這裡指用箭將信射進城去，威脅、敦促王承捷投降。⓬充　滿；滿足。⓭饋運　指軍糧。⓮因　依。⓯覬覦　窺伺敵人的間隙，以便乘機進攻。⓰莫為之用　不肯為他所用。⓱風驅霆擊　像風一樣驅趕，像雷一樣轟擊。形容快速奮擊。⓲料敵　判斷敵情。⓳戊寅　十月十九日。⓴扶州名，治所在今四川九寨溝縣。㉑印節　印璽和旌節。㉒攝　攝代；代理。㉓己卯　十月二十日。㉔利州　州名，治所在今四川廣元。㉕東川山南　東川，四川東部，指梓、遂等州。山南，山南西道，指興元等州。㉖尚完　比較完整，沒有受到損折。㉗扼　守。㉘懸兵　深入敵方的孤軍。㉙庚辰　十月二十一日。㉚王宗勳　王建義子。傳見《十國春秋》卷三十九。㉛綿州名，治所巴西，在今四川綿陽東。㉜深渡　在利州綿谷縣北大漫天、小漫天之間。㉝長舉　縣名，故城在今陝西略陽西北，屬興州。㉞橋棧　架橋修棧道。㉟辛巳　十月二十二日。㊱乙酉　十月二十六日。㊲三泉　縣名，在今陝西寧強，當時屬興元府。㊳優足　優裕、充足。㊴戊子　十月二十九日。㊵貞簡太后　即李存勗生母曹皇后，謚貞簡。㊶浮梁　浮橋。㊷舉巡屬內附　拿前蜀所轄疆土歸附後唐。㊸苟不如約　如果不能履行約定。㊹背城決戰　在自己城下決一死戰。㊺己丑　十月三十日。㊻劍　劍州，治所普安，今四川劍閣。㊼龍　龍州，治所江油，今四川平武。㊽普　普州，故治在今四川安岳。㊾壁　壁州，治所諾水，在今四川通江縣。㊿山南　方鎮名，唐肅宗至德元載（西元七五六年）置，治梁州，在今陝西漢中市。(51)王宗威　《舊五代史》卷三十三〈莊宗紀〉、卷五十一〈魏王繼岌傳〉皆云為興元節度使。傳見《十國春秋》卷三十九。(52)梁開通渠潾　皆州名。梁，梁州，治所在今陝西漢中。開，開州，治所盛山，在今重慶市開縣。通，通州，治所石城，在今四川達縣。渠，渠州，在今四川渠縣。潾，潾州，故治在今四川鄰水縣。(53)款附　投降。(54)掩擊　乘人不備而攻擊。(55)赴　前往。(56)俱西　一起向西到成都去。(57)賂羌人買文扶州路　用錢賄賂居住在文、扶兩州的羌人，同意軍隊過境。(58)餞　送行。(59)秦隴　秦州和隴州。(60)開府　指代王承休。蜀加王承休開府儀同三司，故以「開府」相稱。(61)王宗汭　王建養子。傳見《十國春秋》卷三十九。(62)茂州　州名，治所汶山，在今四川茂縣。(63)三峽　巫峽、西陵峽、瞿塘峽地區。(64)從誨　（西元八九一—九四八年）字遵聖，高季興長子，西元九二八年，高季興卒，嗣立，後唐長興三年（西元九三二年）封南平王。西元九二八—

九四八年在位。傳見《舊五代史》卷一百三十三、《新五代史》卷六十九、《十國春秋》卷一百一。(65)施州　州名，治所清江，在今湖北恩施。(66)絓　掛住。(67)為陳利害　替他陳述利害關係，指明投降乃趨利避害之道。(68)白艻　地名，在當時簡州金水縣境內。金水縣在今四川金堂。(69)爾曹　你們。(70)送款　投降。

【校　記】[1]復得　原作「得復」。據章鈺校，十二行本、乙十一行本二字皆互乙，今據改。[2]愚　原作「李愚」。據章鈺校，十二行本、乙十一行本皆無「李」字，今據刪。[3]己丑　原作「乙丑」。據章鈺校，十二行本、乙十一行本皆作「己丑」，張敦仁《通鑑刊本識誤》同，今據改。[4]兼侍中　原無此三字。據章鈺校，十二行本、乙十一行本皆有此三字，今據補。[5]潾　原作「麟」。胡三省注云：「『麟』當作『潾』。」嚴衍《通鑑補》改作「潾」，當是，今從改。[6]文扶　原作「扶文」。據章鈺校，十二行本、乙十一行本二字皆互乙，今據改。

【語　譯】冬，十月，排陳斬斫使李紹琛和李嚴率三千名驍勇的騎兵和一萬名步兵作為前鋒。招討判官陳乂到了寶雞以後，聲稱有病，請求留下來。李愚聲音嚴厲地說道：「陳乂見到有利就前進，懼怕困難就想停下。如今大軍就要經歷險境了，人心容易動搖，應該把他斬首示眾！」從此軍中再也沒有人敢猶豫觀望的了。陳乂，是薊州人。

十月初四日癸亥，蜀主率領數萬大軍從成都出發。初五日甲子，到達漢州。武興節度使王承捷報告說唐軍已經向西進發了，蜀主認為這是群臣在合謀阻止自己出遊，仍然不相信這是真的，反而誇口說：「我正想炫耀一下武力呢！」於是接著向東行進。一路上與群臣吟詩作賦，完全不把這件事放在心上。

十月十八日丁丑，李紹琛率兵攻打蜀國的威武城，蜀國的指揮使唐景思率兵出城投降。城使周彥禋等人知道不能堅守，也投降了。唐景思，是秦州人。唐軍奪得城中的糧食二十萬斛。李紹琛放任蜀軍敗兵一萬多人逃走，隨即兼程趕往鳳州。李嚴傳飛信勸王承捷投降。唐軍負責軍需的李繼曮把鳳翔府積蓄的所有糧草全都拿出來供應軍隊，仍然不能滿足需要，人心惶惶，憂慮恐懼。郭崇韜進入散關後，指著那裡的山說：「我們這次進去如果無法成功，就不能再回來了。各位應當盡力決一死戰。如今糧草供應快要竭盡了，應該先攻取鳳州，以利用那裡的糧食。」將領們都說蜀國地勢險要堅固，未可長驅直入，應該先按兵不動，觀察敵軍有什麼弱點可以利用。郭崇韜徵求李愚的意見，李愚說：「蜀國人十分厭惡蜀主的荒淫行徑，沒有人肯替他效力。應該乘他們人心渙散之際，向他們發起如狂風驅趕，如雷霆轟擊那樣的攻勢，他們都被嚇破了膽，即使有山川險阻，又和誰去堅守呢！進軍的勢頭不能緩下來。」這一天，李紹琛那邊傳來捷報，郭崇韜非常高興，對李愚說：「您判斷敵情如此透徹，我還有什麼好擔心的！」於是大軍兼程向前推進。十九日戊寅，王承捷帶著鳳、興、文、扶四州的印信和武興節度使的印信、旌節前來迎接唐軍，請求歸降，唐軍於是得到了降兵八千名，糧食四十萬斛。郭崇韜說：「平定蜀國是必定可以成功的了。」隨即下發都統公文任命王承捷代理武興節度使。

十月二十日己卯，蜀主到達利州。威武城的敗兵逃了回來，這時蜀主才相信唐兵已經到來。王宗弼、宋光嗣對蜀主說：「東川、山南諸州的兵力還算完整，陛下只要用大軍扼守住利州，唐軍怎敢孤軍深入！」蜀主聽從了他們的意見。二十一日庚辰，蜀主任命隨駕清道指揮使王宗勳、王宗儼，兼侍中王宗昱三人為三招討，率軍三萬迎戰。隨從大駕的士卒從綿州、漢州一直到深渡，隊伍綿延千里，士卒們都心懷怨恨，說：「龍武軍的糧餉賞賜比其他軍隊多出一倍，其他軍隊又怎麼能夠禦敵呢！」

李紹琛等人率軍經過長舉，興州都指揮使程奉璉率其所屬部隊五百人前來投降，並且請求先修好橋樑棧道等待唐軍的到來。從此唐軍的推進就不再有山川險阻的憂慮了。十月二十二日辛巳，興州刺史王承鑒棄城逃走，李紹琛等人攻克興州，郭崇韜任命唐景思代理興州刺史。二十六日乙酉，成州刺史王承朴棄城逃走。李紹琛等與蜀國的三招討在三泉交戰，蜀軍大敗，被斬殺了五千人，其餘的士卒都潰散逃走。在三泉唐軍又奪得糧食十五萬斛，從此軍用食糧就充裕起來。

十月二十九日戊子，唐朝在坤陵安葬了貞簡太后。

蜀主獲悉王宗勳等人慘敗，就從利州兼程往西逃去，並且砍斷了桔柏津的浮橋。命令中書令、判六軍諸衛事王宗弼率大軍堅守利州，並且下令把王宗勳等三個招討斬首。

李紹琛日夜兼程直奔利州。蜀國武德留後宋光葆寫信給郭崇韜，請求唐兵不要進入我方境內，我將交出所巡視管轄的地區歸附。如果不能按照這一約定辦，那我只有背城決一死戰，以報答我的朝廷了。郭崇韜給他寫了回信安撫並接納了他。十月三十日己丑，魏王李繼岌到達興州，宋光葆率領所屬的梓、綿、劍、龍、普五個州，武定節度使王承肇率領所屬的洋、蓬、壁三個州，山南節度使兼侍中王宗威率領所屬的梁、開、通、渠、潾五個州，階州刺史王承岳率領所屬階州，都向唐軍投降。王承肇，是王宗侃的兒子。其餘的各城鎮也都望風歸附。

天雄節度使王承休與副使安重霸謀劃襲擊唐軍，安重霸說：「這一襲擊如果不能獲勝，那麼大勢就無可挽回了。蜀中有精兵十萬，是全天下最為險要堅固之地，唐軍即使英勇，又怎能輕易越過劍門天險呢！但是您身受國家大恩，知道國家有難不能不挺身向前，我願意和您一道向西進發。」王承休素來信任安重霸，認為他講得有道理。安重霸建議用錢財買通羌人，走文州、扶州這條路回去。王承休也聽從了他，讓安重霸率領龍武軍和招募來的士兵共一萬二千人隨行。即將出發的時候，州裡的人在城外為他們餞行。王承休上路了，安重霸在他的馬前參拜說：「主上用盡力量才得到秦州、隴州，如果我跟著開府您回朝，又有誰來守衛這塊地方呢？開府您安心走吧，我安重霸請求替您留守在這裡。」當時王承休已經上路，也沒有什麼別的辦法，就與招討副使王宗汭從文州、扶州這條路向南行進。沿途一帶都是不毛之地，羌人又不斷襲擊他們，他們一邊交戰一邊向前走，士卒們又凍又餓，到達茂州時，剩下的人只有兩千而已。安重霸於是率秦州、隴州前來向唐軍投降。

高季興常想攻取三峽，只因畏懼蜀國峽路招討使張武的威名，才不敢進兵。現在，藉著唐軍的攻勢，他讓他的兒子行軍司馬高從誨暫時代理軍府事務，他親自率領水軍上溯三峽要攻取施州。張武用鐵鏈截斷江上的通路，高季興派勇士乘小船去砍斷這些鐵鏈。適逢颳起了大風，小船被掛住在鐵鏈上，進退不得，岸上蜀軍的箭、石紛紛飛下，砸壞了他的戰船，高季興只好乘一艘小船逃了回去。不久張武聽說蜀軍的北路已經戰敗，於是就率所屬的夔、忠、萬三州派使者到魏王那裡請求投降。

郭崇韜給王宗弼等人送去一封信，向他們說明利害關係。李紹琛還沒到達利州，王宗弼就放棄城池率軍向西撤退回去。王宗勳等三位招討使在白芀追上了王宗弼，王宗弼從懷中掏出詔書給他們看，對他們說：「宋光嗣命令我殺掉你們。」三位招討使和王宗弼抱在一起哭了起來，隨即合謀向唐軍投誠。

【研 析】本卷研析唐莊宗濫封、郭崇韜裁汰冗官、郭崇韜逢迎奏立劉皇后、劉皇后父事張全義四件史事。

唐莊宗濫封。唐莊宗好摔跤遊戲，曾與右武衛上將軍李存賢手搏，李存賢不敢盡力。莊宗對李存賢說：「你能把我摔倒，提拔你做節度使。」李存賢於是奉詔摔倒了莊宗。莊宗授李存賢為盧龍節度使，大言曰：「手搏之約，吾不食言矣。」封疆大吏，以戲耍得之，功臣宿將，無不寒心。莊宗好戲曲，寵信伶人無以復加。梁貞明四年胡柳之役，伶人周匝為梁人所虜，其後破汴梁，復得周匝，莊宗非常高興。周匝訴說，自己得到梁教坊使陳俊、內園栽接使儲德源兩位伶人的保護才活下來，周匝替兩人討二州為報。莊宗以陳俊為景州刺史，儲德源為憲州刺史。長年追隨莊宗征戰的親軍校官，出生入死，大多未能得刺史，個個莫不憤怨。莊宗怠於政事，卻時時裝扮成伶人，粉墨登場，與俳優戲耍於朝堂。二十年之征戰，敗契丹，繫虜燕王父子。滅梁而有天下，完成父志報三仇，何其壯哉！天下已定，莊宗稱帝不足三年，一夫夜呼，亂者四應，身死國滅為天下笑，可慨也夫！

郭崇韜裁汰冗官。唐末五代，天下大亂，破落臣家往往把職官委任狀賣給親屬，以至於混亂了輩分。有的叔父向姪兒下跪磕頭，有的舅父向外甥下拜。候補官員中冒名頂替的很多。同光二年，莊宗舉行南郊祭天大典，參加祭祀的候補官員達一千二百人。郭崇韜嚴加審核，查清合格的候補官只有數十人，十分之九以上的候補官資格被取消，他們沒了生活資源，有的在道路上悲哭哀號，有的在客店裡被活活餓死，慘狀目不忍睹。這些候補官，除了做官就沒了活路，為了活路，一心做官，為了做官，無所不用其極，有奶便是娘，喪失了個性，喪失了靈魂。冗官、冗吏本身就是官僚政治的生態，是暴君汙吏的基礎。郭崇韜只能裁撤一時，不可根除，而且使自己陷入了危境。

郭崇韜逢迎奏立劉皇后。郭崇韜疾晉伶人與宦官，遭到群小日夜毀謗，郭崇韜憂懼，不知如何是好。他對親近的人說：「我佐天子取天下，現在大功告成，而群小交興，我想離開朝廷去做一個鎮將，躲開群小，可以免禍嗎？」所親回答說：「躲開群小，丟掉權位，好比蛟龍失水，只怕是招禍啊。」郭崇韜說：「怎麼辦呢？」所親又說：「皇上想立劉夫人為皇后，劉夫人頭上有正妃韓夫人，加之皇太后不喜歡劉夫人，皇上猶豫不決。如果相公此時助劉夫人一把，相公在宮中有了皇后做後臺，皇上也高興，還怕群小嚼舌根。」郭崇韜甚以為是，於是與百官共奏劉夫人為皇后。這位劉皇后性貪財，入主正宮，求索無厭，四方貢獻從此一分為二，一份獻天子，一份獻皇后。劉皇后連親爹都不認，哪念郭崇韜的好處。郭崇韜想引劉皇后來排抑宦官，恰恰是宦官假劉皇后之手誅殺郭崇韜，這是後話。郭崇韜智略兼備，一時人臣之選，有真宰相之才。不以正道立於朝，一念之差，搬起石頭砸自己的腳，非始料所及。

劉皇后父事張全義。莊宗劉皇后性貪財，曾從莊宗幸張全義第，冀得全義餽贈，強拜全義為義父，卻不認寒微之生父。張全義，字國維，濮州臨濮人。唐昭宗賜名全義，朱溫改名為宗奭，入後唐復名全義。張全義尹正河洛，凡四十年，歷守太師、太傅、太尉、中書令，封王，邑萬三千戶，一生榮華富貴，以壽終，死年七十五，亂世自保一奇跡。馮道是文臣不倒翁，張全義是武臣不倒翁。張全義媚事朱溫，以至於妻妾子女為朱溫所亂不以為恥。唐滅梁，全義應與敬翔、李振等受族誅，因通賂於劉皇后，得以保全。張全義審案，每每以原告為有理，是以人多枉濫，遭到時人的非難。但張全義鎮洛陽，招撫流亡，安置難民，勸課農桑，口碑流於道路，萬口同聲，稱其為名臣。有詩贊曰：「洛陽風景實堪哀，昔日曾為瓦子堆。不是我公重葺理，至今猶是一堆灰。」張全義為官重民生，得以善終，不亦宜乎！

卷第二百七十四

後唐紀三

起旃蒙作噩（乙酉　西元九二五年）十一月，盡柔兆閹茂（丙戌　西元九二六年）三月，不滿一年。

【題　解】本卷記事起西元九二五年十一月，迄西元九二六年三月，凡五個月史事。當後唐莊宗同光三年末至同光四年三月。莊宗晚年昏暴，同室操戈，為明宗李嗣源所滅。事繁變劇，故本卷記事不滿一年。後唐之亂導火線為李繼岌矯詔殺郭崇韜引發。郭崇韜專斷軍權，與李繼岌相互猜疑，同僚、宦官、劉皇后日夜進讒言，唐莊宗猜疑起殺心，劉皇后大膽妄為，手札賜李繼岌誅殺郭崇韜。莊宗事後不追究宦官豎小陰謀，反而擴大事端，族滅郭崇韜，禍及朱友謙，於是逼反西征軍李繼琛，以及魏州戍兵。這一年大旱民饑，軍糧不繼，而莊宗依然遊獵無度，踐踏田野禾稼。莊宗命將平叛，不肯賞賜，將士寒心，李紹榮往討鄴都久不建功，李嗣源往討為亂兵挾持反叛，進兵大梁，各鎮影從。唐莊宗親征，劉皇后吝財不肯出內庫錢，將士唾罵，未遇敵而星散。莊宗東出，有扈從兵二萬五千，及返洛陽只有數千。

莊宗光聖神閔孝皇帝下

同光三年（乙酉　西元九二五年）

十一月丙申❶，蜀主至成都，百官及後宮迎于七里亭❷。蜀主入妃嬪中，作回鶻隊❸入宮。丁酉❹，出見羣臣於文明殿❺，泣下霑襟❻。君臣相視，竟無一言以救國患。

戊戌❼，李紹琛至利州，修桔柏❽浮梁。昭武節度使林思諤先棄城奔閬州，遣使請降。甲辰❾，魏王繼岌至劍州，蜀武信❿節度使兼中書令王宗壽以遂、合、渝、瀘、昌五州⓫降。

王宗弼至成都，登太玄門⓬[1]，嚴兵自衛⓭。蜀主及太后自往勞⓮之，宗弼驕慢無復臣禮。乙巳⓯，劫遷蜀主及太后、後宮、諸王于西宮，收其璽綬⓰。使親吏於義興門⓱邀取⓲內庫金帛，悉歸其家。其子承涓杖劍⓳入宮，取蜀主寵姬數人以歸。丙午⓴，宗弼自稱權西川兵馬留後。

李紹琛進至綿州，倉庫民居已為蜀兵所燔㉑。又斷綿江浮梁，水深，無舟楫可渡。紹琛謂李嚴曰：「吾懸軍深入，利在速戰。乘蜀人破膽之時，但得百騎過鹿頭關㉒，彼且迎降不暇。若俟修繕橋梁，必留數日，或教王衍堅閉近關㉓，折㉔吾兵勢。儻延旬浹㉕，則勝負未可知矣。」乃與嚴乘馬浮度江。從兵得濟者僅千人，溺死者亦千餘人，遂入鹿頭關。丁未㉖，進據漢州。居三日，後軍始至。

王宗弼[2]遣使以幣馬牛酒勞軍，且以蜀主書遺李嚴曰：「公來吾即降。」或謂嚴：「公首建伐蜀之策，蜀人怨公深入骨髓，不可往。」嚴不從，欣然馳入成都，撫諭㉗吏民，告以大軍繼至。蜀君臣後宮皆慟哭。蜀主引嚴見太后，以母妻為託。宗弼猶乘城㉘為守備，嚴悉命撤去樓櫓㉙。

己酉㉚，魏王繼岌至綿州。蜀主命翰林學士李昊㉛草降表，又命中書侍郎、同平章事王鍇草降書，遣兵部侍郎歐陽彬㉜奉之以迎繼岌及郭崇韜。

王宗弼稱蜀君臣久欲歸命㉝，而內樞密使宋光嗣、景潤澄，宣徽使李周輅、歐陽晃熒惑㉞蜀主。皆㉟斬之，函首㊱送繼岌。又責文思殿大學士、禮部尚書、成都尹韓昭佞諛㊲，梟㊳于金馬坊門㊴。內外馬步都指揮使兼中書令徐延瓊、果州團練使潘在迎、嘉州刺史顧在珣及諸貴戚皆惶恐㊵，傾其家金帛妓妾以賂宗弼，僅得免死。凡素所不快者，宗弼皆殺之。

辛亥㊶，繼岌至德陽㊷。宗弼遣使奉牋，稱已遷蜀主於西第㊸，安撫軍城㊹，以俟王師。又使其子承班以蜀主後宮及珍玩賂繼岌及郭崇韜，求西川㊺節度使。繼岌曰：「此皆我家物，奚㊻以獻為！」留其物而遣之。

李紹琛留漢州八日，以俟都統。甲寅❹❼，繼岌至漢州，王宗弼迎謁。乙卯❹❽，至成都。丙辰❹❾，李嚴引蜀主及百官儀衛出降於升遷橋❺⓿。蜀主白衣、銜璧、牽羊，草繩縈首❺❶，百官衰絰❺❷、徒跣❺❸、輿櫬❺❹，號哭俟命。繼岌受璧，崇韜解縛，焚櫬，承制❺❺釋罪。君臣東北向拜謝。丁巳❺❻，大軍入成都。崇韜禁軍士侵掠，市不改肆❺❼。自出師至克蜀，凡七十日。得節度十❺❽，州六十四❺❾，縣二百四十九，兵三萬，鎧仗、錢糧、金銀、繒錦共以千萬計。

【章　旨】以上為第一段，寫蜀國滅亡。王宗弼乘危自稱代理西川兵馬留後，劫掠宮中錢物，殺戮平素怨恨的人。

【注　釋】❶丙申　十一月初七日。❷七里亭　地名，離成都七里，因以為名。❸回鶻隊　回鶻，回紇，維吾兒古稱。取「回旋輕捷如鶻」之意，善歌舞。此回鶻隊是指仿效回鶻人列隊翩翩起舞，牽引入宮。❹丁酉　十一月初八日。❺文明殿　梁改洛陽宮貞觀殿為文明殿，蜀亦有文明殿，蓋倣唐宮之制。❻泣下霑襟　眼淚流下來浸溼了衣襟。❼戊戌　十一月初九日。❽桔柏　地名，在今四川昭化縣之嘉陵、白水二江合流處。❾甲辰　十一月十五日。❿武信　方鎮名，唐光化二年（西元八九九年）置，治所遂州，在今四川遂寧。⓫遂合渝瀘昌五州　武信軍所屬五州。遂州治所方義，在今四川遂寧。合州治所石境，在今重慶市合川區。渝州治所巴縣，在今重慶市。瀘州治所江陽，在今四川瀘州。昌州治所大足，在今重慶市大足。⓬太玄門　成都羅城（外郭城牆）北門。⓭嚴兵自衛　整肅部隊來保衛自己。⓮勞　勞軍。⓯乙巳　十一月十六日。⓰璽綬　印信。⓱義興門　蜀宮城城門。⓲邀取　索取；搬取。⓳杖劍　持劍。⓴丙午　十一月十七日。㉑燔　焚燒。㉒鹿頭關　關名，在四川德陽北，以鹿頭山為名。破鹿頭關，成都無險可守。㉓近關　即指鹿頭關。㉔折　挫折。㉕旬浹　十天。㉖丁未　十一月十八日。㉗撫諭　撫慰曉諭。㉘乘城　登城。㉙樓櫓　古時軍中用以偵察、防禦或攻城的高臺。㉚己酉　十一月二十日。

㉛李昊　（西元八九二—九六四年）字穹佐，前後仕蜀五十年，後蜀後主時，位兼將相。前蜀降唐，昊草降表，後蜀降宋，亦昊草降表。蜀人暗中在他門上寫道：「世修降表李家。」編有《樞機應用集》二十卷、《高祖實錄》二十卷，後主續成《實錄》八十卷。傳見《十國春秋》卷五十二。㉜歐陽彬　（？—西元九五〇年）字齊美，衡州衡山（今湖南衡山縣）人。傳見《十國春秋》卷五十三。㉝歸命　歸順；投降。㉞熒惑　迷惑；炫惑。㉟皆　都。㊱函首　用木匣裝著首級。㊲佞諛　用花言巧語阿諛奉承。㊳梟　梟首示眾。㊴金馬坊門　地名，在成都城中。㊵惶恐　驚慌害怕。㊶辛亥　十一月二十二日。㊷德陽　縣名，在今四川德陽。㊸西第　西宮。因已奉降表，不敢稱西宮。㊹軍城　指成都府。㊺西川　方鎮名，唐肅宗至德二載（西元七五七年）更劍南節度使號西川節度使，治所成都。前蜀仍以成都為西川節度。㊻奚　何。㊼甲寅　十一月二十五日。㊽乙卯　十一月二十六日。㊾丙辰　十一月二十七日。㊿升遷橋　地名，在成都北五里。(51)縈首　纏繞在頭上。(52)衰絰　喪服。古人喪服上衣當心處綴有長六寸、廣四寸的麻布叫衰，衰亦指喪服之上衣。纏在腰間的麻繩叫絰。(53)徒跣　赤腳。(54)輿櫬　棺材。空棺叫櫬。(55)承制　稟承詔旨。(56)丁巳　十一月二十八日。(57)肆　商店。(58)節度十　武德、武信、永平、武泰、鎮江、山南、武定、天雄、武興、昭武。(59)州六十四　據《新五代史》為益、漢、彭、蜀、綿、眉、嘉、劍、梓、遂、果、閬、普、陵、資、榮、簡、邛、黎、雅、維、茂、文、龍、黔、施、夔、忠、萬、歸、峽、興、利、開、通、涪、渝、瀘、合、昌、巴、蓬、集、壁、渠、戎、梁、洋、金、秦、鳳、階、成五十三州。

【校　記】①太玄門　原作「大玄門」。據章鈺校，十二行本作「火玄門」，孔天胤本作「天玄門」。「大」、「火」、「天」皆誤。據宋張唐英《蜀檮杌》，王建稱帝，改成都諸城門，「北門依舊太玄門」，《新五代史》亦作「太玄門」，知「大玄門」當作「太玄門」，即成都北門，今從改。②王宗弼　原無「王」字。據章鈺校，十二行本、乙十一行本皆有「王」字，今據補。

【語　譯】莊宗光聖神閔孝皇帝下

同光三年（乙酉　西元九二五年）

十一月初七日丙申，蜀主回到成都，朝廷百官和後宮妃嬪到七里亭迎接。蜀主進入妃嬪群中，仿效回紇人隊形翩翩起舞進入宮中。初八日丁酉，蜀主出來在文明殿會見群臣，哭得淚水沾溼了衣襟。君臣你看我，我看你，最終誰也沒能說出一句話來拯救國家危難。

十一月初九日戊戌，李紹琛到達利州，修建桔柏浮橋。蜀國的昭武節度使林思諤先是棄城逃到閬州，之後又派使者向唐軍請求投降。十五日甲辰，魏王李繼岌到達劍州，蜀國的武信節度使兼中書令王宗壽率領所屬遂、合、渝、瀘、昌五個州投降。

王宗弼到達成都，登上太玄門，整肅軍隊自衛。蜀主和太后親自前去慰勞他，王宗弼傲慢，不再施行做人臣的禮節。十一月十六日乙巳，王宗弼劫持了蜀主、太后和後宮的諸位王子，把他們遷到西宮，沒收了他們的璽印。又派親信官吏到義興門搬取內庫的金銀、絲帛，全部搬回到自己的家裡去。他的兒子王承涓手持利劍入宮，帶走幾個蜀主寵愛的姬妾回到家中。十七日丙午，王宗弼自稱代理西川兵馬留後。

李紹琛進軍到達綿州，那裡的倉庫和民房已被蜀兵焚燒。綿江浮橋也被破壞，江水很深，沒有船隻可以渡河。李紹琛對李嚴說：「我們孤軍深入，速戰速決才最有利。現在乘蜀兵嚇破膽的時候，只要有百餘名騎兵攻過鹿頭關，他們就會忙不迭地迎上前來投降。如果我們在這裡等待修繕橋樑，那必然要停留好幾天，如果讓王衍堅守住了鹿頭關，就會使我軍的攻勢遭受挫折。倘若再拖延十天，那勝負就難以預料了。」於是與李嚴騎馬渡江。隨從士卒得以渡過江的僅有千人，渡河中淹死的也有一千多人，他們乘勢攻進了鹿頭關。十一月十八日丁未，又進軍佔據漢州。在那裡住了三天，後面的大軍才趕到。

王宗弼派使者帶著錢幣、馬牛、酒肉前來慰勞唐軍，並且把蜀主寫的信交給李嚴，說：「您來了我就投降。」有人對李嚴說：「您最先提出伐蜀的策略，蜀國人對您恨之入骨，您不能去。」李嚴沒有聽勸告，愉快地快馬進入成都，安撫曉諭那裡的官吏和百姓，告訴他們唐朝的大軍接著就到。蜀國的君臣和後宮妃嬪們都失聲痛哭。蜀主領著李嚴去見太后，把自己的母親、妻子託付給他。王宗弼仍然登城進行守備，李嚴命令他把所有的防守設施全部撤去。

十一月二十日己酉，魏王李繼岌到達綿州。蜀主命令翰林學士李昊起草投降表文，又命令中書侍郎、同平章事王鍇起草投降書，派兵部侍郎歐陽彬拿著去迎接李繼岌和郭崇韜。

王宗弼聲稱蜀國君臣早就想歸順唐朝了，只是因為內樞密使宋光嗣、景潤澄，宣徽使李周輅、歐陽晃等迷惑了蜀主。於是把他們都殺了，把他們的頭顱裝在盒子裡送到李繼岌那裡。又對文思殿大學士、禮部尚書、成都尹韓昭的奸佞諂諛行徑予以懲處，把他在金馬坊門梟首示眾。內外馬步都指揮使兼中書令徐延瓊、果州團練使潘在迎、嘉州刺史顧在珣以及一些皇親國戚們都惶恐不安，他們把家中所有的金帛、伎妾都拿出來賄賂王宗弼，這才得以免除一死。凡是平素讓王宗弼感到不痛快的人，王宗弼都把他們殺了。

十一月二十二日辛亥，李繼岌到達德陽。王宗弼派使者送去書信，說已經把蜀主遷到了西邊的住宅，自己正在安撫全城，以等待王師的到來。又派他的兒子王承班帶著蜀主的後宮妃嬪和珍貴玩物來賄賂李繼岌和郭崇韜，請求能任命他為西川節度使。李繼岌說：「這些都是我家的東西，怎麼能算是獻給我呢！」於是留下送來的東西，而把來人打發了回去。

李紹琛在漢州停留了八天，等待都統李繼岌的到來。十一月二十五日甲寅，李繼岌到達漢州，王宗弼前來迎接謁見。二十六日乙卯，李繼岌到達成都。二十七日丙辰，李嚴帶著蜀主和百官儀衛出城在升遷橋投降。蜀主身穿白衣、口銜玉璧、牽著羊，把草繩纏繞在頭上，百官也都穿著喪服，光著腳板，用車子拉著棺材，號啕大哭，等候發落。李繼岌接受了蜀主的玉璧，郭崇韜解下了他的草繩，燒掉棺材，稟承皇帝的旨意赦免了他們的罪行。蜀國君臣都向著東北方拜謝皇恩。二十八日丁巳，唐朝的大軍進入成都。郭崇韜嚴禁軍中士卒侵擾搶掠，所以市面上商鋪照常營業。唐軍從出師到攻下蜀國，總共七十天。獲取了十個節度，六十四個州，二百四十九個縣，士卒三萬人，還有鎧甲兵仗、錢財糧草、金銀、繒錦絲帛等總共數以千萬計。

高季興聞蜀亡，方食，失匕箸❶，曰：「是老夫之過也！」梁震曰：「不足憂也。唐主得蜀益驕，亡無日矣，安❷[1]知其不為吾福！」○楚王殷聞蜀亡，上表稱：「臣已營衡麓之間為菟裘之地❸，願上印綬以保餘齡❹。」上優詔慰諭❺之。

平蜀之功，李紹琛為多，位在董璋上。而璋素與郭崇韜善，崇韜數召璋與議軍事。紹琛心不平，謂璋曰：「吾有平蜀之功，公等樸樕❻相從，反呫囁❼於郭公之門，謀相傾害。吾為都將❽，獨❾不能以軍法斬公❿邪！」璋訴于崇韜。十二月，崇韜表璋為東川⓫節度使，解其軍職⓬。紹琛愈怒，曰：「吾冒白刃⓭，陵險阻，定兩川，璋乃坐有之邪！」乃見崇韜言：「東川重地，任尚書⓮有文武才，宜表為帥。」崇韜怒曰：「紹琛反邪，何敢違吾節度⓯！」紹琛懼而退。

初，帝遣宦者李從襲等從魏王繼岌伐蜀。繼岌雖為都統，軍中制置補署⓰一出郭崇韜。崇韜終日決事，將吏賓客趨走盈庭⓱。而都統府惟大將晨謁⓲外，牙門索然⓳，從襲等固恥之⓴。及破蜀，蜀之貴臣大將爭以寶貨、妓樂遺崇韜及其子廷誨，魏王所得，不過匹馬、束帛、唾壺㉑、麈柄㉒而已，從襲等益㉓不平。王宗弼之自為西川留後也，賂崇韜求為節度使，崇韜陽許㉔之。既而久未得，乃帥蜀人列狀㉕見繼岌，請留崇韜鎮蜀。從襲等因謂繼岌曰：「郭公父子專橫，今又使蜀人請己為帥，其志難測㉖，王不可不為之備。」繼岌謂崇韜曰：「主上倚侍中如山嶽，不可離廟堂㉗，豈肯棄元老於蠻夷之域㉘乎！且此非余之所敢知也，請諸人詣闕自陳㉙。」由是繼岌與崇韜互相疑貳[2]。

會宋光葆㉚自梓州來，訴王宗弼誣殺宋光嗣等。又，崇韜徵㉛犒軍錢數萬緡於宗弼，宗弼斬㉜之。士卒怨怒，夜，縱火諠譟。崇韜欲誅宗弼以自明㉝，己巳㉞，白繼岌收㉟宗弼及王宗勳、王宗渥㊱，皆數㊲其不忠之罪，族誅之，籍沒其家。蜀人爭食宗弼之肉。

辛未㊳，閩忠懿王審知卒，子延翰自稱威武留後。汀州民陳本㊴聚眾三萬圍汀州，延翰遣右軍都監柳邕等將兵二萬討之。

【章旨】以上為第二段，寫郭崇韜專斷軍權，與李繼岌相互猜疑，王宗弼被滅族。

【注釋】❶失匕箸　湯匙、筷子從手中脫落。❷安　怎麼。❸臣已營衡麓之間為菟裘之地　我已在衡山腳下建造退休養老的地方。衡麓，衡山山麓。菟裘，源出《左傳》隱公十一年「使營菟裘，吾將老焉。」後指告老、退隱之處為菟裘。❹以保餘齡　用來保全多餘的年齡。❺優詔慰諭　用表彰嘉勉的詔書慰問曉諭。❻樸樕　小木，比喻凡庸之材。❼呫囁　竊竊私語。❽都將　因李紹琛為行營馬步軍都指揮使，故稱都將。❾獨　其；豈。❿斬公　斬董璋。⓫東川　方鎮名，唐肅宗至德二載（西元七五七年）分置劍南、東川節度，治所梓州，在今四川三臺。⓬解其軍職　解除董璋軍職，脫離李紹琛管轄，使李不能對董璋軍法從事。⓭白刃　寒光閃閃的刀劍。⓮任尚書　指任圜，時任工部尚書。⓯節度　調度；處置。⓰制置補署　調度軍隊，任命官員。⓱盈庭　滿門。⓲晨謁　每天早晨大將至都統府謁見，行請安之禮。⓳索然　冷冷清清。⓴固恥之　本來已經感到羞恥。㉑唾壺　痰壺。㉒麈柄　拂麈。用麈的尾巴製成的拂麈。㉓益　更加。㉔陽許　表面假裝允許。陽，通「佯」。㉕列狀　書寫報告。㉖其志難測　他的內心難以估計。指可能謀反。㉗廟堂　朝廷。㉘蠻夷之域　指西川。㉙詣闕自陳　到朝廷去自己陳述理由，請皇帝裁決。㉚宋光葆　蜀宋光嗣的堂弟，字季正，從光嗣為宦官，官至前蜀東川節度使。傳見《十國春秋》卷四十六。㉛徵　徵調。㉜靳　吝惜。㉝自明　自己表白。㉞己巳　十二月初十日。㉟收　逮捕。㊱王宗渥　（？—西元九二五年）本姓鄭，王建義子。傳見《十國春秋》卷三十九。㊲數　列舉罪狀。㊳辛未　十二月十二日。㊴陳本　（？—西元九二六年）福建汀州人。西元九二五年聚眾三萬攻汀州，閩王延翰派柳邕等率軍二萬圍剿，西元九二六年正月，陳本兵敗被殺。傳附《十國春秋》卷九十一〈嗣王世家〉。

【校 記】①安 原作「安不」字。據章鈺校，十二行本、乙十一行本皆無「不」字，張敦仁《通鑑刊本識誤》同，今據刪。②貳 原無此字。張敦仁《通鑑刊本識誤》有此字，當是，今據補。

【語 譯】高季興聽到蜀國滅亡，當時他正在吃飯，竟連湯匙和筷子都從手中脫落下來，說：「這是老夫我的過錯啊！」梁震說：「這不值得擔心。唐主得到蜀國以後會更加驕傲，他自己的滅亡也不會太久了，怎麼知道這就不是我們的福氣呢！」○楚王馬殷聽到蜀國滅亡，就上表表示：「臣已經在衡山山麓準備好了告老退隱的地方，希望交上印綬以保全餘生。」唐莊宗頒下一道嘉勉的詔書安慰曉諭他。

平定蜀國的功勞，李紹琛最多，他的地位也在董璋之上。但是董璋平素和郭崇韜很要好，郭崇韜多次把董璋召來商議軍事。李紹琛對此心中不平，對董璋說：「我有平定蜀國的功勞，你們那些人平庸淺陋，跟著我才成事，卻整天在郭公門下竊竊私語，琢磨著想要陷害我。我身為都將，難道不能用軍法殺了你嗎！」董璋把這些話告訴了郭崇韜。十二月，郭崇韜上表給唐莊宗任命董璋為東川節度使，並且解除了他的軍職。李紹琛得知後更加惱怒，說：「我親冒白刃，跨越險阻，平定東、西兩川，而董璋竟然坐享其成嗎！」於是去面見郭崇韜說：「東川是個重要的地方，任圜尚書兼有文武之才，應該上表任命他為軍帥。」郭崇韜發怒說：「李紹琛你要造反嗎？你怎麼敢不聽我的指揮！」李紹琛因懼怕而退了下去。

當初，唐莊宗派宦官李從襲等人跟隨魏王李繼岌征伐蜀國。李繼岌雖然擔任都統，但軍中的謀劃調度和人事安排完全出自郭崇韜。郭崇韜整天處理公務，將領、官吏、賓客們紛紛奔走於他的門下，人滿為患。而都統李繼岌的衙署除了大將們早晨前來拜見請安外，平時衙門內冷冷清清，李從襲等人對此本來就感到羞恥。到了攻取蜀國之後，蜀國的貴臣、大將都爭相把寶貨、伎樂贈送給郭崇韜和他的兒子郭廷誨，而魏王李繼岌所得到的，不過是一些馬匹、束帛、痰壺、拂塵而已，李從襲等人心裡更加不平。

王宗弼自命為西川留後之後，就賄賂郭崇韜請求任命他為節度使，郭崇韜表面上假裝答應。之後過了很久他還是沒有得到任命，於是他率領一些蜀人書寫報告求見李繼岌，請求把郭崇韜留下來鎮守蜀地。李從襲等人乘機對李繼岌說：「郭公父子處事專橫，現在又派蜀人來請求讓他自己當統帥，他的心思難以預測，大王您不可不作防備。」李繼岌對郭崇韜說：「皇上倚仗侍中您，如同倚仗山嶽一樣，您不可遠離朝廷，皇上又怎麼肯把元老重臣棄置在蠻荒之地呢！況且這事也不是我敢做主的，還是請那些人到朝廷上自己去陳說吧。」從此李繼岌和郭崇韜之間就相互有了猜疑。

正好這時宋光葆從梓州到來，控告王宗弼濫殺宋光嗣等人。又趕上郭崇韜向王宗弼徵調數萬緡勞軍錢，而王宗弼不肯拿出來。士卒們埋怨憤怒，在夜裡放起火來喧譁吵鬧。郭崇韜想要殺掉王宗弼以表白自己，十二月初十日己巳，郭崇韜告訴李繼岌收捕了王宗弼、王宗勳、王宗渥，列舉他們不忠的罪狀，然後誅滅全族，抄沒了他們的家產。王宗弼被殺之後，蜀國人爭著要吃他的肉。

十二月十二日辛未，閩國忠懿王王審知去世，他的兒子王延翰自稱威武留後。汀州百姓陳本聚集了三萬名部眾圍攻汀州，王延翰派右軍都監柳邕等人率兵二萬討伐陳本。

癸酉❶，王承休、王宗汭❷至成都。魏王繼岌詰之曰：「居大鎮，擁彊兵，何以不拒戰？」對曰：「畏大王神武。」曰：「然則何以[1]不降？」對曰：「王師不入境。」曰：「所俱❸入羌者幾人？」對曰：「萬二千人。」曰：「今歸者幾人？」對曰：「二千人。」曰：「可以償萬人之死矣。」皆斬之，并其子。

丙子❹，以知北都❺留守事孟知祥為西川節度使、同平章事，促召赴洛陽❻。

帝議選北都留守，樞密承旨❼段徊等惡鄴都留守張憲，不欲其在朝廷，皆曰：「北都非張憲不可。憲雖有宰相器，今國家新得中原，宰相在天子目前，事有得失，可以改更。比之北都獨繫一方安危⑧，不為重也。」乃徙憲為太原尹，知北都留守事。以戶部尚書⑨王正言為興唐尹，知鄴都留守事。正言昏耄⑩，帝以武德使⑪史彥瓊⑫為鄴都監軍。彥瓊，本伶人也，有寵於帝。魏、博等六州軍旅金穀之政⑬，皆決於彥瓊，威福自恣⑭，陵忽⑮將佐，自正言以下皆諂事⑯之。

初，帝得魏州銀槍效節都近八千人，以為親軍，皆勇悍無敵。夾河之戰，實賴其用⑰，屢立殊功⑱，常許以滅梁之日大加賞賚。既而河南⑲平，雖賞賚非一⑳，而士卒恃功，驕恣無厭㉑，更成怨望㉒。是歲大饑，民多流亡，租賦不充，道路塗潦㉓，漕輦艱澀。東都倉廩空竭，無以給軍士，租庸使孔謙日於上東門㉔外望諸州漕運，至者隨以給之。軍士乏食，有雇妻鬻子者，老弱採蔬於野，百十為羣，往往餓死，流言怨嗟㉕。而帝遊畋不息㉖。己卯㉗，獵於白沙，皇后、皇子、後宮畢從㉘。庚辰㉙，宿伊闕。辛巳㉚，宿潭泊。壬午㉛，宿龕澗㉜。癸未㉝，還宮。時大雪，吏卒有僵仆㉞於道路者。伊、汝㉟間饑尤甚，衛兵所過，責其供餉。不得，則壞其什器㊱，撤其室廬以為薪㊲，甚於寇盜。縣吏皆竄匿山谷㊳。

有白龍見㊴於漢宮，漢主改元白龍㊵，更名曰龔。○長和驃信㊶鄭旻㊷遣其布燮鄭昭淳求昏于漢，漢主以女增城公主㊸妻之。長和即唐之南詔也。
成德節度使李嗣源入朝。

【章旨】以上為第三段，寫是年中原大饑，人民流離，軍無糧餉，唐莊宗遊獵無度，視軍民如草芥。

【注釋】❶癸酉　十二月十四日。❷王宗汭　（？—西元九二五年）王建義子。傳見《十國春秋》卷三十九。❸俱　一起。❹丙子　十二月十七日。❺北都　後唐以太原為北都。❻召赴洛陽　先召之赴洛陽，面君後再至四川成都上任。❼樞密承旨　官名，掌傳達皇帝命令，管理樞密院內部事務。❽獨繫一方安危　單獨維繫著一個地方的平安和危殆。❾戶部尚書　官名，掌全國土地、戶籍、賦稅、財政收支等事務。❿昏耄　年邁昏憒。耄，七十歲稱耄。⓫武德使　宮官名，掌宮中灑掃等日常雜務。後唐明宗時曾天旱，下雪後，明宗坐庭院中，詔令武德司宮中勿掃雪，於此可以窺知武德使職掌。⓬史彥瓊　本伶人，專魏、博六州之政。傳見《新五代史》卷三十七。⓭金穀之政　錢糧事務。⓮威福自恣　自己肆意作威作福。⓯陵忽　欺陵輕慢。⓰諂事　奉承。⓱實賴其用　確實依賴他們發揮作用。⓲殊功　大功。⓳河南　指後梁。⓴非一　不只一次。㉑無厭　沒完沒了。㉒更成怨望　意謂反而對唐莊宗心懷不滿，產生怨望之心。㉓塗潦　地面積水。㉔上東門　洛陽東面左邊城門。㉕怨嗟　怨恨、歎息。㉖遊畋不息　遊玩狩獵無有止息。㉗己卯　十二月二十日。㉘畢從　全體跟從。㉙庚辰　十二月二十一日。㉚辛巳　十二月二十二日。㉛壬午　十二月二十三日。㉜龕澗　與上文之白沙、伊闕、潭泊，皆洛陽遠郊行宮之所。㉝癸未　十二月二十四日。㉞僵仆　凍死。㉟伊汝　河南伊闕、汝州。㊱什器　用具。㊲撤其室廬以為薪　拆掉房屋當柴燒。㊳竄匿山谷　逃到山谷裡躲藏起來。㊴見　通「現」。㊵白龍　南漢劉龑（即劉龔）第二個年號。㊶長和驃信　長和，即唐代南詔國，都太和城，在今雲南大理南。唐末南詔改名大禮，五代時改名長和，國君號驃信，總理大臣稱布燮。㊷鄭旻　人名，長和國君。㊸增城公主　南漢國主劉龑之姪女。鄭旻派鄭昭淳求婚於南漢事，見《新五代史》卷六十五〈南漢世家〉。鄭昭淳為鄭旻同母弟，任長和國布燮。

【校記】①何以　據章鈺校，十二行本、乙十一行本皆無「以」字。

【語譯】十二月十四日癸酉，王承休、王宗汭到了成都。魏王李繼岌責問他們說：「你們駐守大鎮，擁有強兵，為什麼不抵抗？」他們回答說：「畏懼大王神武。」李繼岌問：「那又為什麼不投降呢？」回答說：「大王的軍隊還沒有進入我們的轄境。」問：「和你們一道進入羌地的有多少人？」回答說：「一萬二千人。」李繼岌又問：「如今回來的有多少人？」回答說：「二千人。」李繼岌說：「你們可以為那一萬人的死償命了。」於是把兩人都殺了，同時被殺的還有他們的兒子。

十二月十七日丙子，任命知北都留守事孟知祥為西川節度使、同平章事，並催促他應召先到洛陽。唐莊宗與臣下商議另選一位北都留守，樞密承旨段徊等人討厭鄴都留守張憲，不想讓他留在朝廷，於是都說：「北都留守非張憲不可。張憲雖然有做宰相的才能，但如今國家剛剛取得中原，而宰相就在天子眼前，事情如果有什麼處理得不妥當的，還可以更改。與北都單獨維繫一方的安危比起來，就顯得沒那麼重要了。」於是調張憲出任太原尹，主持北都留守事務。任命戶部尚書王正言為興唐尹，主持鄴都留守事務。王正言年老糊塗，唐莊宗又任命武德使史彥瓊為鄴都監軍。史彥瓊本來是個伶人，深受皇帝寵愛。魏、博等六州的軍隊錢糧事務，都歸史彥瓊掌管，他肆意作威作福，欺陵輕慢將佐，除王正言外，官吏們都巴結奉承他。

當初，唐莊宗得到魏州的銀槍效節都將近有八千人，把他們當做自己的親信部隊，這些人勇敢強悍，所向無敵。在黃河兩岸與梁軍的戰鬥中，確實有賴於他們所發揮的作用，他們屢建奇功，唐莊宗經常向他們許願說，等到滅了梁朝的那一天，要對他們大加賞賜。不久梁朝被平定了，雖然對他們不止一次地加以賞賜，但這些士卒自恃有功，驕橫放縱，貪得無厭，反而對唐莊宗心懷不滿。這一年發生嚴重饑荒，很多老百姓都流亡在外，租稅徵收不足，加上道路泥濘積水，水陸運輸都很艱難。東都的糧庫也空了，沒有什麼可以拿來供應軍士的。租庸使孔謙每天都到洛陽城的上東門外，眼巴巴地望著各州從水路運來的糧食，只要一運到就隨即供應軍士們。軍士們由於缺乏食物，有的人把妻子典押給別人，有的人賣兒子，年老體弱者就去野外挖野菜充飢，幾十上百人一群，往往有餓死的，人們怨聲載道。而唐莊宗卻照樣在外不停地遊玩打獵。十二月二十日己卯，唐莊宗在白沙打獵，皇后、皇子和後宮的妃嬪們全都跟著。二十一日庚辰，住在伊闕。二十二日辛巳，住在潭泊。二十三日壬午，住在龕澗。二十四日癸未，回到宮中。當時天降大雪，隨行的官吏、士卒中有人凍死在路上。伊闕、汝州一帶饑荒尤其嚴重，唐莊宗的衛兵在所經過的地方，都要責成當地供應糧食。如果得不到，就砸毀主人的日常用具，把房子拆掉當柴燒，比強盜還厲害。縣裡的官吏們都逃到山谷裡躲了起來。

有一條白龍出現在漢國宮中，漢主改年號為白龍，自己的名字改稱龔。○長和的驃信鄭旻派他的布燮鄭昭淳來向漢國求婚，漢主把女兒增城公主嫁給他為妻。長和就是過去唐朝時的南詔。

成德節度使李嗣源入京朝見。

閏月己丑朔❶，孟知祥至洛陽，帝寵待甚厚。

帝以軍儲不足，謀於羣臣，豆盧革以下皆莫知為計❷。吏部尚書李琪上疏，以為古者量入以為出，計農而發兵❸，故雖有水旱之災而無匱乏之憂。近代稅農❹以養兵，未有農富給而兵不足，農捐瘠❺而兵豐飽者也。今縱未能蠲省❻租稅，苟除折納❼、紐配❽之法，農亦可以小休矣。帝即敕有司如琪所言，然竟不能行。丁酉❾，詔蜀朝所署官四品以上降授有差❿，五品以下才地無取者悉縱歸田里⓫。其先降及有功者，委崇韜隨事獎任。又賜王衍詔，略曰：「固當裂土而封，必不薄人於險⓬。三辰⓭在上，一言不欺。」

庚子⓮，彰武、保大⓯節度使兼中書令高萬興卒，以其子保大留後允韜⓰為彰武留後。

帝以軍儲不充，欲如汴州，諫官上言：「不如節儉以足用，自古無就食⑰天子。今楊氏⑱未滅，不宜示以虛實。」乃止。○辛亥⑲，立皇弟存美為邕王，存霸為永王，存禮為薛王，存渥為申王，存乂為睦王，存確為通王，存紀⑳為雅王。

郭崇韜素疾宦官，嘗密謂魏王繼岌曰：「大王它日㉑得天下，騬馬㉒亦不可乘，況任宦官！宜盡去之，專用士人。」呂知柔㉓竊聽，聞之，由是宦官皆切齒㉔。

【章旨】以上為第四段，寫唐莊宗議減田租，只流於公文而未實行，安置蜀降人。

【注釋】❶己丑朔　閏十二月初一日。❷莫知為計　不知道用什麼辦法。❸計農而發兵　計算農業收成來決定發兵之事。❹稅農　徵收農民賦稅。❺捐瘠　死亡瘦病。❻蠲省　免除。❼折納　不徵農民所產之物而折價徵收錢財或官方所需之物。折納使農民多遭受一層盤剝。❽紐配　即科配、科斂、科索。對賦稅正項外的加派。❾丁酉　閏十二月初九日。❿降授有差　對蜀四品以上官，按不同情況降職安排。⓫縱歸田里　對蜀五品以下的官全部罷免，放回故鄉當平民。⓬薄人於險　把人逼到危險的境地。⓭三辰　指日、月、星。為明誓的話。⓮庚子　閏十二月十二日。⓯彰武保大　皆方鎮名，彰武治延州，保大治鄜州。梁貞明四年高萬興兼鎮鄜延，封延安郡王，徙封北平王。傳見《新五代史》卷四十。⓰允韜　傳附《新五代史》卷四十〈高萬興傳〉。⓱就食　尋找食物就地食用。⓲楊氏　指吳國。⓳辛亥　閏十二月二十三日。⓴存紀　李克用子，唐莊宗李存勗弟。傳見《新五代史》卷十四。㉑它日　有一天；一旦。㉒騬馬　騸馬；閹割的馬。這裡指宦官。㉓呂知柔　宦官，時為都統牙通謁。㉔切齒　恨得咬牙切齒。

【語譯】閏十二月初一日己丑，孟知祥到達洛陽，唐莊宗給他很厚重的恩遇。

唐莊宗因為軍糧儲備不足，召集群臣商議，豆盧革以下的大臣們都不知道有什麼好的辦法。吏部尚書李琪上疏，認為古時候根據收入的情況來決定支出，計算農業收成來決定發兵之事，所以即便有水旱災害，也不會出現糧食匱乏的憂慮。近代以來都是靠向農民徵稅來供養軍隊，從來都沒有農民富足而兵用不足，農民餓死而軍隊卻能豐衣足食的情況。如今即使不能減免租稅，如果能把折納、科配這些做法先行免除，農民也可以稍微休養生息了。唐莊宗當即命令主管部門就按照李琪所講的去辦，然而最終還是沒能推行。

閏十二月初九日丁酉，唐莊宗下詔，把原蜀國所任命的四品以上的官員按不同情況降職安排，五品以下的，如果才幹和門第都沒有什麼可取的，一律讓他們回家鄉當平民。那些率先投誠的和有功勞的，委託郭崇韜根據具體情況加以獎勵或任用。又賜給王衍詔書，大意是說：「一定會割出一塊土地來分封給你，絕對不會把你逼到危險的境地。日、月、星三辰在上，我一句話也不會欺騙你。」

閏十二月十二日庚子，彰武、保大節度使兼中書令高萬興去世，任命他的兒子保大留後高允韜為彰武留後。

唐莊宗因為洛陽的軍糧儲備不足，準備前往汴州，諫官上奏說：「不如靠節儉來滿足需要，自古以來就沒有去找糧食吃的天子，如今楊氏還沒有被消滅，不應該讓他們看出虛實來。」唐莊宗這才作罷。○閏十二月二十三日辛亥，冊立皇弟李存美為邕王，李存霸為永王，李存禮為薛王，李存渥為申王，李存乂為睦王，李存確為通王，李存紀為雅王。

郭崇韜素來痛恨宦官，曾經私下裡對魏王李繼岌說：「大王有一天取得天下，騸了的馬也不能騎，何況任用宦官！應該把他們全部趕走，專門任用士人。」呂知柔在外面偷聽，聽到了這些話，從此宦官們對郭崇韜恨得咬牙切齒。

時成都雖下，而蜀中盜賊羣起，布滿山林。崇韜恐大軍既去，更為後患，命任圜、張筠分道招討，以是淹留❶未還。帝遣宦者向延嗣促之，崇韜不出郊迎❷，及見，禮節又倨❸，延嗣怒。李從襲謂延嗣曰：「魏王，太子也。主上萬福，而郭公專權如是。郭廷誨擁徒❹出入，日與軍中驍將、蜀土豪傑狎飲❺，指天畫地。近聞白其父請表己為蜀帥，又言『蜀地富饒，大人宜善自為謀❻。』今諸軍將校皆郭氏之黨，王❼寄身於虎狼之口，一朝有變，吾屬不知委骨何地❽矣。」因相向垂涕。延嗣歸，具以語劉后。后泣訴於帝，請早救繼岌之死。

前此，帝聞蜀人請崇韜為帥，已不平。至是聞延嗣之言，不能無疑。帝閱蜀府庫之籍❾，曰：「人言蜀中珍貨無筭，何如是之微❿也？」延嗣曰：「臣聞蜀破，其珍貨⓫皆入於崇韜父子。崇韜有金萬兩，銀四十萬兩，錢百萬緡，名馬千匹，它物稱是⓬。廷誨所取，復在其外。故縣官⓭所得不多耳。」帝遂怒形於色⓮。及孟知祥將行，帝語之曰：「聞郭崇韜有異志⓯，卿到，為朕誅之。」知祥曰：「崇韜，國之勳舊⓰，不宜有此。俟臣至蜀察之，苟無它志⓱，則遣還。」帝許之。

壬子⓲，知祥發洛陽。帝尋復遣衣甲庫使⓳馬彥珪馳詣成都觀⓴崇韜去就㉑，如奉詔班師㉒則已，若有遷延跋扈㉓之狀，則與繼岌圖之。彥珪見皇后，說之曰：「臣見向延嗣言蜀中事勢憂在朝夕㉔，今主上[1]當斷不斷㉕。夫成敗之機，間不容髮㉖，安能緩急稟命於三千里外乎！」皇后復言於帝，帝曰：「傳聞之言，未知虛實，豈可遽爾㉗果決！」皇后不得請，退，自為教㉘與繼岌，令殺崇韜。知祥行至石壕㉙，彥珪夜叩門宣詔，促知祥赴鎮㉚。知祥竊歎曰：「亂將作㉛矣！」乃晝夜兼行。

初，楚王殷既得湖南，不征商旅㉜，由是四方商旅輻湊㉝。湖南地多鉛鐵，殷用軍都判官㉞高郁㉟策，鑄鉛鐵為錢。商旅出境，無所用之，皆易它貨而去。故能以境內所餘之物易天下百貨，國以富饒㊱。湖南民不事桑蠶，郁命民輸稅者皆以帛㊲代錢。未幾，民間機杼㊳大盛。

吳越王鏐遣使者沈瑫致書，以受玉冊、封吳越國王告於吳。吳人以其國名與己同，不受書，遣瑫還。仍戒㊴境上無得通吳越使者及商旅。

【章　旨】以上為第五段，寫郭崇韜遭同僚、宦官妒忌，又為劉皇后所短，唐莊宗起了殺心。楚王馬殷用輕重之法使國富饒。

【注　釋】❶淹留　逗留；滯留。❷郊迎　到郊外迎接。❸倨　傲慢。❹擁徒　帶著隨從人員。❺狎飲　親熱地喝酒。❻善自為謀　很好地為自己打算。❼王　指魏王李繼岌。❽委骨何地　將骨頭丟在什麼地方。❾籍　籍沒清冊。❿微　少。⓫珍貨　珍寶；財富。⓬它物稱是　其他財物也與此相當。⓭縣官　天子；皇帝。⓮怒形於色　憤怒之情表現在臉上。⓯異志　反叛之心。⓰勳舊　有大功的老臣。⓱苟無它志　如果沒有謀反的思想。⓲壬子　閏十二月二十四日。⓳衣甲庫使　宮內諸司之一，掌衣甲。⑳觀　察看。㉑去就　動向。㉒班師　回軍。㉓遷延跋扈　故意延宕，不奉詔令，專橫暴戾。㉔憂在朝夕　早晚之間就會有可憂慮的事情發生。㉕當斷不斷　遇事猶疑不決，不能當機立斷。古語云：「當斷不斷，反受其亂。」或云出自黃石公《三略》。㉖間不容髮　形容形勢緊迫。㉗遽爾　立即。㉘教　皇后的命令。㉙石壕　石壕村，在今河南陝縣。㉚赴鎮　到成都去。㉛作　興起；發生。㉜不征商旅　不向商人收稅。㉝商旅輻湊　商人或貨物聚集在一起。湊，通「輳」。㉞軍都判官　官名，主謀議，位在行軍司馬之上。㉟高郁　（?—西元九二九年）揚州人，明敏多算，為馬殷謀士。傳見《十國春秋》卷七十二。㊱富饒　富足。㊲帛　絲織品。㊳機杼　指織絲織綢。㊴戒　警戒。

【校　記】①主上　原無「主」字。據章鈺校，十二行本、乙十一行本皆有「主」字，今據補。

【語　譯】當時成都雖已攻下，但蜀中盜賊群起，布滿山林。郭崇韜擔心大軍撤離之後，這些盜賊再成後患，就命令任圜、張筠分路前去討伐招撫他們，因此滯留了下來沒有班師回朝。唐莊宗派宦官向延嗣前去催促起程，郭崇韜沒有出城到郊外迎接，到了與向延嗣見面的時候，禮節上又顯得很傲慢，向延嗣非常生氣。李從襲對向延嗣說：「魏王是太子，皇上還健在，而郭公竟然如此獨攬大權。郭廷誨帶著隨從出入，天天與軍中的驍將、蜀地的豪傑們在一起親昵飲酒，指天劃地，胡吹亂說。最近聽說他對他父親說請求向皇帝上表任命他為蜀帥，又對他父親說『蜀國這個地方很富饒，大人應該好好地為自己打算一番。』如今各軍的將校都是郭氏的黨羽，魏王正寄身於虎狼之口，一旦有變，我們這些人不知道會把自己的骨頭丟在什麼地方了！」說完，兩個人就面對面哭了起來。向延嗣回到朝廷以後，把這些事情全都報告給了劉皇后。皇后又向唐莊宗哭訴，請求及早援救李繼岌，使他免於一死。

在此之前，唐莊宗聽說蜀人請求委任郭崇韜為蜀地的統帥，心中就已不滿。現在又聽了向延嗣的這一番話，不能不起疑心。唐莊宗查閱蜀國府庫的清冊，說：「人們都說蜀中的珍寶財貨不計其數，為什麼這上面登錄的卻是這麼少呢？」向延嗣說：「臣聽說蜀國被攻破之後，那裡的珍寶財貨都落到了郭崇韜父子的手中。郭崇韜就有黃金一萬兩，白銀四十萬兩，錢幣百萬緡，名貴的馬上千匹，其他東西的價值也與此相當。郭廷誨所攫取的還在這些數目之外。所以皇上得到的就不多了。」唐莊宗聽後，臉上顯出了憤怒的神色。到了孟知祥要到成都赴任的時候，唐莊宗對他說：「聽說郭崇韜有叛離之心，你到了那裡之後，替朕把他殺了。」孟知祥說：「郭崇韜是國家有功勳的老臣，不會出現這種情況。等臣到蜀地後仔細觀察，如果他沒有別的心思，就送他回來。」唐莊宗同意了他的做法。

閏十二月二十四日壬子，孟知祥從洛陽出發。唐莊宗不久又派衣甲庫使馬彥珪快速趕往成都觀察郭崇韜的動向，如果他能遵奉詔令班師回朝就算了，如果有拖延或專橫跋扈的狀況，就與李繼岌一道設法對付他。馬彥珪又去見劉皇后，勸她說：「臣見向延嗣說蜀中的情勢早晚之間就會有可憂慮的事發生，如今皇上當斷不斷。事情的成敗已到了極其緊迫的時候，怎麼能夠在事情危急之時在三千里之外再來請示呢！」皇后又把這些告訴了唐莊宗，唐莊宗說：「這些都是輾轉聽到的話，不辨真假，怎麼可以立即果斷決定呢！」皇后的目的未能達到，退下來之後，她就自己給李繼岌寫了個教令，命令他殺掉郭崇韜。孟知祥走到石壕，馬彥珪在夜間敲開他的門宣讀了皇帝詔書，催促他趕快赴任。孟知祥私下歎息說：「禍亂就要發生了！」於是日夜兼程，趕赴成都。

當初，楚王馬殷取得湖南以後，不向商販徵稅，從此四面八方的商販都聚集到湖南來。湖南當地盛產鉛、鐵，馬殷採納軍都判官高郁所提出的辦法，用鉛和鐵鑄成錢。商販們一離開楚境，這種錢幣沒有地方可以使用，於是他們都用這些錢再買其他的貨物帶走。所以楚國就能夠用國內多餘的物品交易到天下的百貨，國家因此而富裕起來。湖南的百姓原來都不種桑養蠶，高郁就下令百姓在交稅的時候都要用絹帛來代替錢。不久，民間的纖絲織絹就大為興盛起來。

吳越王錢鏐派使者沈瑫給吳國送來一封國書，把接受玉冊、被封為吳越國王的事情告知吳國。吳國人因他的國名與自己國家的名字有部分相同，不接受國書，並讓沈瑫回去。仍舊在邊境警戒，不許吳越國的使者和商販通行。

明宗❶聖德和武欽孝皇帝上之上

天成❷元年（丙戌　西元九二六年）

春，正月庚申❸，魏王繼岌遣李繼曮、李嚴部送❹王衍及其宗族百官數千人詣洛陽。

河中節度使、尚書令李繼麟❺自恃與帝故舊且有功，帝待之厚，苦諸伶宦求匄無厭❻，遂拒不與。大軍之征蜀也，繼麟閱兵❼，遣其子令德將之以從❽。景進與宦官譖❾之曰：「繼麟聞大軍起，以為討己，故驚懼，閱兵自衛。」又曰：「崇韜所以敢倔彊❿於蜀者，與河中陰謀⓫內外相應故也。」繼麟聞之懼，欲身入朝以自明⓬。其所親止之，繼麟曰：「郭侍中⓭功高於我。今事勢將危，吾得見主上，面陳至誠⓮，則讒人⓯獲罪矣。」癸亥⓰，繼麟入朝。

魏王繼岌將發⓱成都，令任圜權知留事，以俟孟知祥。諸軍部署已定，是日，馬彥珪至，以皇后教示繼岌。繼岌曰：「大軍垂發⓲，彼無釁端⓳，安可為此負心⓴事！公輩勿復言。且主上無敕，獨以皇后教殺招討使，可乎？」李從襲等泣曰：「既有此迹，萬一崇韜聞之，中塗㉑為變，益不可救矣。」相與巧陳利害，繼岌不得已從之。甲子㉒旦，從襲以繼岌之命召崇韜計事，繼岌登樓避之。崇韜方升階㉓，繼岌從者李環撾碎其首㉔，并殺其子廷誨、廷信。外人猶未之知。都統推官饒陽㉕[1]李崧㉖謂繼岌曰：「今行軍三千里外，初無敕旨，擅殺大將，大王柰何行此危事㉗！獨不能忍之至洛陽邪？」繼岌曰：「公言是也，悔之無及。」崧乃召書吏數人，登樓去梯，矯為敕書㉘，用蠟印㉙宣之，軍中粗定。崇韜左右皆竄匿㉚，獨掌書記滏陽張礪㉛詣魏王府慟哭久之。繼岌命任圜代崇韜總軍政。

【章　旨】以上為第六段，寫李繼岌矯詔殺郭崇韜。

【注　釋】❶明宗　（西元八六七—九三三年）應州（今山西應縣）人，小名邈佶烈，李克用養子，賜名李嗣源，即位後改名亶。在滅梁戰鬥中，功勞卓著，為蕃漢總管、鎮州節度使。西元九二六年即帝位，西元九二六—九三三年在位。《舊五代史》卷三十五至卷四十四〈明宗紀〉詳載其事。❷天成　明宗第一個年號。是年四月方改元。❸庚申　正月初三日。❹部送　押送。❺李繼麟　即朱友謙。❻求匄無厭　索要財物沒完沒了；貪求無厭。❼閱兵　檢閱士兵。❽將之以從　帶領河中兵隨從征蜀。❾譖　誣陷；背後說壞話。❿倔彊　強硬。⓫陰謀　暗中謀劃。⓬自明　自己表明心跡。⓭郭侍中　指郭崇韜。⓮面陳至誠　當面陳述極端忠誠之心。⓯讒人　挑撥離間、搬弄是非的人。⓰癸亥　正月初六日。⓱發　出發。⓲垂發　即將出發。⓳釁端　謀反的苗頭、跡象。⓴負心　違背良心。㉑中塗　半路上。㉒甲子　正月初七日。㉓升階　登上臺階。㉔撾碎其首　打碎了郭崇韜的頭。撾，擊；打。㉕饒陽　今河北饒陽。㉖李崧　（？—西元九四七年）官至後晉樞密使，被擄入契丹，返回後漢任太子太傅，被蘇逢吉誣殺。傳見《舊五代史》卷一百八、《遼史》卷七十六。㉗危事　危險的事。㉘矯為敕書　假造皇帝敕書。㉙蠟印　用蠟摹刻中書省印，蓋在敕書上作副署。㉚竄匿　逃跑躲藏。㉛張礪　（？—西元九四七年）字夢臣，磁州滏陽（今河北磁縣）人，幼嗜學，有文藻，官至後晉吏部尚書。傳見《舊五代史》卷九十八。

【校　記】[1]饒陽　原作「滏陽」。據章鈺校，十二行本、乙十一行本皆作「饒陽」，張敦仁《通鑑刊本識誤》同，今據改。

【語 譯】明宗聖德和武欽孝皇帝上之上

天成元年（丙戌 西元九二六年）

春，正月初三日庚申，魏王李繼岌派李繼曮、李嚴帶領人馬押送王衍及其宗族、百官數千人前往洛陽。河中節度使、尚書令李繼麟仗著自己與唐莊宗是老相識並且建有功勞，唐莊宗待他很好，他苦於那些伶人、宦官貪求無厭，最後乾脆就拒絕不給他們。唐朝大軍征伐蜀國的時候，李繼麟也檢閱軍隊，準備派他的兒子李令德率軍隨同出征。伶人景進與宦官們就誣陷他說：「李繼麟聽說朝廷出動大軍，以為是來討伐他的，所以感到驚恐，於是檢閱軍隊準備頑抗。」又說：「郭崇韜之所以敢在蜀中態度強硬，就是因為與河中節度使暗中密謀內外相互呼應的緣故。」李繼麟聽到這些話後心生恐懼，準備親自到朝廷上去表明自己的心跡。親信們都阻止他，李繼麟說：「郭崇韜侍中的功勞比我高。如今情勢危急，我如果能見到皇上，當面表明我對他的極端忠誠，那麼誣陷我的人就會受到懲罰。」正月初六日癸亥，李繼麟入京朝見。

魏王李繼岌即將從成都出發，他命令任圜暫時代理留守事務，等待孟知祥的到來。各路軍隊的安排都已確定了，就在這一天，馬彥珪到了，他把皇后的教令拿給李繼岌看。李繼岌說：「大軍即將出發，郭崇韜他也沒有什麼異常的跡象，我怎麼能夠做這種違背良心的事呢！你們不要再說了。況且皇上也沒有詔書，只憑皇后的教令就殺了招討使，這怎麼行呢？」李從襲等人哭著勸他說：「已經有了這麼一回事，萬一郭崇韜知道了，半路上發生變故，那就更加不可收拾了。」於是這幫人一起花言巧語陳說利害，李繼岌不得已只好聽從了他們的意見。正月初七日甲子早晨，李從襲以李繼岌的命令召郭崇韜前來議事，而李繼岌卻上樓迴避。郭崇韜剛登上臺階，李繼岌的侍從李環就乘機擊碎了他的腦袋，還一起殺了他的兒子郭廷誨、郭廷信。外面的人還不知道這件事。都統推官饒陽人李崧對李繼岌說：「如今在三千里之外行軍，原本就沒有皇帝的詔書，而擅自殺了大將，大王怎麼能做出這等危險的事情！難道就不能忍一忍到洛陽再說嗎？」李繼岌說：「你說得對，我後悔也來不及了。」李崧於是召集了幾個書吏，讓他們上樓，然後抽去梯子，在樓上偽造詔書，又用蠟摹刻了個印章蓋上，然後再向外面宣布，這樣軍中才大致安定了下來。郭崇韜身邊的人都逃跑躲藏了起來，只有掌書記滏陽人張礪前往魏王府去為郭崇韜痛哭了很久。李繼岌任命任圜代替郭崇韜總管軍政事務。

魏王通謁李廷安獻蜀樂工二百餘人，有嚴旭者，王衍用為蓬州刺史。帝問曰：「汝何以得刺史？」對曰：「以歌。」帝使歌而善之，許復故任❶。戊辰❷，孟知祥至成都。時新殺郭崇韜，人情未安，知祥慰撫吏民，犒賜將卒，去留帖然❸。○閩人破陳本，斬之。○契丹主擊女真❹及勃海，恐唐乘虛襲之。戊寅❺，遣梅老鞋里❻來修好。

馬彥珪還洛陽，乃下詔暴❼郭崇韜之罪，并殺其子廷說、廷讓、廷議。於是朝野駭惋❽，羣議紛然，帝使宦官[1]潛察之。保大節度使睦王存乂，崇韜之壻也。宦官欲盡去崇韜之黨，言存乂對諸將攘臂❾垂泣，為崇韜稱冤，言辭怨望。庚辰❿，幽存乂於第，尋⓫殺之。

景進言：「河中人有告變⓬，言李繼麟與郭崇韜謀反。崇韜死，又與存乂連謀。」宦官因共勸帝速除之，帝乃徙繼麟為義成節度使。是夜，遣蕃漢馬步使朱守殷以兵圍其第，驅繼麟出徽安門⓭外殺之，復其姓名曰朱友謙。友謙二子，令德為武信節度使，令錫為忠武節度使。詔魏王繼岌誅令德於遂州，鄭州刺史王思同[14]誅令錫於許州，河陽節度使李紹奇誅其家人[15]於河中。紹奇至其家，友謙妻張氏帥[16]家人二百餘口見紹奇曰：「朱氏宗族當死，願無濫及平人[17]。」乃別[18]其婢僕百人，以其族百口就刑。張氏又取鐵券以示紹奇曰：「此皇帝去年所賜也，我婦人，不識書，不知其何等語也。」紹奇亦為之慚。友謙舊將史武等七人，時為刺史，皆坐[19]族誅。

時洛中諸軍飢窘[20]，妄為謠言。伶官采[21]之以聞於帝，故郭崇韜、朱友謙[2]皆及於禍。成德節度使兼中書令李嗣源亦為謠言所屬[22]，帝遣朱守殷察[23]之。守殷私謂嗣源曰：「令公勳業振[24]主，宜自圖歸藩[25]以遠禍。」嗣源曰：「吾心不負天地。禍福之來，無所可避，皆委之於命耳。」時伶官用事，勳舊人不自保。嗣源危殆者數四[26]，賴宣徽使李紹宏左右營護[27]，以是得全。

魏王繼岌留馬步都指揮使陳留李仁罕[28]、馬軍都指揮使東光潘仁嗣[29]、左廂都指揮使趙廷隱[30]、右廂都指揮使浚儀張業、牙內指揮使文水武漳、驍銳指揮使平恩李延厚[31]戍成都。甲申[32]，繼岌發成都，命李紹琛帥萬二千人為後軍，行止常差[33]中軍一舍[34]。

【章 旨】以上為第七段，寫唐莊宗族滅郭崇韜，禍及朱友謙，亦滿門被誅。

【注 釋】❶故任 指原官蓬州刺史。❷戊辰 正月十一日。❸帖然 安然；平靜。❹女真 我國古代居住在東北的少數民族。一名女直。初名肅慎，東漢時稱挹婁，元魏時稱勿吉，隋唐稱靺鞨，五代時始號女真，其完顏部阿骨打建立金政權（西元一一一五—一二三四年）。曾於西元一一二六年滅亡北宋，西元一二三四年為蒙古所滅。❺戊寅 正月二十一日。❻梅老鞋里 人名，契丹出使後唐的使者。❼暴 暴露；公布。❽朝野駭惋 全國驚駭和惋惜。❾攘臂 捋袖伸臂，發怒的樣子。❿庚辰 正月二十三日。⓫尋 不久。⓬告變 報告謀反。⓭徽安門 洛陽北面二門，東為延喜門，西為徽安門。⓮王思同 （西元八九二—九三四年）幽州（今北京市）人，性疏俊，粗有文，自稱薊門戰客。官至西京留守。傳見《舊五代史》卷六十五、《新五代史》卷三十三。⓯家人 指朱友謙家裡的人。⓰帥 率領。⓱濫及平人 濫殺涉及一般人。平人，此指非朱氏家族的僕、婢等。⓲別 區分；區別。⓳坐 連坐。⓴飢窘 因飢餓而困窘。㉑采 這裡指搜集各種謠言。㉒屬 牽連。㉓察 偵察。㉔振 通「震」。震驚。㉕歸藩 指交出兵權，回所封之地。㉖數四 多次。㉗營護 營救、保護。㉘李仁罕 （？—西元九三四年）字德美，陳留（今河南開封東南）人，佐孟知祥定蜀有功，官至衛聖諸軍馬步軍指揮使，居功自恣，為孟昶所殺。傳見《十國春秋》卷五十一。㉙潘仁嗣 河北東光縣人，官至後蜀武定軍節度使。傳見《十國春秋》卷五十一。㉚趙廷隱 與下文之張業、武漳，均見《十國春秋》卷五十一。㉛李延厚 官至後蜀果州刺史。事附《十國春秋》卷四十九〈後蜀二・本紀〉。㉜甲申 正月二十七日。㉝差 距離。㉞一舍 三十里。大軍一日之程。

【校 記】①宦官 原作「宦者」。據章鈺校，十二行本、乙十一行本皆作「宦官」，今據改。下同。②郭崇韜朱友謙 原作「朱友謙郭崇韜」。據章鈺校，十二行本、乙十一行本二人姓名皆互乙，今據改。

【語 譯】魏王的通謁官李廷安獻上蜀國的樂工二百多人，其中有個名叫嚴旭的人，王衍曾經任命他為蓬州刺史，唐莊宗問他說：「你憑什麼得到刺史這一職位的？」他回答說：「憑唱歌。」唐莊宗就讓他唱歌，覺得還真不錯，就答應恢復他過去的官職。

正月十一日戊辰，孟知祥到達成都。當時因為剛殺了郭崇韜，人們的情緒還沒有安定下來，孟知祥慰問安撫官民，犒勞獎勵將士，所以班師的或留守的人都能平靜無事。〇閩人打敗陳本，並斬殺了他。〇契丹主進攻女真和勃海國，擔心唐乘虛偷襲。二十一日戊寅，派使者梅老鞋里前來交好。

馬彥珪回到洛陽，唐莊宗下詔公布郭崇韜的罪狀，並且殺了他另外幾個兒子郭廷說、郭廷讓、郭廷議。於是朝野人士都驚駭惋惜，議論紛紛，唐莊宗派宦官暗中觀察。保大節度使睦王李存乂，是郭崇韜的女婿。宦官們想把郭崇韜的黨羽全部清除掉，就向唐莊宗報告，說李存乂對著將領們捋袖揮臂，聲淚俱下，為郭崇韜喊冤，言辭中流露出怨恨之情。正月二十三日庚辰，唐莊宗下令把李存乂幽禁在家中，不久就把他殺了。

景進報告說：「河中地區有人來報告那裡發生變亂，說李繼麟和郭崇韜謀反。郭崇韜死了之後，他又和李存乂勾結密謀。」宦官們乘機一起勸唐莊宗盡快把李繼麟除掉，唐莊宗於是把李繼麟改任為義成節度使。這天夜裡，派遣蕃漢馬步使朱守殷率兵包圍李繼麟的住所，把李繼麟趕出徽安門外殺了，恢復他原來的姓名朱友謙。朱友謙有兩個兒子，朱令德擔任武信節度使，朱令錫擔任忠武節度使。唐莊宗下詔讓魏王李繼岌在遂州殺掉朱令德，讓鄭州刺史王思同在許州殺掉朱令錫，讓河陽節度使李紹奇在河中把朱友謙的家裡人殺掉。李紹奇來到朱友謙的家中，朱友謙的妻子張氏帶領二百多口家裡人出來見李紹奇，對他說：「朱氏的宗族該有一死，希望不要濫殺其他平民。」於是把家中的婢女、奴僕挑出來一百人，而帶著她家裡的百名族人就刑。張氏又拿出皇帝頒賜的可享受豁免的鐵券給李紹奇看，說道：「這是去年皇帝賞賜給我們家的，我一個婦道人家，不認得字，不知這上面寫的是什麼話。」李紹奇也為之感到慚愧。朱友謙的舊將史武等七人，當時都擔任刺史，也都被連坐而誅殺全族。

當時洛中地區各支軍隊因飢餓而處境困窘，於是亂造謠言。伶官們把這些謠言搜集起來報告唐莊宗，所以郭崇韜、朱友謙都由此遭禍。成德節度使兼中書令李嗣源也被謠言所牽連，唐莊宗派朱守殷前去偵察。朱守殷私下裡對李嗣源說：「令公您功高震主，應該考慮回到所封的地方去，以遠離災禍。」李嗣源說：「我的良心對得起天地。禍福真要來的話，我也無處可避，一切都聽從命運的安排而已。」當時是伶人、宦官掌權，功臣和舊將人人都無法自保。李嗣源也多次處境十分危險，多虧宣徽使李紹宏的周旋保護，因此得以保全。

魏王李繼岌留下馬步都指揮使陳留人李仁罕、馬軍都指揮使東光人潘仁嗣、左廂都指揮使趙廷隱、右廂都指揮使浚儀人張業、牙內指揮使文水人武漳、驍銳指揮使平恩人李延厚戍守成都。正月二十七日甲申，李繼岌從成都出發，命令李紹琛率領一萬二千人為後軍，行軍和營宿經常與中軍保持三十里的距離。

二月己丑朔❶，以宣徽南院使李紹宏為樞密使。

魏博指揮使楊仁晸將所部兵戍瓦橋❷，踰年代歸❸，至貝州。以鄴都空虛，恐兵至為變，敕留屯貝州。時天下莫知郭崇韜之罪，民間訛言❹云：「崇韜殺繼岌，自王於蜀，故族其家。」朱友謙子建徽為澶州刺史，帝密敕鄴都監軍史彥瓊殺之。門者❺白留守王正言曰：「史武德❻夜半馳馬出城，不言何往❼。」又[1]訛言云：「皇后以繼岌之死歸咎於帝❽，已弒帝矣，故急召彥瓊計事❾。」人情愈駭❿。

楊仁晸部兵皇甫暉⓫與其徒夜博⓬不勝，因人情不安，遂作亂。劫⓭仁晸曰：「主上所以有天下者[2]，吾魏軍力也。魏軍甲不去體、馬不解鞍者十餘年，今天下已定，天子不念舊勞，更加猜忌。遠戍踰年，方喜代歸，去家咫尺⓮，不使相見。今聞皇后弒逆，京師已亂，將士願與公俱歸，仍表聞朝廷。若天子萬福⓯，興兵致討，以吾魏博兵力足以拒之，安知不更為富貴之資⓰乎！」仁晸不從，暉殺之。又劫小校，不從，又殺之。效節指揮使⑰趙在禮⑱聞亂，衣不及帶，踰垣而走。暉追及，曳其足而下之，示以二首⑲，在禮懼而從之。亂兵遂奉以為帥，焚掠貝州。暉，魏州人。在禮，涿州人也。詰旦，暉等擁在禮南趣臨清、永濟、館陶，所過剽掠⑳。

壬辰㉑晚，有自貝州來告軍亂將犯鄴都者。都巡檢使㉒孫鐸等亟詣史彥瓊，請授甲乘城為備。彥瓊疑鐸等有異志，曰：「告者云今日賊至臨清，計程須六日晚方至㉓，為備未晚。」孫鐸曰：「賊既作亂，必乘吾未備，晝夜倍道，安肯計程而行！請僕射㉔帥眾乘城，鐸募勁兵千人伏於王莽河逆擊之。賊既勢挫，必當離散，然後可撲滅[3]也。必俟其至城下，萬一有姦人㉕為內應，則事危矣。」彥瓊曰：「但嚴兵守城，何必逆戰㉖！」是夜，賊前鋒攻北門，弓弩亂發。時彥瓊將部兵宿北門樓，聞賊呼聲，即時驚潰㉗。彥瓊單騎奔洛陽。癸巳㉘，賊入鄴都，孫鐸等拒戰不勝，亡去。趙在禮據宮城㉙，署皇甫暉及軍校趙進為馬步都指揮使，縱兵大掠。進，定州人也。

王正言方據案㉚召吏草奏，無至者，正言怒，其家人曰：「賊已入城，殺掠於市，吏皆逃散，公尚誰呼㉛！」正言驚曰：「吾初不知也。」又索馬，不能得，乃帥僚佐步出府門謁在禮，再拜請罪。在禮亦拜，曰：「士卒思歸耳，尚書㉜重德，勿自卑屈㉝！」慰諭㉞遣之。眾推在禮為魏博留後，具奏其狀。北京留守張憲家在鄴都，在禮厚撫之，遣使以書誘憲，憲不發封㉟，斬其使以聞。

甲午㊱，以景進為銀青光祿大夫㊲、檢校㊳右散騎常侍兼御史大夫、上柱國。

○丙申㊴，史彥瓊至洛陽。帝問可為大將者於樞密使李紹宏，紹宏復請用李紹欽，帝許之，令條上方略㊵。紹欽所請偏裨㊶，皆梁舊將，己所善者㊷，帝疑之而止。皇后曰：「此小事，不足煩大將，紹榮㊸可辦也。」帝乃命歸德節度使李紹榮將騎三千詣鄴都[4]招撫㊹，亦徵諸道兵，備其不服。

【章旨】以上為第八段，寫唐莊宗之猜疑逼反魏州戍兵。

【注釋】❶己丑朔　誤。二月戊子朔，己丑，二月初二日。❷瓦橋　瓦橋關，在今河北雄縣。❸代歸　期滿輪換回來。❹訛言　謠言。❺門者　守門人。❻史武德　即史彥瓊。因史彥瓊以武德出為鄴都監軍，故稱之。❼不言何往　不說到什麼地方去。❽帝　指莊宗李存勗。❾計事　商議事情。❿愈駭　愈加驚惶駭怕。⓫皇甫暉　（？—西元九五六年）為亂貝州，劫主將楊仁晸，仁晸不從而殺之，又劫趙在禮而據鄴都。李嗣源受命撫亂，入魏而與趙在禮合謀奪取帝位。皇甫暉以擁戴功詔拜陳州刺史。傳見《新五代史》卷四十九。⓬博　賭博。⓭劫　用武力劫持、要挾。⓮咫尺　比喻距離很近。⓯萬福　多福。此指健在。⓰資　資本。⓱效節指揮使　魏博牙兵指揮官。⓲趙在禮　（西元八八二—九四七年）字幹臣，涿州（今河北涿州）人，後唐莊宗同光四年二月六日，自稱鄴都留後，明宗討之，迎之入城。後官至後晉晉昌軍節度使，封秦國公。傳見《舊五代史》卷九十、《新五代史》卷四十六。⓳二首　楊仁晸和小校之頭。⓴剽掠　搶劫。㉑壬辰　二月初五日。㉒都巡檢使官名，掌統轄禁兵、士兵維持地方治安。㉓計程須六日晚方至　按照里程計算，叛軍須六日晚才能抵達這裡。據《九域志》，臨清南至魏州一百五十里，需三日路程，壬辰晚即二月初四晚至六日晚為三日，孫鐸報告在甲午初五日。按，此處所記之日期與他處有矛盾，疑有誤。㉔僕射　指史彥瓊，因史彥瓊加僕射銜，故稱之。㉕姦人　壞人。㉖逆戰　迎戰。㉗即時驚潰　立即驚懼而潰散。㉘癸巳　二月初六日。㉙宮城　後唐莊宗在魏州即位，以牙城為宮城。㉚據案　伏在桌上。㉛公尚誰呼　您還叫誰。㉜尚書　指王正言。因王正言以戶部尚書出知留守。㉝勿自卑屈　切勿自己卑躬屈節。㉞慰諭　撫慰和勸諭。㉟不發封　不拆閱趙在禮送去的文書。㊱甲午　二月初七日。㊲銀青光祿大夫　文散官階品名，從三品。㊳檢校　唐制，在名義上不授此官而實際上讓其管理政事，相約成俗，成為一個常見的任官方式。㊴丙申　二月初九日。㊵條上方略　上報作戰方案。㊶偏裨　副將。㊷己所善者　自己所要好的。㊸紹榮　即元行欽。㊹招撫　招收安撫。

【校　記】①又　嚴衍《通鑑補》改作「因」。②者　原無此字。據章鈺校，十二行本、乙十一行本皆有此字，今據補。③撲滅　原作「撲討」。張敦仁《通鑑刊本識誤》云：「『討』作『滅』。」賊既離散，則「撲滅」於義較長，今據改。④鄴都　原無「都」字。據章鈺校，十二行本、乙十一行本皆有「都」字，今據補。

【語　譯】二月己丑朔，唐莊宗任命宣徽南院使李紹宏為樞密使。

魏博指揮使楊仁晸率領他部下的士兵戍守瓦橋關，過了一年之後輪換回來，走到貝州。朝廷認為鄴都空虛，擔心他的軍隊到達後發生變亂，所以命令他們留下來屯駐貝州。當時天下都還不知道郭崇韜的罪狀，民間謠傳說：「郭崇韜殺了李繼岌，自己在蜀中稱王，所以才殺了他的全家。」朱友謙的兒子朱建徽當時擔任澶州刺史，唐莊宗祕密下詔命令鄴都監軍史彥瓊把他殺掉。看守城門的人向鄴都留守王正言報告說：「史彥瓊半夜裡騎馬出了城門，也不說到什麼地方去。」又有謠傳說：「皇后把李繼岌的死歸罪於唐莊宗，已經把唐莊宗殺了，所以急著召史彥瓊去商量事情。」人心惶惶，更加感到駭怕。

楊仁晸的部屬皇甫暉夜裡和他那一夥人在一起賭博，輸了錢，於是利用人心不安，乘機發動叛亂。他劫持了楊仁晸，對他說：「皇上所以能擁有天下，靠的是我們魏州兵的力量。我們魏州兵身不解甲、馬不解鞍十多年，如今天下已經平定，天子不體念我們過去的功勞，反而對我們更加猜忌。我們到遠方戍守已有一年多時間，剛因為期滿可以輪換回家而心懷喜悅，誰想到離家不過咫尺，卻不讓我們和家人相見。如今聽說皇后謀殺了皇上，京師已亂，將士們希望和您一起回去，我們仍然向朝廷上表報告。如果天子健在，興兵討伐我們，以我們魏博的兵力是足以抵禦他們的，怎麼知道這不是進一步博取富貴的資本呢！」楊仁晸沒有聽從他，他就把楊仁晸殺了。他又劫持了一個小校官，小校官也不肯聽從他，他又把小校官殺了。效節指揮使趙在禮聽到發生了叛亂，連衣服的帶子都來不及繫上，翻牆逃走。皇甫暉追上了他，拉住他的腳把他從牆上拉了下來，把楊仁晸和那個小校官的首級拿給他看，趙在禮感到害怕，只好依從了他。亂兵們於是尊奉趙在禮為主帥，在貝州燒殺搶劫。皇甫暉，是魏州人。趙在禮，是涿州人。第二天一早，皇甫暉等人簇擁著趙在禮向南直奔臨清、永濟、館陶等地，所過之處都大肆搶劫。

二月初五日壬辰夜晚，有人從貝州跑來報告那裡的軍隊發生了叛亂，即將進犯鄴都。都巡檢使孫鐸等人急忙跑去見史彥瓊，請求他發給武器以登城防備。史彥瓊懷疑孫鐸等人有異心，說：「來報告的人說今天亂賊到了臨清，按照里程計算要六天後的晚上才到這裡，到時再防備也不晚。」孫鐸說：「亂賊既然反叛，一定會利用我們沒做防備的時候偷襲，他們日夜兼程，怎麼肯按照平日計算的行程趕路呢！請僕射率領大家登城防守，我另行招募一千名精兵埋伏在王莽河畔迎擊他們。亂賊的進攻勢頭遭到挫折後，一定會四處逃散，然後就可以把他們全部消滅。如果一定要等他們來到城下才進行抵抗，萬一有奸人做他們的內應，那麼事情就危險了。」史彥瓊說：「只要部署兵馬守城就可以了，何必要出去迎戰！」當天夜裡，亂賊的前鋒攻打鄴都北門，弓箭亂發。當時史彥瓊正帶著部下兵士睡在北門樓上，聽到亂賊的呼喊聲，立刻就嚇得四處潰散。史彥瓊一人騎馬逃奔洛陽去了。初六日癸巳，亂賊進入鄴都，孫鐸等人奮力抵抗，不能取勝，也只好逃走了。趙在禮佔據了宮城，委任皇甫暉和軍校趙進為馬步都指揮使，放縱士卒大肆搶劫。趙進，是定州人。

王正言正伏案召喚小吏來準備草擬奏章，卻沒有一個小吏進來，王正言十分生氣，他的家人告訴他：「亂賊已經入城，在街市上又殺又搶，官吏們都四處逃散了，您還叫誰呀！」王正言驚訝地說：「我根本不知道這回事。」又要備馬，馬也沒找到，於是帶著他的屬官步行走出府門去謁見趙在禮，向趙在禮再拜請罪，趙在禮也回拜了他，說：「士卒們不過是想回家罷了，尚書您德高望重，切勿自己卑躬屈節！」對他撫慰勸諭了一番之後把他送走了。眾人推舉趙在禮為魏博留後，並把發生的情況詳細地上奏給唐莊宗。北京留守張憲的家在鄴都，趙在禮對他的家人厚加撫慰，派使者送信去引誘張憲，張憲沒有拆信，把來使殺了，然後向唐莊宗報告。

二月初七日甲午，任命景進為銀青光祿大夫、檢校右散騎常侍兼御史大夫、上柱國。○初九日丙申，史彥瓊到達洛陽。唐莊宗向樞密使李紹宏詢問誰可以擔任大將，李紹宏再次請求起用李紹欽，唐莊宗答應了，讓他呈一份詳細的計畫上來。李紹欽所提出的副將人選，都是當年梁朝的舊將，是跟他關係好的人，唐莊宗對此起了疑心，這事也就作罷了。皇后說：「這是小事，不必麻煩大將，李紹榮就可以辦好。」於是唐莊宗命令歸德節度使李紹榮率領三千名騎兵前往鄴都去招撫趙在禮等，同時也徵調了各道兵馬，以防備亂兵不肯歸服。

郭崇韜之死也，李紹琛謂董璋曰：「公復欲呫囁誰門❶乎？」璋懼，謝罪。魏王繼岌軍還至武連❷，遇敕使❸，諭以朱友謙已伏誅，令董璋將兵之遂州誅朱令德。時紹琛將後軍在魏城❹，聞之，以帝不委己殺令德而委璋，大驚。俄而❺璋過紹琛軍，不謁❻。紹琛怒，乘酒謂諸將曰：「國家南取大梁，西定巴、蜀，皆郭公之謀而吾之戰功也。至於去逆效順❼，與國家掎角❽[1]以破梁，則朱公也。今朱、郭皆無罪族滅，歸朝之後，行及❾我矣。冤哉，天乎！柰何！」紹琛所將多河中兵，河中將焦武等號哭於軍門曰：「西平王❿何罪，闔門屠膾⓫！我輩⓬[2]

歸則與史武等同誅，決不復東矣。」是日，魏王繼岌至泥溪⑬。紹琛至劍州，遣人白繼岌云：「河中將士號哭不止，欲為亂。」丁酉⑭，紹琛自劍州擁兵西還，自稱西川節度、三川制置等使。移檄成都，稱奉詔⑮代孟知祥招諭蜀人。三日間，眾至五萬。

戊戌⑯，李繼曮至鳳翔，監軍使柴重厚不以符印⑰與之，促令詣闕⑱。○己亥⑲，魏王繼岌至利州⑳，李紹琛遣人斷桔柏津㉑。繼岌聞之，以任圜為副招討使，將步騎七千，與都指揮使梁漢顒、監軍李延安追討之。○庚子㉒，邢州左右步直兵㉓趙太等四百人據城自稱安國㉔留後。詔東北面招討副使李紹真㉕討之。○辛丑㉖，任圜先令別將何建崇擊劍門關㉗，下之。

【章旨】以上為第九段，寫西征兵李紹琛反於綿州，自稱西川節度、三川制置使。河北趙太反於邢州，自稱安國留後。

【注釋】❶呫囁誰門　到誰的門上去竊竊私語。指董璋又要投靠誰。呫囁，輕語。❷武連　縣名，縣治在今四川劍閣。❸敕使　皇帝的使者。❹魏城　地名，在今四川綿陽東北。❺俄而　不久，指時間短暫。❻不謁　不拜見。❼去逆效順　離開違逆天命者，為順應天命者效勞。指朱友謙以蒲州、同州棄梁歸晉。❽掎角　互相支援。❾行及　即將涉及。❿西平王　指朱友謙。後唐封其為西平王。⓫闔門屠膾　滿門遭斬殺。⓬我輩　我們。⓭泥溪　地名，在四川屏山縣境。⓮丁酉　二月初十日。⓯奉詔　奉皇帝的詔令。⓰戊戌　二月十一日。⓱符印　指鳳翔節度使的符節、印信。⓲詣闕　到朝廷去。⓳己亥　二月十二日。⑳利州　州名，在今四川廣元。㉑桔柏津　渡口名，在今四川昭化東北。㉒庚子　二月十三日。㉓步直兵　步兵長直者。㉔安國　方鎮名，後唐置安國軍於邢州。治所龍岡，在今河北邢臺。㉕李紹真　即霍彥威。㉖辛丑　二月十四日。㉗劍門關　關名，在今四川劍閣東北。

【校　記】1 掎角　原作「犄角」。據章鈺校，十二行本、乙十一行本、孔天胤本皆作「掎角」，今據改。2 我輩　原作「我屬」。據章鈺校，十二行本、乙十一行本、孔天胤本皆作「我輩」，熊羅宿《胡刻資治通鑑校字記》同，今據改。

【語　譯】郭崇韜死了之後，李紹琛對董璋說：「您又想到誰家門上去竊竊私語呀？」董璋害怕了，趕忙賠罪。魏王李繼岌班師走到武連時，遇到了宣詔的使者，告訴他們朱友謙已被誅殺，命令董璋率軍前往遂州誅殺朱令德。當時李紹琛正率領後軍在魏城，聽到這件事後，覺得唐莊宗不委任自己去殺朱令德而委任董璋，十分驚訝。不一會兒，董璋率軍經過李紹琛的後軍，卻沒有前來拜見。李紹琛大為惱怒，他藉著酒勁對眾將說：「國家向南攻取大梁，向西平定巴、蜀，全靠郭公的謀劃和我的戰功。至於離開違逆天命者，為順應天命者效力，和皇上互為掎角之勢而攻破梁朝的，則是朱公。如今朱、郭二公都是無罪而被誅滅全族，我回朝之後，只怕很快就要輪到我了。真是冤啊，天哪！該怎麼辦啊！」李紹琛所統率的大多是原籍為河中軍鎮的士卒，河中將領焦武等人在軍門口放聲大哭，說：「西平王朱友謙有什麼罪過，竟然滿門遭斬殺！我們這些人如果回去就會和史武等人一樣被誅殺，我們決定不再往東走了。」當天，魏王李繼岌到達泥溪。李紹琛到達劍州，派人報告李繼岌說：「河中的將士號哭不止，想要叛亂。」二月初十日丁酉，李紹琛從劍州率領部隊西返，自稱為西川節度、三川制置等使。又移送檄文到成都，聲稱奉皇帝之命替代孟知祥來招撫曉諭蜀中百姓。三天內，招集的民眾就達五萬。

二月十一日戊戌，李繼曮到達鳳翔，監軍使柴重厚沒有把符節、印信交給他，只是催促他趕快到朝廷去。○十二日己亥，魏王李繼岌到達利州，李紹琛派人破壞了桔柏津渡口。李繼岌聽說此事，任命任圜為副招討使，率領步兵、騎兵七千人，與都指揮使梁漢顒、監軍李延安追擊討伐李紹琛。○十三日庚子，邢州左右步直兵趙太等四百人佔據了邢州城，自稱安國留後。唐莊宗下詔命令東北面招討副使李紹真前去討伐。○十四日辛丑，任圜先命令別將何建崇攻打劍門關，把它攻了下來。

李紹榮至鄴都，攻其南門，遣人以敕招諭之。趙在禮以羊酒犒師，拜於城上曰：「將士思家擅歸❶，相公❷誠善為敷奏❸，得免於死，敢不自新❹！」遂以敕徧諭軍士。史彥瓊戟手❺大罵曰：「羣死賊，城破萬段！」皇甫暉謂其眾曰：「觀史武德之言，上不赦我矣。」因聚譟，掠❻敕書，手壞之，守陴❼拒戰。紹榮攻之不利，以狀聞。帝怒曰：「克城之日，勿遺噍類❽！」大發諸軍討之。壬寅❾，紹榮退屯澶州。

甲辰夜❿，從馬直軍士⓫王溫等五人殺軍使，謀作亂，擒斬之。從馬直指揮使郭從謙⓬，本優人也，優名郭門高。帝與梁相拒於得勝，募勇士挑戰，從謙應募，俘斬而還，由是益有寵。帝選諸軍驍勇者為親軍，分置四指揮，號從馬直。從謙自軍使積功至指揮使。郭崇韜方用事，從謙以叔父事之，睦王存乂以從謙為假子。及崇韜、存乂得罪，從謙數以私財饗⓭從馬直諸校，對之流涕，言崇韜之冤。及王溫作亂，帝戲⓮之曰：「汝既負我附崇韜、存乂，又教王溫反，欲何為也？」從謙益懼。既退，陰謂諸校曰：「主上以王溫之故，俟鄴都平定，盡阬⓯

若曹。家之所有宜盡市酒肉⑯，勿為久計也。」由是親軍皆不自安⑰。

乙巳⑱，王衍至長安，有詔止之⑲。○先是，帝諸弟雖領節度使，皆留京師，但食其俸。戊申⑳，始命護國㉑節度使永王存霸赴[1]河中。

丁未㉒，李紹榮以諸道兵再攻鄴都。庚戌㉓，裨將楊重霸帥眾數百登城，後無繼者，重霸等皆死。賊知不赦，堅守無降意。朝廷患之，日發中使㉔促魏王繼岌東還。繼岌以中軍精兵皆從任圜討李紹琛，留利州待之，未得還。

李紹榮討趙在禮久無功，趙太據邢州未下。滄州軍亂，小校王景戡討定之，因自為留後。河朔㉕州縣告亂者相繼。帝欲自征鄴都，宰相、樞密使皆言京師根本，車駕不可輕動。帝曰：「諸將無可使者。」皆曰：「李嗣源最為勳舊。」帝心忌嗣源，曰：「吾惜嗣源，欲留宿衛㉖。」皆曰：「它人無可者。」忠武節度使張全義亦言：「河朔多事，久則患深，宜令總管㉗進討。若倚紹榮輩，未見成功之期。」李紹宏亦屢言之，帝以內外所薦㉘，久乃許之[2]。甲寅㉙，命嗣源將親軍討鄴都。

【章　旨】以上為第十段，寫李紹榮討鄴都久不建功，唐莊宗無奈之下任李嗣源將親軍討鄴都。

【注釋】❶擅歸　擅自回來。❷相公　指李紹榮，因李紹榮以節度使同平章事，故稱相公，即所謂使相。後世凡建節者皆稱相公。❸敷奏　詳加論奏。❹自新　重新做人。❺戟手　指點或怒罵人時徒手屈肘如戟形。❻掠　搶走。❼陴　城牆上的女牆。❽噍類　原指能飲食的動物。特指活著的人。❾壬寅　二月十五日。❿甲辰夜　二月十七日夜。⓫從馬直軍士　馬軍長直者。後唐莊宗親軍。⓬郭從謙　伶人，優名門高。曾拜郭崇韜為叔父，李存乂養子。殺唐莊宗。傳見《新五代史》卷三十七。⓭饗　宴請。⓮戲　嘲弄；開玩笑。⓯阬　通「坑」。坑殺；活埋。⓰市酒肉　買酒肉吃。⓱不自安　自己內心不安。⓲乙巳　二月十八日。⓳有詔止之　有詔書止之，不使至洛陽。⓴戊申　二月二十一日。㉑護國　方鎮名，唐僖宗光啓元年（西元八八五年），賜河中節度號護國軍節度，治所蒲州，在今山西永濟。後唐仍稱護國軍。㉒丁未　二月二十日。㉓庚戌　二月二十三日。㉔日發中使　每天派出中使。中使由宮內宦官擔任，從宮內派出傳達皇帝旨意。㉕河朔　地區名，泛指黃河以北地方。㉖宿衛　禁衛王宮。指留在身邊。㉗總管　指李嗣源。㉘內外所薦　朝內大臣及朝外節鎮都推薦李嗣源。㉙甲寅　二月二十七日。

【校　記】[1]赴　原作「至」。據章鈺校，十二行本、乙十一行本皆作「赴」，今據改。[2]久乃許之　原無此四字。據章鈺校，十二行本、乙十一行本皆有此四字，張敦仁《通鑑刊本識誤》、張瑛《通鑑校勘記》同，今據補。

【語　譯】李紹榮率軍到達鄴都，攻打鄴都南門，又派人用皇帝的敕書招撫曉諭他們。趙在禮送去羊、酒犒勞大軍，自己在城上下拜說：「將士們思念家人擅自回來，李相公如果能好言替我們陳奏，使我們能免於一死，我們怎敢不重新做人！」於是就把皇帝的敕書通告曉諭將士。史彥瓊在城下指手畫腳地大罵說：「你們這一幫該死的亂賊，攻破城後把你們碎屍萬段！」皇甫暉對大家說：「從史武德這番話來看，皇上是不會赦免我們的了。」於是又聚眾鼓噪，搶過敕書，親手把它撕碎，然後守城抗擊。李紹榮攻城不利，就把這些情況報告唐莊宗。唐莊宗得知後大怒說：「城被攻下之日，一個活口也別留下！」又大舉調集各路人馬前去討伐。二月十五日壬寅，李紹榮退軍屯駐澶州。

二月十七日甲辰夜晚，從馬直軍士王溫等五人殺死軍使，陰謀作亂，被抓住斬首。從馬直指揮使郭從謙，原本是個藝人，藝名叫郭門高。當年唐莊宗與梁軍在得勝相持的時候，招募勇士向梁軍挑戰，郭從謙應募，並俘虜和斬殺了敵人回來，從此更加得寵。唐莊宗從各部隊中挑選驍勇善戰的士卒組成親軍，分別設置了四個指揮使，命名為從馬直。郭從謙憑藉不斷累積的戰功從軍使一直升遷到指揮使。當郭崇韜正掌權之時，郭從謙把他當做叔父來侍奉，睦王李存乂也把郭從謙當做義子。到了郭崇韜、李存乂獲罪被殺以後，郭從謙多次用自己的錢財宴請從馬直的各位軍校，對著他們痛哭流涕，訴說郭崇韜的冤情。到了王溫作亂的時候，唐莊宗開玩笑地對他說：「你既然辜負我去投靠郭崇韜、李存乂，又讓王溫謀反，你還想幹什麼呢？」郭從謙聽後更加感到恐懼。從皇帝那兒回來後，他暗地裡對各位軍校說：「皇上因為王溫謀反的緣故，等鄴都平定之後，會把你們全都坑殺。你們家裡所有的錢財最好全都拿出來買酒買肉吃了，不要作什麼長久打算了。」從此，這些親軍士卒們都感到惶恐不安。

二月十八日乙巳，王衍到達長安，唐莊宗下詔書讓他留在那裡。〇此前，唐莊宗的各位兄弟雖然兼領節度使，但都留在京師，只是領取節度使的俸祿而已。二十一日戊申，唐莊宗才命令護國節度使永王李存霸到河中赴任。

二月二十日丁未，李紹榮率領各道兵馬再次攻打鄴都。二十三日庚戌，副將楊重霸率領數百名士卒登上城牆，因為後面沒有跟上的部隊，楊重霸等人全都戰死了。亂兵們深知朝廷不會赦免他們，因此一直堅守，毫無投降之意。朝廷對此十分擔憂，每天都派出宮中的使者前去催促魏王李繼岌東返。李繼岌因為中軍的精銳部隊都跟隨任圜討伐李紹琛去了，只得留在利州等待，一時還難以返回。

李紹榮討伐趙在禮長久未見成效，趙太佔據了邢州，唐軍也沒能把邢州攻下來。滄州的軍隊發生變亂，小校王景戡率兵把他們討伐平定了，接著就自稱留後。河朔地區的州縣接連不斷地有人來報告說發生了變亂。唐莊宗準備親自率軍征伐鄴都，宰相和樞密使都說京師是國家的根本，皇帝車駕不能輕易出動。唐莊宗說：「將領中沒有個可用的。」大家都說：「李嗣源就是一位功勳最突出的舊將。」唐莊宗對李嗣源心懷猜忌，就說：「我愛惜嗣源，想把他留在身邊值宿警衛。」大家都說：「別的人中就再沒有可用的了。」忠武節度使張全義也說：「河朔地區最近多事，拖久了就更讓人擔憂了，應當讓李總管進軍討伐。如果依靠李紹榮這些人，不知道什麼時候才會成功。」李紹宏也多次建議，唐莊宗因為朝廷內外都推薦李嗣源，過了許久終於同意。二月二十七日甲寅，命令李嗣源率領親軍前去討伐鄴都。

延州❶言綏、銀❷軍亂，剽❸州城。

董璋將兵二萬屯綿州，會任圜討李紹琛。帝遣中使崔延琛至成都，遇紹琛軍，紿❹之曰：「吾奉詔召孟郎❺，公若緩兵，自當得蜀。」既至成都，勸孟知祥為戰守備。知祥浚壕樹柵❻，遣馬步都指揮使李仁罕將四萬人，驍銳指揮使李延厚將二千人討紹琛。延厚集其眾詢之曰：「有少壯勇銳，欲立功求富貴者東❼！衰疾畏懦，厭行陳者西❽！」得選兵七百人以❾行。

是日，任圜軍追及紹琛於漢州，紹琛出兵逆戰。招討掌書記❿張礪請伏精兵於後，以羸兵⓫誘之。圜從之，使董璋以東川羸兵先戰而卻。紹琛輕圜書生，又見其兵羸，極力追之。伏兵發，大破之，斬首數千級。自是紹琛入漢州，閉城不出。

三月丁巳朔⓬，李紹真奏克邢州，擒趙太等。庚申⓭，紹真引兵至鄴都，營於城西北，以太等徇⓮於鄴都城下而殺之。〇辛酉⓯，以威武節度副使王延翰為威武[16]節度使。

壬戌[17]，李嗣源至鄴都，營於城西南。甲子[18]，嗣源下令軍中，詰旦[19]攻城。是夜，從馬直軍士張破敗作亂，帥眾大譟[20]，殺都將[21]，焚營舍。詰旦，亂兵逼中軍[22]，嗣源帥親軍拒戰，不能敵，亂兵益熾[23]。嗣源叱而問之曰：「爾曹欲何為？」對曰：「將士從主上十年，百戰以得天下。今主上棄恩任威[24]，貝州戍卒思歸，主上不赦，云『克城之後，當盡阬魏博之軍。』近從馬直數卒諠競[25]，遽欲盡誅其眾。我輩初無叛心，但畏死耳。今眾議欲與城中合勢，擊退諸道之軍，請主上帝河南，令公[26]帝河北，為軍民之主。」嗣源泣諭之[27]，不從。嗣源曰：「爾不用吾言[28]，任爾所為[29]，我自歸京師。」亂兵拔白刃環之[30]，曰：「此輩虎狼也[31]，不識尊卑[32]，令公去欲何之！」因擁嗣源及李紹真等入城。城中不受[33]外兵，皇甫暉逆擊張破敗，斬之，外兵皆潰。趙在禮帥諸校迎拜嗣源，泣謝[34]曰：「將士輩負令公[35]，敢不惟命是聽[36]！」嗣源詭說在禮曰：「凡舉大事，須藉兵力。今外兵流散無所歸，我為公出收之。」在禮乃聽嗣源、紹真俱出城，宿魏縣[37]，散兵稍有至者。

【章　旨】以上為第十一段，寫李嗣源為亂兵挾持，全軍潰散。

【注　釋】❶延州　州名，治所廣武，在今陝西延安東北。❷綏銀　皆州名。綏州，治所綏德，在今陝西綏德。銀州，故治在今陝西米脂西北。❸剽　搶掠。❹紿　欺騙。❺孟郎　指孟知祥。孟知祥妻為李克用弟克讓之女，俗稱婿為郎。❻浚壕樹柵　疏浚城壕，樹立營柵。❼東　向東；站在東面。❽西　向西；站在西面。❾以　而。❿招討掌書記　即郭崇韜招討府掌書記，掌招討府日常公務，參與謀議。⓫羸兵　瘦弱老病之兵。⓬丁巳朔　三月初一日。⓭庚申　三月初四日。⓮徇　示眾。⓯辛酉　三月初五日。⓰威武　方鎮名，唐昭宗乾寧四年（西元八九七年）升福建都團練觀察處置使為威武軍節度使。治所福州，在今福建福州。閔仍之。⓱壬戌　三月初六日。⓲甲子　三月初八日。⓳詰旦　第二天早晨。⓴帥眾大譟　率領從馬直軍士大聲呼叫。㉑都將　都一級的統兵官。㉒中軍　時李嗣源率中軍。㉓益熾　更加猖獗。㉔棄恩任威　拋棄恩德，任用武威。㉕讙競　大聲抗議。指王溫等殺軍使事。㉖令公　稱李嗣源。因李嗣源官中書令，故稱之。㉗泣諭之　哭著開導他們。㉘不用吾言　不聽我的話。㉙任爾所為　聽任你們愛怎麼辦就怎麼辦。㉚拔白刃環之　拔出雪亮的刀包圍他。㉛此輩虎狼也　他們像虎狼一樣兇殘。指後唐莊宗和史彥瓊等。㉜尊卑　高低。㉝不受　不接受。㉞泣謝　流著眼淚表示歉意。㉟將士輩負令公　因李嗣源為蕃漢馬步軍都總管，河北諸鎮兵均歸他統率，魏兵作亂，則辜負了他。㊱惟命是聽　只聽你的命令。㊲魏縣　縣名，在今河北魏縣。

【語　譯】延州方面報告說綏州、銀州的軍隊發生變亂，搶劫州城。

董璋率軍二萬屯駐在綿州，會同任圜的部隊討伐李紹琛。唐莊宗派宮中的使者崔延琛前往成都，遇上了李紹琛的部隊，就欺騙他說：「我奉皇上詔命去徵召孟郎回朝，您如果延緩進軍，自然能夠得到蜀地。」崔延琛到了成都之後，勸孟知祥作好守備以迎戰。孟知祥疏浚城壕，修建營柵，並派馬步都指揮使李仁罕率兵四萬，驍銳指揮使李延厚率兵二千前去討伐李紹琛。李延厚把他的部眾召集起來對他們說：「有年輕力壯、勇敢善戰而又想立功求得富貴的人站在東邊！體衰有病、膽小懦弱或厭倦行軍打仗的人站在西邊！」最後他得到七百名精選出來的士兵出發了。

這一天，任圜的部隊在漢州追上了李紹琛，李紹琛出兵迎戰。招討掌書記張礪建議把精銳部隊埋伏在後面，而在前面部署羸弱士兵來引誘敵人。任圜聽從了他的建議，讓董璋帶著東川的羸弱士兵先去接戰，然後退卻。李紹琛瞧不起任圜這個書生，又看到對方都是些羸弱士兵，就竭力追擊。這時對方伏兵四起，把他打得大敗，斬殺了好幾千人。從此李紹琛進入漢州城，緊閉城門，不肯出戰。

三月初一日丁巳，李紹真上奏說攻克了邢州，活捉趙太等人。初四日庚申，李紹真率軍到達鄴都，在城的西北面紮營，拿趙太等人在鄴都城下示眾後殺掉。○初五日辛酉，任命威武節度副使王延翰為威武節度使。

三月初六日壬戌，李嗣源到達鄴都，在城的西南面紮營。初八日甲子，李嗣源傳令軍中，第二天早晨攻城。這天夜裡，從馬直軍士張破敗作亂，帶領很多人大聲呼叫，殺死都將，焚燒營寨。第二天早晨，作亂的士卒逼近中軍，李嗣源率領親軍抵抗，結果抵擋不住，亂兵的聲勢更大了。李嗣源大聲呵斥並責問他們說：「你們究竟想幹什麼？」亂兵們回答說：「將士們跟隨皇上十年，身經百戰才得到天下。如今皇上背棄恩德，一味立威，貝州的戍守士卒不過是思念歸家，皇上卻不肯赦免他們，還說『攻下城以後，要把魏博的軍隊全都坑殺。』最近從馬直的幾個士卒喧鬧爭吵，馬上又要把他們所在部隊的人全部殺掉。我們這些人原本並無背叛之心，只是害怕被殺而已。如今大家商量想和城裡人聯合起來，擊退各路軍隊，請皇上在河南稱帝，令公您在河北稱帝，當我們這裡軍民的主上。」李嗣源流著淚勸導他們，亂兵不肯聽從。李嗣源說：「你們聽不進我的話，那就聽任你們去做，我自己回京師去。」亂兵們拔出明晃晃的刀劍把他圍了起來，對他說：「這些人都如虎狼般兇殘，不懂得什麼尊卑，令公您離開這裡想到哪裡去呢！」於是就簇擁著李嗣源和李紹真等要進城。城裡的人不讓外面的軍隊進去，皇甫暉率軍迎擊張破敗，把張破敗殺死，城外的軍隊就都潰散了。趙在禮率領眾將校前來迎接拜見李嗣源，流著淚謝罪說：「將士們辜負了令公您，怎敢不惟命是從！」李嗣源騙趙在禮說：「凡是想成就大事，必須借助兵力。現在城外的軍隊流散後無所歸屬，我替你出去把他們收攏起來。」趙在禮於是就讓李嗣源和李紹真一起出城去了，二人住在魏縣，被打散的士卒陸續有回來的。

漢州無城塹❶，樹木為柵。乙丑❷，任圜進攻其柵，縱火焚之。李紹琛引兵出戰於金鴈橋❸，兵敗，與十餘騎奔綿竹❹，追擒之。孟知祥自至漢州犒軍，與任圜、董璋置酒高會❺，引李紹琛檻車❻至座中。知祥自酌大卮❼飲之，謂曰：「公已擁節旄❽，又有平蜀之功，何患不富貴❾，而求入此檻車邪！」紹琛曰：「郭侍中❿佐命⓫功第一，兵不血刃⓬取兩川，一旦無罪族誅。如紹琛輩，安保首領⓭！以此不敢歸朝耳。」魏王繼岌既獲紹琛，乃引兵⓮倍道⓯而東⓰。

孟知祥獲陝虢都指揮使汝陰李肇⓱、河中都指揮使千乘侯弘實⓲，以肇為牙內馬步都指揮使，弘實副之。蜀中羣盜猶未息，知祥擇廉吏⓳使治州縣，蠲除橫賦⓴，安集流散㉑，下寬大之令，與民更始㉒。遣左廂都指揮使趙廷隱、右廂都指揮使張業將兵分討羣盜，悉誅之。

【章旨】以上為第十二段，寫孟知祥平定李紹琛，安定蜀中。

【注釋】❶城塹　城牆和護城河。❷乙丑　三月初九日。❸金鴈橋　橋名，在當時漢州雒縣東雁江之上，俗傳曾有金雁，故名。雒縣在今四川廣漢。❹綿竹　縣名，在今四川綿竹。❺置酒高會　擺酒舉行盛大宴會。❻檻車　囚車。❼大卮　大酒杯。卮，古代一種盛酒器。❽已擁節旄　指擔任節度使。❾何患不富貴　還擔心不富貴嗎。❿郭侍中　指郭崇韜。⓫佐命　輔佐天子。⓬兵不血刃　未經過戰鬥。⓭首領　腦袋。⓮引兵　率領軍隊。⓯倍道　兼程。⓰東　向東進發。⓱李肇　汝陰（今安徽阜陽）人，官至後蜀侍中。傳見《十國春秋》卷五十一。⓲侯弘實　千乘（今山東高青）人，幼而家貧，官至後蜀奉鑾肅衛指揮副使。傳見《十國春秋》卷五十一。⑲廉吏　廉潔的官吏。⑳蠲除橫賦　免去橫徵暴斂的賦稅。㉑安集流散　招集、安置流離失所的人民。㉒與民更始　與老百姓一起除舊布新。

【語譯】漢州城沒有護城河，樹起一些木頭作為防禦用的柵欄。三月初九日乙丑，任圜向柵欄發起進攻，放火焚燒了它。李紹琛率兵在金雁橋出戰，結果戰敗，和十多名騎兵逃往綿竹，被追上活捉了。孟知祥親自到漢州犒賞軍隊，與任圜、董璋設酒舉行盛大宴會，把李紹琛的囚車帶到席間。孟知祥親自斟了一大杯酒給李紹琛喝，對他說：「您已經是擁有節旄的大臣了，又有平定蜀國的功勞，怎麼還擔心不能富貴，偏偏要自找進入這種囚車呢！」李紹琛說：「郭侍中輔佐皇上功勞第一，兵不血刃就攻取了東、西兩川，但突然間卻無罪而被誅殺全族。像我李紹琛這種人，又怎麼能夠保住腦袋！因此我不敢再回歸朝廷了。」魏王李繼岌在抓獲李紹琛之後，就率軍日夜兼程向東進發。

孟知祥得到了陝虢都指揮使汝陰人李肇、河中都指揮使千乘人侯弘實，任命李肇為牙內馬步都指揮使，侯弘實為副使。當時蜀中一夥夥的盜賊還沒有平息，孟知祥就挑選了一些清廉的官吏來治理州縣，免除苛捐雜稅，招集並安置流離四散的百姓，實施寬大的政令，與百姓一起除舊布新。又派左廂都指揮使趙廷隱、右廂都指揮使張業率兵分路討伐盜賊，把他們全都消滅了。

李嗣源之為亂兵所逼也，李紹榮有眾萬人，營於城南。嗣源遣牙將張虔釗❶、高行周等七人相繼召之，欲與共誅亂者。紹榮疑嗣源之詐，留使者，閉壁❷不應。及嗣源入鄴都，遂引兵去。嗣源在魏縣，眾不滿百，又無兵仗❸。李紹真所將鎮兵❹五千，聞嗣源得出，相帥歸之，由是嗣源兵稍振。嗣源泣謂諸將曰：「吾明日當歸藩❺，上章待罪❻，聽主上所裁。」李紹真及中門使安重誨❼曰：「此策非宜。公為元帥，不幸為凶人所劫。李紹榮不戰而退，歸朝必以公藉口❽。公若歸藩，則為據地邀君❾，適足以實讒慝❿之言耳。不若星行⓫詣闕，面見天子，庶可自明。」嗣源曰：「善！」丁卯⓬，自魏縣南趣相州，遇馬坊使⓭康福，得馬數千匹，始能成軍。福，蔚州人也。

平盧節度使符習將本軍攻鄴都，聞李嗣源軍潰，引兵歸。至淄州⓮，監軍使楊希望遣兵逆擊之，習懼，復引兵而西。青州指揮使王公儼攻希望，殺之，因⓯據其城。

時近侍⓰為諸道監軍者，皆恃恩⓱與節度使爭權。及鄴都軍變，所在多殺之。安義⓲監軍楊繼源謀殺節度使孔勍，勍先誘而殺之。武寧監軍以李紹真從李嗣源，謀殺其元從⓳，據城拒之。權知留後淳于晏⓴帥諸將先殺之。晏，登州人也。

戊辰㉑，以軍食不足，敕河南尹豫借夏秋稅㉒，民不聊生。○忠武節度使、尚書令齊王張全義聞李嗣源入鄴都，憂懼不食。辛未㉓，卒於洛陽。

租庸使以倉儲不足，頗朘刻㉔軍糧，軍士流言益甚。宰相懼，帥百官上表言：「今租庸已竭，內庫㉕有餘。諸軍室家不能相保，儻不賑救，懼有離心。俟過凶年，其財復集。」上即欲從之，劉后曰：「吾夫婦君臨萬國㉖，雖藉武功，亦由天命。命既在天，人如我何㉗！」宰相又於便殿㉘論之，后屬耳㉙於屏風後。須臾，出妝具㉚及三銀盆、皇幼子三人於外曰：「人言宮中蓄積多，四方貢獻隨以給賜㉛，所餘止此耳，請鬻以贍軍㉜！」宰相惶懼而退。

李紹榮自鄴都退保衛州，奏李嗣源已叛，與賊合。嗣源遣使上章自理㉝，一日數輩㉞。嗣源長子從審為金槍指揮使㉟，帝謂從審曰：「吾深知爾父忠厚，爾往諭朕意，勿使自疑。」從審至衛州，紹榮囚欲殺之。從審曰：「公等既不亮㊱吾父，吾亦不能㊲至父所，請復還宿衛㊳。」乃釋之。帝憐㊴從審，賜名繼璟，待之如子。是後嗣源所奏，皆為紹榮所遏㊵，不得通，嗣源由是疑懼。石敬瑭曰：「夫事成於果決而敗於猶豫，安有㊶上將與叛卒入賊城，而它日得保無恙㊷乎！大梁㊸，天下之要會㊹也，願假三百騎先往取之。若幸而得之，公宜引大軍亟進，如此始可自全㊺。」突騎都[1]指揮使康義誠㊻曰：「主上無道，軍民怨怒，公從眾則生，守節必[2]死。」嗣源乃令安重誨移檄會兵㊼。義誠，代北胡人也。

【章　旨】以上為第十三段，寫李嗣源被逼上梁山，率部眾反叛，兵進大梁。

【注　釋】❶張虔釗　（？—西元九四七年）遼州（今山西左權）人，仕後唐山南西道節度使，後蜀檢校太師兼中書令。傳見《舊五代史》卷七十四。❷閉壁　關閉壁壘。❸兵仗　武器儀衛。❹鎮兵　鎮州士卒。李嗣源原鎮鎮州，所以鎮州士卒相率隨從。❺歸藩　歸鎮州節度使府。❻待罪　有罪而等待處分。❼安重誨　（？—西元九三一年）後唐明宗親信，官至樞密使。獨攬大權，恃功而驕，為李從璋所殺。傳見《舊五代史》卷六十六、《新五代史》卷二十四。❽藉口　以李嗣源入城附敵為李紹榮退兵的藉口。❾據地邀君　割據土地，要挾君主。邀，通「要」。❿讒慝　此指進讒言的壞人。⓫星行　連夜趕路，披星而行。⓬丁卯　三月十一日。⓭馬坊使　官名，掌馬政，後唐在相州置小馬坊使，即此。唐內諸司有小馬坊使，由宦官擔任，與康福所任馬坊使不同。⓮淄州　州名，治所淄川，在今山東淄博。⓯因　乘勢。⓰近侍　指宦官。⓱恃恩　依恃皇帝的恩寵。⓲安義　方鎮名，即唐昭義節度使。後唐滅梁改為安義軍，治所潞州，在今山西長治。⓳元從　指舊從李紹真的將士。紹真時從李嗣源，監軍欲謀殺其元從之留在徐州的人。⓴淳于晏　以明經登第，為霍彥威謀士。傳見《舊五代史》卷七十一。㉑戊辰　三月十二日。㉒夏秋稅　夏稅和秋稅。唐代行兩稅法後，分夏、秋兩季徵收。㉓辛未　三月十五日。㉔朘刻　減少；剋扣。㉕內庫　藏皇室私財之所。㉖君臨萬國　指登位做皇帝，統治四方。㉗人如我何　別人能把我們怎麼樣呢。㉘便殿　別殿。古時皇帝休憩閒宴的地方，別於正殿而言。㉙屬耳　耳朵貼在。㉚妝具　梳妝用品。㉛給賜　賞賜。㉜贍軍　供養軍隊。㉝上章自理　上奏章自己申明分辯。㉞數輩　好幾批。㉟金槍指揮使　親軍軍官名，莊宗得魏，因魏銀槍效節軍置帳前銀槍都，後又置金槍軍為親軍。㊱亮　亮察；信任；諒解。㊲不能　不想去。㊳宿衛　在皇帝身邊保衛皇帝。㊴憐愛。㊵遏　遏止；阻止。㊶安有　哪有；豈有。㊷無恙　沒有疾病。恙，疾病。這裡指不幸的事。㊸大梁　指梁都開封府。㊹要會　四方輻湊之地；重要的都會。㊺自全　保全自己。㊻康義誠　（？—西元九三四年）字信臣，為李嗣源親信，官至河陽節度使，加同平章事。為李從珂所殺。傳見《舊五代史》卷六十六、《新五代史》卷二十七。㊼移檄會兵　發出檄文，會集軍隊。

【校　記】[1]都　原無此字，據章鈺校，十二行本、乙十一行本皆有此字，今據補。[2]必　原作「則」。據章鈺校，十二行本、乙十一行本皆作「必」，今據改。

【語　譯】李嗣源被亂兵所逼的時候，李紹榮有士卒萬人，駐紮在鄴都城南。李嗣源派牙將張虔釗、高行周等七人相繼前去召他，要和他一道去誅殺亂兵。李紹榮懷疑李嗣源有詐，扣留了來使，緊閉營壘，不肯出兵。

到了李嗣源進入鄴都城後，李紹榮就率兵離開了。李嗣源住在魏縣，召回的士卒不到百人，又沒有武器。李紹真所率領的五千名鎮州士卒，聽說李嗣源從城中出來了，就相繼投奔他來了，從此李嗣源的兵勢才逐漸振作起來。李嗣源流著淚對將領們說：「我明天就會回藩鎮去，上表向皇上請罪，聽候皇上的裁決。」李紹真和中門使安重誨說：「這種做法並不恰當。您身為元帥，不幸被亂兵所劫持。李紹榮不戰而退，回到朝廷後一定會拿您當藉口。您如果回到藩鎮去，那就是佔據地盤要挾國君，那就正好證實那些進讒言的小人的話了。不如連夜趕回朝廷，面見天子，您或許能夠表明自己的心志。」李嗣源說：「對！」三月十一日丁卯，從魏縣往南直奔相州，遇到了馬坊使康福，得到了幾千匹馬，軍隊才開始像個樣子。康福，是蔚州人。

平盧節度使符習率領本部軍隊攻打鄴都，得知李嗣源的軍隊潰散，就把兵帶了回去。到了淄州，監軍使楊希望派兵迎擊他，符習很害怕，又率軍向西。青州指揮使王公儼攻打楊希望，把他殺了，順勢佔據了淄州城。

當時近侍中擔任各道監軍的人，都依仗皇帝的恩寵與節度使爭奪權力。等到鄴都發生兵變，各地大多殺死了監軍。安義監軍楊繼源陰謀殺害節度使孔勍，結果孔勍先把楊繼源誘來殺了。武寧監軍因為李紹真跟著李嗣源，就陰謀殺害他那些留在當地一直跟隨他的將士，然後佔據城池抗拒李紹真。權知留後淳于晏率領眾將先下手把這個監軍殺了。淳于晏，是登州人。

三月十二日戊辰，因為軍糧不足，唐莊宗下令河南尹預借夏、秋的租稅，老百姓由此更加活不下去了。

○忠武節度使、尚書令齊王張全義得知李嗣源被劫進入鄴都，既擔心又害怕，吃不下飯。十五日辛未，在洛陽去世。

租庸使因為倉庫裡的儲糧不多了，就開始剋扣軍糧，軍士中流言越來越多。宰相很害怕，就帶領百官上表說：「如今租庸的收入已經枯竭，而宮內的府庫中還有剩餘。各軍的將士無法養家活口，如果不賑濟救助，恐怕會有叛離之心。等過了荒年，財物還是會再聚集到宮中來的。」唐莊宗當即就要採納這個建議，劉皇后卻說：「我們夫婦君臨萬國，雖說是憑藉了武功，但也是由於天命的安排。命運既然在天，別人能把我們怎麼樣呢！」宰相又在偏殿向唐莊宗論說這件事，皇后把耳朵貼在屏風後面偷聽。不一會兒，她把梳妝用具、三個銀盆和唐莊宗的三個幼子都抱到外面，說：「有人說宮裡的積蓄很多，但是四面八方的貢獻隨時用於賞賜，所剩下的只有這些了，請拿去賣了以供給軍隊！」宰相見狀十分驚慌害怕，趕快退了出來。

李紹榮從鄴都退守衛州，向唐莊宗上奏說李嗣源已經叛變，與亂兵聯合在一起。李嗣源也派使者上表章向唐莊宗自我辯白，一天內派出了好幾批人。李嗣源的長子李從審當時擔任金槍指揮使，唐莊宗對李從審說：「我深知你父親忠厚，你前去轉達朕的意思，不要讓他自己心懷疑慮。」李從審到達衛州，李紹榮把他囚禁起來準備殺掉他。李從審對他說：「你們既然不相信我父親，我也不想到我的父親那裡去了，請讓我再回京城值宿警衛。」於是李紹榮把他放了。唐莊宗很憐愛李從審，賜給他名字叫繼璟，待他像自己的兒子一樣。此後李嗣源的奏書，都被李紹榮所攔截，無法送達京城，李嗣源由此有了猜疑和恐懼。石敬瑭說：「事情的成功在於能果斷決定，而失敗在於猶豫不決，哪裡有上將與叛兵一道進入賊城而日後能安然無事的呢！大梁是天下的重要都會，我希望能借三百名騎兵先去把它拿下來。如果幸好能攻取的話，您就率大軍急速趕來，這樣才可保全自己。」突騎都指揮使康義誠說：「皇上無道，軍民心懷怨怒，您只有順從民意才能夠生存下去，如果一味堅守節操，那就一定沒命了。」李嗣源於是下令安重誨發出檄文會集各路軍隊。康義誠，是代北的胡人。

時齊州❶防禦使李紹虔❷、泰寧節度使李紹欽❸、貝州刺史李紹英❹屯瓦橋，北京右廂馬軍都指揮使安審通屯奉化軍❺，嗣源皆遣使召之。紹英，瑕丘人，本姓房，名知溫。審通，金全之姪也。嗣源家在真定，虞候將王建立❻先殺其監軍，由是獲全。建立，遼州人也。李從珂自橫水將所部兵由盂縣趣鎮州，與王建立軍合，倍道從嗣源。嗣源以李紹榮在衛州，謀自白皐濟河，分三百騎使石敬瑭將之前驅，李從珂為殿，於是軍勢大盛。嗣源從子從璋❼自鎮州引軍[1]而南，過邢州，邢人奉為留後。

癸酉❽，詔懷遠指揮使白從暉將騎兵扼河陽橋❾，帝乃出金帛給賜諸軍，樞密宣徽使及供奉內使景進等皆獻金帛以助給賜。軍士負物而詬❿曰：「吾妻子已殍死⓫，得此何為！」甲戌⓬，李紹榮自衛州至洛陽，帝如鷂店⓭勞⓮之。紹榮曰：「鄴都亂兵已遣其黨翟建白據博州，欲濟河襲鄆、汴，願陛下幸關東⓯招撫之。」帝從之。

景進等言於帝曰：「魏王未至，康延孝初平，西南猶未安。王衍族黨不少，聞車駕東征，恐其為變，不若除之。」帝乃遣中使向延嗣齎敕往誅之，敕曰：「王衍一行，並從殺戮⓰。」已印畫⓱。樞密使張居翰覆視⓲，就殿柱揩去「行」字，改為「家」字，由是蜀百官及衍僕役獲免者千餘人。延嗣至長安，盡殺衍宗族於秦川驛⓳。衍母徐氏且死⓴，呼曰：「吾兒以一國迎降㉑，不免族誅。信義俱棄㉒，吾知汝行亦受禍矣㉓！」

【章　旨】以上為第十四段，寫唐莊宗途窮末路殺蜀主。樞密使張居翰改誅殺詔書「行」字為「家」字，存活者千餘人。

【注　釋】❶齊州　州名，治所歷城，今山東濟南市。❷李紹虔　即王晏球。❸李紹欽　即段凝。❹李紹英　即房知溫（？—西元九三六年），字伯玉，兗州瑕丘（今山東兗州）人，少有勇力，官至後唐平盧節度使，封東平王。傳見《舊五代史》卷九十一、《新五代史》卷四十六。❺奉化軍　後唐明宗天成三年（西元九二八年）三月，升奉化軍為泰州，治所清苑，今河北清苑。❻王建立　（西元八七一—九四〇年）遼州榆社（今山西榆社）人，後晉時官至潞州節度使，封韓王。傳見《舊五代史》卷九十一、《新五代史》卷四十六。❼從璋　李從璋（西元八八七—九三七年），字子良，少善騎射，官至保義節度使，封洋王。傳見《舊五代史》卷八十八、《新五代史》卷十五。❽癸酉　三月十七日。❾河陽橋　地名，在古河陽縣境內，今河南孟州西。❿詬　罵。⓫殍死　餓死。⓬甲戌　三月十八日。⓭鷂店　洛陽郊外地名。⓮勞　慰勞。⓯關東　指汜水關以東。⓰並從殺戮　一起殺死。⓱印畫　印，蓋中書省印。畫，皇帝畫可。敕用皇帝御寶。⓲覆視　校對；審查。⓳秦川驛　驛站名，在長安，即今陝西西安。⓴且死　將死。㉑迎降　投降。㉒信義俱棄　迎降而被殺，信和義全被拋棄。㉓吾知汝行亦受禍矣　我知道你們也將蒙受禍患了。行，輩。

【校　記】[1]軍　原作「兵」。據章鈺校，十二行本、乙十一行本皆作「軍」，今據改。

【語　譯】當時齊州防禦使李紹虔、泰寧節度使李紹欽、貝州刺史李紹英都屯駐在瓦橋關，北京右廂馬軍都指揮使安審通屯駐在奉化軍，李嗣源都派使者去把他們召來。李紹英是瑕丘人，本來姓房，名知溫。安審通是安金全的姪子。李嗣源的家屬在真定，虞候將王建立先殺了那裡的監軍，李嗣源的家屬因此得以保全。王建立是遼州人。李從珂從橫水率領所轄部隊由盂縣趕往鎮州，與王建立的軍隊會合，日夜兼程前來追隨李嗣源。李嗣源因為李紹榮在衛州，就計劃從白皋渡過黃河，分出三百名騎兵讓石敬瑭帶領作為前鋒，又命令李從珂殿後，於是兵勢大振。李嗣源的姪子李從璋從鎮州率軍南進，經過邢州，邢州人把他奉為留後。

三月十七日癸酉，唐莊宗下詔命令懷遠指揮使白從暉率領騎兵扼守河陽橋，唐莊宗拿出金銀、布帛賞賜給各路軍隊，樞密宣徽使及供奉內使景進等人也都獻出金銀、布帛以贊助唐莊宗的賞賜。軍士們背著這些賞賜的物品罵道：「我們的妻子兒女都已經餓死了，拿了這些還有什麼用！」十八日甲戌，李紹榮從衛州回到洛陽，唐莊宗前往鷂店慰勞他。李紹榮對唐莊宗說：「鄴都的亂兵已經派遣他們的黨羽翟建白佔據了博州，想渡過黃河襲擊鄆州、汴州，希望陛下幸臨關東招撫他們。」唐莊宗聽從了他的建議。

景進等人對唐莊宗說：「魏王還沒有回到京師，康延孝剛剛討平，西南方面還沒有安定下來。王衍的族黨不少，如果他們聽說陛下的車駕東征，恐怕會生變亂，不如把他們除掉。」唐莊宗於是派宮中的使者向延嗣帶上敕書前去誅殺他們，敕書上寫道：「王衍一行，一起殺掉。」已經由中書省蓋印並由唐莊宗畫可了。樞密使張居翰再檢視一遍時，就著殿裡的柱子把「行」字擦去，改為「家」字，由此蜀國的百官和王衍的僕役們有一千多人幸免一死。向延嗣到了長安，在秦川驛把王衍的家族全部誅殺。王衍的母親徐氏在臨死前，大聲喊道：「我的兒子用一個國家來投降，還是免不了全家被誅殺。你們把信義統統拋在一邊，我知道你們這些人也快要遭受禍殃了！」

乙亥❶，帝發洛陽。丁丑❷，次❸汜水❹。戊寅❺，遣李紹榮將騎兵循河而東。李嗣源親黨從帝者多亡去❻。或勸李繼璟宜早自脫，繼璟終無行意。帝屢遣繼璟詣嗣源，繼璟固辭，願死於帝前以明赤誠❼。帝聞嗣源在黎陽，強❽遣繼璟❾渡河召之，道遇李紹榮，紹榮殺之。

吳越王鏐有疾，如衣錦軍❿，命鎮海、鎮東節度使留後傳瓘監國⓫。吳徐溫遣使來問疾，左右勸鏐勿見，鏐曰：「溫陰狡⓬，此名問疾，實使之覘我也。」強出見之。溫果聚兵欲襲吳越，聞鏐疾瘳⓭而止。鏐尋⓮還錢塘。○吳以左僕射、同平章事徐知誥為侍中，右僕射嚴可求兼門下侍郎、同平章事。

庚辰⑮，帝發汜水。辛巳⑯，李嗣源至白皋，遇山東上供⑰絹數船，取以賞軍。嗣源安重誨從者爭舟，行營馬步使陶玘斬以徇，由是軍中肅然。玘，許州人也。嗣源濟河，至滑州，遣人招符習，習與嗣源會於胙城⑱，安審通⑲亦引兵來會。知汴州孔循⑳遣使奉表西迎帝，亦遣使北輸密款㉑於嗣源，曰：「先至者得之。」

先是，帝遣騎將滿城西方鄴㉒守汴州。石敬瑭使裨將李瓊㉓以勁兵突入封丘門，敬瑭踵其後，自西門入，遂據其城，西方鄴請降。敬瑭使人[1]趣嗣源。壬午㉔，嗣源入大梁。

是日，帝至滎澤㉕東，命龍驤㉖指揮使姚彥溫將三千騎為前軍，曰：「汝曹汴人也，吾入汝境，不欲使它軍前驅，恐擾汝室家。」厚賜而遣之。彥溫即以其眾叛歸嗣源，謂嗣源曰：「京師危迫，主上為元行欽所惑，事勢已離，不可復事矣。」嗣源曰：「汝自不忠，何言之悖㉗也！」即奪其兵㉘。指揮使潘環守王村寨，有芻粟數萬，帝遣騎視之，環亦奔大梁。

帝至萬勝鎮㉙，聞嗣源已據大梁，諸軍離叛，神色沮喪㉚，登高歎曰：「吾不濟㉛矣！」即命旋師㉜。是夜，復至汜水[2]。帝之出關也，扈從兵二萬五千，及還，已失萬餘人，乃留秦州都指揮使張唐以步騎三千守關[33]。癸未[34]，帝還過罌子谷[35]，道狹[36]，每遇衛士執兵仗者，輒以善言撫之曰：「適報[37]魏王又進西川金銀五十萬，到京當盡給爾曹。」對曰：「陛下賜已晚矣，人亦不感聖恩。」帝流涕而已。又索袍帶賜從官[38]，內庫使張容哥稱頒給已盡。衛士叱容哥曰：「致吾君失社稷，皆此閹豎[39]輩也。」抽刀逐之。或救之，獲免。容哥謂同類[40]曰：「皇后吝財致此，今乃歸咎於吾輩。事若不測，吾輩萬段，吾不忍待也。」因赴河死。

甲申[41]，帝至石橋[42]西，置酒悲涕[43]，謂李紹榮等諸將曰：「卿輩事吾以來，急難富貴，靡[44]不同之。今致吾至此，皆無一策以相救乎？」諸將百餘人，皆截髮置地[45]，誓以死報，因相與號泣。是日晚，入洛城。

李嗣源命石敬瑭將前軍趣汜水收撫散兵，嗣源繼之。李紹虔、李紹英引兵來會。

丙戌[46]，宰相、樞密使共奏：「魏王西軍將至，車駕宜且控[47][3]汜水，收撫散兵以俟之。」帝從之，自出上東門閱騎兵，戒以詰旦[48]東行。

【章　旨】以上為第十五段，寫唐莊宗東征，部屬星散，返回洛陽。

【注　釋】❶乙亥　三月十九日。❷丁丑　三月二十一日。❸次　停留。❹汜水　源出今河南鞏義東南，流經今滎陽西北汜水鎮西，北注入黃河。❺戊寅　二月二十二日。❻亡去　逃走。❼赤誠　赤膽忠心。❽強　強迫。❾繼璟　即李嗣源長子李從審。❿衣錦軍　錢鏐家鄉浙江臨安縣。唐昭宗光化三年（西元九〇〇年）改臨安縣安眾營為衣錦營。天復五年（西元九〇五年）升為衣錦城。天祐四年（西元九〇七年）升衣錦城為安國衣錦軍。⓫監國　君主外出時，太子留守監理國事。⓬陰狡　陰險狡猾。⓭疾瘳　病癒。⓮尋　不久。⓯庚辰　三月二十四日。⓰辛巳　三月二十五日。⓱上供　古代地方政府所徵賦稅中上交朝廷的部分。⓲胙城　古縣名，故城在今河南延津北。⓳安審通　（？—西元九二八年）安金全姪子，官至滄州節度使。傳見《舊五代史》卷六十一。⓴孔循　（西元八八三—九三〇年）少孤，為人柔佞而險猾。官至忠武軍節度使。傳見《新五代史》卷四十三。㉑輸密款　傳達內心的真誠。密款，懇切的心意。㉒西方鄴　定州滿城（今河北滿城）人，官至江寧軍節度使。傳見《舊五代史》卷六十一、《新五代史》卷二十五。㉓李瓊　（？—西元九四七年）滄州饒安（今河北鹽山縣）人。傳見《舊五代史》卷九十四、《新五代史》卷四十七。㉔壬午　三月二十六日。㉕滎澤　縣名，縣治在今河南鄭州北。㉖龍驤　龍驤軍，梁的禁衛軍。㉗悖　背理。㉘即奪其兵　即解除姚彥溫對軍隊的指揮權。㉙萬勝鎮　地名，在今河南中牟，東距開封數十里。㉚神色沮喪　臉色灰心喪氣。㉛不濟　不能成功。㉜旋師　回師洛陽。㉝守關　守汜水關。㉞癸未　三月二十七日。㉟甖子谷　地名，在今河南鄭州西。㊱道狹　道路狹窄。㊲適報　剛才得到報告。㊳從官　從駕出巡的官員。㊴閹豎　宦官。㊵同類　同自己一樣的人，指宦官。㊶甲申　三月二十八日。㊷石橋　地名，在今河南洛陽城東。㊸悲涕　悲傷地流下眼淚。涕，淚。㊹靡　沒有；無。㊺截髮置地　把頭髮剪下來放在地上。以髮代頭，表示必死決心。㊻丙戌　三月三十日。㊼控　控制。㊽詰旦　第二天早晨。

【校　記】[1]人　原無此字。據章鈺校，十二行本、乙十一行本皆有此字，今據補。[2]是夜復至汜水　原無此六字。據章鈺校，十二行本、乙十一行本皆有此六字，張敦仁《通鑑刊本識誤》、張瑛《通鑑校勘記》同，今據補。[3]控　原作「控扼」。據章鈺校，十二行本、乙十一行本皆無「扼」字，今據刪。

【語　譯】三月十九日乙亥，唐莊宗從洛陽出發。二十一日丁丑，駐紮在汜水。二十二日戊寅，派李紹榮率領騎兵沿著黃河向東進發。李嗣源的親信同黨中跟隨唐莊宗出征的人大多逃走了。有人勸李繼璟應該早點脫身，但李繼璟始終沒有離開的念頭。唐莊宗多次派李繼璟到李嗣源那裡去，李繼璟都一再推辭，希望能死在唐莊宗的面前來表明自己的赤誠。唐莊宗聽說李嗣源在黎陽，就強行派李繼璟渡過黃河去召他前來，李繼璟在路上遇到李紹榮，李紹榮把他殺了。

吳越王錢鏐有病，前往衣錦軍，命令鎮海、鎮東節度使留後錢傳瓘監國。吳國徐溫派使者前來問候他的病情，錢鏐的左右大臣都勸他不要接見這位來使，錢鏐說：「徐溫陰險狡猾，這次名義上是來問候我的病情，實際上是派他來窺探我的。」於是錢鏐強打精神出來接見使者。原來徐溫果然聚集了兵力準備襲擊吳越，聽說錢鏐病癒而只好作罷。錢鏐不久也回到了錢塘。○吳國任命左僕射、同平章事徐知誥為侍中，右僕射嚴可求兼任門下侍郎、同平章事。

三月二十四日庚辰，唐莊宗從汜水出發。二十五日辛巳，李嗣源到達白皋，遇上幾船從山東到朝廷去上供的絹帛，他把這些絹帛拿來全都賞賜給了軍隊。安重誨的隨從們搶船，行營馬步使陶玘把這些人斬殺示眾，從此軍中紀律肅然。陶玘，是許州人。李嗣源率軍渡過黃河，到達滑州，派人去招撫符習，符習和李嗣源在胙城相會，安審通也率軍前來會合。掌管汴州的孔循派使者奉表往西去迎接唐莊宗，同時也派使者北去向李嗣源輸誠，說：「誰先到誰就能得到汴州。」

在此之前，唐莊宗派騎將滿城人西方鄴鎮守汴州。石敬瑭派副將李瓊率精兵突然攻進封丘門，石敬瑭率兵緊隨其後，從西門攻進城內，於是佔領了汴州城，西方鄴請求投降。石敬瑭派人去催促李嗣源。三月二十六日壬午，李嗣源進入大梁。

就在這一天，唐莊宗到達滎澤的東面，命令龍驤指揮使姚彥溫率三千名騎兵為前鋒，對他們說：「你們都是汴州人，我進入你們的地境，不想讓別的部隊走在前面，惟恐騷擾你們的家室。」唐莊宗重重地賞賜了他們，派他們出發。姚彥溫隨即率領他的部隊背叛唐莊宗投奔李嗣源去了，他對李嗣源說：「京師非常危急，皇上被元行欽所迷惑，大勢已去，不可再侍奉皇上了。」李嗣源說：「是你自己不忠，怎麼說出這樣荒謬的話！」隨即奪取了他的兵權。指揮使潘環駐守在王村寨，有糧草好幾萬斤，唐莊宗派騎兵前去察看，結果潘環也投奔大梁去了。

唐莊宗到達萬勝鎮，聽說李嗣源已經佔據大梁，各路軍隊紛紛叛離，神色沮喪，他登上高處感歎地說：「我不能成功了！」隨即下令班師。這天夜裡，唐莊宗再度回到汜水。唐莊宗當初出關的時候，隨從的軍隊有兩萬五千人，等到班師的時候，已經失去了一萬多人，於是留下秦州都指揮使張唐率三千名步兵、騎兵把守關口。三月二十七日癸未，唐莊宗回來時經過罌子谷，道路狹窄，每遇手執兵器儀仗的衛士，唐莊宗都要用好話安撫他們說：「剛才得到報告說魏王又呈進西川的金銀五十萬兩，等到了京城會全部分給你們。」衛士們回答說：「陛下的賞賜已經太晚了，人們也不會再感謝聖恩了。」唐莊宗聽了只是流淚而已。又索要袍帶賞賜給隨從的官員，內庫使張容哥說賞賜的東西已經用光了。衛士大聲責罵張容哥說：「導致我們國君喪失社稷的，都是這一幫閹宦。」拔出刀來就要追殺他。幸好有人救了他，才使他免於一死。張容哥對他的同夥說：「是皇后吝嗇財物才導致今天這種局面，現在卻歸罪於我們這些人。一旦有什麼意外情況發生，我們都會被碎屍萬段，我不忍心等到那個時候。」於是他投河自盡。

三月二十八日甲申，唐莊宗到達石橋西，設置酒宴，悲傷地流下了眼淚，對李紹榮等將領們說：「你們侍奉我以來，急難與富貴，無不共同承當。今天讓我落到如此地步，難道你們都沒有哪怕一個辦法能解救我嗎？」一百多位將領，都割斷頭髮放在地上，發誓要用死來報效皇帝，接著大家哭成一團。當天晚上，進入洛陽城。

李嗣源命令石敬瑭率領前軍趕往汜水收集安撫那些逃散的士卒，他自己率軍緊跟其後。李紹虔、李紹英率軍前來會合。

三月三十日丙戌，宰相、樞密使一起上奏：「魏王的西征軍隊即將到來，陛下應當暫時控扼汜水，搜集安撫逃散的士卒，以等待魏王的到來。」唐莊宗聽從了這一建議，親自出上東門檢閱騎兵，告訴他們明天早晨向東進發。

【研　析】本卷研析李繼岌矯詔殺郭崇韜、亂軍擁立李嗣源兩件史事。

李繼岌矯詔殺郭崇韜。唐莊宗伐蜀，議擇大將，眾舉馬步軍總管李嗣源，郭崇韜以契丹在北，非李嗣源莫可當者，沮敗其行。郭崇韜請派太子繼岌征蜀，也藉此使太子立功，固太子之位，理由冠冕堂皇。郭崇韜明知太子年少，不可獨任，莊宗一定點自己為將以副之。郭崇韜名義上是推薦太子繼岌，實際是自薦為將。郭崇韜人臣之位已極，功高震主，不僅有宦官、伶人等日進讒言，而且權位亦為眾矢之的，心不自安，身處危境又不甘心引退，於是欲藉平蜀之功以自保，既立功於外，又手握重兵，自以為萬全之計，其實是自掘墳墓。設若郭崇韜已有不臣之心，握兵於外，抗拒朝命，割據一方，自為孟知祥，雖然是走鋼索，不失為一條存身之計。郭崇韜是忠臣，他只是想立新功以自保，而積年的權勢在身，本能地狂妄自大，冷落主帥李繼岌，本想依以為援的太子，不經意間成了潛在的敵人。此時違心所奉迎的劉皇后更成了自己的索命鬼。在內外官官小人的讒構中，劉皇后矯詔假李繼岌之手以謀反罪誅殺郭崇韜。不僅僅是郭崇韜被族誅，還禍及朱友謙。朱友謙妻張氏取不死鐵券以示使者曰：「此皇帝去年所賜也，我婦人，不識書，不知其何等語也。」使者為河陽節度使李紹奇，他受莊宗之命誅殺朱友謙家人，李紹奇亦慚愧難當。郭崇韜立功受誅，中外駭然，加之興大獄，郭氏、朱氏之親戚、部屬，無辜遭族滅，自是上下離心，隨之而禍及莊宗。王夫之論曰：「伐蜀之役，則崇韜之自滅與滅唐也。」（《讀通鑑論》卷二十九）不刊之論也。

亂軍擁立李嗣源。郭崇韜無辜受誅，河北諸鎮聞之，人情洶洶。魏博指揮使楊仁晸率領戍守瓦橋關的本部兵踰年代歸，還至貝州，奉敕屯留，部卒皇甫暉因人情不安，首倡變亂，擁立主將楊仁晸為亂兵之帥，亂兵曰：「主上所以有天下者，吾魏軍力也。魏軍甲不去體、馬不解鞍者十餘年，今天下已定，天子不念舊勞，更加猜忌。遠戍踰年，方喜代歸，去家咫尺，不使相見。……將士願與公俱歸。」唐莊宗朝令夕改，貝州守卒已到更代之期，朝廷沒有委派新兵接防，人心思亂以此為藉口，亂兵要殺回魏州，楊仁晸不從，亂兵殺之，簇擁效節都指揮使趙在禮為首，倍道兼程南下臨清、永濟、館陶，兩日即到達，亂兵據鄴城以叛，推趙在禮為魏博留後。官兵往討不勝，莊宗不得已，派馬步軍總管李嗣源往討。李嗣源至魏州，是夜下令明旦攻城，軍吏張破敗等，突然大聲鼓噪，殺都將，焚營舍。天明，亂兵逼近中軍，對李嗣源說：「我輩將士跟從主上，十年血戰得到天下，今主上棄恩任威，貝州戍卒思歸，主上不赦，敕令『克城之後，當盡阬魏博之軍』。我等並無反叛之心，只是為了活命，大家想要擁戴令公為主，與城中士卒合力擊退朝廷官兵，讓主上在河南稱帝，令公在河北稱帝。」部屬安重誨、霍彥威等亦勸李嗣源從眾許之。亂兵於是擁李嗣源入城，與趙在禮等合兵。李嗣源傳檄諸鎮，紛紛響應，率兵南向，莊宗親兵，不戰而散，李嗣源於是稱帝，是為明宗。繼後唐廢帝李從珂、周太祖郭威、宋太祖趙匡胤，皆由亂兵擁立而為帝，前後四位皇帝皆由亂兵擁立。不過李嗣源真由亂兵擁立，是古代的黎元洪，而李從珂、郭威、趙匡胤，則是人為製造兵變，以力相奪，假借兵變罷了。

◎新譯杜詩菁華

林繼中／注譯

杜甫愛家、愛國，更是「窮年憂黎元」，其詩歌風格「沉鬱頓挫」，向來有「集大成」和「詩史」的美譽。整部杜詩已內化為詩人的「動息勞逸，悲歡憂樂，忠憤感激，好賢惡惡」，感動著一代代的讀者。杜詩現存一千四百餘首，本書採依年編次，精擇其中的四百一十一題，五百八十一首，依循詩人的生命軌跡與所思所感，細膩解讀每首詩的精闢所在。本書透過溝通讀者與作者、文本之間的聯繫，引領讀者深入理解杜詩之深層義涵。喜好杜詩者，切不可錯過。